文津学志

WEN JIN XUE ZHI

任継愈題

《文津學志》編委會 編

第十六輯

國家圖書館出版社

圖書在版編目(CIP)數據

文津學志. 第十六輯/《文津學志》編委會編. —北京:國家圖書館出版社,2021.6
ISBN 978-7-5013-7268-3

Ⅰ.①文… Ⅱ.①文… Ⅲ.①古籍—善本—研究—中國—叢刊 Ⅳ.①G255.1-55

中國版本圖書館 CIP 數據核字(2021)第 090855 號

書　　名 文津學志(第十六輯)
著　　者 《文津學志》編委會　編
責任編輯 王　雷

出版發行 國家圖書館出版社(北京市西城區文津街 7 號　100034)
(原書目文獻出版社　北京圖書館出版社)
010-66114536　63802249　nlcpress@nlc.cn(郵購)
網　　址 http://www.nlcpress.com
印　　裝 北京武英文博科技有限公司
版次印次 2021 年 6 月第 1 版　2021 年 6 月第 1 次印刷

開　　本 787×1092　1/16
印　　張 16.5
字　　數 370 千字
書　　號 ISBN 978-7-5013-7268-3
定　　價 70.00 圓

目　録

· 紀念周叔弢誕辰 130 周年專欄 ·

· 文獻整理與版本研究 ·

· 書籍史研究 ·

祖父弢翁哲學思想的形成及對子女的影響

周啓群

内容提要：周叔弢先生對西方哲學、佛教等頗有興趣，堅持學習和研究，其哲學思想對子女有重要影響。

關鍵詞：周叔弢　哲學　《負暄閑語》《人心能力論》　周景良　家風

在父親周景良去世一周年的2020年9月9日那一天，媒體上刊出了我紀念父親的一篇文字《景慕莊嚴　德傳燈火——追憶父親周景良》[①]。之後，在回顧我寫那篇文章時整理思路、形成文字的過程，發現了一個綫索，即父親一直以來愛好哲學，是有原因的，甚至可以説是有思想傳承的。順着這個思路深入研究下去，來自祖父弢翁的哲學思想體系的影響愈漸清晰。2021年適逢先祖弢翁誕辰130周年，于是用下面的文字來嘗試做一個梳理。

一

展開對先祖弢翁哲學思想的探究，一定要從《負暄閑語》這部書開始。

《負暄閑語》這部書的作者是我的高祖玉山公（周馥）。清光緒三十四年（1908）是玉山公從兩廣總督任上退下來的第二年，玉山公曾在廬山、蕪湖居住了一段時間，玉山公之孫周暹（即我的祖父弢翁，名暹，字叔弢，號弢翁，後以字行）陪侍左右，祖父那時年僅17歲。這段時間内玉山公與少年弢翁祖孫二人就個人修養、社會經濟、科學文化等多方面問題有過對話交流。次年，高祖玉山公將這些對話整理編輯成書，即《負暄閑語》。全書共27萬餘字，分爲卷上“讀書”“體道”“崇儒”“處事”和卷下“待人”“治家”“葆生”“延師”“婚娶”“卜葬”“祖訓”“鬼神”，共12章。玉山公在《叙語》中寫道：“去年暹孫隨侍，居廬山、蕪湖數月，因其所問，就書史所載，見聞所及，引伸之以廣其意，隨筆記載，略分其類十有二”，“學道之功，實基于此。”此書後收入玉山公全集即《周慤慎公全集》（後曾以《秋浦周尚書全集》書名再刊）中。這裏摘録書中幾個有意思的祖孫對話，其中“問”即少年弢翁的發問。

對話一

問：孫子言“兵者，詭道也”，誠與詭豈不相反？

曰：苟誠于忠君愛國，其行軍也，必臨事而懼，好謀而成。其所謀者，千奇百變，何可殫述？不必問其詭與不詭，衹問其誠與不誠耳！宋襄之義，尾生之信，徐偃之仁，概不得謂之誠。孔子瞷亡而拜陽貨，不見孺悲而辭以疾，不得謂之不誠。誠者，行其理之所當然耳。故《大學》言誠正，必先致知格物。爾輩切勿誤會。

對話二

問：中國向稱儒、釋、道三教，各國教更多門，其旨趣有同類否？

曰：源頭各异，其派自難强同，必求其同，惟“忠”“恕”二字，“己所不欲，勿施于人”，各教無异也。

對話三

問：西人測空氣中有輕氣、養氣、炭氣，近用無綫電，有謂迤達氣（即無綫電，當時對英文 radio 的音譯）者，不爲風雨所阻，此皆爲人所用，安足以盡天道？

曰：有西教士某極有智慧，謂余曰：“凡氣爲人所用者，必有用氣之主人，現未推測出來。”云云。余曰：“今時推測天文精矣，究竟眼力已到者祇知其當然，不知其所以然。其眼力不到者，更不知紀極。莊子曰‘人之所知，不及其所不知’。且不必論象數，但求其理可耳，理即主人也。”

對話四

問：各星球有生氣否？

曰：吾人所聞所見，安得有死物？人之死也，即其所以生之道也，四時所以運行不窮也。余幼時晤一西友，言：“日月星宿中當有生氣，有人物。”余曰：“固然，其人物之性，必與地球同。”西友問：“何以知之？”余曰：“太陽熱光，爲衆生托命，同此生即同此性。”西友言：“彼人形像，未必與地球各國相同，其種性亦必不同。”余曰：“君臣父子，愛生惡死，當無二也。孔子曰‘一陰一陽之謂道’，宋儒謂‘道外無物，物外無道’，即此意也。”

這些對話，今天讀來，讓人不得不心生感慨。首先，我們不得不驚訝于發生在晚清時期的這些對話的廣度和深度。上文摘録的這些問題中，有對兵法中的謀略和爲人誠信相矛盾的邏輯拷問，有横向對比不同宗教信仰的思考，有對自然科學乃至外星球是否有生命的探究。能够提出這些問題，説明先祖弢翁當時作爲 17 歲的少年，已經有了非常廣的知識涉獵，并且帶有自己獨立的深入思考。

其次，在祖孫二人的對話中，我們也看到高祖玉山公本人廣博的知識涉獵和通透的見識水平。提出上述這些問題者不容易，能够三言兩語非常清晰準確地回答清楚，足見玉山公之通透。我父親在《曾祖周馥——從李鴻章幕府到國之干城》一書中提到過一件事：高祖玉山公因爲要和洋人打交道，所以讀過《聖經》，他認爲洋人信《聖經》，與他們交涉有時引用《聖經》更能説服他們[②]。在李提摩太寫的《親歷晚清四十五年》第十七章中，有一小節標題爲“周馥的建議”，提到時任山東巡撫的玉山公專門請李提摩太購進一些聖經《新約》，“由他親自發送給他屬下的官員，以便他們能重視此書，認真閱讀”[③]。爲此李提摩太從上海聖書會的代理那裏取了200套精裝聖經《新約》，由玉山公分發給下屬的官員。雖然這些是因爲政務上的外交需要，而貫通中外的廣博的知識體系，自然能够幫助人産生深遠的哲學層面的思考。

同樣能反映出這一點的，是我父親在他的書中提到玉山公的一個手卷：

……其中一個手卷中雜録各個宗教的道理、訓誡。其中有《佛遺教經》、老子《道德經》、基督教的十誡、佛教的《四十二章經》、伊斯蘭教的《天方性理》。最後，他寫道：“綜觀各教要旨，其存誠去僞、敬天愛人皆同，而造詣各别。若論修己治人一貫之道，則唯我儒獨攬其全。苟爲仁義不熟，則五穀不如荑稗矣。”在曾祖父周馥的心中，自然是儒家是最完美的了。不過，以他那一代的人，能平心静氣地談論各種宗教，并略指出其積極方面而不視爲异端，已是很不容易了。有趣的是，這個手卷還是我父親要求他寫的。手卷最後題：“暹孫乞書此幅。擇録各教要語與之，俾作座右之銘。八十二叟周馥。”

可見直到周馥暮年，我父親和他祖孫二人間交流仍很親密，交流的思想也很活躍。[④]

這樣我們就完全明白了《負暄閑語》一書的成書背景，同時也可以看到高祖玉山公與少年弢翁一直以來的親密感情，于是後來弢翁對玉山公的思想體系有所繼承和發揚也就順理成章。

我的祖父弢翁6歲入塾接受傳統教育，除“四書五經”外還有教師教習英文；後高祖玉山公赴南京任兩江總督，祖父隨同到南京，先入思益小學讀書，後轉入總督府私塾學習，除學習傳統文化外，私塾還有教師教授數學、物理、化學、英語等課程，同時也受到來自于《天演論》《群己權界論》《原富》等書的西方思潮影響，成年後一直保持着廣泛學習國内外各種知識的習慣。1912年至1914年祖父居住在青島期間，曾向好友、德國傳教士衛禮賢學習德語。衛禮賢長期在中國生活，追隨勞玉初（乃宣）先生學習漢文典籍，精于漢學，曾把《論語》《孟子》等中國傳統思想名著譯爲德語。之後祖父與衛禮賢合譯了德國哲學家康德的《人心能力論》，并由商務印書館出版，這是中國第一個由德語翻譯成中文的譯本。即使在之後的很長時間裏康德著作在中國的譯本也還都衹是由英語版轉譯的。

這裏摘録一段《人心能力論》譯文：

……斯時形體之動作皆停，而生養之動作不悉，其動作遂成夢，而相交相感，雖醒後恒不能記所夢，而夢則實有，苟全無夢，是主意念之腦所發之力，不能與臟腑精力相交，而人瞬息不能保其生矣。故凡生物當其睡時，皆有夢也。（此論與莊子至人無夢之説，似相反而實相通。夢有生于思慮者。莊子之言，因覺時無妄念，故無思慮之夢也。康德所言，則魂交之夢，無所感動，平安自夢也。譯者注）[⑤]

從中可以看到，在翻譯的同時，兩位譯者加入了自己的注釋，其實就是評論，全書這類譯者的評論很多，而這些評論使得東西方的智慧穿越時空交相輝映，也映射出兩位譯者的思想境界。此書由商務印書館于1914年首次出版，兩年後再版。與衛禮賢合作翻譯這部書時祖父衹有 23 歲，在這個年齡能有這樣的學識和思想境界，實在令人贊嘆。本來兩人打算合作的第二部譯著已選定《康德傳》，但 1914 年第一次世界大戰爆發，日軍攻占青島，祖父遷居天津，所以没有能够繼續下去。

我父親回憶祖父在天津寓所的陳設，也印證了祖父對西方哲學的興趣：

> 記得在泰華里居住時父親的書房中一面墻上有一副對聯，另一面墻上即懸挂有德國哲學家康德像的鏡框。小書橱上，中間是座鐘，而座鐘的一側就是一個古希臘哲學家蘇格拉底的半身雕像。而據玨良二兄説，小書橱内擺放的就是《弗洛伊德全集》和黑格爾的《精神現象學》（我當時太小，不懂）。當我十多歲時，曾頗有興趣地翻閲過一些書，如英國哲學家羅素的《哲學問題》、英國文學家卡萊爾的名著《英雄與英雄崇拜》，以及笛卡兒、懷特黑德等的哲學著作等。[⑥]

試想，在民國初年，有着傳統教育和嚴格家規的顯赫家族裹，書房裹摆放康德像和蘇格拉底的雕像，這在現在很多人來説是不能想像的。甚至，祖父靠早年的英語學習基礎和查字典，于20 世紀 30 年代就已經通讀了英文版《資本論》，這確實是非常了不起的。

與此同時，祖父一直保持着對佛教濃厚的興趣和深入的研究，因爲熟讀《楞嚴經》，自己取書齋號“楞嚴室”；另一個後來廣爲大家傳頌的書齋號“自莊嚴堪”，更是出自《法華經》中的“以佛莊嚴而自莊嚴”。祖父曾屢次或自己出資或與家族人士合資校印佛經。例如 1918 年用唐寫本校印《佛説阿彌陀經》，1920 年刊行《大乘百法明門論本事分中略録名數開宗義記》，1921 年刊行《釋摩訶衍論記》，1922 年刊行《成唯識論義藴》及刊造《圓覺經大疏義抄》，1924 年影刻元本《廬山復教集》及刊行《般若波羅蜜多心經》等。在祖父的宋元善本收藏中，更包括了《景德傳燈録》和《五燈會元》兩部宋版禪宗典籍，世稱佛學雙絶。在我父親出生時，適逢祖父喜得宋版《景德傳燈録》而取名景良，取字德傳。祖父在《景德傳燈録》跋中寫道：“得書之五日，適第七子生，因取此書第一字命名曰景良，深冀此子他日能讀父書，傳我家學。余雖不敢望兔床，此子或可爲虞臣乎。”[⑦]

我父親曾在《丁亥觀書雜記——回憶我的父親周叔弢》一書中記載：

> “文革”後期的1974 年，那時造反派仍占據父親全部住宅。父親和母親擠在一間衹能放下一張床、一個桌子、一個煤爐的房間。此外連一張椅子也放不下了。那年的 4 月，中央忽然叫父親到北京接待日本佛教代表團。父親也很不解，因爲新中國成立以來他從未參加過有關佛教的社會活動，這次爲什麽叫他去（我現在想那也可能是叫他在社會上露一露面，有一定程度表示支持、肯定的意思）？到北京他一見趙朴初面就問怎麽會找他來了。趙朴初説：“叔迦信佛都是受了你的影響，自然要找你來了。”周叔迦是我堂叔，是叔祖父周學熙的第三子。他是著名的佛學家，虔誠的佛教徒，精通佛典。北京圖書館在整理敦煌劫餘的八千卷寫經時，他起了重要的作用。曾在清華、北大等學校兼职，講佛教史等課。他曾任中國佛教協會副會長。我過去却從來不知道他的信佛和我父親有這樣關係。[⑧]

直到去世時，祖父仍擔任中國佛教協會常務理事。

可以想見，在這樣的家庭環境中父親一定會潛移默化地受到來自祖父的影響和熏陶，衹是父親似乎并没有意識到這種影響如何直接幫助自己形成了對哲學的愛好。上面所引父親的文字記述，在談及自己對哲學研究的愛好時，更多地衹是談及家庭的文化熏陶和二哥（周玨良）給他帶來的對清華哲學系金龍蓀（岳霖）等大師的仰慕。每每談及祖父，父親總是講他淵博的學識、謙虚的精神和做事極其認真的態度。父親曾寫道："我覺得，我父親是崇尚中國傳統文化的，是崇尚以儒家爲中心的中國傳統道德的。但我感到他不是道學先生。他觸及中國傳統文化的方面很廣、很開闊。看到的、吸收的都是中國文化的精華方面、積極方面。我在這樣的影響下，沐浴于豐富的中國文化之中，感到很開闊，没有拘束，没有僵化、陳腐一類的感覺。"⑨

祖父當年追隨曾叔祖學熙公苦心勠力于北方實業，籌建紗廠時他親自學習英文的紡織教材和設備説明書，管理企業時任人唯賢、鋭意改革，敢于辭退庸人、公開招聘有能力的大學生。祖父在晚年回顧對企業的管理時，説出了自己曾經總結的 8 個字："勞于選賢，逸于用人。"今天看來這八個字仍然是充滿了智慧。那個時候現代管理學作爲理論誕生不過 20 餘年，更没有經歷二戰後的大發展時期，而在中國民族實業的自我發展中能够凝結出這樣的智慧并付諸實踐，應該説是周氏家族教育體系的結晶，更體現了祖父睿智、博學、學以致用的風采。當然，這樣的管理風格自然會遇到阻力。祖父在改革中因爲開除了股東中有問題的親屬等，得罪了不少人，但這些措施保證了企業能得到順利發展，并贏得了大多數員工的尊敬，以致後來日資在軍事護祐下惡意侵占工廠、祖父憤然離職，離開工廠那天全廠工人自動停機、在路邊夾道相送。祖父一向爲人温和，但是在原則問題上，用我父親的話講，"他從不講情面"。祖父晚年曾有一次在兩會上直言生産質量問題，給相關人員造成了非常大的壓力。與之相應的，我也看到父親像他的父親那樣，在是非問題上也是原則性極强的。當年他發現一位領導爲了提職稱而學術作假，就公開指了出來。對方還在狡辯，説自己做了實驗的。父親追問説：做了實驗你就拿出數據來，數據在哪裏？讓那人當衆下不來臺。之後父親被迫提前退休了，乃至後來所裏的領導都説，讓父親退休是錯誤的，是我們的損失。這裏面我很明顯地看到了祖父對父親影響的痕迹。

二

所有能够進行深層思考、遇事追求本真的人，其思維多少都具有些哲學色彩。下面我想用一些文字來講述我父親的哲學生活，也希望通過這個側面來展現祖父弢翁的思想對子女的影響。

我父親從小學習英語，讀了很多英文文學、歷史書籍，其中關于讀托馬斯·卡萊爾（Thomas Carlyle）寫的《英雄與英雄崇拜》（*On Heroes*, *Hero-Worship*, *and the Heroic in History*），在前文所引父親回憶以及父親紀念玨良二爹的文章裏已提到。父親中學畢業後，先考入輔仁大學數理系，一年之後重新考入燕京大學數學系，一年後父親轉入清華大學哲學系。在清華大學哲學系，父親如魚得水。一方面在上中學的時候，從哥哥那邊，特别是從玨良二爹那裏聽到關于金龍蓀（岳霖）等著名教授的事情，現在可以直接求教于他們，實現了自己研究哲學的心願；另一方面在學習過程中不斷與各位教授有深層的交流，深得金龍蓀、沈公武（有鼎）二位先生的喜愛。沈公武先生爲我父親專門開設了邏輯哲學這門課，衹有我父親一個學生，但有一名旁聽生，就是來自數學系的丁石孫。那個時代就是這樣，教授覺得學生有資質就會專門爲他定製教程，哪怕衹有一個學生，這就是因材施教。哲學是父親最熱愛的方向，學習哲學入手時是典型的邏輯論證一派，與他擅長的數學也相得益彰。當時的清華哲學系非常注重各個學科的關係，曾經聘請上文提到的著名佛學家周叔迦（祖父的堂弟）教授中國佛學史。父親在清華時期的學習、生活狀態，就是在不斷的思想交匯和碰撞中成長。在深得幾位大教授喜愛的同時，還有同學間的深層交流，對此父親直至晚年仍念念不忘，其中就有同班同學、後來成爲摯友的唐稚松先生。唐家是湖南的大家，唐先生也非常有思想，在文化藝術上也有很多愛好可以與父親交流，後來唐先生是中科院軟件所的著名專家。過去近 20 年裏，每到清明節我都會陪父親去墓園祭奠先人，每一次都會去同在一個墓園的唐先生夫婦墓前獻花，父親去世後我也還是如此。父親經常説喜歡和聰明人談話，有邏輯，有碰撞，有火花，同時可以對自己的思維不斷磨礪。父親在晚年和我聊天的時候，會經常説自己腦子裏邊在想問題，用這些問題磨練思維。父親到了八九十歲仍然是這樣。經常思想碰撞、磨練自己、提升自己是他的興趣所在，這就是爲什麼父親非常想念與父兄在一起的日子，那也是他產生思想火花最多的一段時光。

由于世事變幻，父親 1950 年從清華大學哲學系畢業之後，無法從事鍾愛的哲學研究，于是重新考入北京大學物理系從頭學習物理學，畢業後一直從事科學研究，直至退休。期間成爲以電子衍射方法研究原子結構之中國第一人。父親曾任地質學會測試委員會主任，退休後仍然應邀參加結晶學的項目評審等工作。除此之外，父親更多地回歸文史生活，回歸周氏家族文化的整理研究。1999 年父親整理祖父周叔弢先生詩詞存稿，并參照傳統雕版版式親自在電腦上排印成《弢翁詩詞存稿》，以噴墨打印機打印在宣紙上，親自裝訂成册。他的大哥周一良看到詩集非常高興，并在跋語中稱贊父親爲“周家斧季”。父親在大哥周一良等的支持下，與國家圖書館的專家經過近 18 年的努力，使蔚爲大觀的《自莊嚴堪善本書影》7 册于 2010 年正式出版。2012 年，在“國家圖書館紀念弢翁捐贈 60 周年古籍善本展覽”開幕前，父親編纂出版了《丁亥觀書雜記——回憶我的父親周叔弢》一書，全面回憶父親周叔弢及周氏家族的文化生活。2015 年，父親將自己撰寫的對曾祖周馥的研究文章，彙集成《曾祖周馥——從李鴻章幕府到國之干城》一書正式出版，對周馥及周氏文化的全面研究達到了之前文史學者所未探及的高度。應祖籍安徽東至縣的邀請，父親還曾擔任東至周氏文化研究會的名譽會長，并爲研究會題字，同時着手續修家譜，直至去世。

當然，這一切都發生在祖父去世後多年，但是這裏面有一條有意思的綫索把時空串聯起來。祖父在父親出生時寫的《景德傳燈録跋》中有“深冀此子他日能讀父書，傳我家學”的話，在此後的幾十年裏，雖然看上去父親并没有追隨祖父學習版本學或其他文史學問，但是曾屢次請祖父手寫《景德傳燈録跋》留存，除當年附在原善本書後面由勞篤文先生代抄的跋文，另外的手稿僅我見過的就不少于 3 通。最後一通是由祖父書寫于 1983 年父親農曆生日那一天，除原跋文外在後面又寫了一段話：

> 景良索書此跋以示不忘得名之本意，匆匆五十餘年矣。呱呱之聲今猶在耳，我則學業荒廢，一事無成，景良又致力科研，罕窺經史，二人皆虛此願矣。

儘管如此，父親從小到大，祖父在任何情况下都從來没有要求父親去學什麽學科、做什麽工作，祖父所做的衹是鼓勵和創造學習條件。雖然最後的跋文有“罕窺經史，二人皆虛此願”的提法，但是我想祖父也未必一定要父親學習文史，可能更多地是希望父親能够像他一樣通過廣博的知識學習，形成通透的認知，能産生思想的交匯。而這樣的期許，在祖父去世 20 多年後竟然在父親身上實現了，這就是上面提到的《自莊嚴堪善本書影》。不是從事文史工作的父親，沿着一良大爹和玨良二爹開始的方向，克服諸多困難和付出巨大的心血，編纂出這部《自莊嚴堪善本書影》，親手完成了祖父出版善本書影的夙願，機緣暗合之下也是一種必然。

對于祖父弢翁哲學思想的形成及對子女的影響，我確信有着更深層的傳承與積澱因素，這裏我衹是用自己淺薄的理解和拙劣的文字，斗膽嘗試做一點點梳理，謹以表達自己對祖父誕辰 130 周年的紀念。

注釋：

① 周啓群：《景慕莊嚴　德傳燈火——追憶父親周景良》，澎湃新聞，網址：https：//www. thepaper. cn/newsDetail_ forward_ 9079813（2021. 4. 22 檢索）

② 周景良、孟繁之：《曾祖周馥——從李鴻章幕府到國之干城》，三晋出版社，2015 年，14 頁。

③［英］李提摩太著，李憲堂、侯林莉譯：《親歷晚清四十五年——李提摩太在華回憶録》，天津人民出版社，2005 年，309 頁。

④ 周景良：《丁亥觀書雜記——回憶我的父親周叔弢》（修訂本），國家圖書館出版社，2016 年，15 頁。

⑤［德］康德著，衛禮賢、周暹譯：《人心能力論》，商務印書館，民國五年（1916）。

⑥ 同注④，245 頁。

⑦ 周一良主編，周景良、程有慶副主編：《自莊嚴堪善本書影・子部》，國家圖書館出版社，2010 年，896 頁。

⑧ 同注④，63—67 頁。

⑨ 同上，248—249 頁。

（作者單位：益普索中國消費科技研究院）

與時俱進和家國情懷

——寫于祖父 130 周年誕辰之際

周啓乾

内容提要： 梳理周叔弢先生少年求學、成年後從事實業、抗戰期間不與日本人合作、逐漸接受中國共産黨主張等生平經歷，以及弢翁藏書旨趣，視藏書爲天下公物、學術公器，和中華人民共和國成立後向國家捐獻古籍、爲國家古籍文獻事業出謀劃策等事迹。從中可以看出弢翁睿智通達和與時俱進的精神，以及真摯無私的家國情懷。

關鍵詞： 周叔弢　生平　藏書

祖父周叔弢（1891—1984）雖然已經遠行 30 多年，但在我的腦海中，老人的音容笑貌和高潔品格，依然歷久彌新，未曾稍減。最爲真切的感受，是他那睿智通達和與時俱進的精神，以及真摯無私的家國情懷。

一

祖父經歷了晚清、民國、日僞以及中華人民共和國等不同歷史時期，切身感受到舊的社會制度的各種弊端，以及列强侵華給國家人民帶來的深重災難。

祖父早年受到良好教育，與家庭環境不無關係。其祖父周馥（字玉山，1837—1921）以一鄉村布衣書生入李鴻章幕府，成爲封疆大吏，曾任山東巡撫和兩江、兩廣總督，建樹良多，但始終不廢讀書。祖父的父親周學海（字澂之，1856—1906）是光緒進士，但淡泊仕途，精研醫學，不僅個人撰著，而且校刊及評注前人著作，集有《周氏醫學叢書》傳世。作爲中醫學的重要著作，此書長期受到學界重視，直至 20 世紀 90 年代，仍有學者系統輯録其主要內容，加以校注整理，以簡體字横排本方式，出版了《周學海醫學全書》[①]，使之在新時期繼續發揮作用。

祖父的長兄周達（字伯榮，後名美權，又作梅泉，筆名今覺，1879—1949），年長祖父 12 歲，具有維新思想，曾集合一些朋友，延聘一日本人住于家中，并舉辦傳習所，介紹西方知識，尤其擅長數學。祖父晚年曾回憶稱："當時看過《黑奴籲天録》及《茶花女遺事》。我記得大哥説《黑奴籲天録》是'黄書衣'，大約預示將來會有《黄奴籲天録》吧。我們讀後都曾激起强烈的民族主義意識，深有瀕臨亡國之同感，議論説將來恐怕也要做一部'黄奴籲天録'了。"[②]

祖父于虛歲 6 歲開始讀私塾，前後歷時 10 年。私塾教育雖以中國傳統文化爲主，但也學習英語，同樣受到西方資本主義文化的影響。祖父晚年回憶，英語教師余蓮舫是位天主教徒，雖然英語水平不高，但酷愛照相，也對祖父產生影響。後來，作爲業餘愛好，祖父的攝影作品也曾在國外攝影雜志上刊出。

1904 年至 1906 年間，正值周馥在兩江總督任内，祖父隨家居于南京官署。其間，曾入思益小學學習，并名列前茅。但爲時僅兩個月，其祖父周馥命回總督衙門，設私塾延師教授。值得注意的是，塾中所教并不僅是傳統的舊學，還有數學、物理、化學、英語等課程。祖父回憶説："英語老師的名字已忘，但記得他是福建人，任江南高等學堂的校長，是嚴復的弟子，曾見過嚴復爲他題寫的摺扇，嚴復題名我還記得很清楚是什麽樣子。英語的教材則是美國人編寫的讀本，還有英國人爲印度人編寫的語法。"[③]塾中同學除周家子弟外，還有勞篤文（勞乃宣之子）、陳方恪（陳三立之子，寅恪之弟，也是思益小學時的同班同學）及其他幕僚的子弟。勞、陳二人成爲祖父的終生摯友。

1906 年，周學海病殁南京，祖父隨家遷回揚州，結束了爲時 10 年的私塾學習。他晚年回憶，通過 10 年私塾，"主要受到中國傳統文化的教育，尤其受桐城派文章的影響甚深，後來自己做起文章，亦有如‘三寸金頭’，十分拘謹"[④]。此後，他校訂古籍、撰寫題跋等，可以信筆寫來，却依然不擅白話文章。

私塾以後，祖父便開啓了他所謂的"繼續雜亂地購買和涉獵了大量古籍"的時期。同時，他也以極大興趣閱讀了嚴復所譯《天演論》《群己權界論》《原富》等書，"印象特别深刻"。通過嚴譯西方學術著作，引起了他對于西方哲學的興趣。

周馥于 1907 年卸任兩廣總督後引退，同年即往廬山養病。至次年夏秋又有廬山和蕪湖之行。這時正值我的祖父也在廬山療養肺病，并已漸趨好轉，遂能陪侍老人身邊。正是這一段祖孫朝夕相處的歲月，促成了周馥《負暄閑語》的問世。周馥在 1909 年春撰寫的序言中，説明了撰著此書的目的在于教育孫輩，内容即是對祖父當時所提各種問題的回答。從某種意義上也可以説，此書是他們祖孫二人共同完成的。此書從多角度反映了周馥的人生觀、世界觀，是他立身處世與豐富人生經驗的總結。歷經百餘年，雖然時過境遷，今天讀來仍不失其教化的意義。如今，安徽東至縣周馥故里所設周氏家風館，對此多有介紹，已經成爲愛國主義教育基地。

1909 年祖父喪母後，兄弟姐妹風流雲散，各奔西東。1911 年辛亥革命後，他離開揚州前往上海，又隨祖父周馥來到青島。在此，他向德國的傳教士衛禮賢（Richard Wilhelm，1873—1930）學習德文，"每天要記二十多個單詞，其間約十個月"。衛禮賢已在中國逗留多年，精于漢學，曾把不少中國古代典籍如《論語》《孟子》《韓非子》等譯爲德語。祖父回憶："衛對我説，德國的康德（Immanuel Kant，1724—1804）像中國的孔子一樣，是德國的孔子，如果能譯成中文，比德文還好懂，于是同我商量先試譯康德著作。我們選擇了一篇康德致友人書，由衛禮賢口譯，我筆録，并請勞乃宣潤飾譯文，名爲《人心能力論》，由商務印書館出版。"此書作爲該館"哲學叢書"之一，于 1914 年 9 月初版，1916 年 8 月第三版，當是康德著作最早的漢譯本。打算翻譯的第二本書，本已選定《康德傳》，衹是由于 1914 年第一次世界大戰爆發，祖父舉家遷往天津，譯事被迫中止。此後，由于環境的變化，祖父未能繼續從事德語的翻譯與哲學的研究，但語言與思維的訓練却受用終身。祖父晚年時，旅歐多年的堂妹、畫家和作家周仲錚（1904—1996）偕其德國夫君克本回國探親，祖父依然能用德語與之交談。

1919 年，祖父的四叔父、著名實業家周學熙（字緝之，1866—1947）在青島創辦華新紗廠，命祖父擔任專務董事，讓祖父初出書房就成了企業的高級管理人員，開始了其實業人生。工廠的經營管理另有經理負責，專務董事處于監督地位。不過工廠從簽訂合同購買機器，直至驗收、安裝和投産，祖父都親歷其事，參加了建廠的全過程。當時周學熙爲了培養技術管理人員，曾在天津設立棉業傳習所，聘請日本技師，開設植棉與紡織訓練班。祖父參加了這爲時 6 個月的紡織訓練班。由于當時没有中文技術書籍，衹能勉强閲讀英文書籍。雖然學習十分吃力，但由于祖父親自參加了工廠建設的全程，在實踐中積纍了經驗，從而爲管理工廠打下了基礎。

1922 年，祖父因肺病復發和咯血而離青返津。1925 年病癒後出任唐山華新紗廠經理。1928 年又同時兼任天津華新紗廠經理，直至 1936 年。

他在唐山華新紗廠鋭意整頓，更新設備，改進管理，提高質量，以争取市場份額，使該廠由原本單一的紡紗廠，發展成爲紡、織、染工序完整的紡織企業。

天津華新紗廠建立之初，正值第一次世界大戰後棉賤紗貴，企業無論經營好壞，都有高額利潤。但這時實行包工制，弊端甚多，由包工頭控制工人，工人遭受雙重剥削，企業利潤也大減。祖父到工廠後，大力清理整頓，裁汰不稱職者，引起了軒然大波。然而，改革陋習畢竟順應了社會發展潮流，風波最後自然得以平息。

1931 年“九一八”事變後，日本不僅佔領東北，而且進攻長城一綫，逼近北平、天津。爲了將華北地區分離出中國，便首先加强了經濟上的“開發”與掠奪，使中國民族企業陷于困境。1936 年，正是在日本軍人刺刀的保護下，日本資本强行低價收購，搶去了天津華新紗廠。處在僞冀東政府治下的唐山華新紗廠，也遭日資强行加股合辦。祖父拒絶與日僞合作，憤然離開了這兩家企業。

祖父失去了經濟來源，衹得靠出售圖書、字畫維持生活。不過空閑時間的增加則爲讀書提供了條件。應該就在這一時期，祖父用時一年，借助字典把英文版馬克思《資本論》讀完。據早在 1942 年即參加地下工作的堂叔周驥良回憶，中華人民共和國成立後，他有一次去看望祖父，閑談中興之所至，祖父問他：“你這周氏家族中的第一名共産黨員讀過《資本論》嗎?”⑤并談到自己購藏與閲讀英文版《資本論》的往事，衹是在珍珠港事件後，日軍進入租界，爲防備搜查纔付之一炬。祖父閲讀馬克思，或正是 20 多年前探究德國哲學的繼續，但其意義却遠遠不止于此。

抗日戰争勝利後，全國人民盼望和平建國，國民黨當局却倒行逆施，挑起了内戰。祖父作爲啓新洋灰公司總經理，于 1947 年 11 月接受《大公報》記者采訪時，强調洋灰是“和平工業”，“有和平纔有建設，有建設纔要洋灰，洋灰産量的大小可以度量一個國家工業是否發達。啓新是國内最大的洋灰廠，目前的産量衹及戰前的二分之一……工業是拖不下去了!” 1948 年，國民黨軍隊在戰場上節節敗退，國統區人心惶惶，也有的在轉移資産，準備南逃。國民黨當局眼見大勢已去，采取“偏枯北方”的政策，要求在北方的實業家將企業南遷。這時，祖父赴滬向其重病中的長兄周達祝賀

70 壽辰，并見最後一面。有的朋友以爲他也會就此不歸，但他則明確表示絶不會留在南方，并且如期北返。

在此期間，祖父閲讀過毛澤東主席的《新民主主義論》《論聯合政府》等著作，也不斷收聽解放區電臺的廣播，對于中國共産黨的方針、政策等已多有了解。這時，原在北平從事地下工作的長女，即我的大姑夫婦，已經奉命秘密進入東北解放區。由于條件的限制，祖父和他們當然不可能有密切的聯繫，但祖父已確知其行蹤。在天津工商界人士互通信息的三五俱樂部的聚會上，有人撿拾國民黨牙慧大放厥詞，把共産黨説成"殺人放火，共産共妻"，祖父即在事後提醒他説："共産黨是個政黨，有一套理論，不僅中國有，世界各國都有，你這麼一説豈不有失身份？"⑥

天津地下黨組織爲了配合解放天津的戰鬥，要把民族資産階級和知識界穩定下來，打消其南遷的打算，并争取他們在迎接天津解放過程中做出貢獻。地下黨組織希望利用驥良叔的周家人身份，與祖父聯繫見面。爲了慎重，驥良叔又委托其兄慰曾大叔向祖父説明。據説祖父聽後絲毫不感意外，而是一拍座椅扶手，説："我猜他們也該來找我們了。"第二天，即與時任中共天津工作委員會委員王文化見了面。王文化晚年回憶，認爲這次談話非常順暢，"在我向周叔弢講了當時即將解放的形勢和黨的政策時，周叔弢先生表示他對共産黨有些了解，他讀過毛主席的著作《新民主主義論》《論聯合政府》等，他對毛主席非常贊揚"，"周叔弢還談到他多年收藏有宋、明、清版的書籍，準備解放後獻給國家"⑦。與地下黨負責人的見面和談話，反映了祖父熱切盼望迎接解放的愉快心情。

1949 年春，是天津、北平解放後的第一個春天。劉少奇同志來津視察和調研，除召開一系列座談會外，也曾來家訪問。祖父在書房中接待劉，據説劉在久久環視祖父的藏書後，詢問了私營企業工程技術人員的情况、私營企業家在使用人才上的經驗等問題。祖父强調知人善任，爲其提供發揮才能的機會，希望共産黨在執政後要記住中國知識分子"士爲知己者死"的傳統。祖父還依據自己對馬克思主義經典的理解，承認階級和階級鬥争，承認資本家與工人之間剥削與被剥削的關係，但主張"階級調和論"，設想由資本家與職工一起辦合作企業。他表示衷心贊成共産黨當時提出的"發展生産，繁榮經濟，公私兼顧，勞資兩利"的方針，認爲前 8 個字與多年來追求的"實業救國"差不多，而後 8 個字的要義就是"調和"，所以真誠接受和擁護。這當是祖父在閲讀馬克思主義經典著作之後，又從共産黨的現實政策中找到的契合點。祖父認爲這是一次推心置腹的談話，直至多年之後依然記憶猶新，認爲劉的來訪"使人彷彿在漫漫長夜中見到了光明"。

黨和人民給予祖父極大的信任和極高的榮譽，祖父也用革命幹部的標準嚴格要求自己，認真學習馬克思主義理論和黨的方針政策，全身心投入社會主義革命與建設。1966 年，在一場衆所周知的政治風暴中，祖父也不可避免地受到嚴重衝擊，被抄家、揪鬥、游街乃至罰跪。事後，我一直不忍詢及此事，避免再度刺激老人。近年看到驥良叔的回憶，才解除了疑團。原來，當被强制罰跪時，祖父曾對難友們説："我們跪的是馬克思剩餘價值論，跪的是真理，没有什麼羞辱與難堪。"⑧這樣，别人也就隨着跪下了。在最爲混亂和困難的時候，祖父對家人説，這不是共産黨的政策，應該相信群衆相信黨。陰霾散去，他終以耄耋之年迎來了改革開放的新時代。

1981 年，在中國共産黨成立 60 周年之際，祖父以《熱愛祖國熱愛黨》爲題撰文祝賀，强調没有中國共産黨就没有新中國。1983 年冬，在他入院治療之前，應約爲紀念毛澤東主席 90 誕辰題字，又寫下了“没有中國共産黨就不會有社會主義新中國”，這正是他積 90 年親身經驗而發出的肺腑之言。

二

祖父的前半生主要是經營實業，從事企業管理，後半生則主要是參加人民政權與政治協商。然而，貫穿其一生的，則是讀書和藏書。與一般藏書家的不同之處，是他并不把畢生苦心搜集的善本古籍視爲私有、“子孫永保”，而是當作“天下公物”，希望能在“四海澄清，宇内無事”時，“舉贈國立圖書館，公之世人”。他對畢生精力所聚的藏書的安排，反映了真摯的家國情懷，正是優秀傳統文化中“天下爲公”理念的生動體現。

祖父受家庭影響，自幼喜愛讀書，尚未成年之際，已經常出入書肆，購買并瀏覽了大量書籍。直至耄耋之年，他仍然清楚記得當時經常光顧的揚州轅門橋兩家書鋪，一是主人姓湯的文樞堂，另一是主人姓邱的文富堂。當購得張之洞《書目答問》及莫友芝《郘亭知見傳本書目》後，便按圖索驥，依其提供的綫索購求書籍，并開始注意善本，開啓了較系統的買書與藏書生涯。

1917 年，祖父在天津偶以廉價購得清宫“天禄琳琅”舊藏宋刻本《寒山子詩》，成爲他收集宋版書之始。據説此書傳世僅二部，另一部藏于日本宫内廳圖書寮，但内容不够齊全，刊刻時間也較晚。因此祖父十分珍視所藏，後來念其“世無善本，遂用西法攝影，付北京文楷齋模刻”[9]，以廣流傳。

祖父在搜求善本古籍的初期，大體沿襲明清以來藏書家的路數，注重宋、元刻本及精抄精校本，尤其看重是否曾經由名家之手保存，對于毛氏汲古閣、黄氏士禮居等藏書大家，都心嚮往之，刻意搜求黄丕烈（蕘圃）校跋書即有數十部之多。但他遵循傳統，却又不囿于窠臼，而能另闢新徑。他對清代刻書也有很高的評價，在將宋、元、明善本捐獻後，又致力于搜集清代活字本書，所得達千餘種，成爲研究我國印刷史的寶貴資料。

祖父對于古籍的熱愛與追求，可以説刻骨銘心。見到好書，他不吝以高價來换取。他雖然收入不低，但善本書價之昂也常使他力不從心。在他的書後題跋中，常見有自我解嘲。例如，1942 年，爲了補貼家用，他曾忍痛割愛，轉讓所藏明版書百餘種，得款萬餘圓。然而，恰有書商自上海帶來宋版《禮記注》二十卷，正是此前失之交臂而久盼的善本。祖父贊揚此書“字畫流美，紙墨精良，洵宋刻上駟”，然幾經轉手，價格較前已成倍增長。儘管如此，祖父仍“不遑復計衣食”，與之成交而“惟恐弗及”，認爲古人所謂“‘錢物可得，書不可得，雖費當弗校’之言，寔可謂先獲我心”[10]。

一部好書如果分散幾處，祖父總要千方百計將其湊齊，以成完璧。從他在元相臺岳氏荆谿家塾刻本《春秋經傳集解》書後的題識[11]可知，此書共計三十卷，他于1930年至1931年，分别從不同渠道得其二十九卷，而且“舊裝未改，居然璧合”，然美中不足是獨缺首卷；後又聽説此書首卷毁于戰火，更不勝惋惜，遂向前輩藏書家傅增湘購得另一版本的首卷以湊齊。直至1944年，此册書復現世間，祖父聞之，“不禁驚喜過望”。書主攜來，但“索價出人意表”，未能成交。此後兩年間雖不斷諧價，但書主知道祖父志在必得，所以不斷漲價。祖父衹得輾轉委托親戚代購，并且不透露真實買主，以免另生枝節，終于以一兩黄金成交。親戚送書來時，還曾擔心書價太昂，會受到埋怨，但祖父則按捺不住興奮心情，連説：“值得，值得！”他跋中又説：“珠還劍合，觖而復完，實此書之厚幸，豈僅予十餘年好古之願一旦得償爲可喜哉！”由此可見，他如此執着追求，絶不僅是出于個人的興趣愛好，更反映了他保護祖國文化遺産的赤誠之心。

祖父求書若渴，愛書如命，也能體會他人求書之切，常以自己的藏書助人爲樂。20世紀30年代，他了解到燕京大學教授洪業（煨蓮）校勘和研究《史通》，便通過我父親把所藏校宋本乾隆間黄氏刊《史通訓詁補》送給洪，供其參考。洪在書後題識，稱：“稍檢閲，知其爲過録盧之原校本也。間與印行校勘記不同，故可寳。”

40年代，祖父得知胡適正致力于《水經注》研究，便也通過我父親把所藏戴震自定《水經》一卷送與胡。胡據此與李盛鐸舊藏本加以比較，認爲“周本是從東原在乾隆三十年寫定本抄出的精抄本”，“最精致可愛”，寫出了兩篇文章，還在書後寫下長篇跋文，“敬記謝意”。

1952年，時任北京大學教授并兼任北大圖書館館長的中外交通史專家向達（覺明）先生，在祖父所藏明代鞏珍所撰《西洋番國志》清代彭氏知聖道齋抄本書後題識，不僅指出此書的重要歷史價值，而且高度贊揚了祖父的捐書義舉。向達先生對于新中國的深情與厚望也躍然紙上。這段學林故實不大爲人所知，現全文迻録如下：

> 鞏珍《西洋番國志》自彭氏知聖道齋著録以後，湮没無聞，又歷百餘年，治鄭和下西洋歷史者以爲憾焉。中華人民解放後之第一年，余知周叔弢前輩藏知聖道齋抄本鞏氏原書，遂因哲嗣一良先生之介，假遂録副，多年積想一旦獲償，其欣慰之情可知也。近世藏書家大率錦鑲牙軸，閟不眎人。叔弢前輩藏書之富甲于北國，顧不如是，近且將以所藏善本獻諸國家，其卓識雅量高出時流遠矣，因亟將鞏氏書繳還，并誌數語，藉表欽遲之意云爾。一九五二年七月廿二日，溆浦向達謹記于北京。

此後，《西洋番國志》由向達先生校注，作爲“中外交通史籍叢刊”之一種，由中華書局出版了横排鉛印本。令人痛惜的是，這樣一位耿直真誠的學者，竟在1957年和1966年連遭厄運，殞命于十年浩劫之初。

前輩藏書家傅增湘，常與祖父相互切磋，藏書互通有無，來往頗多，傅先生需要之書，祖父還會割愛相贈。從傅著《藏園群書題記》中可以看出，傅聽説祖父藏有明抄本《文苑英華》，“行格與宋刊無异”，十分心儀，先借去觀看，“嗣知余有志此書，竟割愛相貽”。傅認爲“宜推周本爲甲”，并據以校勘其他版本[12]。

祖父不僅以藏書幫助學者，還幫助公藏單位。1947 年，祖父聽説故宫博物院發現所藏宋本《群經音辨》有首、末二册，宋撫州本《左傳》自卷三以下亦在南遷書中，遂决定將自己舊藏《音辨》中册及《左傳》卷一、卷二兩册提供給故宫，“補成完書”。他在致老友趙萬里信中稱：“此二書皆宋本上駟，然爲劍合珠還計，不應再自秘惜。”又在藏書題識中寫道：“此二書紙墨精美，宋刻上乘，……然故宫所佚，得此即爲完書，余豈忍私自珍秘，與書爲讎耶？”他最爲關注的，是追求和保持一套古籍的完整而不使分散。

在舊中國，面對列强在文化上的掠奪活動，祖父也竭盡一己之力，防止珍貴文物外流。對于已流出的，則要傾力將其贖回。

1933 年，他見到日本專門經營漢籍最有影響的書肆文求堂的書目上，竟然列有宋、元、明版古籍百餘種而深感震驚，其中尤以宋版《通典》《東觀餘論》“爲最罕秘，蓋海内孤本”。《通典》索價一萬五千圓，祖父力不能及。此書後被日本文部省定爲國寶，禁止出口。祖父以一千圓購回《東觀餘論》，旋又籌款贖回毛氏汲古閣影宋鈔本《東家雜記》等。這時正值“九一八”事變之後，東北淪陷，華北也已告急。祖父在《東觀餘論》書後題跋中，聯繫當時形勢寫道：“今者邊氛益亟，日蹙地奚止百里，當國者且漠然視之而無動于衷，余乃惜此故紙，不使淪于异域，書生之見亦淺矣，恐人將笑我癡絶而無以自解也。噫！”[13]充分表達了對當局不抵抗政策的憤懣。

祖父收藏字畫爲數不多，但也不乏精品，其中同樣含有爲國家保護文物之意。例如，1940 年，他聽説有親日分子爲獻媚日人而要購買石濤《巢湖圖》，于是便迅速以高價搶先買下了這幅名畫，以免其外流。此畫現珍藏于天津博物館，自 20 世紀 60 年代已多次重印，進入 21 世紀以來，又作爲“石濤作品選”特種郵票之一種，由國家郵政局發行。

祖父搜求善本古籍，大多來自前輩藏家身後所散出。聊城楊氏海源閣是清末四大藏書家之一，祖父向來十分看重，并在海源閣書目《楹書隅録》上多有批注。20 世紀 20 年代末期，因社會動蕩，土匪騷擾劫掠，海源閣第四代傳人楊敬夫携書到天津出售。在十餘年間，祖父通過不同渠道，先後奮力收得海源閣遺書 50 餘種，多爲宋、元善本。而因財力所限失之交臂的也不少，從題識中即可見“惜財力有限，索值太高，未克多有所獲，爲悵悵也”的感嘆。

祖父對海源閣藏書評價極高，十分鍾愛，認爲“楊氏藏書皆善保舊裝，不輕改易”。他又注意到，“楊氏書初出時，細審之，無一指抓痕，想見當年藏書之謹”，但是“惜敬夫未克嚴守此戒，傳之者多非真知篤好之人，不知毁却多少好書矣”。海源閣藏書經三代主人的接續努力，可算蔚爲大觀，但隨着時移勢异，其後人終不能保持完好而致流散。海源閣藏書如此命舛，祖父對自己藏書的前途自然也會有所思考。

1937 年盧溝橋事變後，祖父于當年 11 月即在《楹書隅録》上題識：“世事丕變，財力日竭。恐無收書之望矣，念之慨然。”1941 年冬珍珠港事變後，日軍進入租界，祖父即于 1942 年春節在手訂《自莊嚴堪善本書目》卷首寫道：

生計日艱，書價益貴，著録善本或止于斯矣。此編固不足與海内藏家相抗衡，然數十年精力所聚，實天下公物，不欲吾子孫私守之。四海澄清，宇内無事，應舉贈國立圖書館，公之世人，是爲善繼吾志。倘困于衣食，不得不用以易米，則取平值也可，毋售之私家，致作雲烟之散，庶不負此書耳。壬午元旦，弢翁至囑。

這當是祖父捐獻藏書的心願首次見諸文字，正體現了他對一個獨立、自主、繁榮、富强的新中國的憧憬與期盼。隨後又寫道：

當贈書時，須附一條例，即展閲者應嚴守趙文敏“毋以爪侵字，毋以唾揭幅”之訓。保存古籍，斯爲最要，典掌者宜熟知而諄戒也。

于此亦可見他愛書如命、珍惜文化遺産的殷殷之情。

1949年7月，中華人民共和國尚未成立時，祖父聽説故宫博物院藏宋版《經典釋文》所缺的第七卷在某書商手中，該人揚言決不賣給國有圖書館，祖父隨即以高價買下，贈給故宫，配齊了全書。

1951年，祖父得知北圖展出了蘇聯移贈的《永樂大典》，便致信北圖，捐出自己所藏的一册，認爲“此亦中國人民應盡之天責”。

1952年，祖父將所藏宋、元、明版及抄校本七百餘種珍貴古籍捐獻國家，實現了多年夙願。這年六月廿九日日記稱：“鄭西諦來談捐書事。趙斐雲以爲是意外大事。”

此後，祖父仍繼續關心古籍的搜集與保護。他曾歷經多年，搜求作爲“海内孤本，世所罕見”的宋鶴林于氏刊《春秋經傳集解》，除了不知所蹤的第十卷外，衹差第二十六卷。此卷原藏于上海劉某處，“秘爲鴻寶，堅不肯讓，數年來屢以爲請，皆拒而不允”[14]。後來劉書散出，輾轉入藏上海圖書館。祖父聽説後，即在人大會議期間給上海市長陳毅寫一便條，請將此書撥給北京圖書館，與祖父所捐者合爲完璧，了却了一樁心願。

祖父還聯合同仁提案，建議國家采取措施加强古籍影印和修復保護。1959年，在第二届全國人民代表大會上，與徐森玉聯名提案，建議設立古籍裝修技術培訓班，培養相關人才，不使傳統技術失傳[15]。提案獲得通過，文化部先後在北京圖書館和中國書店開設古舊綫裝書技術人員學習班，成效顯著，古籍修復技藝代代傳承并發揚光大。1964年，在第三届全國人民代表大會上，與徐森玉、趙萬里再次聯名提案，建議影印善本古籍，以廣流傳[16]。限于當時形勢，這個建議一時難以落實。改革開放後的新時期，這些設想都已成爲現實，并已取得了顯著成就。

今天，祖父當年捐獻的大量珍貴古籍與文物，分别收藏于國家圖書館、天津圖書館、天津博物館等單位，能够長久地爲弘揚愛國主義精神和傳承優秀傳統文化發揮作用，正是其最好的歸宿。

注釋：

①（清）周學海編著，鄭洪新、李敬林主編：《周學海醫學全書》，中國中醫藥出版社，1999年。

② 周叔弢：《弢翁自述》，參（清）周馥著，孟繁之校點：《負暄閑語》，中國書店出版社，2013年，

180—181 頁。

③ 同注②，181 頁。

④ 同注②，179 頁。

⑤ 周驥良：《百年周家》，天津人民出版社，2018 年，177 頁。

⑥ 同注⑤，190 頁。

⑦ 王文化：《黎明前的戰鬥——回憶配合天津解放的地下鬥爭》，中國人民政治協商會議天津市委員會文史資料研究委員會編《天津文史資料選輯》第 26 輯，天津人民出版社，1984 年，6 頁。

⑧ 同注⑤，221 頁。

⑨ 周叔弢跋 1924 年建德周氏影刊宋本《寒山子詩集》，李國慶《周叔弢先生藏書題識》，中國人民政治協商會議天津市委員會文史資料研究委員會編《天津文史資料選輯》第 26 輯，92 頁。

⑩ 周叔弢：《弢翁藏書題識》，冀淑英編《自莊嚴堪善本書目》，天津古籍出版社，1985 年，110 頁。

⑪ 同注⑩，112 頁。

⑫ 傅增湘：《藏園群書題記》，上海古籍出版社，1989 年，896—897 頁。

⑬ 同注⑩，123 頁。

⑭ 同注⑩，111 頁。

⑮ 冀淑英：《深切悼念周叔弢先生》，《冀淑英文集》，北京圖書館出版社，2004 年，139 頁。

⑯ 劉波：《趙萬里先生年譜長編》，中華書局，2018 年，453—454 頁。

（作者單位：天津社會科學院）

書香人淡自莊嚴
——國家圖書館的弢翁舊藏

陳紅彦

内容提要： 在國家圖書館的珍貴館藏中，周叔弢先生的捐贈無疑是最重要的來源之一。弢翁辛勤聚書、一心愛書、熱心獻書，對書真知篤好，爲人寧静淡泊，護書科學嚴謹，捐書毫無保留，與國家圖書館的書緣更是值得代代永續。

關鍵詞： 周叔弢　國家圖書館

國家圖書館的古籍特藏近300萬册（件），主要來源渠道是政府調撥、衆多藏書家的捐贈轉讓以及本館工作人員南北訪求。國家圖書館從海内外吸納了近世南北各大藏書家畢生所聚的稀世珍品，品種數量均居世界首位。説起國家圖書館收藏的量大質高的善本古籍，一定會提到周叔弢先生自莊嚴堪藏書。今年是周先生誕辰130周年，《文津學志》特辟專欄，紀念這位爲國家圖書館藏書事業做出巨大貢獻的藏家。

周叔弢（1891—1984）原名明揚，後改名暹，字叔弢，以字行，晚年自號弢翁，原籍安徽建德（今東至）。弢翁是我國著名的民族實業家、古籍文物收藏家。他幼居揚州，後移居天津，經營實業。新中國成立後，又佐理市政。

弢翁受父親影響，從16歲開始購書藏書，開始時爲了用書而買書，後來對收藏善本發生濃厚興趣。他一生經營所得大多用于購買圖書文物，聚書4萬册。他收藏善本書，繼承了清乾嘉以來季振宜、黄丕烈的傳統，着重收宋元明刻本和精校精抄本。其中很多是宋元明精本。弢翁不僅愛書藏書，于目録、版本、校勘之學，也有深邃造詣。

一、真知篤好

從藏書情况看，弢翁對古籍堪稱真知篤好。他收書的標準高，選書很嚴格，到晚年時曾經給善本總結了五好的標準[①]：

一、版刻好，等于一個人先天體格强健；

二、紙張好，等于一個人後天營養得宜；

三、題跋好，等于一個人富有才華；

四、收藏印章好，宛如美人薄施脂粉；

五、裝潢好，像一個人衣冠整齊。

五好的比喻，既有理論，又格外形象生動，爲學界所提倡。

弢翁藏書中有吴寬、錢穀、馮舒、葉奕、穴研齋、澹生堂、毛氏汲古閣、鮑氏知不足齋等衆多名家抄本，世人奉爲拱璧的"顧校黄跋"書，弢翁就藏有約70種。

弢翁藏書又自辟蹊徑，重清代精刻本和活字本的收藏，還注意收藏日本、朝鮮等外國刻本，拓展了藏書的範圍。對于流失到海外的珍貴典籍，不惜舉債以重值購回。

弢翁對書的關注常常慧眼獨具。他看重的還有清内閣大庫藏《山谷黄先生大全詩注》，原來是元宫廷藏書，書後貼一小條，書"永樂二十年七月二十五日蘇叔敬買到"，如果情况屬實，那麽蘇叔敬應該是目前所能知道的最早的圖書采訪員了。

弢翁舊藏有726部藏于國家圖書館。冀淑英先生曾評價弢翁"于古書秘籍，固有深知篤好，又佐以博學廣識，故鑒别群書，獨具卓見。……先生之訪書藏書，則與一般藏書家异趣：對書的選取十分嚴格……對抄本、稿本，及前賢校跋手迹，則判别時代，鑒定真贋，更具真知卓識，爲當代學者所推服。至于每得一書，手自校勘，考辨是非，推求源本，固不待言；尤重視藏書授受之淵源，一書流傳之派衍，研考至精，更多前人所未道"[②]。2002年啓動的"中華再造善本工程"將存世孤罕的善本古籍影印出版，以化身千百、嘉惠後學。其中入選的國圖弢翁藏書就有52部[③]。2007年以來政府實施"中華古籍保護計劃"，開展《國家珍貴古籍名録》評選，存世少、文物文獻價值高的古籍作爲珍貴古籍優先保護。該計劃至2020年，國務院共公布六批《國家珍貴古籍名録》，其中有87部國圖弢翁舊藏入選。

傅增湘在《周君叔弢勘書圖序》[④]中評價弢翁藏書、校書最爲精當：

> （君）頻歲所收宋元古槧殆百帙，名鈔精校亦稱是，聲光騰焯，崛起北方，與木犀軒、雙鑑樓鼎足而立，駸駸且駕而上之，噫，可謂盛矣！
>
> 凡遇刻本，卷帙必取其周完，楮墨務求其精湛，尤重昔賢之題識與傳授之淵源。又其書必經子古書、大家名著，可以裨學術、供循誦者。至抄校之書，審爲流傳之祖本，或爲名人之手迹，必精心研考，以定其真贋。不幸有俗書惡印、點污塗抹之纍，則寧從割捨，不予濫收。設遇銘心絶品、孤行秘本，雖傾囊以償、割莊以易，而曾不之恤。既收之後，又亟繕完補綴、存其舊裝，襲以金粟之牋，盛以香楠之匣，牙籤錦帙，芸芬麝馥，寶護周勤。故其藏書不侈閎富之名，而特以精嚴自勵。
>
> 治事之隙，不輟丹鉛，常觀手校群書，皆字畫端謹，朱墨鮮妍，頗具義門風格，决不效蕘圃之火棗糕、赤練蛇見誚于後世也。

二、書香人淡

弢翁藏書既精且廣，但并不囿于"子孫永保"的傳統觀念。1942年，弢翁在手訂《自莊嚴堪善本書目》卷首寫道："生計日艱，書價益貴，著録善本或止于斯矣。此編固不足與海内藏家相抗衡，然數十年精力所聚，實天下公物，不欲吾子孫私守之。四海澄清，宇内無事，應舉贈國立圖書館，公之世人，是爲善繼吾志。倘困于衣食，不得不用以易米，則取平值也可，毋售之私家，致作雲烟之散，庶不負此書耳。”⑤

正因將書視爲“天下公物”，以書之聚合爲“不負此書”，纔有百川歸海之意願。1950年，弢翁開始整理藏書，遴選核對，準備捐贈。他説：“我將心愛的藏書，貢獻給我心愛的國家、人民，使這批古籍珍品永不遭受流失損毁之厄運，使之能發揮作用，由國家收藏，豈不比我個人收藏更好麽？”⑥

1951年，弢翁將自己收藏的《永樂大典》兩卷（卷7602—7603）捐獻國家圖書館。在寫給國家圖書館的信中，他飽含深情地説：“珠還合浦，化私爲公，此亦中國人民應盡之天責也。”

1952年8月，弢翁將歷年收藏的宋、元、明刻本及抄校古籍中最爲精善的715種2672册無償捐贈北京圖書館（今國家圖書館）。其中宋刻本59部、金元蒙古刻本34部、黄（丕烈）跋本57部、弢翁自己校跋本51部。時任文化部文物局局長鄭振鐸贊嘆説：“琳琅滿目，美不勝收。”

弢翁曾對次子玨良説：“捐書之時何嘗没有不捨之意，也曾打算留一兩部自己玩賞，但想既然捐書，貴在徹底，留一兩部又如何挑選？所以决心全數捐出，一本不留。”⑦除捐給國家圖書館外，還捐給天津圖書館、南開大學、天津博物館等。

弢翁家人之後續有捐贈。周玨良逝世後，夫人方緗將宋大字本《東漢會要》零本1册及《後村居士集》等9種善本捐贈國家圖書館，捐贈時周景良先生陪同，任繼愈先生、冀淑英先生參加捐贈儀式。景良先生還曾奉左道腴老夫人之命將明正德本《陳思王集》捐贈國家圖書館。目前國家圖書館弢翁舊藏纍計已達726部。

傅增湘先生曾形容弢翁：“然君之爲人也，貌婉而神清，才敏而志定，淡聲色，薄滋味，寡氣矜，畏榮進，怡然淡然，若與世無競者。”⑧

哲嗣周玨良總結弢翁和書的關係爲三句話：“苦心收書；一心愛書；熱心獻書。”⑨弢翁還不忍書的離散，總是竭盡全力讓散藏各處的書合璧，爲此曾將自己所藏爲故宫博物院、國家圖書館、上海圖書館配補合璧。

三、芸香使者

古籍是中華古老文明的載體和見證，因爲歷史上自然灾害和人爲破壞，我們祖先創造的文化典籍已是百不存一，有幸存留的古籍往往斷爛破損。爲保護這些承載民族精神和文化的聖物，往哲先賢付出了艱苦的努力。弢翁付出的努力每每讓我感動。

弢翁對書的愛護無微不至，殫精竭慮。遵循着趙子昂所説的“勿卷腦，勿折角，勿以爪侵字，勿以唾揭幅，勿以作枕，勿以夾刺，隨損隨修，隨開隨掩”，不僅自己做到，家人也深受影響。弢翁在最珍貴的書上，一般衹鈐最小的藏印“周暹”，唯恐因印章過大，傷及圖書。

弢翁對書籍的裝潢也極爲用心。他説清末南瞿北楊兩家藏書最富，而就裝潢而言，楊家遠勝瞿家，善本書都製楠木匣保存，原書有前代藏書家書匣的則保存不動。他欣賞海源閣藏黄丕烈舊藏宋本湯漢注《陶靖節先生詩注》，不僅保存了黄氏的原匣，還原樣保留宋代金粟山藏經紙做的封面和孫延題簽。弢翁對藏書中的精美原裝加意保護，如有破損或裝潢不如意的就找良工來補綴、重裝，然後用樟木夾板或楠木書匣裝起，再平放擺進樟木或楠木書箱裏保存。他藏的瞿家舊藏宋本《清波雜志》，瞿家賣出後的藏家做了個非常粗糙的書匣，上面書名爲俗手所題。後來弢翁捐獻此書時，特地另配一個相稱的書匣。

弢翁還堅持保留文物原狀，盡可能留下全面歷史信息。如國家圖書館藏宋刻本《文苑英華》，從南宋即藏在宫中，到清代的内閣大庫，一直是皇家藏書。鈐有“内殿文璽”“御府圖書”“緝熙殿書籍印”等印，從印章我們可以清晰地看出遞藏關係：從南宋宫中到元代内府再到明文淵閣、清内閣大庫。這些信息成爲國家圖書館承襲南宋以來歷代皇家珍藏的佐證。此書原爲千卷百册，但目前存世僅有 15 册。此書國圖藏有 13 册，其中 10 册爲内閣大庫撥交，1 册爲弢翁捐贈。此書除本身的重要價值外，還在于保留了宋代的原裝——蝴蝶裝，書封裏有“景定元年十月　裝褙臣王潤照管訖”一行。在宋刻中僅此一見。

古今藏書家不少，但懂得修復的人不多，在修復中盡力維持書的原貌者就更是鳳毛麟角。弢翁不僅懂書也懂修書。在弢翁跋文中有不少是評價書的裝潢或修復的。如元至正六年（1346）吴志淳好古齋刻本《復古編》二卷，書末有弢翁墨筆跋文：

> 張有《復古篇》，宋元舊刻，傳世極稀。諸家書目所著録者多爲鈔本。此元至正好古齋本，字畫精雅，宋諱闕筆，蓋從宋本繙雕。舊藏楊氏海源閣，劫後流入天津某茶葉鋪中。初見時索值奇昂，荏苒數年，遂無人問鼎。甲戌十一月，藻玉堂書估王子霖携以示余，因以重價收之。惜紙經染色，觸手即破，乃命工重裝，團以素紙，居然面目一新，可便觀覽。書之壽命亦得延長。固無慊于損舊裝矣。[10]

元刻本《注心賦》題記也提及裝潢和修復：

> 近年頗見楊氏藏書，皆善保舊裝，不輕改易，此書則因輾轉流傳，遂横遭割裂，而裝池更污損，非復舊觀。既命工略加補綴，爰記數語以寄慨云。[11]

弢翁還着力擘畫培養懂修書、會修書的後備力量。1959 年，弢翁與徐森玉在全國人大聯名提案，呼籲設立古籍裝修技術班，培養古籍修復人才。提案通過後，由文化部舉辦、國家圖書館和中國書店各承辦一期，每期兩年，學員由各省、市圖書館選派，老師就出自國家圖書館與中國書店。國家圖書館的老師主要有張士達、肖振棠、肖振邦等先生。1962 年到 1966 年，共有兩期培訓班結業。結業要求較爲全面地掌握古籍修復技術。兩期培訓班培養出的大部分學員都成爲各自所在圖書館古籍修復的中堅力量，如師有寬、趙嘉福、潘美娣、鄭静文等學員現在仍然活躍在古籍修復教學一綫。古籍修復技術在弢翁的倡導下得到了有效傳承。今天一支古籍修復大國工匠隊伍在爲古籍保護事業發揮着重要作用，古籍修復技藝、書畫裝裱技藝作爲國家級的非物質文化遺産傳承發揚，也可告慰先生了。

四、西山事業

“中華再造善本工程”讓孤本秘笈化身千百，安全傳承，并方便利用。其實這樣的方式弢翁很早就開始了實踐。

中華人民共和國成立之初，弢翁就與徐森玉、趙萬里在全國人民代表大會上提案影印善本古籍。後來國務院古籍整理出版規劃小組擬出版《古逸叢書三編》，弢翁提出選目意見，并推薦了自己舊藏善本中的 12 種銘心絶品，其中有宋本《蘭亭續考》《南華真經》、元本《梅花百咏》《梅花字字香》、明銅活字本《開元天寶遺事》等。這些書 20 世紀 80 年代由中華書局出版。如今弢翁舊藏原本與中華書局複製出版的影印本存在同一個庫房中，一則保存好，二則服務好，也是對弢翁的告慰。

弢翁還曾用木版雕刻或珂羅版印刷等方式複製十幾種善本書籍，并力求紙好印精。如宋書棚本《唐女郎魚玄機詩》、清宫天禄琳瑯舊藏宋本《寒山子詩集》、元相臺岳氏荆谿家塾本《孝經》、朝鮮刻本《廬山復教集》等。其中一些印本用開化紙、高麗紙、皮紙刷印，精美絶倫。《孝經》中所鈐乾隆御璽等收藏印均用紅色套印，保存了原樣。

晚年的弢翁還關注傳統雕版技藝的傳承。1974 年，他見朵雲軒據元大德廣信書院《稼軒長短句》影刻本秀麗精美，驚喜异常，認爲繼承了康熙時揚州詩局遺風。弢翁還寫信給顧廷龍先生，詳細詢問書手、刻工的姓名，記在書上，以示表彰。

五、世代書緣

弢翁與國家圖書館淵源深厚。弢翁捐書給國家圖書館是經過審慎考慮的，他對周玨良説：“捐書如嫁女兒，要找個好婆家，北京圖書館善本書部由趙萬里先生主持，他是真懂書愛書的，手下又有他培養出來的如冀淑英同志等，書捐到那裏可謂得所，我是放心的。”⑫

弢翁提到的趙萬里先生，是國家圖書館善本部的老主任，版本學大家。國家圖書館版本目録學家冀淑英先生師從趙先生。20 世紀五六十年代，民間藏書如百川歸海，彙聚國家圖書館。趙先生和冀先生都是接收這些善本古籍的親歷者。冀淑英先生曾回憶：

> 六十年來，歷任善本部主任徐森玉、趙萬里諸先生皆與先生道義相交，時相過從。多年來，每逢有新發現之書，必相與賞奇析疑，互爲質證。志同道合的基礎，還在于對書籍，尤其是版本方面的古籍，有共同的真知篤好，共同的以保存祖國文獻爲己任的崇高意願。先生雖不是身居其位的圖書館工作者，可是爲充實圖書館的善本書藏，常與徐、趙諸先生共相擘畫籌措，襄贊之功，實際等于一位名實相符的顧問。建國以來的三十多年中，先生每因公往來京津，遇有餘暇，必來館看書，或詢及工作情況；舉凡諸家捐贈之書到館，以及館藏善本書目之出版，先生均關懷備至。每于新獲善本書版本及校跋鑒定，以至裝修、書目印行及具體

類目之增删調整，凡有請教之事，俱得先生熱心指導。⑬

在《自莊嚴堪善本書影序》中冀先生還説："先生于目録、版本、校勘之學，有深邃造詣。每蒐羅异書，發揚特點，恒手自校勘，展望所及，盡抒心得于題跋文辭中。或考訂版本，或評議體例，或叙述故實，皆足以津逮後學，讀之深受教益。"⑭

談到弢翁對國家圖書館的貢獻時冀淑英先生還説："凡遇古籍不全零本，常竭盡心力，以求劍合珠還，卒成完帙，不論是否歸一己所有也"，"先生收藏善本古籍，上承清初錢牧齋（謙益）、季滄葦（振宜），以至乾嘉時代乃至黄蕘圃（丕烈）諸家藏書傳統，而又不專注于宋、元、明刻及精抄精校本，遇清刻本中精品，亦頗看重，并不爲前人所囿。"⑮

筆者在國家圖書館做古籍工作30餘年，親歷了冀先生和任繼愈老館長1995年接受方緗女士捐書的場景，以及1991年、2012年的弢翁藏書紀念展，也參與過《自莊嚴堪書影》的部分工作，和同事程有慶多次拜訪過景良先生。景良先生被一良先生稱爲"周家斧季"，對版本目録之學造詣頗高。每每聽景良先生講弢翁，對周先生、對自莊嚴堪藏書自是多一份瞭解。在《丁亥觀書雜記——回憶我的父親周叔弢》中景良先生説道："父親寫的朱筆字，無論是校字，或是題授我兄弟書籍，不止字寫得好看，朱墨的顏色也非常漂亮。因爲那用的是乾隆御墨。"2019年9月9日國家圖書館百十年館慶日的下午，突然暴雨傾盆，之後兩天得到消息，正是那個時間，景良先生永遠離開了我們。但周氏家族與國家圖書館的緣分始终不会中輟。

上一代人基于珍貴古籍建立起來的世代書緣，對書發自内心的熱愛，通過書又傳遞給下一代。2012年，國家圖書館與天津圖書館通力合作，又得景良先生襄助，隆重舉辦"周叔弢自莊嚴堪善本古籍展"，以紀念弢翁藏書入藏國家圖書館60周年，彰顯弢翁對保護傳承中國文化典籍做出的巨大貢獻，弘揚他化私爲公的高尚品格。展覽的名稱"書香人淡自莊嚴"出自古籍館善本組李文潔，這個名稱因對弢翁及其藏書領悟至深，得到了弢翁家人和古籍界很多前輩的贊許。這也是對前緣的永續，對精神的傳承吧。

注釋：

① 周珏良：《我父親和書》，《文獻》1984年第3期，163頁。

② 冀淑英：《深切悼念周叔弢先生》，《文獻》1984年第3期，184頁。

③ 據國家圖書館古籍館李文潔研究館員統計。

④ 傅增湘：《周君叔弢勘書圖序》，冀淑英編《自莊嚴堪善本書目》，天津古籍出版社，1985年。

⑤ 同注①，173頁。

⑥ 周慰曾：《周叔弢傳》，北京師範大學出版社，1994年，126頁。

⑦ 同注①，174頁。

⑧ 同注④。

⑨ 同注①，162頁。

⑩ 冀淑英編：《自莊嚴堪善本書目》，113頁。

⑪ 同注⑩，126頁。

⑫ 同注①，174 頁。

⑬ 同注②，189—190 頁。

⑭ 冀淑英：《自莊嚴堪善本書影序》，周一良主編，周景良、程有慶副主編《自莊嚴堪善本書影》，國家圖書館出版社，2010 年。

⑮ 同注⑭。

（作者單位：國家圖書館古籍館）

《古書經眼録標注》序

李國慶

内容提要：《古書經眼録標注》搞清楚了《古書經眼録》所收古籍之年代及諸書排序問題，搞清楚了《古書經眼録》性質是一部選購善本書目，搞清楚了所收諸書的來龍去脉與授受源流問題，搞清楚了《古書經眼録》所見之罕覯善本問題。《古書經眼録標注》爲學人研讀《古書經眼録》提供了一個通行本，是繼邵懿辰《四庫簡明目録標注》、杜澤遜《四庫存目標注》之後又一部高質量的"標注體"古籍書目，爲進一步考察弢翁古籍版本目録學思想提供了重要依據。

關鍵詞：周叔弢　《古書經眼録標注》　標注體　古籍　遞藏

2009年9月5日，周景良先生寄贈影印本《周叔弢古書經眼録》一書，上下二册。這部書的内容，包括周叔弢先生早年撰寫的《古書經眼録》《宋刻工姓名録》《壬午鬻書記》《自莊嚴堪書目》《歷年收書目録》、弢翁《歷年收書目録》注釋及附録，合計7種資料，于2009年7月由國家圖書館出版社影印出版。

這7種資料的内容，悉與藏書家周叔弢先生訪書、購書與藏書有關。這是研究周叔弢先生藏書事迹的重要文獻。其中，《古書經眼録》是周叔弢先生早年撰寫的一部經眼古籍善本書目，稿本，今藏周家。正文用"建德周叔弢自莊嚴堪製"仿古籍版式的格紙繕寫而成，收録周叔弢先生經眼的歷代善本古籍400餘種，始《陸狀元集百家注資治通鑑詳節》一百廿卷，終《臞仙肘後神樞》三卷。每種書著録書名、卷數、行款格式、牌記、藏書印章、完殘程度、前序後跋、藏家題識等，以及鑒定版本有關事項。

周景良先生在影印本《周叔弢古書經眼録》卷首"出版前言"裏講道："關于我父親手稿《古書經眼録》四册，是冀淑英先生提醒我有此事，并説她曾借閲過，我纔知道有此稿的。我于是仔細翻檢遺物找出。這四册《古書經眼録》中，著録有善本四百餘種。然而，祇就他自己所藏善本而言，已有七百多種了，可知不是他'經眼'善本的全部。我父親因經營實業占去很多時間和精力。加之，他又很謙虚，無意著述。即使所藏善本，題跋也不多。潛心版本，記録一些經眼善本，也是自然的。然此録起止年代、取材範圍及其經過，已無法弄清了。我想現影印出版，供有關學者參考，會是有益的。"

周景良先生的介紹，使我們瞭解了這部稿本《古書經眼録》的一些基本情況。特别是講到"此録起止年代、取材範圍及其經過，已無法弄清了。我想現影印出版，供有關學者參考，會是有益的"這段話，所言正是。這就爲我們研究此書，指明了問題所在。

趙嘉和王振偉兩位博士有鑒于此，憑藉自己多年積纍的研討歷代古籍傳本之學養、整理鑒别古籍版本之經驗，以及對歷代私人藏書家書目之熟諳，懷着對周叔弢先生的崇敬之心，以“標注體”形式，對周叔弢先生《古書經眼録》所載古籍，一一進行考索。旨在搞清楚《古書經眼録》涉及到的若干問題，包括《古書經眼録》的起止年代、取材範圍、看書經過，以及書歸何所、各家著録等。歷時二載，日前脱稿。題名《古書經眼録標注》，擬將這個新的研究成果，交付上海古籍出版社出版。

趙嘉和振偉兩位年輕人，乃河北大學學術骨幹。因我在河大曾與二君共事有年，彼此關係，亦師亦友。二君念余在館時，有幸司典守弢翁捐獻善本之職，目驗弢翁遺書亦夥，而《弢翁藏書年譜》之拙作，亦列《標注》參考之書，故在《古書經眼録標注》即將付梓之際，携稿來津索序。自己奉稿疾閲一過，認爲這是一部好書。喜而應允，執筆題序。

我認爲，這部《古書經眼録標注》，搞清楚了有關《古書經眼録》的若干問題。

其一，搞清楚了《古書經眼録》所收古籍之年代及諸書排序問題。

經《標注》得知，弢翁《古書經眼録》基本上是按照時間順序記録其在 20 世紀三四十年代所經眼的古籍。整部《古書經眼録》後三分之二所著録的古籍，大部分可以在《歷年收書目録》《弢翁藏書年譜》中找到對應的具體經眼時間。所收諸書是按時間順序排列的。前三分之一不見于這兩部書。因此可以推知，前三分之一的經眼時間也應該是按順序排列的，且應當早于《歷年收書目録》所記録的第一年丙子（1936），下限大致與《歷年收書目録》所記録的最後一年戊子（1948）一致。因此，《古書經眼録》所記録的是弢翁在 20 世紀三四十年代所經眼的古籍。

其二，搞清楚了《古書經眼録》書目類型問題，指出這是一部選購善本書目。

經《標注》得知，《古書經眼録》是弢翁的一部選購書目。《古書經眼録》在體例上與常見的經眼録類的訪書目録無二，主要記録了書名、卷數以及版本特徵；但是弢翁在其中一些書名之前加以圈識。核對這些帶有標識的書籍，發現其中大部分見于《自莊嚴堪善本書目》。也就是説，這部《古書經眼録》極有可能就是弢翁當時有購買意向的書籍目録。在此基礎上加以遴選，最後確定所要購買的書籍。從這一點看，《古書經眼録》與當時藏書家的鬻書目録、書賈的售書目録都不相同，此前未見。

其三，搞清楚了《古書經眼録》所收諸書的來龍去脉與授受源流問題。

經《標注》得知，弢翁《古書經眼録》與古籍訪求和交易活動緊密相聯。在《古書經眼録》所著録的 400 多種古籍中，有相當一部分見于書賈王文進的《文禄堂訪書記》、鄒百耐的《雲間韓氏藏書題識彙録》和王子霖的《古籍善本經眼録》。特别是弢翁在《古書經眼録》中曾專門注明：“自此以下，皆王晋卿新從上海收來松江韓氏書。”進一步指出了《古書經眼録》所録書籍與當時古籍交易的緊密聯繫。以上幾部書賈所編目録與弢翁《古書經眼録》共同反映出當時古籍流通的主要集散地：北平、天津、上海，彼此之間亦形成了一張聯繫緊密的網絡，這爲研究民國時期古籍流布與遞藏提供了啓示。

其四，搞清楚了《古書經眼録》所見之罕覯善本問題。

經《標注》得知，弢翁《古書經眼録》著録了一些罕見善本古籍。雖然弢翁《古書經眼録》著録的古籍中有很多也見于當時其他書賈、藏書家的書目中，但是其中亦有不見于他家書目著録的罕見書籍。比如海源閣舊藏宋本《新定三禮圖》，除海源閣自家《宋存書室宋元秘本書目》《海源閣秘本書目》著録外，當時其他書目皆未著録；常熟翁氏舊藏宋本《論語集説》、宋本《昌黎先生集》、元本《爾雅》亦如此。《古書經眼録》對此類未見當時其他書目著録的古籍的著録，對于研究該書的遞藏源流經過，是十分重要的。

我認爲，這部《古書經眼録標注》的功用及價值，蓋有以下三點：

其一，對稿本《古書經眼録》進行點校和標注，通過這種系統的整理，完成了從稿本到整理本的轉化，爲學人研讀此書提供了一個通行本。

由于弢翁《古書經眼録》本身是一部手稿，所以在字迹、書寫順序、標識等方面都會給普通讀者利用該書造成不便，因此對該手稿加以整理是必要的。通過對手稿在内容上加以釋讀、校對，在格式上加以調整，使其變成一部眉目清晰、便于使用的目録。對其著録的題跋内容，儘量與原書題跋加以核對，以做到著録内容的準確可靠。

其二，對《古書經眼録》中所收諸書，一一進行尋踪研究，幾乎摸清了每一書的來龍去脉與授受源流。這標志着弢翁《古書經眼録》高質量標注本的産生。

著録善本古籍數量豐富，是弢翁《古書經眼録》一書的特點之一，但如果僅僅對其所著録的内容加以基本的校注，并不能够體現出其中一些古籍在版本上的價值。而通過對這些古籍在遞藏源流上加以標注，指出這些古籍曾經藏于何處、今藏何處，曾經何人收藏、經眼，對于明確民國時期古籍遞藏流通的特點是大有裨益的。此書乃繼邵懿辰《四庫簡明目録標注》、杜澤遜《四庫存目標注》之後又一部以“標注體”寫成的古籍書目。尤其是在尋覓一書之流傳軌迹方面，其周密細緻之精巧，或有超出二書之上者。

其三，通過比對一書在各家書目中的著録情況，發現弢翁《古書經眼録》在著録方面確有過人之處，這爲我們考察弢翁古籍版本目録學思想提供了重要依據。

弢翁在《古書經眼録》中，除了已見于黄丕烈《蕘圃藏書題識》者不再抄録外，其餘所見大都細緻抄録，亦詳及藏印。這一做法在當時已不少見，但將其與《文禄堂訪書記》《雲間韓氏藏書題識彙録》《古籍善本經眼録》所録同本書比較，再結合原書的實際情況，可知弢翁所録往往準確無誤，原原本本，與原書一致。

閲畢書稿，掩卷思忖：弢翁是一位名重宇内的著名藏書家，研究其藏書是一個重大課題。目前，弢翁藏書研究的基礎性工作已基本完成，包括冀淑英編《自莊嚴堪善本書目》、周一良編《自莊嚴堪善本書影》、李國慶《弢翁藏書年譜》，以及影印本《周叔弢批校古籍選刊》和《周叔弢古書經眼録》等。這些基礎性成果的陸續完成，爲開展深入研究提供了條件。弢翁藏書之富、善本之精、價值之高、捐獻之舉，以及愛國之情，堪稱前無古人後無來者。我們這些晚生後輩，應該在此基礎上，深入進行研究，探幽索隱，不斷取得新成果；發揮藏書作用，服務社會，推動學術發展，弘揚傳統文化，褒彰弢翁懿德，以告慰弢翁在天之靈。

今趙嘉和振偉兩位博士，選擇《古書經眼録》爲研究對象，以二年之功完成標注。對每一部書作了梳理和交代，取得了令人信服的研究成果。我認爲這是深入研究弢翁藏書的一個良好開端。二君學有專長，年輕有爲，尤其是對弢翁藏書情有獨鍾，若能再設專題，潛心用功，取得有份量的研究成果將指日可待。

茲閲畢《古書經眼録標注》，從是書解决之若干學術問題、功用及價值等方面略作推介，冠于簡端。是爲序。

（作者單位：天津圖書館歷史文獻部退休）

周叔弢舊藏宋本《新刊山堂先生章宫講考索》考略

朱克理

内容提要： 周叔弢舊藏宋本《新刊山堂先生章宫講考索》木集十卷，後歸祁陽陳清華，2004年11月入藏國家圖書館。此“木集”實原爲庚集，所謂“木集”者，乃是書賈挖改。此集與臺北“故宫博物院”所藏“□集”《官制門》十卷爲同一版本，是與中隱書院本、“□山書院”本皆不同的第三種《考索》宋刻本。中隱書院本是其他《考索》宋刻本之祖本，此“木集”“□集”以及“□山書院”本皆由中隱書院本而來，版式相近却又不完全相同。

關鍵詞： 周叔弢　《新刊山堂先生章宫講考索》　宋本　陳清華

《新刊山堂先生章宫講考索》（以下簡稱《考索》），南宋章如愚編輯。如愚字俊卿，號山堂，婺州金華（今浙江金華）人。自幼穎悟，登南宋寧宗慶元二年（1196）進士第，官至國博宫講。未幾，改知貴州（今廣西貴港市），政績大著。開禧（1205—1207）初被召，上疏極陳時政，因忤韓侂胄，罷秩歸鄉。乃結山堂數十間以講道義，遠邇之士咸尊師之[①]。著有《考索》，又撮其要爲《卓約》二十卷，以便舉子業者[②]。史載其尚有文集百十卷，今皆已散佚，惟《考索》猶存。《考索》以類書形式考察古代典章制度源流演變，門分類析，舉綱撮要，尤其詳于宋代時政，《四庫全書總目》稱其“言必有徵，事必有據，博采諸家而折衷以己意，不但淹通掌故，亦頗以經世爲心，在講學之家，尚有實際”[③]，《鐵琴銅劍樓藏書目録》亦云“南宋率多類事之家，是書最爲精博”[④]，評價頗高。

一、周叔弢舊藏宋本《考索》木集的遞藏源流

《考索》最早于南宋理宗淳祐八年（1248）由金華曹氏中隱書院刊刻。除此之外，宋本還有“□山書院”本（“□”表示原有文字，或殘缺不清，或已被挖除，難以識别。下同），與中隱書院本之卷數、分集、行款等皆相同，僅版式方面有些許差异。宋本之外，尚有元延祐圓沙書院本（以下簡稱“元本”），明正德慎獨齋本（以下簡稱“明本”），清《四庫全書》本（以下簡稱“清本”）。宋本原爲從甲至癸十集，每集十卷，凡一百卷；元、明、清本皆分前、後、續、别四集，前集六十六卷，後集六十五卷，續集五十六卷，别集二十五卷，共二百一十二卷，乃是經過南宋吕中等增補的本子，已非宋本之舊。

《考索》之元、明刊本，明清時期之公私目録皆有著録，而宋本于清以前無明確記載，至民國時纔有殘本陸續出現，爲各大藏書家所收藏。周叔弢先生以收藏宋元明三代善本數百種而名播海内，弢翁舊藏善本之中，就有宋本《考索》十卷十册，題爲“木集”。據弢翁《歷年收書目録》記載，其在1936年12月以160圓在斐英閣收得宋小字本《山堂考索》十册⑤。斐英閣是北京琉璃廠書肆，1932年由裴成武（字子英）開設⑥。此集十卷十册的規制，與目前已知《考索》的其他宋刻本相同，弢翁于書名稱“山堂考索”，當是省稱。弢翁并未在《歷年收書目録》中説明此集之卷數及版式、行款等詳細信息，而在後來的《古書經眼録》中則有明確記述：

新刊山堂先生章宫講考索○集十卷目録一卷

山堂先生宫講章如愚俊卿編。宋小字本。半葉十三行廿字，白口，四周單邊，左方上有耳子，版心上有字數，下間有刻工姓名。每卷標題下有“木集”二字陰文，乃挖補，不知原是何集。板心無標題，衹標“一”“二”等字。

江文清、文清、文清刊、王、才、宗。⑦

宋本《考索》皆以天干分集，所謂“木集”者，乃書賈挖改，以冒充异本射利。弢翁衹言此本“每卷標題下有‘木集’二字陰文”，却未載每卷之具體内容。中華人民共和國成立後，弢翁將藏書大量捐贈給北京圖書館（今國家圖書館）、南開大學圖書館、天津圖書館⑧，但此“木集”并不在其中，而是早已讓與著名藏書家陳清華。

陳清華（1894—1978），字澄中，湖南祁陽人。現代著名藏書家。以金融銀行業起家，酷嗜古籍，與廣東藏書家潘宗周關係密切。所藏宋元刻本既精且富，號爲江南藏書第一，與周叔弢齊名，有“南陳北周”之稱。因曾以萬金購得宋版《荀子》一書，遂名其藏書處爲“荀齋”。1949年前夕，携藏書中珍善之本數十種移居香港。中華人民共和國成立後，陸續將藏書出售給北京圖書館⑨。此“木集”十卷則未曾售出，一直由陳氏後人珍藏秘守，外界亦不知其詳。

2004年11月，此“木集”突然出現于中國嘉德國際拍賣有限公司善本古籍秋季拍賣會，拍品編號2722，題爲“新刊山堂先生章宫講考索十卷”，注爲巾箱本，紙本十册，并附“木集”《財賦門》第一卷目録頁及卷一《財賦門·漕運類》卷端書影兩張。提要云：

此本爲首行標題下有“木”集字様，細審爲挖補。此書半葉十三行，行二十字，四周單邊，白口，間有細黑口，有耳題，書口上記字數，下記葉數，并有刻工。刻工：江文清、文清刊、黄一松。按此本行款，僅見宋刻本。⑩

此“木集”之版式、行款、卷數等皆與弢翁所記相同，而鈐有“陳清華印”白文方印，當是弢翁舊藏而後歸陳氏所有。惟弢翁所記未言“間有細黑口”及刻工黄一松，或因疏于檢視所致；而弢翁所見刻工尚有“文清”“王、才、宗”，提要未提及，當係疏漏。

此集原爲陳清華之子陳國琅保存，後在財政部、文化部、國家文物局等政府機構的支持下，經國家文物局文物諮詢中心、國家圖書館的努力，中國嘉德國際拍賣有限公司運作，與陳清華舊藏其他22種藏書一起，于2004年11月入藏國家圖書館[11]。弢翁藏書有大部分都捐贈給了國家圖書館，此“木集”十卷輾轉60餘年，最終入藏國圖，與弢翁其他藏書相聚，可謂得其所。

2006年，國家圖書館與上海圖書館、中國嘉德國際拍賣有限公司合編《祁陽陳澄中舊藏善本古籍圖録》（以下簡稱《圖録》），將陳清華舊藏善本古籍600餘種加以整理，撰寫解題，配以彩色書影，用宣紙精印。此“木集”十卷即爲《圖録》第〇三一號（國琅），《圖録》附卷二《財用門·役類》卷端書影，并有解題：

> 新刊山堂先生章宫講考索十卷　宋章如愚輯
>
> 宋刻巾箱本　十册
>
> 匡高一〇．五厘米，廣六．六厘米，半葉一三行，行二〇字，四周單邊，白口間有細黑口，有耳題。
>
> 此本爲首行標題下有“木”集字樣，細審爲挖補。書口上記字數，下記葉數并刻工：江文清、黄一松。[12]

此“木集”十卷十册，目録及首尾俱存，當是完整的一集，對應元、明、清本後集卷五十五至卷六十四。今上海圖書館所藏“□山書院”本己集十卷，對應元、明、清本前集卷五十九至卷六十六、後集卷五十三至卷五十四，此“木集”十卷正好與己集相接續，則此“木集”當原爲天干十集中之“庚集”無疑。

綜上，此《考索》“木集”民國以來之遞藏源流如下：琉璃廠斐英閣——周叔弢——陳清華——國家圖書館。

二、臺北“故宫博物院”所藏宋本《考索》“□集”的來源

值得注意的是，此“木集”（庚集）之版式與臺北“故宫博物院”所藏《考索》“□集”相同。此《考索》“□集”十卷十册（卷九葉九爲抄補），宋刻巾箱本；版框尺寸10.5×6.7厘米，半葉13行，行20字，白口，偶有綫黑口，四周單邊，雙黑魚尾；尾上記字數，尾間記卷次，尾下記葉數，間記刻工姓名：庭、應芹、芹、齊、子、震；左欄外有書耳標注小題。目録標題兼行大字，“官制門”三字亦如之。每卷標題“官制門”上有花魚尾，各小題或記“朝代”“官署”“帝號”等，皆以墨蓋子白文别出，内文引用年號時以括弧標示。目録後有鬲鼎形無字牌記。各卷卷端首行標題下方原刻有某集，現已全被剜去。此集爲宋本某集十卷完整的《官制門》，目録與正文十卷皆存，對應元、明、清本後集卷十一至卷二十。

從版式、行款等信息可知，臺北“故宫博物院”藏本與周叔弢、陳清華遞藏本當爲同一版本。臺北“故宫博物院”藏本卷端下方分集字樣皆被鏟去，周、陳二人所藏本則被補上“木集”二字。此二集之版式與中隱書院本、“□山書院”本皆不同。

此集中鈐有藏書印記多方，迭經名家收藏。據臺北“故宫博物院”之著録，書中所鈐印記有“毛表之印”白文方印、“毛表私印”白文方印、“古虞毛氏奏叔圖書記”朱文方印、“虞山毛氏汲古閣收藏”朱文方印、“汲古后人”白文方印、“渭仁借觀”

朱文方印、“皕宋書藏主人廿九歲小景（丁巳元日吴下王大炘製）”半身觀書肖像朱文長方印、“佞宋”朱文長方印、“寒雲如意”朱文方印、“抱存歡喜”朱文方印、“克文與梅真夫人同賞”朱文方印、“侍兒文雲掌記”朱文長方印、“無塵”朱文長方印、“醉杏惜福同觀書畫小記”白文長方印、“鉏經堂藏”朱文方印、“胡氏所藏宋本”白文方印、“胡氏所藏宋本”朱文方印、“天津市人民圖書館珍藏圖書”朱文方印、“天津圖書館注銷章”朱文長方印⑬。

“毛表之印”“毛表私印”“古虞毛氏奏叔圖書記”“虞山毛氏汲古閣收藏”“汲古后人”等印記，皆爲清初毛表之藏書印。毛表（1638—1700）⑭，字奏叔，號正庵，虞山（今江蘇常熟）人，毛晋第四子。清代藏書家、刻書家，喜收藏圖書，并刻印多種。毛表卒于康熙三十九年（1700），則此集《考索》康熙年間曾爲其所藏。

“渭仁借觀”印主當爲清嘉慶、道光年間之徐渭仁。徐渭仁（1785—1855）⑮，字文臺，號紫珊、子山、不寐居士。上海人。早年善書法，尤長漢隸，收藏碑帖甚豐，并精于鑒别，當時人稱爲“巨眼”。因得隋開皇《董美人碑》，甚珍愛，遂自號“隋軒”。後又得王昶舊藏之建昭雁足鐙，便在宅中辟“西漢金鐙之室”。由于收藏品甚多，室名有“春暉堂”“千聲室”“寶晋硯齋”“實事求是齋”“寒木春華館”。藏印有“文臺”“紫珊秘玩”“上海徐渭仁收藏印”“上海徐紫珊收藏書畫金石書籍印”。輯有《隋軒金石文字》《春暉堂法帖》《春暉堂叢書》⑯。此“□集”《考索》自毛表處流出後，不知藏于何人之手，但既能被徐渭仁借來觀賞，應是收藏于徐氏某位好友手中。

“皕宋書藏主人廿九歲小景”“佞宋”“寒雲如意”“抱存歡喜”“克文與梅真夫人同賞”“侍兒文雲掌記”“無塵”等印記，皆爲民國時袁克文藏書印。袁克文（1890—1931），字豹琴、豹嶺，一字抱岑、抱存。河南項城人。袁世凱次子。民國著名收藏家、藏書家。因得宋王晋卿《蜀道寒雲圖》，遂號寒雲。能書善畫，富于收藏，以巨資廣購古籍、金石、書畫、錢幣、郵票等，先後得盧文弨、莫友芝、徐坊、吴昌綬、楊守敬、鄧邦述等藏書大家之宋元明精槧數百種。因傾慕黄丕烈有“百宋一廛”專藏宋本，故建書樓爲“後百宋一廛”。後又慕名陸心源“皕宋樓”，遂改爲“皕宋書藏”。所藏宋本達200種，遠超黄丕烈之上⑰。袁克文《寒雲日記》丁巳（民國六年，1917年）二月十六日曾記載其得此集《考索》之經過：

> 于寓滬某家以八百五十元購得《新刊山堂先生章宫講考索》十卷，乃宋刊宋印巾箱本，高四寸二分，闊二寸五分，版心高三寸一分，闊二寸，刻印俱精。此書向無宋本見于著録，惟元圓沙書院及明刊本。此十卷爲官制門，雖非完帙，而目録衹十卷，首尾無缺，想是一集之全者。惟標題下有分集標明墨釘，爲人鏟去，固不可考。……
>
> 《新刊山堂先生章宫講考索》十卷，宋章如愚輯，每半葉十三行，行二十字，白口，有字數，間有刻工姓名，目録標題兼行大字，“官制門”三字亦如之。目録後有鼎形無字印，欄外有耳題，宋諱多缺筆。藏印有“毛表之印”“虞山毛氏汲古閣收藏”“汲古后人”“古虞毛氏奏叔圖書記”“毛表私印”。⑱

此集十卷十册，第一册書後有袁克文手書題記，并賦《春日雜詩》一首：

《山堂先生章宫講考索》十卷，宋刊宋印，精好足賞，雖非全帙，而目録首尾無缺，當是一集之完者，細審標題下俱有修補之痕，顯爲惡估鏟去標明集次墨釘，以冒稱完帙，不復見宋本原來面目，惜哉！蓋元明諸本已非宋本分集之舊矣，諸藏家著録之最古者，爲元圓沙書院巾箱本，每半葉十五行，明本每半葉十行（筆者按，明本每半葉十四行，此誤），標題俱曰“群書考索”，無有標“章宫講”者，宋本之罕异，不亦可貴耶。丁巳二月十六獲于春申江上，寒雲。

春日雜詩之一

十卷山堂珍宋槧，何須完璧乞圓沙。十三十五分行格，宫講標題况獨差。[19]

丁巳爲民國六年（1917），春申江即上海黄浦江，則此書是袁克文1917年2月16日在上海以850元的高價購得。袁克文購入之後，在書中鈐其藏書印記甚多，如“皕宋書藏主人廿九歲小景”“佞宋”“寒雲如意”“抱存歡喜”諸印，爲袁克文自身藏書印；而“克文與梅真夫人同賞”“侍兒文雲掌記”“無塵”等印，梅真是袁克文夫人，文雲、無塵是袁克文的侍女姬妾[20]。連妻妾也一并鈐印，可見袁克文對此書的珍愛程度。“醉杏惜福同觀書畫小記”印不知是否亦爲袁克文藏書印，待考。

“鉏經堂藏”“胡氏所藏宋本”爲胡若愚藏印。胡若愚（1895[21]—1962），本名言愚，字如愚，后改若愚，號悔庵。國立北京大學畢業，法學士。歷任法制院參事、清室私産清理局總辦、青島市市長、北平代市長、故宫博物院理事等職。晚年定居天津鉏經里[22]。袁克文晚年因生計窘迫，所藏善本多數散出，此《考索》“□集”十卷當在彼時爲胡若愚所得。

“天津市人民圖書館珍藏圖書”“天津圖書館注銷章”爲天津市人民圖書館（1982年更名爲天津圖書館）印記。“文革”特殊時期，很多藏書舊家的“古籍善本被當作查抄物資，交歸有關部門集中管理，甚至有一些藏書直接進入了圖書館、博物館”。“天津的胡若愚後人，在‘文革’中被攆出了位于天津著名的五大道上的獨居小洋樓”。“80年代之後，隨着文物退還政策的落實，大批原來在‘文革’期間被抄家收走的古籍善本書退回到了民間。……一部分人選擇了直接將退還之物送往古籍書店變現”[23]。此《考索》“□集”當是此時期歸于天津市人民圖書館，後被注銷退還，再進入市場。據臺北“故宫博物院”著録的信息來看，此“□集”《考索》乃是1992年11月購入，當是購自胡若愚後人。

綜上所述，則此《考索》“□集”自清初以來之遞藏源流大致如下：毛表——袁克文——胡若愚——天津圖書館——胡若愚後人——臺北“故宫博物院”。

三、宋本《考索》甲、丁、木、“□”四集的版式差异

傅增湘《藏園訂補郘亭知見傳本書目》著録《考索》南宋金華曹氏中隱書院刻本云：

㊋新刊山堂先生章宫講考索甲集十卷　宋章如愚撰輯。○宋金華曹氏中隱書

院刊本，十三行二十字，白口，左右雙闌。存甲集十卷。目後有“金華曹氏中隱書院刊行”牌子二行。以字體雕工論，是建本而非浙本。[24]

傅氏所見中隱書院本甲集十卷，今藏中國書店，已影印出版[25]。據筆者目驗并結合傅氏所見，可知甲集爲宋刻巾箱本，板框尺寸10.6×6.9厘米[26]，半葉13行，行20字，小字單行，字數同，白口，左右雙邊，雙黑魚尾，版心記“考甲幾”，尾上記字數，尾下記葉數，間記刻工姓名，左欄外有書耳記篇名。目録後有“金華曹氏中/隱書院刊行”雙行牌記。目録及卷首書名下“甲集”二字皆以墨蓋子白文别出。各卷標題“六經門”“諸子百家門”上有花魚尾，文中各小題亦皆以墨蓋子白文别出。甲集十卷，對應元、明、清本前集卷一至卷八、卷十至卷十一。

《藏園群書經眼録》著録“□山書院”本丁集云：

新刊山堂先生章宫講考索目録十卷丁集　宋章如愚撰

宋刊巾箱本，半葉十三行，行二十字，白口，左右雙闌，版心記“丁幾”二字，上方記字數，闌外標篇名。每卷首書名下標陰文“丁集”二字，目後有碑形牌子“□山/書院”，字爲白文。

按：此書與袁抱存克文所藏本同式，惟此猶單篇草訂横式爲足貴耳（述古堂送閲，索五百元。戊午）。[27]

此集亦見于《藏園訂補郘亭知見傳本書目》[28]。傅氏經眼之丁集十卷，今藏上海圖書館。宋刻巾箱本，版框尺寸10.7×6.6厘米，半葉13行，行20字，小字單行，字數同，白口，左右雙邊，雙黑魚尾，尾上記字數，有書耳標注小題。目録後有碑形牌記，題“□山/書院”。目録及卷首書名下“丁集”二字皆以墨蓋子白文别出。各卷標題“禮門”“禮器門”上有花魚尾，文中各小題皆以墨蓋子白文别出。此集爲“單篇草訂横式”，與他本不同。丁集十卷，對應元、明、清本前集卷三十五至卷三十七、卷四十至卷四十六。傅氏以爲此丁集與袁克文所藏本同式，是錯誤的，袁克文所藏“□集”爲四周單邊本，與丁集并非同一版本。

“□山書院”本丁集與中隱書院本甲集相較，除了版框尺寸略有差异之外，二本之分集、卷數以及版式、行款等方面皆相同，而中隱書院本爲《考索》之最早刻本，可知“□山書院”本係翻刻中隱書院本而來。弢翁所藏木集（庚集）和臺北“故宫博物院”所藏“□集”爲同一版本，與中隱書院本甲集、“□山書院”本丁集在版式上則多有不同。對比三種版本，它們之間的主要不同可以概括爲以下四點：

1. 木集（庚集）、“□集”皆爲白口，偶有綫黑口，四周單邊，甲集與丁集皆爲白口，左右雙邊；

2. 木集（庚集）、“□集”爲鬲鼎形無字牌記，甲集爲雙行文字牌記，丁集則爲雙行文字碑形牌記；

3. 木集（庚集）、“□集”之目録標題及“官制門”“財賦門”三字皆兼行大字，甲集與丁集則皆單行小字；

4. 木集（庚集）、“□集”文中之各小題或記“朝代”“官署”“帝號”等皆以墨蓋子白文别出，内文引用年號時以括弧標示，甲集與丁集皆無。

從這些不同可以看出，弢翁舊藏木集（庚集）、臺北“故宫博物院”所藏“□集”當是與中隱書院本、“□山書院”本不同的第三種宋刻本。但三者同爲巾箱本，卷端題名皆爲“新刊山堂先生章宫講考索/山堂先生宫講章如愚俊卿編”，每集亦皆爲十卷，版框尺寸也幾乎一致，其他如13行20字、雙魚尾、書耳等也相同，可見它們屬于同一個版本系統，皆源于中隱書院本。

注釋：

① (宋) 章如愚：《山堂考索》，中華書局，1992年影印劉洪慎獨齋明正德三年（1508）刻正德十三年重印本，前集卷前有章氏小傳。

② (元) 吴師道：《敬鄉録》，《景印文淵閣四庫全書》，臺北商務印書館，1984年，第451册396頁。

③ (清) 永瑢等：《四庫全書總目》，中華書局，1983年，1150頁。

④ (清) 瞿鏞編纂，瞿果行標點，瞿鳳起覆校：《鐵琴銅劍樓藏書目録》，上海古籍出版社，2000年，438頁。

⑤ 周叔弢：《歷年收書目録》，《周叔弢古書經眼録》下册，國家圖書館出版社，2009年，667頁。亦見李國慶編著，周景良校定：《弢翁藏書年譜》，黄山書社，2000年，100頁。

⑥ 孫殿起：《琉璃廠小志》，北京出版社，1962年，109頁。

⑦ 周叔弢：《古書經眼録》，《周叔弢古書經眼録》上册，224—225頁。

⑧ 李玉安、黄正雨：《中國藏書家通典》，香港中國國際文化出版社，2005年，895—896頁。

⑨ 同注⑧，919—920頁。

⑩ 見中國嘉德國際拍賣有限公司官網：http://www.cguardian.com/AuctionDetails.html?id=482742&categoryId=365&itemCode=2722（2020.11.9檢索）。

⑪ 中國國家圖書館、上海圖書館、中國嘉德國際拍賣有限公司編：《祁陽陳澄中舊藏善本古籍圖録》，上海古籍出版社，2006年，6頁。

⑫ 同注⑪，12頁。

⑬ 見臺北“故宫博物院”官網：http://npmhost.npm.gov.tw/ttscgi/ttswebrb?@@31A6D18701C5F765C452（2020.11.9檢索）。

⑭ 潘天禎：《汲古閣主人毛晋諸子生卒年試考》，《潘天禎文集》，上海科學技術文獻出版社，2002年，271頁。

⑮ 邵雍、劉錦：《上海紳商與小刀會起義——以郁松年、徐渭仁爲中心的考察》，《上海研究論叢》第22輯，上海書店出版社，2014年，338頁。

⑯ 馬承源主編：《上海文物博物館志》，上海社會科學院出版社，1997年，470頁。

⑰ 同注⑧，892—893頁。

⑱ 王雨著，王書燕編纂：《古籍善本經眼録》，《王子霖古籍版本學文集》第二册，上海古籍出版社，2006年，170頁。原文誤字頗多，引用時已改正。

⑲ 轉引自陳暐仁：《〈新刊山堂先生章宫講考索〉宋刻本考述》，《再造與衍義：文獻學國際學術研討會專刊》，臺北“故宫博物院”，2008年，171—193頁。標點略有改動。

⑳ 同注⑲。

㉑ 徐友春主編：《民國人物大辭典》上册，河北人民出版社，2007年，984頁。

㉒ 趙愛學：《國圖藏嘉靖本〈永樂大典〉來源考》，《文獻》，2014年第3期，37—64頁。

㉓ 拓曉堂:《嘉德親歷：古籍拍賣風雲録》，上海書畫出版社，2018 年，6—8 頁。

㉔ 傅增湘:《藏園訂補郘亭知見傳本書目》，中華書局，1993 年，卷十下，75 頁。

㉕（宋）章如愚:《新刊山堂先生章宫講考索》甲集，中國書店，2008 年。

㉖ 中國國家圖書館、中國國家古籍保護中心編:《第一批國家珍貴古籍名録圖録》（全八册），國家圖書館出版社，2008 年，第 3 册 252 頁。

㉗ 傅增湘:《藏園群書經眼録》，中華書局，1983 年，832 頁。

㉘ 同注㉔，75 頁。按，除丁集十卷外，"□山書院"本尚存己集十卷、丙集四卷（卷四至六、八），分别藏于上海圖書館及國家圖書館。

（作者單位：武漢大學文學院古籍整理研究所）

“越谿草堂”印主小考

沈艷麗

内容提要： 國家圖書館藏宋紹興四年（1134）釋思鑒刻本《景德傳燈録》鈐有“越谿草堂”印，《善本書室藏書志》云《天禄琳瑯》中亦有此印，但無考。傅增湘先生在《藏園群書經眼録》中認爲此印爲何焯之印，但未詳述依據。高曉成在《汲古閣本〈中州集〉何焯批注輯録》一文中亦言“越谿草堂”爲何焯之印。《石渠寶笈三編》等書畫目録中則提示此印爲明代書畫家王寵兄弟之印。考察五種鈐有此印的古籍，此印印主爲何焯可信度最高。

關鍵詞： 越谿草堂　土風清嘉　何焯　傅增湘

國家圖書館藏宋紹興四年（1134）釋思鑒刻本《景德傳燈録》（索書號：8306），爲周叔弢先生舊藏。周叔弢先生對此書極爲珍視。1928 年農歷正月，翁新得此書，適逢其最小的兒子誕生，高興之至，欣然爲之取名“景良”。并跋云：“得書之五日，適第七子生，因取此書第一字命名爲‘景良’，深冀此子他日能讀父書，傳我家學。”此書與《五燈會元》爲周藏佛學雙艷，在其藏書中占有重要的地位，而以書名爲子立名，更成爲藏書史上的一段佳話[①]。

筆者近因工作需要翻閱此本，發現書内鈐有多枚藏印，均能落實印主，唯有一枚“越谿草堂”印，印主不明，且少有人提及。經查閲相關文獻和數據庫，《石渠寶笈三編》等書畫目録中提示此爲明代正德嘉靖間的蘇州書畫家王寵兄弟之印[②]，傅增湘先生在《藏園群書題記》中《蚓竅集》跋文[③]中提及此爲何焯之印，但未詳述依據。筆者擬對此印印主作進一步查考，以爲周叔弢先生誕辰 130 周年紀念。

一、鈐有此印的五種古籍及遞藏情况

筆者檢索相關數據庫，除上述宋本《景德傳燈録》外，另有四種善本鈐有“越谿草堂”印。各本版本及遞藏情况如下：

1.《景德傳燈録》

《景德傳燈録》三十卷《西來年表》一卷，（宋）釋道原撰。宋紹興四年（1134）釋思鑒刻本，配以元至正二十五年（1365）釋寶生刻本及劉世珩影元延祐三年（1316）刻本，亦稱“百衲本”。

《景德傳燈録》現存宋代單刻共有三種，分别爲十三行本、十一行本與十五行本，此宋紹興四年（1134）釋思鑒刻本即爲十五行本。書中有傅增湘、勞健跋及勞健代録周叔弢跋、袁克文跋，鈐“越谿草堂”“八千卷樓藏書印”“錢塘丁氏正修堂藏書”“袁克文”“周暹”“自莊嚴堪”等印。其中“越谿草堂”印鈐于卷五卷端，此葉所鈐各印自下而上分别爲“錢塘丁氏正修堂藏書”朱方、“八千卷樓藏書印”朱方、“越谿草堂”朱方和“周暹”白方。

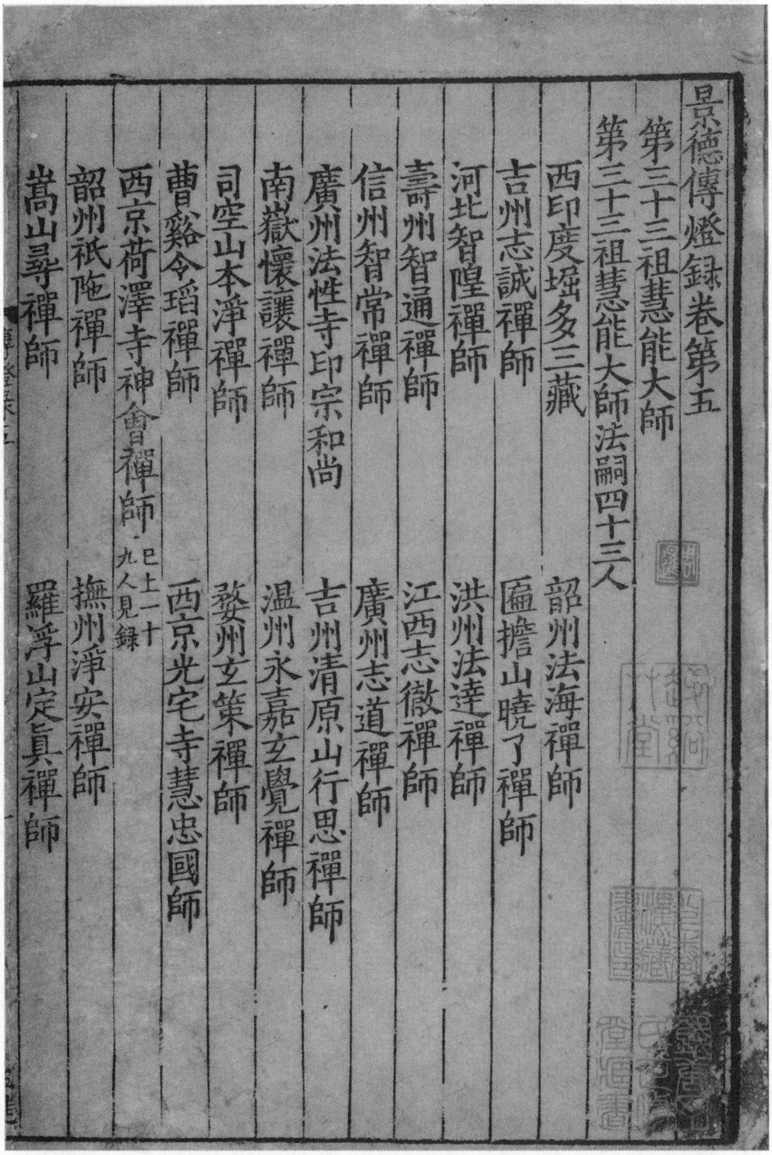
景德傳燈録卷第五
第三十三祖慧能大師
第三十三祖慧能大師法嗣四十三人
西印度堀多三藏　韶州法海禪師
吉州志誠禪師　匾擔山曉了禪師
河北智隍禪師　洪州法達禪師
壽州智通禪師　江西志徹禪師
信州智常禪師　廣州志道禪師
廣州法性寺印宗和尚　吉州清原山行思禪師
南嶽懷讓禪師　溫州永嘉玄覺禪師
司空山本淨禪師　婺州玄策禪師
曹谿令瑫禪師　西京光宅寺慧忠國師
西京荷澤寺神會禪師已上一十九人見録
韶州祇陁禪師　撫州淨安禪師
嵩山尋禪師　羅浮山定眞禪師

圖1　宋紹興四年（1134）釋思鑒刻本《景德傳燈録》卷五卷端

周叔弢和傅增湘的題跋中皆提及此本遞藏情況。周叔弢跋語云：“宋本《景德傳燈録》三十卷，此存卷五至卷九，又卷十三至十九，又卷二十三、四，凡十四卷，每半葉十五行，每行廿八、九字不等。丁氏八千卷樓舊藏。丁氏藏書舉歸江南圖書館，此或先散佚者，戊辰正月廿三日以重值得之北京文禄堂。”周叔弢于 1928 年（戊辰）正月從北京文禄堂購得十四卷。同年年底，他又收得二十、二十一兩卷。此本卷二十前叔弢手跋云：“戊辰正月八千卷樓舊藏宋本《景德傳燈録》殘帙歸余，十一月復收此卷，亦紹興原刻，可補其缺，若紙質堅緻墨采焕瑩，則此册爲勝矣。小除夕，叔弢。”（末鈐“周氏赤弢”“安隱”印）。此二卷卷首鈐有“刑部湖廣司主事方豪藏”“周暹”印。弢翁跋文中未提及此“越谿草堂”印。

傅增湘跋文叙述此書版本和遞藏源流更爲詳細：“此書北宋刊本……收藏有‘越谿草堂’‘八千卷樓藏書印’‘錢塘丁氏正修堂藏書’諸印記。按此書舊藏杭州丁氏。據善本書目云，《傳是樓》《藝芸精舍宋版書目》俱載此書，疑徐歸于汪，即此一帙也。……光緒之季，端忠敏公以六萬金悉買八千卷樓藏書，置之江寧圖書館，獨此書不在焉。聞丁松生之女歸胡氏者，平生禮佛，酷嗜經典，手携此帙，朝夕循諷，築園于西湖净慈寺前……聞此人頃已化去，其戚屬挾此殘帙入都，留架上者經年而後持去。私心嘆謂，不知流落何所。不意展轉竟歸于叔弢。把卷重温，如故友之相逢，喜珍籍之得所。因志其原委，俾後來有所考焉。”此跋亦未提及“越谿草堂”一印的信息。

《善本書室藏書志》及《八千卷樓書目》皆著録此書，且此書有八千卷樓藏印，確爲丁氏舊藏。《善本書室藏書志》卷二二著録云：“按《傳是樓》《藝芸精舍宋板書目》俱載此書。疑徐歸于汪，即祇一帙耳。……有‘越谿草堂’一印。《天禄琳瑯》中亦有此印，云無考。”[④]由此可知，“越谿草堂”之印鈐于丁氏收藏前，且丁氏不知印之所屬。不過《傳是樓書目》《藝芸精舍書目》似未著録此書。

2.《蚓竅集》

《蚓竅集》十卷，（明）管時敏撰，丁鶴年評，（明）吴勤序，（明）胡粹中序，卷首前有《全菴記》一則，卷末有《補遺》一則。明永樂元年（1403）楚藩刊本，卷六第六、二十葉係屬抄配。

此書現藏臺北“故宫博物院”，爲北平圖書館寄藏書之一。據該院網站著録，該書收藏印記有：“文水道人”朱方（之印）、“汪士鐘藏”白長、“善本”朱圓、“漢節”朱長、“小謨觴仙館”白方、“清奉買來”白橢、“不夜于氏藏書印”白長、“湘山清賞”朱方（此四印皆爲于昌進印）、“越谿草堂”朱方、“土風清嘉”白方、“高象”二朱長、“國立北平圖書館收藏”朱方[⑤]。據藏印可知此書經明代文嘉，清代汪士鐘、于昌進等遞藏。

3.《水經注》

《水經注》四十卷，（漢）桑欽撰，（北魏）酈道元注，明抄本。清何焯、顧廣圻校，清袁廷檮校并跋。

此書現藏國家圖書館（索書號：2754）。書中鈐有“語古”“何印壽仁”“吴郡沈文”“辨之印”“袁又愷借校過”“稽瑞樓”“文端公遺書”“翁印同龢”“翁斌孫印”

“土風清嘉”“越谿草堂”等印。可知此書經明代何壽仁、沈辨之，清代袁廷檮、陳揆稽瑞樓、翁同龢及翁斌孫等遞藏。其中“越谿草堂”印鈐于首卷卷端右下角。

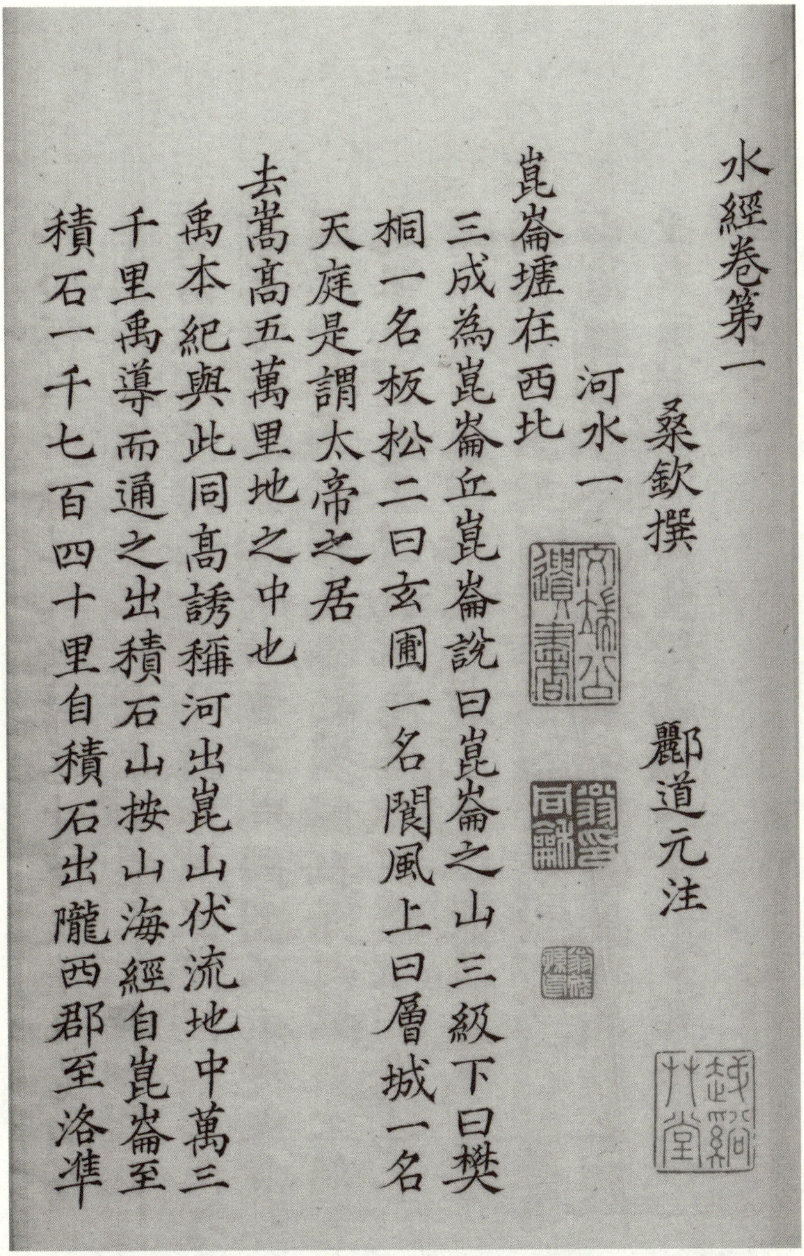
水經卷第一
桑欽撰　酈道元注
河水一
崑崙墟在西北
三成為崑崙丘崑崙說曰崑崙之山三級下曰樊
桐一名板松二曰玄圃一名閬風上曰層城一名
天庭是謂太帝之居
去嵩高五萬里地之中也
禹本紀與此同高誘稱河出崑山伏流地中萬三
千里禹導而通之出積石山按山海經自崑崙至
積石一千七百四十里自積石出隴西郡至洛準

圖2　明抄本《水經注》卷一卷端

4.《秋澗先生大全文集》

《秋澗先生大全文集》一百卷附録一卷，（元）王惲撰，明弘治十一年（1498）馬龍、金舜臣刻本。

此書現藏南京圖書館。書中鈐“越谿草堂”“土風清嘉”二印。其中“越谿草堂”一印鈐于序首頁下方。

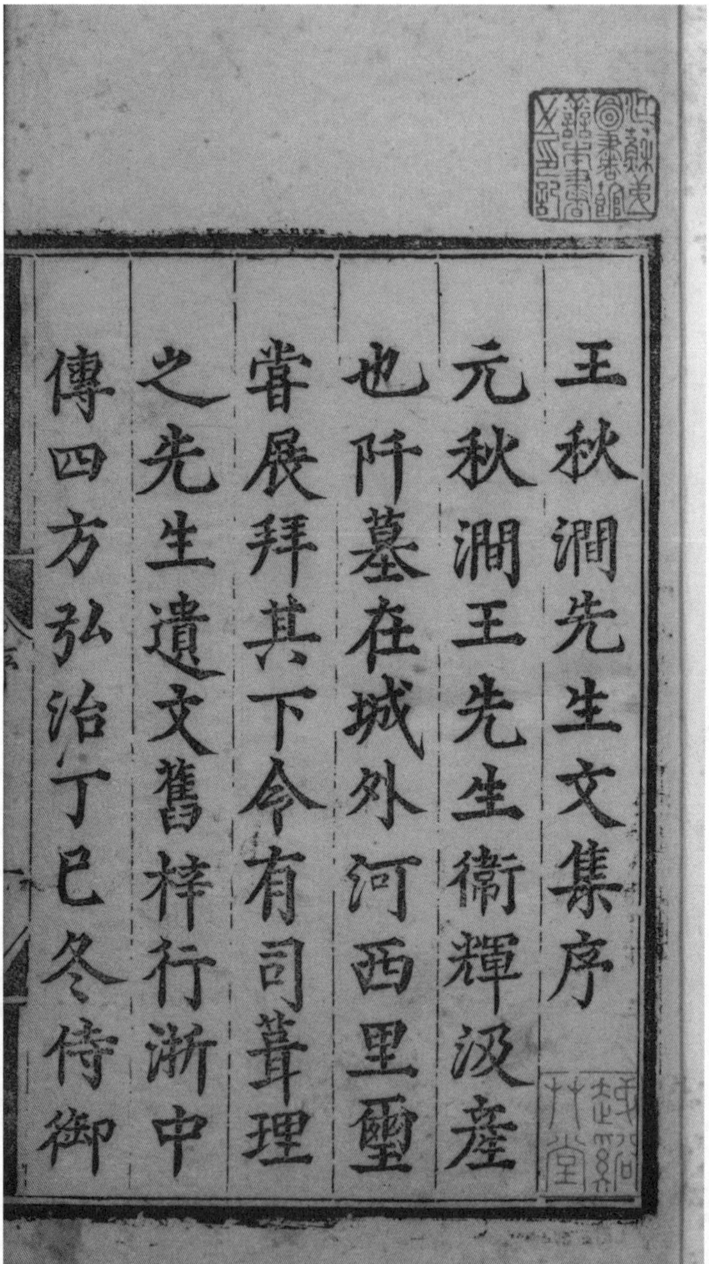
王秋澗先生文集序
元秋澗王先生衛輝汲産
也阡墓在城外河西里璽
嘗展拜其下令有司葺理
之先生遺文舊梓行浙中
傳四方弘治丁巳冬侍御

圖3　明弘治十一年（1498）馬龍、金舜臣刻本《秋澗先生大全文集》序

丁丙《善本書室藏書志》著録此書云：“《秋澗先生大全集》一百卷，明弘治翻元刊本，元王惲撰。惲字仲謀，一字秋澗，汲縣人，官翰林學士，承旨謚文定，……有‘越谿草堂’一印。”亦未指出“越谿草堂”印主。

5.《中州集》

《中州集》十卷首一卷，《樂府》一卷，（金）元好問輯，明末毛氏汲古閣刻本。清何焯批校并跋，傅增湘跋。

此書現藏中國社會科學院文學研究所。此書函匣上刻“何義門評點中州集”與一枚“欣于所遇”閑章，章旁又刻“半圓”2字，不確定印主。書内鈐有何焯“何焯之印”“土風清嘉”“越谿草堂”“無勇”4印[⑥]。

二、“越谿草堂”印主分析

關于“越谿草堂”印主，目前有兩種觀點。傅增湘先生認爲此印爲清何焯之印，但未説明依據；根據一些書畫目録記載，明代正德、嘉靖間的蘇州書畫家王寵兄弟亦用“越谿草堂”印。

傅增湘《藏園群書題記》跋明永樂元年刊本《蚓竅集》云：“原帙經何義門收藏，其‘土風清嘉’‘越谿草堂’皆何氏印。又‘小謨觴館’一印，審爲山左于氏。卷中缺葉二篇爲義門手寫。卷末《題張子正桃花春鳥圖》七絶一首，亦義門所抄輯。”[⑦]明確指出“土風清嘉”“越谿草堂”二印皆爲何焯印，并認爲書中缺葉亦爲何焯所抄。何焯（1661—1722），字屺瞻，學者稱義門先生，江蘇長洲（今江蘇蘇州）人。《清史稿》有傳，稱其“通經史百家之學。藏書數萬卷，得宋、元舊槧，必手加讎校，粲然盈帙”[⑧]。

王國維對此本《蚓竅集》的抄補有不同看法，他認爲抄補筆迹出自文嘉。王國維于《傳書堂藏書志》卷四云：“《蚓竅集》十卷，明刊本，雲間管時敏撰，西域丁鶴年評。……永樂初楚府刊本。舊闕卷六末葉，文休承手抄補全。又卷末補《題張子正桃花春鳥圖》七絶一首，亦休承筆。有‘豪上’‘文水道人’‘越谿草堂’‘漢節’‘汪士鐘藏’‘不夜于氏藏書印’‘小謨觴仙館’‘湘山清賞’‘清俸買來’‘土風清嘉’諸印。”[⑨]王國維未提到“越谿草堂”“土風清嘉”二印印主，但認爲卷中補抄葉和卷末《題張子正桃花春鳥圖》出自文嘉之筆。文嘉（1501—1583），字休承，號文水，江蘇長洲（今江蘇蘇州）人，文徵明仲子。吴門派代表畫家。

據《石渠寶笈三編》《西清劄記》等記録，明代正德、嘉靖間的蘇州書畫家王寵兄弟用“越谿草堂”印。王寵（1494—1533），字履吉，别號雅宜，長洲人。其兄王守，字履約，二人“少同筆硯，食息起居未嘗少離”[⑩]。《石渠寶笈三編》延春閣藏《王寵千字文一册》有款識云：“正德辛巳六月，雅宜山人王寵書于越谿草堂。鈐印三：‘王履吉印’‘韓韓齋’‘山中人’。首幅鈐印一：‘辛夷館’，第五幅鈐印一：‘越來谿’。”另據載王寵曾“築草堂石湖之陰”[⑪]，説明王寵築有“越谿草堂”[⑫]。《西清劄記》録有王寵《自書詩》卷，款識云：“鄙作呈白石先生覽教，壬辰秋七月廿又四日，山中人王寵頓首書。”印四：韓韓齋、王寵履吉、辛夷館印、采芝堂。後幅題跋：“家弟履吉書宗大令，深得旨法。是卷作于病中，……悲憶欷歔，因題于後，以歸之。嘉靖丙申季冬閏六月石湖王守。”印四：“震澤”“涵峰”“王履約印”“越谿草堂”[13]。其中“震澤”“王履約印”均爲王守印，由此推斷，“越谿草堂”應同爲王守之印。王寵築有越谿草堂，其兄以此刻印，似乎也説得過去。

不過，因未見王寵兄弟“越谿草堂”印形制，无法確定此“越谿草堂”印與《景德傳燈録》爲同一印，也許僅是印文相同。且上述明末汲古閣刻本《中州集》上鈐有“越谿草堂”印，就可排除王寵兄弟爲此印主人的可能性。

如是，則“越谿草堂”印衹可能是傅增湘認爲的爲何焯之印。下面從此印的文字内涵、鈐印位置、題跋校記記載、共現藏印等角度，對此進一步分析。

首先，從印章的文字内涵來看，“越谿草堂”和“土風清嘉”二印都與蘇州有關。越谿位于蘇州西南，與石湖相通，又稱越來谿。《吴郡志》中記載：“越兵自此谿來入吴，故以名。”[14]上述王寵兄弟即有“越來谿”之印，不過上文已否定《景德傳燈録》等“越谿草堂”印與其無關。而“土風清嘉”，是自古以來對蘇州地區的描述。據《明一統志》，典出陸機“山澤多藏育，土風清且嘉”[15]。也就是説，可以確定“越谿草堂”和“土風清嘉”二印都與蘇州有關。而何焯正是蘇州人，與此相合。

其次，從鈐印位置來看，依據目前能看到的三種書的書影，我們可以發現：《景德傳燈録》之“越谿草堂”鈐印在卷五的右側中間位置。根據周叔弢先生的跋文可知，此書爲殘卷，卷五相當于殘卷的首卷。又根據丁氏跋文，“越谿草堂”之印鈐于丁氏收藏前，這與何焯的生平相合。《水經注》之“越谿草堂”印鈐蓋在卷首的右下角。按照藏印一般由右下及上的鈐蓋習慣，可推測此印早于“文端公遺書”（翁同龢印）、“翁印同龢”“翁斌孫印”。這也與何焯生平相符。

再次，從關于這些書的批校題跋中驗證。傅增湘先生對此印的判斷是重要參考。傅先生畢生致力于目録、版本、校勘之學，平生所見各書不止數十萬卷，其中不乏何焯的批校本。僅在《藏園群書經眼録》的集部部分，傅先生經眼的何焯手校和手跋的書就有20餘種之多，如《臺閣集》一卷、《唐李嘉佑詩集》五卷、《甲乙集》十卷、《李文山詩集》三卷、《遺山先生詩集》二十卷、《仇山村遺稿》一卷等[16]。傅先生明言“土風清嘉”“越谿草堂”皆何氏印，想來是有一定把握的。

此外，再看《水經注》上何焯的批校。該本《水經注》書末有袁廷檮跋云：“嘉慶乙丑（嘉慶十年，1805）借校，因正錯簡脱失。廷壽。”卷中校迹正如跋中所言，以校正錯簡脱葉爲主，如卷九“定公二十八年淇絶于書衛即此也”下，其校云：“以下六葉錯簡在第七卷中。”又如卷三十“江國也嬴姓矣”上，其校云：“二、三兩葉誤倒。”而在袁氏筆迹之外，卷中還有兩種筆迹，墨色亦有别，應分屬于何焯和顧廣圻。可確定爲何焯校者如卷二“罕有津逮者”，校云：“‘津逮’歸太僕家抄本、趙清常校本皆作‘津達’。”（圖1）此條與國家圖書館所藏的一部佚名録何焯校本《水經注》（索書號：10076）相同，彼本明確標明爲“何義門云”。而其筆迹亦與上海圖書館藏何焯校跋本《隸釋》（藏書號：T034430）中何焯筆迹（圖2）相合。這可以證明，此《水經注》爲何焯手校本。

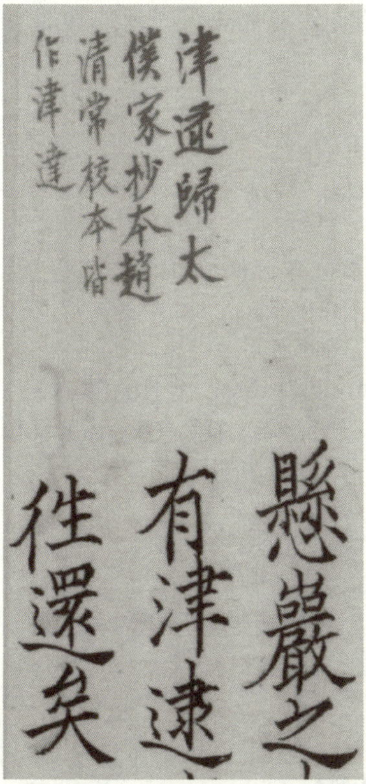

圖4　《水經注》卷二第十五葉何焯批校

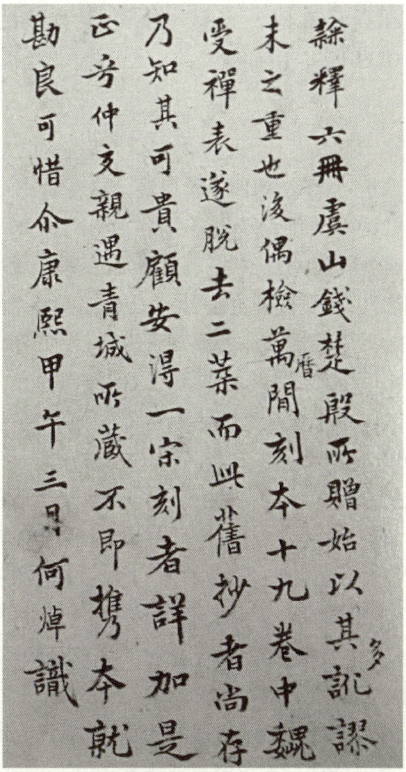

圖5　《隸釋》卷末何焯題識

最後，考察此印與同書出現的藏印的關係。在《水經注》卷三十七首葉下有一方小印“語古”。傅增湘先生在《藏園群書經眼録》中著録明弘治十一年（1498）李瀚刊本《遺山先生詩集》二十卷，云“有何義門焯跋”，并録何跋，何跋有云：“……康熙辛巳四月何焯記于語古小齋。”另著録鈐印有：“文殊師利弟子”“語古”（白）“漢節”“土風清嘉”（白）“不事元後人”“謙齋”[17]。由此可知，“語古”印應爲何焯之印。而這部《水經注》上同時有何焯的“語古”印和親筆批校，亦可證“越谿草堂”印屬何焯。

《中州集》之“越谿草堂”印與其他何焯之印亦同時出現。詹福瑞和周小艷《關于〈中州集〉評點的歸屬問題》一文[18]，對現存著録有何焯、馮舒和馮班評點的《中州集》，從字體、印章、題跋和文字内容等方面進行考察後認爲，此本批語從筆迹上判定乃何焯手書，非别人轉録之本；且卷首有“何焯之印”朱色印識，判定中國社科院藏本爲何焯親自校評本可信度最高。在此本中，“土風清嘉”“越谿草堂”與“何焯之印”“無勇”二印同時出現，後二印可明確爲何焯之印，因此高曉成在《汲古閣本〈中州集〉何焯批注輯録》一文中明言“土風清嘉”“越谿草堂”兩印亦爲何焯之印。

出現“越谿草堂”印的五種古籍，其中四種同時出現“越谿草堂”“土風清嘉”二印。除《景德傳燈録》和《秋澗先生大全文集》以外，其餘三種書都被或多或少證明與何焯有聯繫，《蚓竅集》上的抄補葉極有可能爲何焯手寫，《水經注》上同時有他的印和親筆批校，《中州集》中有他的另外兩方印。這都説明“越谿草堂”“土風清嘉”二印印主爲何焯。

注釋：

① 李際寧：《宋紹興四年釋思鑒刻本〈景德傳燈録〉》，陳紅彦主編《善本古籍掌故》2，上海遠東出版社，2017年，67頁。
② 故宫博物院編：《欽定石渠寶笈三編》，海南出版社，2001年，第5册246頁。
③ 傅增湘：《藏園群書題記》，上海古籍出版社，1989年，838頁。
④（清）丁丙：《善本書室藏書志》，中華書局，1990年，660頁。
⑤ 其中“漢節”“湘山清賞”二印原釋作“漢巴”“湘山心賞”，應誤，我們作了修改。
⑥ 高曉成：《汲古閣本〈中州集〉何焯批注輯録》，《文津學志》第十二輯，國家圖書館出版社，2019年，165頁。
⑦ 同注③。
⑧ 赵爾巽等：《清史稿》卷四百八十四，中華書局，1977年，13368頁。
⑨ 王國維：《傳書堂藏書志》，上海古籍出版社，1107頁。
⑩（明）文徵明：《王履吉墓志銘》，《甫田集》卷三十一，清文淵閣四庫全書本。
⑪（明）牛若麟纂輯：《［崇禎］重修吴縣志》卷四十七，明崇禎刻本。
⑫ 同注②。
⑬（清）胡敬：《胡氏書畫考三種》，浙江人民美術出版社，2015年，311頁。
⑭（宋）范成大：《紹定吴郡志》卷八，擇是居叢書影宋刻本。
⑮（明）李賢等：《明一統志》卷八，清文淵閣四庫全書本。
⑯ 傅增湘：《藏園群書經眼録》，中華書局，2009年，854頁、918頁、928頁、1080頁、1094頁。
⑰ 同注⑯，1080頁。
⑱ 詹福瑞、周小艶：《關于〈中州集〉評點的歸屬問題》，《河北師範大學學報》2013年第4期。

（作者單位：國家圖書館古籍館）

上博簡七《凡物流形》補釋五則

俞紹宏

内容提要：上博簡七《凡物流形》篇中，“迬”或可讀“憑”，“夬”或可讀“孑”，“雸”讀“霆”，“端”可訓爲“審視”“細看”，“箸”或可讀“處”。簡文“聞之曰：至情而知，察知而神，察神而同，［察同］而僉，察僉而困，察困而復”，其文意爲：由知天下而化天下，由化天下而同天下，由同天下而斂天下，由斂天下而困天下，由困天下而復歸于知天下，再進入下一個輪回。

關鍵詞：上博簡　《凡物流形》　楚文字　考釋

一

九□出誨，孰爲之□乎？【4】[①]

整理者：“□”隸作“區”，表示一定的地域範圍。“九區”，泛指廣大的區域。“誨”同“誨”，《説文》“曉教也”，是指勸諫的話。“□”釋“逆”，《説文》“迎也”，引申爲接受[②]。

復旦大學出土文獻與古文字研究中心學生讀書會：“□”隸作“囩”，疑讀“域”“攝”；“誨”疑讀“謀”；“□”隸作“佳”，疑讀“逄”[③]。

李鋭：“□”確爲“逆”字，但是由上下文皆押“東”字韵來看，疑爲“逄”之省訛；《方言》“逄、逆，迎也。自關而西，或曰迎，或曰逄；自關而東曰逆”。

廖名春：“□”隸作“聶”，也就是“攝”，讀“折”。“九折”指許多曲折、許多挫折。“出”讀“詘”或“屈”，指受壓抑、被屈抑。“誨”讀“晦”，潛也，隱也。此句是説，遭遇許多挫折而屈抑潛隱。原釋“逆”之“□”當作“逄”，疑訓“大”。此句是説，誰能使之發達。

吴國源：“□”隸作“囩”讀“攝”；“九攝”指人或者官職之類，具體所指待考。

何有祖：“囩”讀“有”，“九有”即“九州”，代指天下。“出”疑讀“拙”。“誨”讀“謀”，“拙謀”即笨拙的計謀。“佳”讀“縫”，指補合。簡文大意是問，拙謀遍天下，誰能彌縫？

季旭昇：“囩”似釋“囿”，通“域”。“九域”典籍或作“九有”，即全天下。“出”如字讀。簡文意，爲全天下到處都在行謀（而不自知這些謀略都衹是一偏之見），誰能爲之彌縫？

沈培："九囚"讀"九有"或"九域"正確。"誨"讀"畮（畝）"，簡文的意思是説，九域之人出于田畝，那麽誰給他們劃分田界呢？

凡國棟："誨"讀"牧"，統治、駕馭。"佳"讀"封"，疆域、分界。"九囿出牧"是封邦建國，即分封諸侯分治天下之意。全句的意思可以理解爲，天下都分封了諸侯來治理，那麽又是誰給他們劃分的疆界呢？

范常喜："佳"讀"封"，劃界分封。簡文大意是説，九州之人均在各自謀劃領地，誰爲他們劃界分封呢？

李鋭："誨"讀"海"。"九有出海"就是説九州的範圍在海之外。"孰爲之佳"讀"孰爲之逄"：既然説九州已經超出了海内，那麽誰碰到過呢？

王連成："囚"讀"囿"，名詞，指一個國家中負有税賦責任的行政區域。"誨"，教誨，勸諫的語言。"佳"爲"豐"，通"仹"，《廣韵》訓"仙人"。

來國龍："誨"讀"謀"，慮。

馬文增："九囿"，九州。"出"，出現。"牧"，主管，長官。"封"，分封，任命。此段言人體與宇宙存在對應關係。

今按，《説文·囗部》："囚，下取物縮藏之。從囗，從又。讀若聶。女洽切。"筆者曾以爲"□"即該字，可讀"攝"，"攝"訓佐理、輔助，代理。這裏或爲動詞活用作名詞，指輔佐者或攝政者[4]。上博簡一《緇衣》簡23，簡文爲"朋友攸囚，囚以威儀"，"囚"作"□"，所引詩句見《大雅·既醉》，今傳本與"囚"對應之字爲"攝"[5]。上博簡四《曹沫之陳》簡文"是故長【28】民者毋囚爵，毋御軍，毋避罪【37上】"，"囚"作"□"，整理者疑讀"攝"，以爲"毋攝爵"可能是説爲君者不可惜爵而不授[6]。"□""□"當爲一字，外邊似爲囊袋之形。由上博簡《緇衣》與今本對讀可知"□"即《説文》"讀若聶"之"囚"。季旭昇以爲上博簡《緇衣》"囚"從"□"（亦聲，"圅"字初文）；高佑仁以爲"囚"外部所從爲"□"，可能也兼聲，楚文字中"□"演變作"□"形，再進一步則演變則作"□"。"□""囚"韵屬陰陽對轉[7]。"□""□"與本簡"□"字形有别，"□"若讀"攝"，衹能視爲"□""□"之訛誤。若"□"不視爲訛誤字，其應當是一個從"囗""又"聲之字，或即"囿"字异體。《詩·商頌·玄鳥》"奄有九有"《毛傳》："九有，九州也"；《墨子》卷八"上帝弗常，九有以亡"，孫詒讓《閒詁》："《文選·册魏公九錫文》李注引《韓詩》作九域，有、域一聲之轉。"在不視爲訛誤字的情况下，簡文"九囿"學者讀"九有""九域"文意均通，我們不再視其爲訛誤字。"九域"即天下。

"誨"讀"謀"可備一説。或也可讀"誨"，作動詞解爲"教誨"，作名詞可解爲"教誨之言"。《書·説命上》"朝夕納誨，以輔台德"，孔《傳》："言當納諫誨直辭以輔我德。"

"□"釋"逨"或可從，其"辵"旁所從之"彳"筆畫有所簡省，其下爲"止"旁之訛。楚簡"止"有時訛與"土"同，如新蔡乙4.96簡"𨁟"作"□"，所從的"兆"旁右側的一個"止"就訛與"土"同；敦煌寫本S.1722《詩·關雎》"窈窕淑女"之"窕"作"窱"，程燕以爲"𡊮"下"兆"兩邊所從之"土"爲"止"之訛，中間所從疑爲“水”之訛[8]。程説可從，“兆”寫作“𡊅”，兩側“止”訛作“土”當源自戰國文字。“逨”釋“逢”可從。古音“逢”屬并紐東部，可讀并紐蒸部的“憑”（通假文例可參《古字通假會典》“逢與馮”通條）[9]。

簡文意爲：全天下都在出謀劃策，可誰的謀、策能作爲依憑？

二

骨肉之既靡，其智愈暲，其夬奚適，孰知【5】其彊？【6】

整理者：“骨肉”，身體。“靡”，滅亡；讀“縻”也通。“骨肉之既縻”，謂骨肉即身體已經縻爛消失，猶言人之已死。簡5兩個“智”均讀“知”，知識。“愈”，副詞，相當于“越”“更加”。“暲”讀“障”，阻塞，阻隔。“□”釋“夬”，讀“缺”，殘缺，缺少。“𡍮”讀“適”，符合，引申爲補滿。其後加問號。“彊”讀“彊”，强壯。

復旦大學出土文獻與古文字研究中心學生讀書會：前一個“智”不破讀。“夬”讀“慧”。“適”後加逗號。“彊”讀“彊”。

李鋭：《玉篇》：“暲，明也。與章同。”

鄔可晶：“暲”讀“彰”，筆誤作“障”。

吴國源：原簡“夬”下短横畫爲重文符號。“彊”，邊際、止境。釋讀簡文爲“其夬夬奚適？孰知其彊”，大意是去往何方？誰知道它止于何處？

季旭昇：讀簡文爲“骨肉之既靡，其智愈障？其慧奚敵？孰知其强”，意思是（那些已成爲鬼的智者）骨肉都已經靡滅了，爲什麼他們留下來的智慧却越加明彰？這些智者們的智慧都自以爲無人可敵，誰知他們誰最强？

高佑仁：“𡍮”下從“土”的機率較高。

蘇建洲：“□”（乙本作“□”）下部是“土”旁，隸作“𡍮”。

王連成：前一個“智”通“志”，指主持正義的決心。“暲”同“章”，明顯，後爲“彰”。《説文》：“夬，分決。”後一個“智”通“知”，《方言》三訓“愈”，南楚病癒者或謂之“知”。這裏指鬼在作爲人死亡以後，又能够重新産生强大的力量這件事。

張崇禮：“夬”讀“决”或“訣”，訓“别”。“適”訓“往”。“其”指代“鬼”。“彊”，疆域、疆土。“孰知其彊”，誰知道鬼的疆域。亦即誰知道鬼生活在哪裏？在當時人的觀念裏，人死了，不過是變成鬼，到另一個世界去了。所以文章作者有這樣的追問，是可以理解的。“暲”讀“彰”。

宋華强：“□”疑上從“○”（圓字初文）得聲，從“又”，讀“魂”。“□”下短横畫爲主謂之間的停頓符號。

蕭聖中：“夬”，堅決、果斷。

黄儒宣：“□”爲“𡿪”字省體，讀“魂”。

連劭名：“夬”讀“决”。《説文》：“决，行流也”，“流，水行也。”指道。《方言》一：“適，往也。適，宋魯語也。”

馬文增：“其知”之“知”，所知，所感知。“彰”，明白，清楚。“夬”讀“抉”，抉擇，此指能够抉擇者，即身體的主宰、精神。“適”，去。“孰知”，誰知。“疆”，邊，界限。

今按，“□”宋華强說也可備一説。又“夬”“孑”古音均屬于見紐月部，“□”釋“夬”，則或也可讀“孑”，訓孤獨。《孟子·萬章上》“靡有孑遺”，孫奭《疏》：“孑，單也。”原簡“□”下的短横畫或爲重文符號。《詩·鄘風·干旄》“孑孑干旄，在浚之郊”朱熹《集傳》：“孑孑，特出之貌。”陳奐《傳疏》：“孑孑，猶桀桀，特立之意。”所謂“特出之貌”“特立之意”也就是超出一般，也含有“獨”的意思在裏面。簡文義或爲孤獨，或爲獨立特行，“其孑孑奚適”，其獨往何處。

“□（㙻）”（乙本作“□”）下部類似“土”形，是“止”旁草率的寫法，“止”訛作“土”可參第一條説。

三

孰爲天？孰爲地？孰爲靁【11】神？孰爲啻？【12】

整理者：“孰”，疑問代詞，相當于“什麽”。“爲”，成爲，變成。“雷”後加問號。簡12首字未釋。“啻”即“商”，讀“電”，閃電。

復旦大學出土文獻與古文字研究中心學生讀書會：簡12首字釋“神”，讀“電”。“啻”讀“霆”。

陳偉：“神”疑如字讀。《山海經·海内東經》：“雷澤中有雷神，龍身而人頭，鼓其腹。”“啻”恐讀“帝”，上帝。

李鋭：“啻”讀“霆”與“雷電”之義重複，讀“帝”不太合韵。“啻”暫讀“零”。此并不與後文論“雨”重複，因爲雹、雨、雪皆可用“零”字。

張崇禮：“神”如字讀。“啻”讀“帝”，指上帝。

今按，陳偉説可備一説。不過這裏簡文論及天文地理氣象，也有可能與神、帝無涉。再者楚簡中“帝”多見，均用本字，似未見假“啻”爲之者。《韓詩外傳》卷六引孟子語“夫雷電之起也，破竹折木，震驚天下，而不能使聾者卒有聞。日月之明，遍照天下，而不能使盲者卒有見”，引文中“雷電”與“聾者”“聞”相關聯，所表達的應是聽覺方面的含義；“日月”與“盲者”“見”相關聯，所表達的應是視覺方面的含義。“電”爲視覺所見，因此“雷電”或應是偏義複詞，偏指雷。簡文中的“神”若讀“電”，“雷電”或也是這個用法，即偏指雷。據《漢語大詞典》，“霆”可解作“迅雷，霹靂”，以及“閃電”。簡文中“雷電”偏指“雷”，或是指一般的雷，而“霆”指迅雷，兩者有別。“霆”也有可能指閃電，則可與“雷”相對。

四

端文，【14】箸不與事，之［先］知四海，至聽千里，達見百里。【16】

整理者：“耑”，古“端”字，正。“端文”，指富有經驗，精于禮樂制度，能爲先導者。“箸”讀“書”，書籍。“與”，參與。“事”，實踐，從事。“不與事之”作一句，意思爲不參與具體的實踐行動。下加逗號。

復旦大學出土文獻與古文字研究中心學生讀書會：“耑”讀“揣”。“書不與事”爲一句，下加逗號。

凡國棟：“與”讀“預”，預先，事先。書雖不預言某事，但是書中的道理能使人先知四海，至聽千里、達觀百里，故聖人雖處其家，但是能預知邦家之安危，盗賊之興作。

秦樺林：“耑”讀“端”，詳審。

張崇禮：“端”，正，有持義，即端持、正持。這種用法的“端”常和書、策連言。“書”指文字、書籍。簡文讀爲“端文書，不與事”。“端文書”就是拿着書的意思。

林文華（説見本條所引張崇禮文文後評論）：“端”讀“揣”，揣度之意，和上文“察”（考察）相對。“文”爲文理。簡文讀爲：“察道，坐不下席；揣文，書不與事。”“書”爲動詞，有論説之意。“揣文，書不與事”意謂揣度文理，不須親身從事也可論説。

晁福林：“耑”讀“專”。

顧史考：“箸”讀“圖”，簡文讀作“端冕圖不舉事”。“圖”，謀劃。“與”讀“舉”，實施。

王中江：“箸”有類似于清静、寧静、安閑等詞語的意思，疑可釋讀爲“舒”。又以爲“箸”讀“著”，顯明、顯著，“箸不與事”也許是説君主地位雖顯赫，但他不謀劃具體事宜。

曹峰：“箸”讀“著”。“著”亦通“寧”，也可能是“佇”的假借字，釋爲“站立”最合適。簡文斷爲“聞之曰：察道，坐，不下席；端冕，箸（寧），不與事”。

來國龍：“書”讀“佇”（久立），與“坐”相對。

馬芳：“箸”直接釋“書”，舒也，舒緩，從容。“與”，參與。簡文斷讀爲：“端冕書，不與事。”

馬文增：斷讀簡文爲：“屬，不與事。”“屬”，聯結，合一。“不與事”，不參與具體事務。

今按，“端”，審視，細看，如《戰國策·趙策一》“韓魏之君視疵端而趨疾”，與“察”義同。“耑”訓“正”，或讀“揣”，文意也通。考慮到其與“察”爲對文，當以讀“端”爲上。“文”可指禮樂制度，《論語·子罕》“文王既没，文不在兹乎”，朱熹《集注》：“道之顯者謂之文，蓋禮樂制度之謂。”古音“箸”屬定紐魚部，“處”屬昌紐魚部，二者可相通，簡文中“箸”或可讀“處”，居處，安居、安身。《詩·小雅·四牡》“不遑啓處”，《毛傳》：“啓，跪。處，居。”“啓（跪）”與“處（居）”相對。古人“跪”即“坐”。“處不與事”與上文“坐不下席”對文。簡文大意爲，考察禮樂制度時，安坐家中不做其他事情。安處于家中，坐不下席、不做具體的事情，就可以預先知道天下的事情，聽聞可及千里、目觀可及百里。“至”“達”都是達到的意思。

五

聞之曰：至情而知，【15】察知而神，察神而同，〔察同〕而僉，察僉而困，察困而復。【24】

整理者：“情”，感情、情緒。“至情”，極其真實的思想感情。“神”，精神。“同”，相同，一樣。“僉”讀“險”，危險。“而僉”前漏抄“𢧐同”二字。“困”，盡，極。“復”，《説文》“往來也”，返回，還。“困而復”即《國語·越語下》之“困而還”。

復旦大學出土文獻與古文字研究中心學生讀書會：“而僉”前補脱文“𢧐同”。

李鋭：“至”讀“致”，“情”讀“精”；“同”疑讀“通”。

何有祖：“道”前一字，釋“察”，指體察，諒察。

廖名春：“至”，達到。“情”讀“静”。“至静而智”，達到静，做到静，就會有智。“同”讀“通”。“僉”，多，過甚。簡文是説：有了通就會過甚，有了過甚就會有困。

秦樺林：“僉”讀如本字，《小爾雅·廣言》訓“同”。此段簡文以“智—神—同—僉—困—復”的順序層層遞進，其中又可分爲三組概念：智—神、同—僉、困—復。“同”“復”是道家文獻中常見的術語。“僉”是比“同”更進一步的“虚静爲一”的境界。“困”，窮也，與“復”則是一對内容緊密聯繫的哲學觀念。“困而復”闡述的是萬物循環變化之理。

馬文增：“至静”，最静，静到極點。“知”，知道，知古今。“識”，明白。“知而神”，有智慧而有能力。“神而同”，有能力而與道同。“同而險”，先與道同，後漸生出人心。“險”，險惡，指人心。“險而困”，險惡的人心導致陷入困境。“困而復”，陷入困境而回返。

今按，《莊子·逍遥游》“彼于致福者”，成玄英《疏》：“致，得也。”。“致”，求取，獲得。“情”，實情。“神”猶“化”。《吕氏春秋·具備》“説與治不誠，其動人心不神”，高誘《注》：“神，化。言不誠不能行其化也。”“同”或即會同之“同”，指天下諸侯畢至朝見天子。又《書·舜典》“同律度量衡”，陸德明《釋文》：“同，齊也。”即齊一、統一。簡文中或可指統一天下。《説文》“僉”字下從“从”，楚簡中此字“從”常替换爲“并”形，《説文》“并，相從也”，“并”“從”義近。本書一般仍隸作“僉”。這裏“僉”讀“斂”，徵收、索取。諸侯朝見天子時，還要向天子進賦納貢。“困”，窘迫。簡文語義邏輯大概是：由知天下而化天下，由化天下而同天下，由同天下而斂天下，由斂天下而困天下，由困天下而復歸于知天下，再進入下一個輪回。

【本文係國家社科基金重大項目“楚系簡帛文字職用研究與字詞合編”（項目編號：20&ZD310）階段性成果】

注釋：

① 本文“【】”中數字爲竹簡簡序號。

② 馬承源：《上海博物館藏戰國楚竹書（七）》，上海古籍出版社，2008 年。下文徵引該書均不再出注。

③ 本文所録學者諸説，凡未出注者，均見俞紹宏、張青松《上海博物館藏戰國楚簡集釋》，社會科學文獻出版社，2019 年。

④ 俞紹宏：《上海博物館藏楚簡校注》，中國社會科學出版社，2016 年，588 頁。

⑤ 馬承源：《上海博物館藏战國楚竹書（一）》，上海古籍出版社，2001 年，198 頁。

⑥ 馬承源：《上海博物館藏战國楚竹書（四）》，上海古籍出版社，2004 年，267 頁。

⑦ 高佑仁：《〈曹沫之陣〉校讀九則》，簡帛網 http：//www. bsm. org. cn/show_ article. php? id = 118（2005. 11. 14 檢索）；高佑仁：《〈上海博物館藏戰國楚竹書（四）·曹沫之陳〉研究》，臺北花木蘭文化出版社，2008 年，359 頁。

⑧ 程燕：《詩經异文輯考》，安徽大學出版社，2010 年，4 頁。

⑨ 高亨：《古字通假會典》，齊魯書社，1989 年，27 頁。

（作者單位：鄭州大學文明傳承傳播與教育研究中心/
古文字與華夏文明傳承創新研究中心）

《左傳》“有事于桑山斬其木不雨”解

韓　超

内容提要： 旱祭是春秋時代的重要祭典，與國家的農業生産、人民生活等關係密切。昭公十六年鄭國進行了一次旱祭，《左傳・昭公十六年》載祭祀内容：“有事于桑山，斬其木，不雨。”這一行爲遭到子産的批評。因其文字簡單，過去注家均未過多留意。但“桑山”爲何，“斬其木”是否爲旱祭的組成等問題并没有清楚的解釋。據《左傳》所載其他旱祭分析，鄭國“斬其木”是祈雨不成後使用的一種巫術，即恐嚇、懲罰桑神，迫使神靈降雨。子産的批評是針對春秋仍然流行的巫術而言，并非反對“斬其木”。

關鍵詞：《左傳》　旱祭　桑山　巫術

中國古代是農耕社會，農作物的生長需要水。春秋時期農業用水的主要來源之一是雨水。没有雨，農作物就無法很好地生長，國家就會發生饑荒，故有旱災則必祭以求雨。在衆多的旱祭中，昭公十六年（前526）發生在鄭國的一次比較特殊。《左傳・昭公十六年》載：“鄭大旱，使屠擊、祝款、豎柎有事于桑山，斬其木，不雨。”杜預注曰：“三子，鄭大夫。有事，祭也。”[①]“有事于桑山”解爲“祭于桑山”并没有什麽問題，但如何“祭于桑山”，何以此次旱祭需要“斬其木”，“斬其木”是否爲祭的組成部分，這些問題并没有清楚的解釋。另，子産對“斬其木”的行爲進行了批評，曰：“有事于山，藝山林也；而斬其木，其罪大矣。”[②]爲什麽批評，也需要探討。

一、春秋魯國的旱祭

《春秋》記載旱灾有一定體例，共包括兩種情况：一、經書“大旱”，且祭而無雨，則無傳[③]；二、經書“大雩”，傳書“旱也”，則旱而祭之獲雨，即杜注所謂“雩而獲雨，故書雩而不書旱”[④]。《春秋》書“大旱”者兩次，左氏《傳》書“旱”或“大旱”者11次，今列表于下：

表1　《左傳》書“旱”表

年	經	傳
僖十九年		于是衛大旱，卜有事于山川，不吉。
僖二十一年	夏，大旱。	夏，大旱。公欲焚巫、尪。

續表

年	經	傳
宣七年	大旱。	
襄五年	秋，大雩。	秋，大雩，旱也。
襄八年	秋九月，大雩。	秋九月，大雩，旱也。
襄二十八年	秋八月，大雩。	秋八月，大雩，旱也。
昭三年	八月，大雩。	八月，大雩，旱也。
昭六年	秋九月，大雩。	秋九月，大雩，旱也。
昭十六年	九月，大雩。	秋九月，大雩，旱也。
		鄭大旱，使屠擊、祝款、豎柎有事于桑山。
昭二十四年	秋八月，大雩。	九月，大雩，旱也。
昭二十五年	秋七月上辛，大雩；季辛，又雩。	秋，書再雩，旱甚也。

從上表可見，經書“旱”全爲魯國之旱，他國之“旱”唯傳中記鄭、衛各一次。《春秋》爲魯國史，書魯國之旱自不待言。他國之旱經未書，或由例不告之，故不得書。傳采用了他國史書，故而記載了一些他國旱災。古人對于自然現象尚未有一定的科學認識，凡遇灾禍必禳之，旱灾之祭即其中之一。《左傳》所載之旱祭除鄭國“有事于桑山”外[⑤]，均是魯國的“大雩”。楊伯峻《春秋左傳注》曰：“雩有二，一爲龍見而雩，當夏正四月，預爲百穀祈雨，此常雩。常雩不書。一爲旱暵之雩，此不時之雩。……首言不時而後皆言旱，互文見義，皆以旱而皆不時也。”[⑥]雩本是夏四月之常祭，目的是祈求本年雨水豐茂，這一種雩《春秋》不書。《春秋》凡書“大雩”，即非四月之常祭，故《傳》書“旱也”，表明發生旱灾因而有不時之雩。雩是巫術與原始宗教的結合，巫術在其中占主要地位。常雩有固定的獻祭對象，即赤帝。《説文》曰：“雩，夏祭，樂于赤帝以祈甘雨也。”[⑦]不時之雩并不祈于赤帝，而是祭于山川。《左傳·昭公元年》：“山川之神，則水旱癘疫之灾于是乎禜之。”杜注曰：“有水旱之灾，則禜祭山川之神若臺駘者。《周禮》四曰禜祭，爲營攢用幣以祈福祥。”[⑧]又，《左傳·僖公十九年》載：“于是衛大旱，卜有事于山川，不吉。”[⑨]不過這兩則材料祇是籠統地説有水旱癘疫之灾當祭于山川，至于各種灾害分别祭于何處，并没有解釋明白。那麽，雩是祭于山還是祭于川呢？筆者以爲當是祭于川。《論語·先進》曰：“浴乎沂，風乎舞雩。”朱熹曰：“舞雩，祭天禱雨之處，有壇墠樹木也。”[⑩]也就是魯國進行雩祭的地方。正因爲此壇靠近沂水，曾點纔能在沂水洗完澡後在舞雩壇下吹風乘凉。

不時之雩的性質應該更接近巫術，并不一定如常雩一樣有祈禱的對象，所謂“山川之神”無非祇是處所而已。爲什麽説不時之雩是巫術呢？首先，雩是由巫師完成的。《周禮·女巫》：“旱暵則舞雩。”鄭玄注：“使女巫舞，旱祭崇陰也。鄭司農云‘求雨以女巫’，故《檀弓》曰：歲旱，繆公召縣子而問焉，曰：‘吾欲暴巫而奚若？’曰：‘天則不雨，而望之愚婦人，無乃已疏乎？’”[⑪]巫師通過舞蹈進行雩祭，其舞爲皇舞，《周禮·舞師》：“皇舞，帥而舞旱暵之事。”鄭注：“旱暵之事，謂雩也。暵，熱氣也。

鄭司農云：皇舞，蒙羽舞。”[12]

其次，巫師對雩負最主要責任。《左傳・僖公二十一年》：“夏，大旱。公欲焚巫、尪。”《禮記・檀弓下》云：“歲旱，穆公召縣子而問然，曰：‘天久不雨，吾欲暴尪，而奚若?’曰：‘天久不雨，而暴人之疾子，虐，毋乃不可與?’‘然則吾欲暴巫，而奚若?’曰：‘天則不雨，而望之愚婦人，于以求之，毋乃已疏乎?’”[13]焚尪是因爲尪天生畸形，古人認爲這類人是引起旱灾的原因，故焚之。至于焚巫，正是因其求雨不利，故欲殺之。《周禮・司巫》：“司巫，掌群巫之政令。若國大旱，則帥巫而舞雩。”鄭注：“雩，旱祭也。天子于上帝、諸侯于上公之神。鄭司農云：‘魯僖公欲焚巫、尪，以其舞雩不得雨。’”[14]《左傳・僖十九年》經衹書“大旱”，説明這一年的旱祭没有成功，魯僖公因此責怪舞雩的巫師。巫師對旱祭負責，説明在人們的認知中并不是某個神化的客體控制降雨與否，而是巫師的法力未能召來雨水。若雩是對神化客體祈禱的話，那麼一切的結果都是“神”决定的，怎能焚巫？而巫術的本質正是“不把施加影響的客體神化，向其屈服，而是用人的主觀行爲力圖對其施加影響和控制”[15]。魯國用“雩”求雨不得而焚巫、尪一事，對理解鄭國旱祭“斬其木”有重要意義。

二、桑山、桑林、桑與求雨巫術

魯國之外，《春秋》對旱祭記載較爲詳細的就是本文要探讨的昭公十六年鄭國“有事于桑山”，即旱祭于山者。桑山具體在什麼地方，杜預《春秋釋例》闕如，江永《春秋地理考實》謂爲“鄭山”，亦衹是以常理推測當祭于境内，并没有實際的證據。桑山之名亦見于《淮南子》。《淮南子・修務訓》載：“湯，旱以身禱于桑山之林。”注曰：“桑山之林能興雲致雨，故禱之。”[16]山名相同，且同能禱雨，此桑山與鄭國“有事于桑山”之“桑山”是否爲同一地點？湯禱雨之“桑山”應該在宋國境内。《左傳・襄公十年》：“宋公享晋侯于楚丘，請以《桑林》，荀罃辭。荀偃、士匄曰：‘諸侯宋、魯，于是觀禮。魯有禘樂，賓祭用之。宋以《桑林》享君，不亦可乎?’舞，師題以旌夏。晋侯懼而退入于房。去旌，卒享而還。及著雍，疾。卜，桑林見。荀偃、士匄欲奔請禱焉，荀罃不可，曰：‘我辭禮矣，彼則以之。猶有鬼神，于彼加之。’”[17]《桑林》之舞原本是因湯禱于桑林而作，楊伯峻云：“桑林，桑山之林，商湯曾于此處禱雨……其後殷商以及宋國奉爲聖地，而立神以祀之，《吕覽誠廉篇》所謂‘世爲長侯，守殷常祀，相奉《桑林》’者也。”[18]宋國既奉桑山之林爲聖地，豈容鄭國于此旱祭？筆者以爲，桑山或許并不是某一個特定地點，生長有較多“桑”的山均可謂之“桑山”，其重點在于此地多“桑”。

《淮南子》所載“桑山之林”或許是對“桑林”的誤解。“商湯禱雨”之事在《吕氏春秋》《帝王世紀》《搜神記》等書中均有記載，但其禱雨之處爲“桑林”。《吕氏春秋・順民》：“昔者湯克夏而正天下。天大旱，五年不收，湯乃以身禱于桑林。”高誘注：“桑林，桑山之林。”[19]《太平御覽》卷三百七十《爪》引《帝王世紀》曰：“湯伐桀後，大旱七年，遂齋戒，剪髮斷爪以己爲犧牲，禱于桑林之社。”[20]高誘注《吕氏春秋》以“桑山之林”解釋“桑林”，乃是因《淮南子·修務訓》作解，文獻本身衹載有“桑林”，并没有“桑山之林”的説法。《淮南子·主術訓》載：“湯之時，七年旱，以身禱于桑林之際。”亦衹曰“桑林”。《淮南子·本經訓》云：“繳大風于青丘之澤，上射十日而下殺猰貐，斷修蛇于洞庭，擒封狶于桑林。”注曰：“青丘，東方澤名。洞庭，南方澤名。”從句法角度看，“桑林”本身是一個完整的名詞，并不是“桑山之林”的簡稱。又《太平御覽》卷三十五《旱》引《尸子》曰：“湯之救旱也，乘素車白馬，着布衣，身嬰白茅爲牲，禱于桑麻之野。”[21]則亦有作“桑麻”者，可見湯禱雨之“桑林”并非高誘所謂“能興雲致雨”的“桑山之林”。亦即并非特定地點“桑山”之林能興雲致雨，而是“桑”這種植物在當時人的認識中可以“興雲致雨”。這種以樹木爲神靈的現象在世界各地廣泛存在。如在印度東部的阿薩姆邦，以及埃塞俄比亞南部的曼德里，人們認爲衹要砍伐了一棵樹就會惹怒樹神，從而帶來旱灾。在緬甸北部的沙蓋茵，有一個名爲蒙尼莪的村莊，村莊附近最大的羅望子樹被認爲是掌握雨水的精靈經常居住的地方，人們爲了祈求這個保護神與司雨神賜給村子雨水，會敬獻給他麵食、椰子、芭蕉和家畜等，禱告精靈收下祭品，賜給他們雨水[22]。“桑林”大概因其地多“桑”而得名。今商丘市有柘城縣，秦爲柘縣，其地春秋時正在鄭、宋間。《説文》云：“柘，桑也。”鄭國與宋國相鄰，其禱雨方式或許受到宋國的影響（宋國有《桑林》之舞，也必然繼承了湯禱雨的方式）。綜上所述，湯與鄭國禱雨的“桑山”“桑林”并不是某個特定的地點，而衹是“桑”較多的地方。

“有事于桑山”的具體方式是什麽，因爲文獻不足無法得知，但從湯以身爲犧牲而禱雨來看，其祈雨有固定對象，即“桑”。《左傳·襄公十年》載晋君“疾而卜，桑林見”，杜注曰“祟見于卜兆”，“祟”即桑林之神，故“荀偃、士匄欲奔請禱焉”。昭公十六年鄭國大旱，參與此次旱祭的人是屠擊、祝款、豎柎，他們并不是一般的大夫，“祝款”之職當爲“祝”。《説文》云：“祝，祭主贊辭者。”所以，鄭國此次“有事于桑山”當置備有犧牲，然後由專人念誦咒語或禱辭，祈求桑林之神降雨。但鄭國這次祈禱并没有得到想要的結果，《左傳》書“大旱”者均爲祈雨未果，禱雨的對象桑林之神須對降雨負責，因此類似于魯國焚巫、尪，鄭國要用“斬其木”的方式來恐嚇或懲罰責任者。這就變成了一種巫術。世界上有不少類似的現象。比如在馬德拉斯地區，“如果一次乾旱時間持續過長，人們就憤怒地放弃所有常用的順勢巫術，不再費力地念咒語，而是采用恐嚇、咒駡甚至暴力的方式强行向蒼天，向他們所謂的切斷‘總水管’的水神索要雨水。在日本，如果村莊的守護神一直不理會農民們的求雨祝禱，人們便推倒他的塑像，高聲咒駡着，并把它的頭朝下扔進發臭的稻田。”[23]或許，這纔是鄭國三大夫“斬其木”的原因，它并不是正常的旱祭程序的一部分，而是在“有事于桑山”不成功後采用的一種巫術。

三、子産反對的是巫術而非旱祭

子産所言“有事于山，蓺山林也；而斬其木，其罪大矣”，楊伯峻《春秋左傳注》

引《漢書·貢禹傳》及楊樹達《讀左傳》，認爲子産的批評是認識到了山林對于防旱有一定的作用。姑且不論子産是否有這樣的科學意識，從祭禱程序看，如果“斬其木”真的是“有事于山”（即祭于山）的一部分，子産會反對嗎？《左傳·昭公元年》記載了晋叔向和子産這樣的一段對話：

> 晋侯有疾，鄭伯使公孫僑如晋聘，且問疾。叔向問焉，曰：“寡君之疾病，卜人曰‘實沈、臺駘爲祟’，史莫之知。敢問此何神也？”子産曰：“昔高辛氏有二子，伯曰閼伯，季曰實沈，居于曠林，不相能也，日尋干戈，宣汾、洮，障大澤，以處大原。帝用嘉之，封諸汾川，沈、姒、蓐、黄實守其祀。今晋主汾而滅之矣。由是觀之，則臺駘，汾神也。抑此二者，不及君身。山川之神，則水旱癘疫之灾于是乎禜之；日月星辰之神，則雪霜風雨之不時，于是乎禜之。若君身，則亦出入、飲食、哀樂之事也，山川、星辰之神又何爲焉？僑聞之，君子有四時，朝以聽政，晝以訪問，夕以脩令，夜以安身。于是乎節宣其氣，勿使有所壅閉湫底以露其體，兹心不爽，而昏亂百度。今無乃壹之，則生疾矣。僑又聞之，内官不及同姓，其生不殖。美先盡矣，則相生疾，君子是以惡之。故志曰：‘買妾不知其姓，則卜之。’違此二者，古之所慎也。男女辨姓，禮之大司也。今君内實有四姬焉，其無乃是也乎？若由是二者，弗可爲也已。四姬有省猶可，無則必生疾矣。”㉔

從這段對話來看，子産明確説“山川之神，則水旱癘疫之灾于是乎禜之”，又怎麽會反對旱祭呢？子産是知禮而崇祭的。《左傳·昭公七年》：“鄭子産聘于晋。晋侯有疾，韓宣子逆客，私焉，曰：‘寡君寢疾，于今三月矣，并走群望，有加而無瘳。今夢黄熊入于寢門，其何厲鬼也？’對曰：‘以君之明，子爲大政，其何厲之有？昔堯殛鯀于羽山，其神化爲黄熊，以入于羽淵，實爲夏郊，三代祀之。晋爲盟主，其或者未之祀也乎！’韓子祀夏郊。晋侯有間，賜子産莒之二方鼎。”㉕同年，鄭國人懼伯死人爲鬼，子産爲立公孫洩及良止而撫之，曰：“鬼有所歸，乃不爲厲，吾爲之歸也。”㉖昭公十八年，鄭國大火，子産使“郊人助祝史，除于國北，禳火于玄冥、回禄，祈于四鄘”。“七月，鄭子産爲火故，大爲社，祓禳于四方，禮也。”㉗所以，即使子産本人不信鬼神，爲了執政或禮儀的需要仍支持祭儀。那麽當鄭國大旱時，正常的旱祭需要“斬其木”，子産會反對嗎？子産反對的實際上是春秋時已經崩潰的巫術傳統，他所説的“天道遠，人道邇”也是針對裨竈企圖用巫術止火而發。《左傳·昭公十七年》：“鄭裨竈言于子産曰：‘宋、衛、陳、鄭將同日火。若我用瓘斝玉瓚，鄭必不火。’子産弗與。”㉘楊伯峻認爲瓘斝玉瓚是用來祭神的，實則這應該是一種巫術。瓘斝玉瓚若爲祭神，子産後來也“禳火于玄冥、回禄”（杜注：玄冥，水神；回禄，火神），何以不讓裨竈祭神呢？因此，子産所謂“有事于山，藝山林也；而斬其木，其罪大矣”，并不是反對旱祭，而是對“斬其木”這種巫術的批評，這與臧文仲反對魯僖公、縣子反對穆公焚巫尪是一致的。

綜上所述，鄭國在發生旱灾時“有事于桑山”是向桑神祈雨的旱祭，“斬其木”并不是旱祭的組成部分，而是旱祭不得雨後的一種巫術行爲，與魯國大旱“公欲焚其巫尪”的性質類似。子產對“有事于桑山斬其木”的批評不是反對旱祭本身，而是針對“斬其木”巫術的批評。這也表明，春秋時期巫術越來越受到精英階層的反對，上古巫官體系也逐漸走向崩潰。

注釋：

①（晋）杜預注，（唐）孔穎達等疏：《春秋左傳注疏》，中華書局，2009 年，4517 頁。

② 同注①。

③ 僖三年乃因有焚巫、尪事而有傳，與例不同。又，僖十九年衛有旱災，但經未書。

④ 同注①，4204 頁。

⑤ 衛國卜“有事于山川”，但最後并没有祭于山川，具體情形無法得知。

⑥ 楊伯峻：《春秋左傳注》，中華書局，2016 年，115 頁。

⑦（漢）許慎：《説文解字》，中華書局，1963 年，242 頁。

⑧ 同注①，4394 頁。

⑨ 同注①，3929 頁。

⑩（宋）朱熹注：《四書章句集注》，中華書局，2012 年，131 頁。

⑪（漢）鄭玄注，（唐）賈公彦疏：《周禮注疏》，中華書局，2009 年，1763 頁。

⑫ 同注⑩，1553 頁。

⑬（漢）鄭玄注，（唐）賈公彦疏：《禮記注疏》，中華書局，2009 年，2850 頁。

⑭ 同注⑩：《四書章句集注》，1762 頁。

⑮［英］馬林諾夫斯基著，費孝通譯：《文化論》，中國民間文藝出版社，1987 年，53 頁。

⑯（漢）高誘注：《淮南鴻烈解》，上海書店，1989 年。

⑰ 同注①，4227—4228 頁。

⑱ 同注⑤，1073 頁。

⑲（漢）高誘注：《吕氏春秋》，上海書店，1989 年。

⑳（唐）李昉等撰：《太平御覽》，上海書店，1985 年。

㉑ 按：《文淵閣四庫全書》本《太平御覽》作“桑林之野”，或據《吕氏春秋》《淮南子》改，《四部叢刊三編》影印宋刻本、日本宫内廳書陵部藏南宋蜀刻本（有抄配）、嘉慶十二年（1807）鮑崇城校本均作“桑麻之野”。

㉒［英］弗雷澤：《金枝》，陝西師範大學出版社，2010 年，131 頁。

㉓ 同注㉒，80 頁。

㉔ 同注①，4393—4396 頁。

㉕ 同注①，4450—4451 頁。

㉖ 同注①，4451 頁。

㉗ 同注①，4529—4530 頁。

㉘ 同注①，4537 頁。

（作者單位：南京圖書館歷史文獻部）

《潛夫論》校詁

蕭　旭

内容提要： 東漢王符撰《潛夫論》，今人彭鐸撰《潛夫論箋校正》既彙聚衆説，且自出己見，是目前最爲精審的整理本。但該書校勘訓詁未臻至善，有34則可補可議者。

關鍵詞：《潛夫論》　校勘　訓詁

東漢王符著《潛夫論》，今存十卷三十六篇。清代以來，校理之作層出不窮。清人汪繼培（1775—?）以元大德刊本作底本，校以《漢魏叢書》本，徵引盧文弨（稱作“盧學士”）、錢大昕（稱作“錢宫詹”）、王宗炎（稱作“王先生”）、王紹蘭（稱作“王侍郎”）、臧玉琳、夏文燾（稱作“夏孝廉”）、孫志祖（稱作“孫侍御”）、王方伯説，著《潛夫論箋》[①]。王紹蘭《潛夫論校記》、文廷式《純常子枝語》、鄒漢勳《讀書偶識》、俞樾《讀潛夫論》、孫詒讓《潛夫論札迻》、徐復《潛夫論雜志》，各撰札記[②]。今人彭鐸在汪《箋》基礎上，補引王念孫、王引之、惠棟、黄丕烈、陳奂、陳喬樅、李富孫、沈欽韓、洪亮吉、張澍、秦嘉謨、張敦仁、鄒漢勳、俞樾、孫詒讓、孫蜀丞之説，成《潛夫論箋校正》，由中華書局出版[③]。此外有三種著作余未見：胡楚生《潛夫論集釋》[④]、胡楚生《潛夫論校釋》[⑤]、梁榮茂《潛夫論校補》[⑥]。

余所見《潛夫論》版本如下：《後漢書·王符傳》節録本，《群書治要》卷四十四節録本，《意林》卷三節録本，《四部叢刊》影印述古堂景宋寫本（簡稱“四部本”），明程榮校刻《漢魏叢書》本（簡稱“程本”），明胡維新校刻《兩京遺編》本（簡稱“胡本”），《四庫全書》本，清光緒元年（1875）崇文書局《子書百家》本（簡稱“局本”）。其中《治要》有舊鈔本及日本天明刊本兩種版本，本文依據較早的鈔本，天明刊本如有异文，隨文出注。

汪氏《潛夫論箋》正文有誤字，如：《務本篇》“淫侈之幣”，“幣”當從各本作“弊”；《遏利篇》“顔、原、公析因饉于郊野”，“因”當從各本作“困”；《夢列篇》“虢公夢見蓐收賜之上田”，“上”當從各本作“土”；《釋難篇》“棟折榱崩，懼有厥患”，“厥”當從各本作“厭”；《本訓篇》“譬猶車上御馳馬”，“馳”當從各本作“駟”；《志氏姓篇》“省群臣之德業”，“臣”當從各本作“后”。余未見汪氏所據元大德刊本，不知係底本誤，抑或汪氏誤刻。又有底本（即《湖海樓叢書》本）不誤，而中華書局本誤者，如《五德志篇》“少皞代黄帝氏，都于曲阜”，中華書局本“黄”誤作“皇”；《五德志篇》“迎逆日月”，中華書局本“逆”誤作“送”。此等亟當改正，以復其舊，而彭鐸全未校正。又汪氏未見舊鈔本《治要》、景宋本《御覽》，引文亦每多誤字，皆亟當校正。

（1）禹師墨如（《贊學》）

汪繼培曰：盧學士文弨云："'墨如'疑是'墨台'。"繼培按：《路史·後紀四》云："禹有天下，封怡以紹烈山，是爲默台。"《國名紀一》云："怡，一曰默怡，即墨台。禹師墨如，或云墨台。"

按：墨如，《事文類聚》前集卷二十引同，《治要》引作"黑如"，《御覽》卷四〇四引作"黑始"。"如"是"始"脱誤，"始"與"台""怡"古音通。"黑""墨"古通。《漢書·古今人表》有人名"柏譽"，沈欽韓曰："王符《贊學篇》'禹師墨如'，與'柏譽'聲同，疑即一人。"[7]沈説牽附，不足信也。

（2）今賦頌之徒，苟爲饒辯屈蹇之辭，競陳誣罔無然之事（《務本》）

汪繼培曰："饒"疑"撓"之誤。《淮南子·齊俗訓》云："詆文者處煩撓以爲慧，争爲佹辯，久稽而不訣。"

彭鐸曰："饒"當作"譊"。《衆經音義》卷二十引《倉頡篇》："譊，訟聲也。""譊辯"二字平列。"屈蹇"猶"蹇吃"，并雙聲。《一切經音義》引《通俗文》："言不通利，謂之蹇吃。"

徐山曰：饒，多也。"饒辯"即"多辯"[8]。

按：饒，天明刊本《治要》引同；鈔本《治要》引作"徒"，右旁改作"僥"。作"僥"是。《集韵》："僥、憢、儌：僞也，或從心從敫。"聲轉亦作"狡"，虚僞狡詐也。"屈蹇"非"蹇吃"，當是屈曲偃蹇之意，猶言宛曲，與"狡辯"義相因。

（3）且閭閻凡品，何獨識哉？苟望塵剽聲而已矣（《賢難》）

汪繼培曰：《後漢書·馬融傳》云："羌胡百里望塵，千里聽聲。""剽"舊作"僄"。按《交際篇》云"苟剽聲以群諛"，今據改。《漢書·朱博傳》云"耳剽日久"，顔師古注："剽，劫也，猶言行聽也。"

按：汪氏所引《交際篇》，明刊各本均在《德化篇》，"諛"作"吠"。剽、僄古音同，不煩改字。其後出本字作"瞟"。《廣雅》："瞟，聽也。"王念孫曰："瞟之言剽取也。《玉篇》引《字林》云：'瞟，聽裁聞也。又行聽也。'今俗語猶然矣。"[9]P. 2011王仁昫《刊謬補缺切韵》："瞟，裁（纔）聞。"蔣斧印本《唐韵殘卷》《廣韵》："瞟，聽纔聞。出《字林》。"《宋本玉篇》："瞟，《廣雅》云：'聽裁（纔）聞也。'又行聽也。"《篆隸萬象名義》："瞟，孚照反，聽。"《集韵》："瞟，行聽也。"耳略有聞曰瞟，目略一過曰瞟（覭），其義一也。剽聲，猶言聞聲、聽聲。

（4）觀其論也，非能本閨闒之行迹，察臧否之虚實也（《賢難》）

汪繼培曰："闒"蓋"閤"之誤。《爾雅·釋宮》云："宫中之門謂之闈，其小者謂之閨。小閨謂之閤。"《淮南子·主術訓》云："責之以閨閤之禮，奥窔之間。"……閨合行迹，猶云"門内之行"也。

徐山曰：張注："閨，當爲窺之音誤，暗中觀察。闟，窺視。""閨闟"當爲名詞……汪箋可從[10]。

按：張氏妄説不足信。汪説"門内之行"，得其義，但未得其字。閨闟，讀作"圭窬"，指門旁圭形小門。《説文》："窬，穿木户也。"桂馥曰："《儒行》'篳門圭窬'，注云：'圭窬，門旁窬也，穿牆爲之如圭矣。'本書'篳'下引《春秋傳》'篳門圭窬'，今《左傳》作'竇'。戴侗曰：'杜氏云：［圭］竇，小户，穿壁爲户，［上鋭］下方狀如圭也。杜氏之説即《説文》之説。'……字或作闟，《潛夫論·賢難篇》：'非能本閨闟之行迹。'"[11]桂説是也。《左傳·襄公十年》作"閨竇"，《釋文》："閨，音圭，本亦作圭。"《文選·拜中軍記室辭隋王牋》李善注、《類聚》卷六三、《御覽》卷一八二、一八六引作"圭竇"，亦是"圭窬"轉語。《禮記·儒行》"圭窬"，《文選·贈何劭王濟》李善注、《周禮·匠人》賈疏、《類聚》卷三五、《玄應音義》卷九、《慧琳音義》卷九二、《御覽》卷四八四引并作"圭竇"，《御覽》卷一八八引作"閨竇"。字亦作"閨窬"，陸雲《與陸典書書》："草（蓽）門閨窬之人，敢晞天望之冀？"

（5）此隨聲逐響之過也，衆遇之未赴信焉（《賢難》）

汪繼培曰："赴"疑"足"。

彭鐸曰：《説文》："赴，趨也。"《史記·伯夷列傳》"趨舍有時"，朱駿聲《説文通訓定聲》謂"趨"借爲"取"。"赴信"猶言"取信"耳。

徐山曰："赴"有應合義[12]。

按：汪説無據，彭説迂曲。赴，讀作"保"，恃也。"保"字古文從孚，"赴"或作"趕"。《釋名》："脬，赴也，夏月赴疾作之，久則臭也。"《韓子·十過》："曹人聞之，率其親戚而保釐負羈之間者七百餘家。"《列女傳》卷三"保"作"赴"。此其音轉之確證。《後漢書·班勇傳》："今車師已屬匈奴，鄯善不可保信，一旦反覆，班將能保北虜不爲邊害乎？"

（6）然其亡徵敗迹，若重規襲矩，稽節合符（《思賢》）

汪繼培曰：《爾雅·釋山》郭璞注："襲亦重。"

彭鐸曰：襲、叠古音同部，今習用"叠"字。

按：據《説文》，"襲"籀文作"𧞤"，從龖得聲[13]。錢玄同指出，"從大多數言，可以説，邪紐古歸定紐"，又説"襲（𧞤）"古歸定紐[14]。古音邪母、定母相轉，故襲、叠聲轉。《説文》："讋，失氣言，一曰不止也。從言，龖省聲。傅毅讀若慴。𧞤，籀文讋，不省。"又，"慴，讀若叠。"此其聲轉之證，錢玄同亦已舉證。聲轉又作沓、遝，重合也，積叠也。《説文》："龖，讀若沓。"《史記·淮陰侯列傳》"魚鱗雜遝"，《漢書·蒯通列傳》作"雜襲"，顔師古注："雜襲猶雜沓，言相雜而纍積。"《史記·司馬相如傳》《上林賦》"雜遝纍輯"，《漢書》《文選》作"雜襲"。此亦其聲轉之證。故

"襲"訓重衣，謂衣服重叠，引申之，凡重叠、因襲、繼承亦曰襲。朱駿聲指出："襲，叚借爲叠。"[15]《説文》："譶，疾言也，從三言，讀若沓。"《文選・吴都賦》李善注引《蒼頡篇》："譶，不止也。""譶"爲會意字，訓疾言不止，指説話一句接一句。"譶"與"讋"同訓言不止，當是异體字。清華簡（二）《繫年》簡46"秦師將東𧮼鄭"，簡93"欒盈𧮼絳而不果"，簡94"齊莊公涉河𧮼朝歌"，"𧮼"都讀作"襲"[16]，指覆取。襲、叠、沓（遝）并同源。《御覽》卷六〇二引《抱朴子》佚文："朱淮南嘗言二陸重規沓矩，無多少也。"《類聚》卷四梁簡文帝《三日曲水詩序》："莫不禮具義舉，沓矩重規，昭動神明，雍熙鍾石者也。"[17]又卷十四南朝梁沈約《齊武帝謚議》："前聖後賢，重規沓矩。"又卷二十梁元帝《孝德傳・皇王篇贊》："天經地義，重規沓矩。"《宋書・禮志》："重規叠矩。"均正作本字。《小爾雅・廣言》："沓、襲，合也。"諸家疏證《小爾雅》者，均不知沓、襲是轉語[18]。《太平經》習言"重規合矩"，其誼相同。江淹《蕭上銅鐘芝草衆瑞表》："自大明乘規，泰始叠矩，朱鬠素毳之至，史不絶書。""乘"必是"重"形誤，胡之驥、丁福林并失校[19]。《楚辭・九章・懷沙》"重仁襲義"，句法相同。王逸注："重，纍也。襲，及也。"洪興祖《補注》："《淮南》云'聖人重仁襲恩'，注云：'襲亦重纍。'"《淮南子》見《氾論篇》。襲亦是纍積、重叠義。王注"襲，及也"，"及"當從一本作"仍"，仍亦重也。"仍"脱誤作"乃"，復誤作"及"。黄靈庚説"及、仍同義"[20]，非是。

（7）故居上而下不重也，在前而後不殆也（《忠貴》）

汪繼培曰：《文子・道德篇》："老子曰：'居上而民不重，居前而衆不害。'"

按：當徑引《老子》第六六章："是以聖人處上而人不重，處前而人不害。"《文子・道原》："是以處上而民不重，居前而人不害。"《淮南子・原道篇》："是以處上而民弗重，居前而民弗害。"又《主術篇》："故百姓載之上弗重也，錯之前而弗害也。"[21]（《淮南》二例高亨已引，出處見下文。）《抱朴子内篇・明本》："處上而人不以爲重，居前而人不以爲患。"均本于《老子》。

重，猶言難也。此是常訓，不煩舉證。高亨曰："民戴其君，若有重負，以爲大纍，即此文所謂重。故重猶纍也。而民不重，言民不以爲纍也。《詩・無將大車》'無思百憂，祇自重兮'鄭箋：'重，猶纍也。'《漢書・荆燕吴王傳》'事發相重'顔注：'重，猶纍也。'此重有纍義之證。"[22]高説非是。"重"訓纍，是纍積、重叠義，并非負纍義，高氏混淆概念，不足取也。朱謙之、高明均從高亨説[23]，亦已疏矣。

殆，程本、四庫本、局本同，胡本、四部本作"始"。《後漢書・王符傳》"重"作"怨"，"殆"作"恨"。害，讀作"妎"，妒忌也，忌恨也[24]。葛洪將"害"解作"患"，未允。馬叙倫説"'害'疑爲'遏'之借字，止也"[25]，亦非是。此文"殆"或"始"當是"妬"形誤，俗"妒"字，與"害"同義。"妬"形誤作"始"[26]，復形誤作"殆"[27]，誤之又誤者也。

（8）皇天從上鑒其奸，神明自幽照其態（《忠貴》）

按：《荀子・成相》："讒夫多進，反覆言語生詐態。"王念孫曰："態讀爲奸慝之慝。言言語反覆則詐慝從此生也。以態爲慝者，古聲不分去、入也。《秦策》曰：‘科條既備，民多僞態。’又曰：‘上畏大后之嚴，下惑奸臣之態。’《淮南·齊俗篇》曰：‘禮義飾則生僞態之本。’《漢書·李尋傳》曰：‘賀良等反道惑衆，奸態當窮竟。’皆借態爲慝，非姿態之態也。”[28]《釋名》“慝，態也，有奸態也”，正是聲訓。此文“態”“奸”同義對舉，“態”亦讀爲“慝”，奸詐也。《淮南子·主術篇》：“是以上多故則下多詐，上多事則下多態。”《文子·道德》：“法煩刑峻即民生詐，上多事則下多態。”“態”亦詐也。

（9）會衆然後能動擔，牛列然後能致水（《浮侈》）

汪繼培曰：《説文》云：“儋，何也。”儋、擔正俗字。王先生云：“‘列’疑‘引’，形近之誤。”繼培按：《論衡·效力篇》云：“任車上阪，强牛引前。”

彭鐸曰：“會衆”疑當作“衆會”，與“牛列”對。上文“會衆”謂會合衆人，則“牛列”爲次列多牛，本傳作“多牛而後致”，是其義。字不煩改。

按：《後漢書·王符傳》作“會衆而後動，多牛而後致”。王氏得其義，未得其字。彭氏所訓非是。“列”字不誤，讀作“曳”，字亦作“抴”，俗作“拽”，拖拉、牽引也。《荀子·哀公》“兩驂列，兩服入廄”，《家語·顔回》“列”作“曳”。“潎洌”“撇烈”“撇捩”轉語作“撇曳”。均其音轉之證。“牛”謂牛車。下文云“非大衆不能舉，非大車不能輓”，是此文反筆，“輓”亦引也。

（10）鄂譽鄂譽，鄂致存亡（《慎微》）

汪繼培曰：文有脱誤。按《漢書·韋賢傳》云“睮睮諂夫，咢咢黄髮”，如淳曰：“睮睮，自媚貌。”顔師古曰：“咢咢，直言也。”此文疑當作“鄂鄂譽譽，以致存亡”。“鄂鄂”與“咢咢”通，“譽譽”與“睮睮”通。“鄂譽致存亡”，即《史記·商君列傳》趙良所謂“武王諤諤以昌，殷紂墨墨以亡”也。《韓詩外傳》卷十云：“有諤諤争臣者，其國昌。有默默諛臣者，其國亡。”

按：“譽”疑“謇”形誤。此文疑當作“鄂鄂謇謇，以致存亡”，言鄂鄂謇謇之諫言，關乎國家之存亡。諤諤、咢咢、鄂鄂，直言諫諍貌。也作“愕愕”“詻詻”，《墨子·親士》：“君必有弗弗之臣，上必有詻詻之下。”王念孫、洪頤煊指出，“詻詻”即“諤諤”轉語[29]。本書《斷訟》“晝夜鄂鄂”，《書·益稷》“鄂鄂”作“額額”。《釋名》：“額，鄂也。”又“作鄂”“作咢”音轉作“作詻”，亦其比也。“謇謇”亦是直言貌，與“鄂鄂”同義連文。北魏《高廣墓志》：“在朝騫騫，居官愕愕。”“騫騫”即“謇謇”。東魏《司州牧元誕墓志》：“始進諤諤之言，終成謇謇之操。”《北齊書·文宣紀》：“有能直言正諫，不避罪辜，謇謇若朱雲，諤諤若周舍，開朕意，沃朕心，弼于（予）一人[30]，利兼百姓者，必當寵以榮禄，待以不次。”此二例“謇謇”與“諤諤”同義對文。“鄂鄂謇謇”亦單言作“謇鄂”“謇愕”“謇諤”。東漢《鄭固碑》：“犯顔謇愕。”洪適《隸釋》卷六：“碑以愕爲諤。”東漢《綏民校尉熊君碑》：“臨朝謇鄂，孔甫之操。”東漢《費氾碑》：“謇鄂質直。”《後漢書·陳忠傳》：“忠臣盡謇諤之節，不畏逆耳之害。”也作“蹇愕”，《文選·三國名臣序贊》“豈徒蹇愕而已哉”，一本作“謇愕”，《晋書·袁宏傳》作“謇諤”。

（11）晋平殆政，惑以喪志，良臣弗匡，故俱有禍（《慎微》）

汪繼培曰：孫侍御云：“‘殆’與‘怠’同。”

彭鐸曰：《晋語八》韋注：“良臣，謂趙孟。”

按：《左傳·昭公元年》：“晋侯求醫于秦……非鬼非食，惑以喪志。良臣將死，天命不祐。”《國語·晋語八》：“平公有疾……非鬼非食，惑以喪志。良臣不生，天命不佑。”韋昭注：“良臣，謂趙孟。不生，將死。”據《國語》，此文“匡”當是“生”形誤，各本均誤。謂平公有疾，趙孟亦將死，故云君臣“俱有禍”也。

（12）皆舍實聽聲，嘔哇之過也（《實貢》）

汪繼培曰：《列子·説符篇》云：“爰旌目餓于道，狐父之盜下壺餐以餔之。爰旌目三餔而後能視，曰：‘譆！汝非盜耶？吾義不食子之食也。’兩手據地而歐之。狐父之人則盜矣，而食非盜也。以人之盜，因謂食爲盜而不敢食，是失名實者也。”“歐”與“嘔”同。

王紹蘭曰：“嘔哇”蓋二事。爰旌目之壺飱，以餓而餔，因盜言而嘔。陳仲子之鶂，以母與而食，因兄言而哇。是皆舍實聽聲，故云“嘔哇之過也”[31]。

按：汪氏、王氏以“嘔哇”爲嘔吐義，雖有一事、二事之异，然其説非是。嘔之言區（句），曲也。《廣雅》：“哇，衺也。”《文選·七命》李善注，《慧琳音義》卷八四、八七、九七并引《蒼頡篇》：“哇，謳也。”《玉篇殘卷》：“䞨，《字書》或‘哇’字也。哇，聲也，謳也，邪也。”“謳”同“嘔”。《莊子·大宗師》“其嗌言若哇”，《釋文》引簡文云：“哇，嘔也。”“嘔哇”同義連文，指語聲衺曲不正；引申之，亦指淫邪之聲。此言舍實聽聲，以其聲淫邪不正之過也。唐杜顔《灞橋賦》“秦聲嘔哇，楚舞叢雜”，是其例。“嘔哇”音轉又作“嘔唲”，裴務齊《正字本刊謬補缺切韵》：“唲，嘔［也］。”“唲”即“哇”音轉。P. 2016《大唐刊謬補闕切韵》：“唲，嘔唲。”《廣韵》：“嘔，嘔唲，小兒語也。”《集韵》：“唲，嘔唲，小兒言。”又“唲，嘔唲，聲也。”音轉又作“優亞”。《漢書·東方朔傳》：“伊優亞者，辭未定也。”音轉又作“嘔啞”。唐白居易《念金鑾子》：“況念夭札時，嘔啞初學語。”倒言則作“唲嘔”，《廣韵》：“唲，唲嘔，小兒言也。”《玉篇》：“唲，唲嘔，小兒語也，亦作哇，又音兒。”《荀子·富國》：“垂事養民，拊循之，唲嘔之。”楊倞注：“唲嘔，嬰兒語聲也。唲，于佳反。嘔，與‘謳’同。”亦作“哇謳”。宋陳郁《藏一話腴》外編卷上：“宫殿雲中分等級，笙歌空裏鬧哇謳。”“嘔哇”倒言音轉又作“啞嘔”。《集韵》：“啞，啞嘔，小兒學言。”又轉作“阿嘔”。《六書故》：“唲，唲嘔，與嬰兒應和語也。《荀子》曰‘拊循之，唲嘔之’，今俗云‘阿嘔’是也。”“阿嘔”是“啞嘔”音轉[32]。“哇嘔”“唲嘔”音轉又轉作“嗌嘔”[33]。《新語·輔政》：“絶恬美之味，疏嗌嘔之情。”唐晏曰：“嗌嘔，即《荀子》之‘倪（唲）嘔’。”[34]“唲”亦作“誽”，裴務齊《切韵》：“誽，言不正。”

（13）敦方正直（《實貢》）

按：《後漢紀》卷二三張奂上書曰：“太傅陳蕃敦方抗直。”《書鈔》卷三七傅玄《漢陽太守樊銘》：“敦方足以正衆邪，肅清足以濟殊俗。”《亢倉子·政道》：“近古以來，天下奸邪者衆，正直者寡，輕薄趨利者多，敦方退静者鮮。”S. 1889《燉煌汜氏人物傳》：“（汜緒）敦方正直。”敦，讀作端，一聲之轉，亦正直之誼。《釋名·釋衣服》：“玄端，其袖下正直端方，與要（腰）接也。”“敦方正直”即“正直端方”也。《類聚》卷四四晋顧愷之《箏賦》：“其器也，則端方修直，天隆地平。”

（14）咸氣加而化上風，患害切而迫饑寒（《班禄》）

汪繼培曰：“咸”當作“戾”，“戾氣”與下“和氣”相對。《説苑·貴德篇》云：“上之變下，猶風之靡草也。”

按：“戾”無緣誤作“咸”，且“戾氣加”與“化上風”文義不屬，汪説非是。“咸”是“諴”省文。《説文》：“諴，和也。《書》曰：‘不（丕）能諴于小民。’”《書·無逸》“用咸和萬民”，又《堯典》“協和萬邦”，“咸和”即“協和”，“咸”亦讀爲“諴”[35]。《左傳·昭公二十六年》：“父慈而教，子孝而箴。”《晏子春秋·外篇》同，《賈子·禮》“箴”作“協”，“箴”亦讀爲“諴”，協和也。言和氣加人，則百姓能化于君上之風也。下文云“是以官長正而百姓化，邪心黜而奸匿絶，然後乃能協和氣而致太平也”，正言協和氣而百姓化于官長之正風，與此文并非相對之文。

（15）諺曰：“一歲載赦，奴兒噫嗟。”（《述赦》）

汪繼培曰：奴，讀爲“駑”。崔實《政論》亦載此諺。《困學紀聞》卷十三引《政論》“奴”作“好”。或云：“好兒”即“好人”，非也。“噫嗟”《政論》作“喑噁”……噫嗟、喑噁、意烏、噎噫、喑醷、喑噫并聲近義同。

彭鐸曰：王應麟引《政論》作“好兒”，閻若璩謂“好兒”即“好人”，皆是也。范祖禹《唐鑒》卷三云：“帝謂侍臣曰：‘古語有之……一歲再赦，善人喑啞。’”其説悉本此篇。“善人”即“好兒”，是唐太宗所見本不作“奴兒”也。

按：“喑醷”是“黤黕”“黯黮”“暗淡”等詞的音轉[36]，汪説非是。《政論》引諺，《治要》卷四五引作“一歲再赦，奴兒喑噁”，《御覽》卷六五二引“喑噁”作“喑啞”，又卷四九六引作“噫唶”；《困學紀聞》卷十三引作“一歲再赦，好兒喑啞”，注云：“‘兒’與‘人’同，如以‘可人’爲‘可兒’。”閻若璩曰：“《潛夫論》‘奴’恐是‘好’字之訛。”[37]

載，讀作再。

《舊唐書·太宗本紀》太宗引古語：“一歲再赦，好人喑啞。”《新唐書·刑法志》同，《御覽》卷六五二引“好人”作“奴人”，《貞觀政要》卷八、《通典》卷一六九、《通鑑》卷一九二、《唐會要》卷四十作“善人”。白居易《議赦》引諺曰：“一歲再赦，婦兒噫啞。”本書及《政論》，自當作“奴兒”，閻、汪、彭諸説均誤。奴兒，指奴僕。《漢書·鮑宣傳》“蒼頭廬兒”顔師古注引孟康曰：“漢名奴爲蒼頭。諸給殿中者所居爲廬，蒼頭侍從因呼爲廬兒。”又稱作“奴人”。《文子·微明》：“下五有衆人、奴人、愚人、肉人、小人。”也稱作“奴子”。《玉臺新咏》卷九梁元帝《樂府》：“珊瑚挂鏡爛生光，平頭奴子提履箱。”[38]唐宋時“奴”誤作“好”（《御覽》卷六五二引《唐書》尚不誤），因改“奴兒”作“好人”，復改作“善人”，又臆改作“婦兒”。

《御覽》卷四九六“噫嗟”作“噫唶”，古音差、昔音轉[39]。《治要》卷三四引《鶡冠子·博選》：“馮几據杖指麾而使，則厮役者至；噫唶叱，則徒隸人至矣。”今本“噫唶叱”作一“咄”字（上有缺文）。當作“噫唶叱咄”。《戰國策·燕策一》：“馮几據杖、眄視指使，則厮役之人至；恣睢奮擊、呴籍叱咄，則徒隸之人至矣。”《長短經·論士》同。鮑彪注：“呴，呵。籍，踐也。當從足。《集韵》：‘咄，呵也。’”吴師道《補正》：“下言叱咄，上有呴字爲復。‘呴籍’義亦不類，當是‘跔籍’，見《韓策》，釋爲跳躍。此謂跳躍蹈藉也。”鮑氏解“呴”“咄”均是，而訓籍爲踐，則是讀爲“踖”（俗作“躤”），誤矣。吴氏校“呴籍”作“跔籍”，金正煒謂“‘呴’字當從吴校作‘跔’”[40]，亦誤。“籍”當讀作“唶”[41]，“呴唶叱咄”四字同義連文。“噫唶”音轉亦作“喑唶”“喑嗟”[42]，《玄應音義》卷四、十三“喑唶”條并引《説文》：“喑唶，大聲也。”又引《聲類》：“喑唶，大呼也。”《玄應》卷四是《大方便佛報恩經》卷一《音義》，檢經文作“喑嗟煩悶”，是玄應所見本“嗟”作“唶”也。《搜神記》卷十八：“乃喑嗟而去。”此文“噫嗟”是“喑啞叱嗟（咤）”省語，與作嘆詞用的“噫嗟”不同。

（16）故猥説一科，令此注百日，乃爲移書（《愛日》）

汪繼培曰：盧學士云：“‘説’疑當作‘設’。”繼培按：“設”字是也。《後漢書·質帝紀》本初元年詔曰：“造設科條。”王先生云：“‘科令’爲句。‘此注百日’是‘比滿百日’之誤。”

彭鐸曰：《論衡·正説篇》：“説隱公享國五十年，將盡紀元以來邪?”孫詒讓謂“説”當爲“設”，形聲相近而誤。正與此同。《周禮·獸人》疏：“注猶聚也。”《説文》：“注，灌也。”《廣雅》：“灌，聚也。”“注”自有滿義，不必改。“令”字屬下讀。

按：王説“科令”爲句，“此”當作“比”，均是。盧説“説”當作“設”，彭説“注”是灌滿義，“令”字屬下讀，均非。“科令”是漢代法律用語，指法律條令。《後漢書·孝和帝紀》永元十一年詔曰“但且申明憲綱，勿因科令加虐羸弱”，又《循吏傳》“勸人生業，爲制科令”，又《左雄傳》雄上言“有不承科令者，正其罪法”，皆其例也。注，讀爲投、豉，置也，猶言擱置。字亦作“鉒”。《廣雅》：“鉒，置也。”王念孫曰：“《韓詩外傳》：‘于此有絺綌五兩，敢置之水浦。’《列女傳》作‘願注之水旁’。是注爲置也。注與鉒通。《莊子·達生篇》：‘以瓦注者巧。’《淮南子·説林訓》作鉒。是其證也。”[43]《莊子》之“注”，《吕氏春秋·去尤》作“投”。《荀子·榮辱》：

"則君子注錯之當，而小人注錯之過也。"楊倞注："注錯，謂所注意錯履也。亦與措置義同。"王念孫曰："楊後説得之。注、錯二字同義。《廣雅》：'措、駐，置也。''措駐'即'注錯'。"[44]言公府妄説一條法律條文，等到案件擱置百日，乃爲移送公文也。下文云"其不滿百日"，言擱置不滿百日，非"注"當作"滿"或訓"滿"之證也。

（17）脉脉規規，常懷奸唯（《斷訟》）

汪繼培曰：《玉篇》云："眽眽，奸人視也。"亦作"脉"。"脉脉"與"眽眽"通。《漢書·東方朔傳》云"跂跂脈脈善緣壁"，顔師古注："脈脈，視貌。"《莊子·秋水篇》云"規規然自失"，《釋文》云："規規，驚視自失貌。"《荀子·非十二子篇》"莫莫然，瞡瞡然"，楊倞注："'瞡'與'規'同。規規，見小之貌。"按"莫莫"與"脉脉"聲亦相近。"唯"當爲"詐"。王侍郎云："'唯'疑'睢'，奸睢猶恣睢。"

彭鐸曰：作"詐"是。

按：汪氏《湖海樓叢書》刻本"亦作脉"之"脉"作"眿"。"亦作眿"爲《玉篇》釋文，當放在引號内，《叢書集成初編》排印本作"眿"不誤，《四部備要》本、《諸子集成》本、中華書局《新編諸子集成》本均誤作"脉"。

汪氏説"脉脉"即"眽眽"，亦作"莫莫"，是也，但猶未盡。"眽眽"亦作"䁱䁱"，衺視貌。"規規"爲"窺窺""闚闚"轉語，亦衺視貌。《説文》："窺，小視也。"《廣雅》："窺、覭、眽、瞡、覓，視也。"王念孫曰："覭者，《廣韵》：'覭，邪視也。''眽'與下'䁱'字同。《爾雅》：'䁱，相也。'《説文》：'眽，目財視也。''䁱，衺視也。籀文作覓。'……重言之則曰'眽眽'，義見《釋訓》。'瞡'與'窺'聲義相近也。"[45]《説文》"眽，目財視也"，《廣韵》引"財"作"邪"。"覭（覒）""莫"亦是雙聲轉語，《集韵》"瞙"或作"眊"，是其比。此文"脉脉規規"，即是《荀子》"莫莫瞡瞡"，亦即《廣雅》"眽瞡"或"覭瞡"重文。汪氏所引《漢書》"跂跂脈脈"，"跂跂"亦是"規規"轉語。此則汪氏所未及者，舊注多誤[46]。

汪説"唯當爲詐"，但二字形、聲俱遠，無緣致誤。王説"唯疑睢"，但"奸睢"不辭。二説俱不足取。四庫本改"奸唯"作"奸宄"，無版本依據。《漢語大詞典》："奸唯，猶奸回，奸惡邪僻。"[47]余謂"奸唯"是"奸詭"或"奸僞"聲誤，"詭""僞"同源。

（18）苟且中，後則榆解奴抵，以致禍變者，比屋是也（《斷訟》）

汪繼培曰："中"下脱一字。"榆"蓋"偷"之誤。解，讀爲"懈"。"奴抵"字未詳。

按：比屋，四部本、程本、胡本作"比屈"，四庫本作"比肩"。"屈"是"屋"形誤。四庫本臆改，無版本依據。"比屋"也稱作"比室"。

汪氏説"榆解"爲"偷懈"，是也，偷亦懈怠也。但"榆"可借作"偷"，非誤字。王弼本《老子》第四一章"建德若偷"，北大漢簡本"偷"作"榆"，是其證。

奴，讀作"詉"。《玉篇殘卷》"詉"字條引《埤蒼》："諸詉，言不可解也。"

P. 2011 王仁昫《刊謬補缺切韵》："𠹬，𠹬哰，儣拏。"《廣韵》："𠹬，𠹬哰，儣拏，語不可解。"《集韵》："詉，惡言。"又，"詉，譇詉，詐也。""詉"之言拏也，謂言語牽連不止，引申爲差窮、誣詆、欺詐。《説文》："譇，譇拏，羞窮也。"《方言》卷十："𠹬哰，謰謱，拏也（郭璞注：言譇拏也）。拏，揚州會稽之語也。或謂之惹（郭璞注：言情惹也），或謂之㘓（郭璞注：言誣㘓也）。"P. 2011《切韵》、裴務齊《正字本刊謬補缺切韵》并云："譇，譇拏，詐。"字亦作"挐"。《説文繫傳》："挐，一曰誣也。"

抵，讀作"詆"，欺誣、毁辱也。

S. 2071《切韵箋注》："䛩，䛩詉，語不止。"又"詉，䛩詉，語不正。""䛩詉"即"譇詉""儣拏"，"正"當作"止"，"語不止"即《方言》"謰謱"、《埤蒼》"言不可解"、《廣韵》"語不可解"之義。P. 2011《切韵》"䛩"字條、裴務齊《切韵》"䛩""詉"二字條、《廣韵》"䛩"字條"止"誤作"正"[48]。

P. 2011《切韵》："㛹，㛹絮，相著皃。"《玉篇》《廣韵》同。《集韵》："㛹、緒，㛹，絲絮相箸也，或從奢。""㛹絮"即"譇拏""譇詉""儣拏""䛩詉"同源詞[49]，特指絲絮相牽引皃。

（19）明于禍福之實者，不可以虚論惑也；察于治亂之情者，不可以華飾移也（《遏議》）

按："移"與"惑"對文，讀作"訑"，欺誑也。字亦作"詑、訑、他、訑、誃"。"委蛇""蝼蛇""踒跑""逷迆"轉語作"委移"，是其比也。四庫本改"移"作"侈"，無版本依據。

（20）邊民謹頓（《實邊》）

汪繼培曰：頓，讀爲鈍。

彭鐸曰：《方言》卷十："頓、湣，惛也。"謹頓，謂謹愿惛闇也。二字平列，又叠韵。

按：汪、彭説非是。謹，善良、謹慎。頓，讀爲"惇"，字亦作"敦"，敦重、厚實。《説文》："惇，厚也。""謹敦"倒言作"敦謹"。《後漢書·張純傳》："純以敦謹守約，保全前封。"又音轉作"淳謹""純謹""醇謹"。《墨子·所染》："其友皆好仁義淳謹畏令。"《吕氏春秋·貴當》："其友皆孝悌純謹畏令如此者，其家必日益，身必日榮矣。"《史記·萬石君傳》："丞相醇謹而已。"《荀子·君子》"忠者惇慎此者也"。一本作"敦慎"。"謹頓"即"敦慎"之誼。

（21）至遣吏兵，發民禾稼，發徹屋室，夷其營壁，破其生業（《實邊》）

汪繼培曰：《詩·十月之交》云："徹我牆屋。"《趙策》孟嘗君曰："毋發屋室。"按"發"字與上複，此當讀爲"廢"。《説文》云："廢，屋傾也。"

彭鐸曰：下"發"字不誤，上"發"字當爲"癹"。《説文》："癹，以足蹋夷草。"引《春秋傳》曰："癹夷蕴崇之。"今隱六年《左傳》作"芟夷"，杜注："芟，刈也。"癹、芟義近。癹民禾稼，猶言刈民禾稼耳。《後漢書·西羌傳》"乃遂刈其禾稼，發徹室屋"，即本此文，是其明證矣。此"癹"字若不誤爲"發"，則校者亦必改爲"芟"。夫屋可言發（《鹽鐵論·散不足篇》"發屋賣業"是），而禾稼不可言發。汪不訂上句之誤，而輒改下讀，蓋泥于廢、芟之本訓，而適忘成十三年《左傳》有"芟夷我農功"之文。

王紹蘭亦引《後漢書》，又曰：其"發民禾稼"之"發"，當是"癹"字之譌。《說文》："癹，以足蹋夷草。"引《春秋傳》曰"癹夷蘊崇之"，今《左氏傳》作"芟"，亦與《西羌傳》"刈其禾稼"義合[50]。

徐山曰：兩"發"字均不誤。"發民禾稼"的"發"指拔起義。"發徹"爲同義并列複詞，"徹"亦爲拆毀義[51]。

按：王、彭說近之。但今《左傳》"芟夷"是"癹夷"形誤，"癹"訓以足蹋夷草，非此文之誼也。"癹"從癶得聲，"芟"從殳得聲，分明是二字。上"發"字當作"芟"，刈也。《墨子·非攻下》："爲堅甲利兵以往攻伐無罪之國，入其國家邊境，芟刈其禾稼，斬其樹木，墮其城郭。"又《天志下》："……以攻罰（伐）無罪之國，入其溝（邊）境，刈其禾稼，斬其樹木，殘其城郭。"複言曰"芟刈"，單言曰"刈"，其義一也。發徹者，謂拆毀。《廣雅》："徹，壞也。"《商子·兵守》："發梁徹屋。"《淮南子·說山篇》："壞塘以取龜，發屋而求狸。"下"發"字徐山說是。

（22）然小民謹劣，不能自達闕廷（《實邊》）

彭鐸曰：《漢書·賈誼傳》"其次廑得舍人"注"廑，劣也"。《周語》"余一人僅亦守府"注："僅猶劣也。"謹、廑、僅并字异而義同。

按：彭說非是，其所引用例均副詞用法，不合此文。謹，謹慎、忠厚老實。《說文》："愨，謹也。"又"愿，謹也。"《廣雅》："愿，愨也。"是"謹"亦"愨"也。字亦作"慬"。《廣雅》："愨，慬也。"P. 2011 王仁昫《刊謬補缺切韵》："慬，愨。"《廣韵》："慬，愨也。"劣，羸弱[52]。

（23）迫將威嚴，不敢有摯（《實邊》）

汪繼培曰："摯"疑"違"，字形相近而誤。

彭鐸曰：二字形遠，無緣致誤。此疑當作"敢有不慹"。《說文》："慹，怖也。"言敢有不懼耳。汪說失之。

徐山曰：摯，執守、堅持義[53]。

陳冰梅說"摯"訓作反擊[54]。

按：摯，程本、四部本、胡本、四庫本作"摰"。汪氏得其義，未得其字。汪氏所據元本作"摯"是也，讀作"鷙"。《廣雅》："鷙，很也。"言很戾不聽從也，用作名詞，指狠戾凶悍之鳥。本字爲"𡔈"，字亦作"㤅、痓、窒、室、跮、駤、懫、懥、疐"[55]。《說文》："𡔈，忿戾也。《周書》曰：'有夏氏之民叨𡔈。'"《廣雅》："㤅，很也。"㤅、鷙一聲之轉。

（24）圖畫衃胎，刻鏤非真，瓦器虚空，皆爲見欺紿（《夢列》）

汪繼培曰："衃"當作"卵"。卵胎，物之未成者，故爲"見欺紿"。或云："殈"聲誤爲"衃"，《説文》云："殈，胎敗也。"

彭鐸曰：前説近是。

按：四部本、四庫本、局本"衃"作"衃"，字同。"衃胎"當是形容圖畫的形容詞，汪氏二説均非是。疑"衃"是"衃"形誤，本書《本訓》"資和以兆衃，民之胎含嘉以成體"，"衃"借作"胚（胚）"。"胚"與"胎"均爲"始"同源詞，取始成形之義。圖畫胚胎者，言圖畫尚在初始未成形。《爾雅》："胎，始也。"郭璞注："胚胎未成，亦物之始也。"影宋本《釋文》"胚"作"胚"[56]，云："胎，本或作台。胚，字又作衃，同。"《集韵》："胚、衃，胚胎未成，物之始。或從血。"

（25）不驅于險墟之俗，不惑于衆多之口（《交際》）

汪繼培曰："墟"當作"巇"。《楚辭·九辨》云："何險巇之嫉妒兮。"《七諫·怨世》云："何周道之平易兮，然蕪穢而險戲。"王逸注："險戲，猶傾危也。"《文選·廣絶交論》李善注引作"險巇"。

按："墟""戲"均從虍得聲，自可通借，不煩改字。"險戲（巇）"也作"嶮戲（巇）"，倒言則作"巇嶮"。《玄應音義》卷七："巇嶮：又作巇、壥二形，同。許奇反。案：嶮巇，顛危也。經文作嶬，非也。""嶮嶬"亦是轉語，非誤字。《文選·劉孝標〈廣絶交論〉》"世路嶮巇，一至于此"，《類聚》卷二一引同，《南史·任昉傳》"嶮巇"作"嶮嶬"，《梁書》作"險嶬"。《文苑英華》卷三五八梁范縝《擬招隱士》："嶔崟兮嶮嶬，岌峨兮傾攲。"《廣韵》："巇，巇嶮。"又轉語作"嶮巇"。《太上洞玄靈寶智意本願大戒上品經》："吾少游諸名山，履于嶮巇。"P. 3286《十二時》："貪財嗜色嶮巇人，也莫嫌他莫嘲笑。""戲"是"危"音轉，亦險也。《漢書·杜周傳》"業因勢而抵陒"，服虔曰："陒，音羲。"顔師古曰："一説，陒讀與戲同，音許宜反。戲亦險也，言擊其危險之處，《鬼谷》有《抵戲篇》也。"今本《鬼谷子》作"抵巇"。《法言·重黎》："曰：'巇可抵乎？'""巇嶮"是"危險"轉語。

（26）僨雹爲冰，温泉成湯（《本訓》）

汪繼培曰："僨雹"當是"歕雹"。《説文》云："雹，雨冰也。"或"憤"當爲"積"，《白虎通·灾變篇》云："陰氣專精，積合爲雹。"

按：汪氏二説均誤。"雹"當作"雷"，與"冰"相對。《列子·周穆王》："冬起雷，夏造冰。"《類聚》卷七六梁簡文帝《十空如幻詩》："三里生雲霧，瞬息起冰雷。"僨，讀作"奮"，奮動也。《易·豫》象曰："雷出地奮豫。"鄭玄注："奮，動也。雷動于地上，萬物乃豫也。"此句言奮動之雷轉爲冰也。

（27）（帝嚳）其相戴干，其號高辛（《五德志》）

汪繼培曰：《御覽》卷八十引《春秋元命苞》云："帝嚳戴干，是謂清明，發節移度，蓋像招摇。”王先生云：“按《元命苞》言‘厥象招摇’，則‘干’當作‘斗’，字形相涉而誤。戴斗者，頂方如斗也。”

按：干，四部本、程本、胡本、局本誤作“十”，四庫本臆改作“斗”。《御覽》卷八十引《春秋元命苞》：“帝佶戴干，是謂清明，發節移［度］，蓋像招摇。”又引宋均注：“干，楯也。招摇爲天戈，［戈］揗（楯）相副，戴之像見天中以爲表。”《御覽》卷三五七引同，缺字據補。《初學記》卷九引《春秋元命苞》“帝嚳戴干，是謂清明”，又引宋均注：“干，盾也。”《書鈔》卷一亦言“帝嚳戴干”（未言出處）。《易緯乾鑿度》卷下“泰表載干”鄭玄注：“干，楯也。”《隋書·王劭傳》引作“泰表戴干”。則“干”必非“斗”誤字，王説非是。《史記·五帝本紀》正義引《河圖》：“（女樞）生顓頊，首戴干戈，有德文也。”《宋書·符瑞志》同。孫楷第據上二例以駁王説改“斗”[57]。《初學記》卷九、《類聚》卷十一、《御覽》卷七九引《帝王世紀》亦説顓頊“首戴干戈”。《五行大義》卷五引《文燿鈎》：“帝嚳載（戴）于（干），是謂清明，發節移度，蓋象招摇。”“載”“戴”古通，“于”必是“干”形誤。《劉子·命相》云“帝嚳戴肩”，“肩”“干”均見母元部字，亦足證“干”非“斗”誤字。《白虎通·聖人》：“顓頊戴午，是謂清明，發節移度，蓋象招摇。”《論衡·骨相》《講瑞》亦云“顓頊戴午”，“午”是“干”形誤[58]，方以智、盧文弨、孫詒讓已校正[59]，《路史·前紀六》羅苹注引《春秋演孔圖》及《春秋元命苞》云：“顓帝戴干，是謂崇仁。帝佶戴干，是謂清明。”“干”字不誤。“戴干”有三説：一是鄭玄、宋均説，干訓楯，盧文弨、孫詒讓、孫楷第并從此説；二是方以智説，“面額高滿曰戴干”；三是吴承仕説，“戴干”是“鳶肩”之誤，黄暉從其説，又指出“然仲任以‘戴角之相猶戴干’，則仲任義當與鄭玄、宋均説同也”[60]。吴承仕曰：“疑‘戴干’當作‘䳡干’。‘䳡’爲‘鳶’之异文，‘干’即‘肩’之假字也。《淮南·道應訓》‘汨注而鳶肩’，《論衡·道虚篇》引作‘雁頸而戴肩’。此‘鳶’僞（譌）‘戴’之證。《乾鑿度》曰：‘復表日角，臨表龍顔，泰表戴干。’劉書《新論·命相篇》述之則曰：‘伏羲日角，黄帝龍顔，帝嚳戴肩。’”王叔岷説略同吴氏[61]。鄭玄等“干楯”“干戈”舊説，不容輕弃；吴説雖辯，未爲確論，“鳶肩”非“招摇”之象，亦非“崇仁、清明”之象。《論衡》“戴肩”，固是“鳶肩”之誤；《劉子》“戴肩”，則是“戴干”聲誤，孫楷第説是也。《論衡·講瑞》説“戴角之相猶戴午（干）”，王充所見必是“戴”字，不是“鳶”。

（28）（帝嚳）迎送日月，順天之則，能叙三辰以周民（《五德志》）

汪繼培曰：《大戴禮》云：“歷日月而迎送之。”《禮記·祭法》云：“帝嚳能叙星辰以著衆。”

按：正文“送”，底本作“逆”，四部本、程本、胡本、四庫本、局本同。逆亦迎也。《禮記》“叙”作“序”。《國語·魯語上》“帝嚳能序三辰以固民”韋昭注：“固，安也。三辰，日、月、星也。謂能次序三辰，以治曆明時，教民稼穡以安之。”此文“周”是“固”形誤，各本均誤。《禮記》“著”亦是安定、處置之誼。

（29）恃其讒慝詐僞，而不德于民（《五德志》）

汪繼培曰：本書“慝”皆作“匿”。按《爾雅·釋訓》：“謔謔、謞謞，崇讒慝也。”《釋文》云：“慝，諸儒并女陟反，言隱匿其情以飾非。”是“讒慝”正當爲“讒匿”，此疑後人所改。

按：汪氏取諸儒説，謂“讒慝”之“慝”語源爲“匿”，讀女陟反，指隱匿其情。考《春秋·昭公十三年》《桓公六年》“讒慝”條《釋文》并云“他得反”，《左傳·成公七年》《襄公十三》《昭公十八年》“讒慝”條《釋文》均同，又《僖公二十八年》“讒慝”條《釋文》云“吐得反”。諸儒説非是，當讀他得反，語源是“態”。《釋名》：“慝，態也，有奸態也。”《爾雅釋文》“諸儒”上尚有“謝切得反”四字，法偉堂曰：“‘切’必‘叨’之譌。諸儒音女陟反，則讀爲匿也。”[62]吴承仕曰：“案：謝如字讀，合音‘土得反’。今作‘切’，疑傳寫之譌。各家并失校。”[63]黄焯曰：“吴云云。焯案：‘切’當爲‘他’之誤。”[64]“切得反”必誤，諸説均通，法偉堂説字形最近，其説爲長。汪氏不取謝氏切（叨）得反，偏取諸儒誤讀，非是。《爾雅》“崇讒慝也”，郭璞注：“樂禍助虐，增譖惡也。”譖、讒一音之轉耳[65]。“讒慝”或省作“讒匿”，《吕氏春秋·貴因》“讒慝勝良”，高誘注：“讒，邪也。慝，惡也。”《治要》卷三九引作“讒匿”。《易林·困之損》：“離友絶朋，巧言讒匿。”又音轉作“譖慝”。《墨子·修身》：“譖慝之言，無入之耳；批扞之聲，無出之口。”王念孫曰：“‘譖慝’即‘讒慝’，《左傳》‘間執讒慝之口’是也（《僖公二十八年》）。‘讒’與‘譖’古字通。”[66]又音轉作“僭慝”“僭忒”。《書·洪範》“民用僭忒”，《釋文》：“忒，他得反，馬云：‘惡也。’”《漢書·王嘉傳》引作“僭慝”，顔師古注：“僭，不信也。慝，惡也。”又音轉作“譖試”，清華簡（七）《子犯子餘》：“凡民秉厇（度）諯（端）正譖試，才（在）上之人。”“譖試”即“譖忒”，猶言詐僞，與“端正”對文。也作“讒忒”，《魏書》卷八十：“奸佞爲心，讒忒自口。”以同源詞决之，“慝”必是讀他得反，故也作“忒”。

（30）升以爲大公，而使朝夕規諫。恐其有憚怠也，則敕曰（《五德志》）

按：四部本、胡本“有”形近而誤作“布”。憚，讀作“嬗”。《説文》：“嬗，緩也。”字亦作“儃、譠、訑、誕”，放誕、放縱也。憚怠，猶言緩怠、惰怠。《廣雅》：“譠謾，緩也。”王念孫曰：“譠謾，或作‘儃僈’，謂怠緩也。《淮南子·修務訓》作‘誕謾’，并字异而義同。‘憚漫’亦舒緩之意。”[67]

（31）故且略紀顯者，以待士合揖損焉（《志氏姓》）

汪繼培曰：“士”當作“三”，“三合”即“參合”。“揖”與“挹”同，《史記·十二諸侯年表序》云：“七十子之徒，口受其傳指，爲有所刺譏褒諱挹損之文辭不可以書見也。”

按：汪説是也，但猶未盡。《三國志·文昭甄皇后傳》裴松之注引《魏書》：“后寵愈隆，而彌自挹損。”《書鈔》卷二五引“挹損”作“揖損”。“揖”“挹”均“抑”借字。《荀子·宥坐》：“此所謂挹而損之之道也。”《韓詩外傳》卷三、八“挹”作“抑”，《淮南子·道應篇》作“揖”。楊倞注：“挹亦退也。挹而損之，猶言損之又損。”王念孫曰：“‘揖’與‘挹’同。《文選·爲幽州牧與彭寵書》注引《蒼頡篇》云：‘挹，損也。’‘挹’與‘損’義相近，故曰‘挹而損之’。作‘揖’者，借字耳。《後漢書·杜篤傳》注引此正作‘挹而損之’，《荀子·宥坐篇》、《説苑·敬慎篇》并同。《韓詩外傳》作‘抑而損之’，‘抑’與‘挹’聲亦相近，故諸書或言‘抑損’，或言‘挹損’也。”[68]朱駿聲曰：“挹，假借爲抑。《荀子》注云云。《蒼頡篇》：‘挹，損也。’挹、抑雙聲。”[69]《晏子春秋·内篇雜上》“其後，夫自抑損”，正作本字。倒言作“損抑”“損挹”“損揖”。《後漢書·光武帝紀》：“陛下情存損挹，推而不居。”《宋書·王僧綽傳》：“懼其太盛，勸令損抑。”《梁書·夏侯詳傳》“延僚屬以表損挹之志”，《御覽》卷二五四引作“損揖”。

（32）其子伯翳，能議百姓以佐舜、禹，擾馴鳥獸，舜賜姓嬴（《志氏姓》）

汪繼培曰：“百姓”之“姓”當作“物”。《鄭語》云：“伯翳能議百物以佐舜。”

按：汪説是。《鄭語》韋昭注：“百物，草木鳥獸也。議使各得其宜。”黄丕烈引惠棟曰：“議，《漢書》作‘儀’。”又引段玉裁曰：“玩韋《解》，當本是‘儀’。”[70]王引之曰：“儀度之‘儀’，古通作‘議’也。《鄭語》云云。《漢書·地理志》‘議’作‘儀’。《晏子春秋·外篇》‘博學不可以儀世’，《墨子·非儒篇》‘儀’作‘議’。”[71]朱珔説全同[72]。朱駿聲亦讀“議”作“儀”[73]。均當係襲王説。段氏從韋説解作“各得其宜”，非是，且“議”“儀”古通，不當“本是儀”。王氏讀“議”作“儀”是也，“度”謂法度、準則，用作動詞，猶言取法。《漢書·地理志》：“嬴，伯益之後也。伯夷能禮于神以佐堯，伯益能儀百物以佐舜。”顏師古曰：“‘儀’與‘宜’同。宜，安也。”顏説非是。《漢書·敘傳》《幽通賦》：“嬴取威于百儀。”顏師古注引應劭曰：“嬴，秦姓也，伯益之後也。伯益爲虞，有儀鳥獸百物之功，秦所由取威于六國也。”“伯益”即“伯翳”，是班氏讀“議”作“儀”也。《文選·東京賦》“儀姬伯之渭陽”薛綜注：“儀，則也。”

（33）太伯君吴，端垂衣裳，以治周禮（《志氏姓》）

汪繼培曰：王先生云：“‘垂’疑‘委’。”

彭鐸曰：當從哀七年《左傳》作“端委”。

按：王、彭説非是。委，垂也，王符以訓詁字易之，不得遽據《左傳》改字。“垂衣裳”是古書習語。《吕氏春秋·察賢》：“故曰堯之容若委衣裘，以言少事也。”王利器曰：“《易·繫辭下》：‘黄帝、堯、舜垂衣裳而天下治。’與此文‘委衣裘’同義。”[74]但《左傳》“端委”指禮衣，不是垂衣裳而治天下，此則自是王符誤解其誼。

（34）遭衰奸牧，得不用刑？（《敘録》）

按：“奸牧”當乙作“牧奸”。《方言》卷十二：“牧，司也。”又“監、牧，察也。”是牧爲司察、監察之義。牧奸，司察奸人也。《史記·商君列傳》：“令民爲什伍，而相牧司連坐。”又《酷吏列傳》：“置伯格長，以牧司奸、盜賊。”“牧司”同義連文。《漢書·酷吏傳》下句作“以收司奸”，顔師古曰：“置伯及邑落之長，以收捕司察奸人也。”顔説非是。王引之指出《漢書》“收”當作“牧”，引《方言》訓作察[75]。

注釋：

①（清）汪繼培：《潛夫論箋》，清嘉慶二十二年（1817）蕭山陳氏湖海樓刻本，《續修四庫全書》第933册，上海古籍出版社，2002年，329—471頁。

②（清）王紹蘭：《潛夫論校記》，清知足知不足館抄本，《明清未刊稿彙編》初輯，臺北聯經事業出版公司，1976年，1005—1069頁。王氏此著，彭鐸未引，殆未之知聞。（清）文廷式：《純常子枝語》卷二三，《續修四庫全書》第1165册，上海古籍出版社，2002年，333頁。（清）鄒漢勳：《讀書偶識》卷三，中華書局，2008年，71—72頁。（清）俞樾：《讀潛夫論》，《春在堂全書》第3册《曲園雜纂》卷二二，鳳凰出版社，2010年，149—153頁；又收入《諸子平議補録》卷八（李天根輯），中華書局，1956年，53—62頁。（清）孫詒讓：《潛夫論札迻》，《札迻》卷八，中華書局，1985年，271—272頁。徐復：《潛夫論雜志》，《後讀書雜志》，上海古籍出版社，1996年，108—111頁。

③（清）汪繼培箋，彭鐸校正：《潛夫論箋校正》，中華書局，1985年。

④ 嚴靈峰《周秦漢魏諸子知見書目》第5卷據《中央日報》1976年10月18日刊登鼎文書局廣告著録胡楚生《潛夫論集釋》（中華書局，1993年，513頁），該書係鼎文書局1979年出版。

⑤ 胡楚生：《潛夫論校釋》，南洋大學中文研究所，1974年。

⑥ 梁榮茂：《潛夫論校補》，國科會報告，1969年。

⑦（清）沈欽韓：《漢書疏證》卷六，《續修四庫全書》第266册，上海古籍出版社，2002年，197頁。王利器、王貞珉《漢書古今人表疏證》失引沈説（齊魯書社，1988年，96頁）。

⑧ 徐山：《〈潛夫論〉詞語考釋》，蘇州大學博士學位論文，2002年，21頁。

⑨ 徐復主編：《廣雅詁林》，江蘇古籍出版社，1992年，308頁。據下文所引，王氏説“《玉篇》引《字林》”，誤記其文也。

⑩ 同注⑧第78頁。徐山：《〈潛夫論全譯〉商榷》，《阜陽師範學院學報》2002年第5期，15—16頁。所引張注指張覺《潛夫論全譯》。

⑪（清）桂馥：《説文解字義證》，齊魯書社，1987年，640頁。戴侗引文有脱字。

⑫ 同注⑧，第26頁。徐山：《〈潛夫論〉詞語考釋中的非誤字問題》，《古籍整理研究學刊》2002年第4期，69頁。

⑬ 廖名春、白于藍認爲“龔”字從龍得聲（廖名春：《楚簡〈老子〉“爲上”考》，《烟臺師範學院學報》2001年第3期，12頁；白于藍：《簡帛古書通假字大系》，福建人民出版社，2017年，988頁），大誤。

⑭ 錢玄同：《古音無“邪”紐證》，《錢玄同文集》第4卷，中國人民大學出版社，1999年，59頁、72頁。

⑮（清）朱駿聲：《説文通訓定聲》，武漢市古籍書店，1983年，111頁。

⑯ 李學勤主編：《清華大學藏戰國竹簡（貳）》，中西書局，2011年，155—156頁、177頁。

⑰《初學記》卷四引同。

⑱ 諸家説參見遲鐸《小爾雅集釋》，中華書局，2008 年，109 頁。

⑲ 胡之驥：《江文通集彙注》卷七，中華書局，1984 年，278 頁。丁福林、楊勝朋：《江文通集校注》卷八，上海古籍出版社，2017 年，1434 頁。

⑳ 黄靈庚：《楚辭集校》，上海古籍出版社，2009 年，802 頁。

㉑ 此據《漢魏叢書》本，景宋本、《道藏》本脱"載"字。

㉒ 高亨：《重訂老子正詁》，開明書店，1948 年，135 頁。

㉓ 朱謙之：《老子校釋》，中華書局，1984 年，269 頁。高明：《帛書〈老子〉校注》，中華書局，1996 年，148 頁。

㉔ 參見蕭旭《〈史記〉解詁（二則）》"文無害"條，《東亞文獻研究》總第 25 輯，2020 年，30—31 頁。

㉕ 馬叙倫：《老子校詁》，中華書局，1974 年，564—565 頁。

㉖《逸周書·官人》"非是而彊之，曰始誣者也"，《大戴禮記·文王官人》"始誣"作"始妬誣"。此例承王挺斌博士檢示，謹致謝忱！孔廣森曰："'始'字疑與'妬'相似而衍，戴氏校本删。"（清孔廣森：《大戴禮記補注》卷十，中華書局，2013 年，191 頁。）"始"亦是"妬"形誤，《大戴》復衍"始"字。

㉗《韓詩外傳》卷二"吾子始可以言《詩》已矣"，《孔叢子·論書》"始"作"殆"。《列子·黄帝》"爾于中也殆矣夫"，《釋文》："殆矣夫，一本作'始矣夫'。"此二例承王挺斌博士檢示，謹致謝忱！

㉘（清）王念孫：《荀子雜志》，《讀書雜志》卷十二，中國書店，1985 年，7 頁。

㉙ 同注⑨，458 頁。（清）洪頤煊：《讀書叢録》卷十三，《續修四庫全書》第 1157 册，上海古籍出版社，2002 年，674 頁。

㉚ 宋刊《御覽》卷一三〇、明刊《册府元龜》卷二一二引"于"作"予"，是也。"弼予一人"語出《書·泰誓上》《書·周官》《逸周書·祭公》。嚴可均《全北齊文》及《北齊書》點校本并失校（清嚴可均《全北齊文》卷一，《全上古三代秦漢三國六朝文》，中華書局，1958 年，3827 頁。《北齊書》，中華書局，1972 年，53 頁）。

㉛（清）王紹蘭：《潛夫論校記》，臺北聯經事業出版公司，1976 年，1014—1015 頁。

㉜ 章太炎曰："凡亞聲語，後多轉爲可聲，如《易》云'笑言啞啞'，《廣雅》轉爲'歌歌、嘲嘲、呵呵'等語是也。"（章太炎：《新方言》卷四，《章太炎全集》7，上海人民出版社，1999 年，92 頁。）王國維指出《石鼓文》"亞箬"是"阿儺""猗儺"音轉（王國維：《明拓〈石鼓文〉跋》，《觀堂集林》附録《觀堂别集》卷二，中華書局，1959 年，1226 頁）。"痖"或作"痾"，亦其例。

㉝"䵷"從益得聲，古音讀圭（《周禮·蜡氏》鄭玄注），是"哇"音轉"嗌"之證。又"鷁"或作"鵙"，"艗"或作"䑩"，是"哫"音轉"嗌"之證。

㉞ 唐晏：《陸子新語校注》卷上，民國六年（1917）潮陽鄭氏刻《龍溪精舍叢書》本，8 頁。

㉟ 參見《故訓匯纂》引諸家説（商務印書館，2003 年，347 頁）。

㊱ 參見蕭旭、陳敏：《中村不折藏敦煌寫卷〈莊子〉校補》，《東亞文獻研究》總第 18 輯，2016 年，105—107 頁。

㊲ 閻説見翁元圻《困學紀聞注》卷十三，上海古籍出版社，2008 年，1484 頁。

㊳《類聚》卷四三、《白氏六帖事類集》卷六、《樂府詩集》卷八五引"箱"同，《初學記》卷十九誤作"霜"。

㊴《廣雅》："差、錯，磨也。"王念孫曰："差、錯一聲之轉，故皆訓爲磨。"（同注⑨，200 頁。）"槎牙""嗟訝"轉語作"齰齖"。《集韵》"鮺"或作"䱹"，"䱹"是雙聲符字。均其音轉之證。

㊵ 金正煒:《戰國策補釋》,《戰國策校釋二種》,首都師範大學出版社,1994 年,449 頁。

㊶ 黄懷信《鶡冠子彙校集注》説“藉乃嗟之借字,‘唶’與‘嗟’同”(中華書局,2004 年,7 頁)。

㊷《老子》第二章“音聲相和”,郭店簡、馬王堆帛書乙本同,帛書甲本“音”作“意”。《管子·内業》:“不可呼以聲,而可迎以音。”王念孫曰:“音即意字也。音與力、德、德、得爲韵,明是意之借字。下文云‘音以先言,音然後形,形然後言’,兩‘音’字亦讀爲意。前《心術篇》云:‘意以先言,意然後形,形然後思,思然後知。’是其明證也。《説文》‘意’從心音聲,音、意聲相近,故‘意’字或通作‘音’,《史記·淮陰侯列傳》:‘項王喑啞叱吒。’《漢書》作‘意烏猝嗟’。喑之通作意,猶意之通作音矣。”(清王念孫:《管子雜志》,《讀書雜志》卷八,22 頁。)出土簡帛文獻以“音”作“意”用例可以參看白于藍《簡帛古書通假字大系》,1392 頁。

㊸ 同注⑨,286 頁。《韓詩外傳》見卷一,《列女傳》見卷六。

㊹(清)王念孫:《荀子雜志》,《讀書雜志》卷十,65 頁。

㊺ 同注⑨,81 頁。

㊻ 参見蕭旭《小學類著作校疏(五則)》,《中國文字》2021 年夏季號(總第 5 期),49—52 頁。

㊼ 漢語大辭典編輯委員會、漢語大辭典編纂處編纂;羅竹風主編:《漢語大詞典》(縮印版),漢語大詞典出版社,1997 年,2295 頁。

㊽ 關長龍據《王韵》《裴韵》《廣韵》校“止”作“正”,慎矣。關説見張涌泉主編《敦煌經部文獻合集》,中華書局,2008 年,2308 頁。訂其正誤當明理據,非多者勝也。

㊾ 胡吉宣已指出“**𦅺䋈**”即“**諸詉**”(胡吉宣:《玉篇校釋》,上海古籍出版社,1989 年,5450 頁)。

㊿ 同注㉛,1035—1036 頁。

51 同注⑧,72 頁。

52 徐山《〈潜夫論〉詞語考釋》説略同(同注⑧,56 頁)。

53 同注⑧,57 頁。徐山:《〈潜夫論〉詞語考釋中的非誤字問題》,69 頁。

54 陳冰梅:《〈潜夫論〉校注札記》,蘇州大學碩士論文,2008 年,24 頁。

55 蕭旭:《淮南子校補》,花木蘭文化出版社,2014 年,643—645 頁。

56 通志堂本作“胚”。

57 孫楷第:《劉子新論校釋》,《滄州後集》,中華書局,1985 年,440 頁。王先生指王宗炎,孫氏誤以爲王紹蘭。

58 宋乾道三年(1167)紹興府刻宋元明遞修本《論衡·骨相》又誤作“戴牛”。

59(清)方以智:《通雅》卷十八,《方以智全書》第 1 册,上海古籍出版社,1988 年,621 頁。(清)盧文弨:《白虎通》校本,《叢書集成初編》第 238 册,商務印書館,1936 年,178 頁。(清)孫詒讓:《論衡札迻》,《札迻》卷九,中華書局,1985 年,276 頁。

60 黄暉:《論衡校釋》,中華書局,1990 年,109 頁。

61 王叔岷:《劉子集證》,中華書局,2007 年,115—116 頁。

62(清)法偉堂:《法偉堂經典釋文校記遺稿》卷二九,華東師範大學出版社,2010 年,811 頁。

63 吴承仕:《經籍舊音辨證》,中華書局,2008 年,301 頁。

64 黄焯:《經典釋文彙校》卷二九,中華書局,2006 年,864 頁。

65《説文》:“讒,譖也。”蔣斧印本《唐韵殘卷》:“譖,讒也。”此是聲訓。《易·豫》“朋盍簪”,馬王堆帛書本“簪”作“讒”。《韓詩外傳》卷二“聞君子不譖人,君子亦譖人乎”,《荀子·哀公》《新序·雜事五》“譖”作“讒”。《詩·巷伯》“取彼譖人”,《禮記·緇衣》鄭玄注、《後漢書·馬援傳》、《漢紀》卷二三引并作“讒人”。

⑥6（清）王念孫《墨子雜志》,《讀書雜志》卷九，中國書店，1985 年，30 頁。

⑥7 同注⑨，134 頁。

⑥8（清）王念孫：《淮南子雜志》,《讀書雜志》卷十四，中國書店，1985 年，25—26 頁。

⑥9 同注⑮，115 頁。

⑦0（清）黄丕烈：《校刊明道本韋氏解〈國語〉札記》,《〈國語〉研究文獻輯刊》第 10 册，國家圖書館出版社，2012 年，280 頁。

⑦1（清）王引之：《經義述聞》卷十九，江蘇古籍出版社，1985 年，452 頁。

⑦2 朱珔：《説文假借義證》，黄山書社，1997 年，449 頁（“儀”字條）。此書引王引之説至多（稱作“王伯申”）。

⑦3 同注⑮，479 頁。

⑦4 王利器：《吕氏春秋注疏》，巴蜀書社，2002 年，2631 頁。

⑦5 王引之説轉引自王念孫《史記雜志》,《讀書雜志》卷二，中國書店，1985 年，85 頁。

（作者單位：常州大學）

《大戴禮記補注》四種點校本疑誤舉隅

王若約

内容提要：孔廣森《大戴禮記補注》是清代禮學研究的重要成果，至今仍有重要研究和參考價值。目前《補注》主要有四種整理本，各有優長，但其句讀上存在一些共同錯誤。這些錯誤多是由于整理者對古代禮制、文化理解有偏差造成的。

關鍵詞：《大戴禮記補注》　孔廣森　禮學　古籍整理　點校

《大戴禮記》係先秦至漢初的文獻彙編，爲我們探研上古史提供了豐富的材料。清代孔廣森《大戴禮記補注》“博稽群書，參會衆説”，“使兩千餘年古經傳復明白于世”[①]，是清代禮學研究的重要成果。據我們所見，孔氏《大戴禮記補注》點校整理本主要有四種：黄懷信等《大戴禮記匯校集注》、方向東《大戴禮記匯校集解》基本完整地收録了孔氏補注[②]，北京大學《儒藏》收録了胥洪泉校點本《補注》[③]，中華書局“十三經清人注疏”叢書則收録王豐先點校本[④]。本文略作吹求，擬以王豐先點校本爲主，臚列各本共同疑誤之處，如有不當，尚祈方家批評。

爲便于翻檢核對，本文以王豐先本頁碼爲序，改用横排標點，如無必要，省略專名號。勘誤如下。

1.（《春秋左傳》曰：“唯卿備百邑。”……）彼言衛侯國之法，以次差之。大國之卿，有地五乘；次國之卿，有地四乘；小國之卿，有地三乘（32 頁第 6 行）

按，所謂“彼”，即前《春秋左傳》曰“唯卿備百邑”，文見于《左傳》襄公二十七年[⑤]，爲衛國公孫免餘辭衛侯賜邑所云，講的是衛國的情况，故云“彼言衛侯國之法”。這裏的“侯國”爲五等（公侯伯子男）諸侯國之一等，以插入語的形式來補充説明“衛”，表示衛國爲侯國即下文的“次國”。黄、方、王諸本或未注意引文之背景，不知“衛”指衛國，故下失專名號，以致“衛侯國”不能讀通，易使讀者誤解爲諸侯通稱的“侯甸男邦采衛”之“衛”。另“以次差之”當屬下讀。故本句當作：

> 彼言衛侯國之法。以次差之，大國之卿有地五乘，次國之卿有地四乘，小國之卿有地三乘。

2.（［經］積薄者流澤卑也。）“卑”并作“狹”也，宋本訛亦如之，三字從朱本改。（32 頁第 10 行）

按，上讀法將孔氏補注“也”字誤解爲語氣助詞，以至下文不知所云。該字本指經文中的“也”，證據有二：宋本即宋淳熙乙未韓元吉刻本已不見，然《四部叢刊》影印明嘉趣堂刊本前有韓元吉序，且書中注意避宋諱，當據韓元吉本翻雕，該本經文即作“積薄者流澤卑亦如之”[⑥]；再從孔氏補注體例看，其《序録》“凡宋本字誤，以别本校改者，注云‘宋本訛某’”，径云訛誤作某，且其校勘不以“也”字絶句，也可看出“亦如之”爲“也”字之訛。故本句當作：

“卑”并作“狹”。“也”宋本訛“亦如之”三字，從朱本改。

3.（賓左擁簠粱，右執湆以降。）公辭賓升（33 頁第 2 行）

按，當作“公辭，賓升”。《儀禮・公食大夫禮》：賓“左擁簠粱，右執湆以降。公辭。賓西面坐，奠于階西，東面對，西面坐取之，栗階升，北面反奠于其所，降辭公。公許，賓升”[⑦]。賓因公即國君在堂上，故執粱湆降階，欲食于堂下以示尊敬，公對此表示推辭，許其食于堂上，故云“公辭”；賓此時已降階下堂，因公命其上堂而食，故“栗階升”即迅速登階上堂，將粱湆放在原地，又下階向公行禮表示不敢當其辭；公表示接受賓的辭讓之後，賓纔再次上堂即“升”[⑧]。從經文可知，“公辭”與“賓升”之間有一系列的儀節，且“辭”與“升”是兩人動作，不可連讀。

4. 楊倞曰：“祭禮必告利成，利成之時，其爵不卒奠于筵前也。”（33 頁第 11 行）

按，當作：

楊倞曰：“祭禮必告利成，利成之時，其爵不卒，奠于筵前也。”

楊倞的意思是説，祭禮一定要宣告養尸（尸即代表被祭者接受祭禮的人）之禮完成即“利成”，利成之時，獻給尸的爵中酒不飲盡，而是放在筵席之前。《儀禮》記載士一級祭祀儀節的《士虞禮》中，主人獻尸（獻尸即向尸獻酒，后“亞獻”“三獻”即第二、三次向尸獻酒），主婦亞獻尸，尸均“卒爵”即飲乾爵中酒，而賓長三獻直至“祝出户，西面告利成”，則無尸“卒爵”之文[⑨]，可知“其爵不卒”，而是奠于席前。

5.《昏禮》：“將親迎，必先齊。”（33 頁第 15 行）

按，檢《儀禮・士昏禮》并無此句。婚禮中親迎即未婚夫至未婚妻家迎娶妻子過門前需先齋戒這一説法，當本于孔穎達疏《禮記・郊特牲》講婚義的經文“玄冕齊戒，鬼神陰陽也”所云“着祭服而齊戒親迎”[⑩]。故本句當作：

昏禮，將親迎，必先齊。

另第 34 頁第 6 行“《喪禮》：‘小斂，主人始絰，散垂之；既成服，乃絞。’”當作“喪禮，小斂主人始絰，散垂之，既成服乃絞。”不贅述。

6.（［經］委楊。）委，垂也，楊葉之垂者也。（47 頁第 10 行）

按，經文“委楊”即楊樹葉下垂。補注“之”字用于主謂語（葉、垂）之間，以取消句子獨立性，使“葉之垂者”作爲“楊”的謂語。本句補注分别解釋了經文的

“委”和“楊”字。按原讀法，則文意扞格難通。本句當作：

委，垂也。楊，葉之垂者也。

7.（［經］七月。……斗柄縣在下則旦。）《三統曆》：“立秋旦，畢入度中。處暑旦，井初度中，參在井前。夏時星候較蚤，七月參已得旦中矣。”唐一行推《小正》躔宿，以八月參中則旦爲失。其傳蓋本七月經文，寫者失之，誤綴下章之末，遂于此複衍“則旦”二字（55頁第5—7行）

按，孔廣森此段補注，意在論證，經文《八月》章末“參中則旦”本在本章，然在傳抄過程中，被誤置于彼，而本章遺“則旦”二字。本段諸本斷句各有疏失，皆不得其解。

《禮記·月令》：“孟秋之月，日在翼，昏建星中，旦畢中。”孔穎達疏：“按《三統曆》：七月節日在張十八度，昏斗四度中，去日一百一十四度，旦畢八度中；七月中日在翼十五度，昏斗十六度中，去日一百一十一度，旦井初度中。”[11]其“七月節”即立秋，“七月中”即處暑[12]。孔氏補注引《三統曆》，即本于此，故《三統曆》引文當至“井初度中”止，且“八度”無誤，王豐先改爲“入度”，誤。

補注所謂“參在井前”，是指二十八宿排列次序中，參宿在井宿前。孔廣森謂《三統曆》云七月井宿已得旦中（即“旦井初度中”），且夏時星候早于《三統曆》，故《小正》七月的時候，井宿前的參宿已得旦中。“參在井前”與“夏時星候較蚤”同爲“七月參已得旦中”這一結論的證據，二者之間不應以句號隔開。

《新唐書·曆志》載唐一行等《大衍曆議》“日度議”有：“《夏小正》雖頗疎簡失傳，乃羲和遺迹”；“八月‘參中則曙’，失傳也，辰伏則參見，非中也”[13]。“曙”即“旦”，唐避睿宗李旦諱改作“曙”。“失傳”蓋謂有司失其傳，即傳承有誤。孔廣森引一行說，爲證明“參中則旦”置于《八月》章并不合理。

故該段當作：

《三統曆》：立秋旦，畢八度中；處暑旦，井初度中。參在井前，夏時星候較蚤，七月參已得旦中矣。唐一行推《小正》躔宿，以《八月》“參中則旦”爲失其傳。蓋本《七月》經文，寫者失之，誤綴下章之末，遂于此複衍“則旦”二字

8.（［經］十月。……）冬至之氣在十一月將短，至而急記之，君子愛日之意也。（59頁第1—2行）

按，冬至爲十一月中氣，故云“冬至之氣在十一月”。《禮記·月令》仲冬之月（十一月）“是月也，日短至”[14]，因《大戴禮記》經文在十月，尚未到“日短至”之時，故補注加“將”字云“將短至”。孔氏補注三處云“急記之”，皆爲所記物候“較蚤”[15]，即謂《夏小正》所記物候時間早于《月令》等後世記載。故本句似當句讀爲：

冬至之氣在十一月，將短至而急記之，君子愛日之意也。

9.《周禮》“凡有道者有德者死，則以爲樂，祖祭于瞽宗”（64頁第6行）

按，“則以爲樂”及“祖祭于瞽宗”皆不辭。《周禮·春官·大司樂》：“凡有道者、有德者使教焉，死則以爲樂祖，祭于瞽宗。”鄭注“死則以爲樂之祖，神而祭之”，并引鄭司農云“或曰‘祭于瞽宗，祭于廟中’”[16]。可知前人多以“祭于瞽宗”爲句，當是。故本句應句讀爲：

《周禮》“凡有道者、有德者死，則以爲樂祖，祭于瞽宗”

10. 杜預曰“士卑，不得徑達，聞君過失傳，告大夫”是也。民語，傳所謂“庶人謗”。（65頁第16行—66頁第1行）

按，此句引杜預所云，爲《左傳》襄公十四年“士傳言”杜注[17]。依其意，士身份低下，没有資格直接規諫國君的過失，如聽聞君過，則傳言于大夫，再由大夫轉告國君。“傳告大夫”即解釋《左傳》經文“傳言”，故“傳告”不可斷開。另“庶人謗”亦出于《左傳》，與“士傳言”對文，“傳”特指《左傳》，當加書名號。故本句當讀爲：

杜預曰“士卑，不得徑達，聞君過失，傳告大夫”是也。民語，《傳》所謂“庶人謗”。

11.（［盧注］紂以文王十二年殺比干，十三年爲武王滅。）盧云：“文王十二年殺比干者……九年東觀兵，至于孟津。還師，歸居。二年，聞紂殺王子比干，……”（82頁第6—9行）

按，“盧云文王十二年殺比干者”，指盧辯注所云“紂以文王十二年殺比干”，後文爲孔廣森對盧辯本句注所作解釋。故“盧云”后的引號當至“殺比干”止，王本誤。

“二年，聞紂殺王子比干”之“二年”指武王至孟津後二年，“居”當屬下讀，“居某年”，古文習語。故此段當標點作：

盧云“文王十二年殺比干”者，……九年東觀兵，至于孟津，還師歸。居二年，聞紂殺王子比干，……

引文省略部分之單引號亦當更爲雙引號，不具録。

12.《傳》曰“先聖王之傳，恭猶不敢專，稱曰自古，古曰在昔，昔曰先民”，此之謂也。（182頁第1—2行）

按，《傳》即《國語》。《國語·魯語下》，齊魯會盟前，魯大夫子服景伯戒宰人曰“陷而入于恭（韋昭注“陷，猶過失也。如有過失，寧近于恭”）”，閔馬父謂子服景伯此言“驕滿”，針對其所謂“恭”，他引《商頌·那》之亂“自古在昔，先民有作。温恭朝夕，執事有恪”，曰：“先聖王之傳恭，猶不敢專，稱曰‘自古’，古曰‘在昔’，昔曰‘先民’。”[18]“恭”當作爲名詞理解，“傳恭”即傳恭敬之道。故本句當作：

《傳》曰“先聖王之傳恭，猶不敢專，稱曰自古，古曰在昔，昔曰先民”，此之謂也。

13．案：《昏禮》“壻爵弁，女次純衣纁袡”，子羔之襲也。繭衣裳與稅衣纁袡爲一，曾子譏其婦服，則稅衣者，純衣也，爵弁亦純衣，明同等矣。（200頁第17行—201頁第1行）

按，《儀禮・士昏禮》：“主人（鄭注：主人，壻也）爵弁”，“女次，純衣纁袡”[19]。這是講士昏禮親迎時男女所服之服，“子羔之襲也”與本句無關，當屬下讀。《禮記・雜記上》：“子羔之襲也，繭衣裳與稅衣纁袡爲一，素端一，皮弁一，爵弁一，玄冕一。曾子曰：‘不襲婦服。’”[20]子羔爲人名，孔子弟子，需加專名號，故標點作：

案，昏禮壻爵弁，女次純衣纁袡；子羔之襲也，繭衣裳與稅衣纁袡爲一，曾子譏其婦服。則稅衣者，純衣也，爵弁亦純衣，明同等矣。

14．釋幣一束，束五兩，玄三纁二純四咫，制丈八尺。（201頁第8行）

按，《儀禮・聘禮》：“釋幣，制玄纁束，奠于几下，出。”鄭注：“祝釋之也。凡物十曰束。玄纁之率，玄居三，纁居二。《朝貢禮》云，純四只，制丈八尺。”孔疏：“純謂幅之廣狹，制謂舒之長短。”[21]補注中的“玄三纁二”表示五兩之中，玄色三兩、纁二兩，講幣之顔色；而“純”“制”謂幣之寬長。故本句宜作：

釋幣一束，束五兩，玄三纁二，純四咫，制丈八尺。

15．（［經］儐而禮之，三饗三食三宴。）禮者既將幣，王以鬱鬯禮之。（224頁第14行—225頁第1行）

按，經文講諸侯朝見天子之儀，補注實解其“儐而禮之”之“禮”。這裏的“禮”指行醴禮，即用醴酒酬敬賓，《儀禮・士冠禮》中有醴禮，冠禮儀節完成之後，賓出，主人“請醴賓”，鄭注“此醴當作禮，禮賓者，謝其自勞動也”[22]。《士昏禮》中也有相關儀節，《大戴禮》中的醴禮儀節，當與之類似。所謂“將幣”，即前經文“及其將幣也”，指朝聘時以玉帛進摯之儀節；“既將幣”即將幣儀節完成之後。故本句當作：

禮者，既將幣，王以鬱鬯禮之。

16．《王制》所謂“假于鬼神，時日卜筮，以疑衆”者。（247頁第12—13行）

按，依《禮記・王制》孔疏“謂假托鬼神，假托時日，假托卜筮，以疑于衆。鬼神、時日、卜筮共有假文”[23]，則本句當作：

《王制》所謂“假于鬼神、時日、卜筮以疑衆”者。

注釋：

①（清）阮元：《大戴禮記補注序》，（清）孔廣森《大戴禮記補注》，中華書局，2013年，3頁。

② 黄懷信主撰，孔德立、周海生參撰：《大戴禮記匯校集注》，三秦出版社，2005年；方向東：《大

戴禮記匯校集解》，中華書局，2008 年。

③（清）孔廣森撰，胥洪泉校點：《大戴禮記補注》，北京大學出版社，2009 年，55 册。

④（清）孔廣森撰，王豐先點校：《大戴禮記補注》，中華書局，2013 年。

⑤（晋）杜預注，（唐）孔穎達等正義：《春秋左氏傳正義》卷三八，《十三經注疏》，中華書局，1980 年，1995 頁。

⑥《大戴禮記》卷一，商務印書館，1922 年，10 頁。

⑦（漢）鄭玄注，（唐）賈公彦疏：《儀禮注疏》卷二五，《十三經注疏》，1082 頁。

⑧《公食大夫禮》的相關儀節，可參楊天宇：《儀禮譯注》，上海古籍出版社，2004 年，278—279 頁。

⑨ 同注⑩，1169 頁、1170 頁、1170 頁。相關儀節，可參看楊天宇：《儀禮譯注》，410—412 頁。

⑩（漢）鄭玄注，（唐）孔穎達疏：《周禮正義》卷二六，《十三經注疏》，1457 頁。

⑪（漢）鄭玄注，（唐）孔穎達等正義：《禮記正義》卷一六，《十三經注疏》，1372 頁。

⑫ 古人把二十四節氣細分爲節氣和中氣，故一般每月都有月節和月中兩個節氣，立秋和處暑爲七月的節氣和中氣。參王力主編：《古代漢語》，中華書局，1999 年，845—846 頁。

⑬（宋）歐陽修、宋祁：《新唐書》卷二七上，中華書局，1975 年，603 頁。

⑭ 同注⑪，1383 頁。

⑮（清）孔廣森：《大戴禮記補注》卷二，中華書局，2013 年，42 頁、51 頁。

⑯（漢）鄭玄注，（唐）賈公彦疏：《周禮注疏》卷二二，《十三經注疏》，787 頁。

⑰ 同注⑤，1958 頁。

⑱ 徐元誥：《國語集解》卷五，中華書局，2002 年，205 頁。

⑲ 同注⑦，963、965 頁。

⑳ 同注⑩，1556 頁。

㉑ 同注⑦，1047 頁。

㉒ 同注⑦，953 頁。

㉓ 同注⑪，1344—1345 頁。

（作者單位：湖北省博物館陳列部）

《春秋公羊禮疏》校勘記研究

錢　寅

内容提要：通過對《春秋公羊禮疏》校勘記的覆核和研究，利用校勘記所出示的异文情況，回溯考察凌曙在寫作《春秋公羊禮疏》時所利用典籍的版本，可以看出很多异文是因爲凌曙所據版本與校勘者所利用版本之間的差异。由此一方面可以知曉凌曙讀書治學所利用的文獻大致情況，一方面可以認識到古人引書版本之不同等細節問題。

關鍵詞：《春秋公羊禮疏》　校勘記　引書版本

《春秋公羊禮疏》是清代揚州學者凌曙的代表著作，體現了其以禮解説公羊的學術風格。上海古籍出版社 2015 年 8 月出版的《春秋公羊禮疏》，由黄銘先生負責點校，是《清代春秋學彙刊》之一。校勘工作以清嘉慶二十四年（1819）蜚雲閣刻本爲底本，以《皇清經解續編》本參校，對于底本之誤“皆據校本與他書勘正”①。可見這項點校工作不衹以兩本對校，還利用了諸多他校材料。校勘成果以校勘記的形式展現，而校本异文得以保留，這爲我們的研究提供了諸多綫索。筆者在閲讀點校本《春秋公羊禮疏》時，特别留意這些校勘記，并對其進行覆核，認爲校勘成果充分且扎實。在覆核的過程中，筆者發現校勘中异文的情況可以分爲兩類：其一是凌曙著書時或著作付梓時不經意出現的筆誤，其二是引文版本差异所造成的异文。下面我們將嘗試重點分析後一種异文的情況。

> 卷一 12 頁：杜佑《通典》“東面聽命之禮賓”。
>
> 校勘記：“聽命之禮賓”，此處恐有脱誤，因禮賓之儀節在冠禮之末。中華書局本《通典》之校勘記以爲應作“聽命行禮”。

按，所用中華書局本《通典》爲王文錦點校本，以浙江書局翻刻武英殿本爲底本，校勘記依據“王吴本”。考底本與凌曙所引一致，《四庫全書》本（下簡稱“四庫本”）《通典》亦作“聽命之禮賓”，由是知凌曙所引版本原文如此。

> 卷一 12 頁：《通典》“冠者北鄉筵坐，復”。
>
> 校勘記：“復”，中華書局本《通典》之校勘記以爲應作“伏”。

按，中華書局本《通典》校勘記以北宋本爲據，底本亦作“復”。可見，凌曙所引與浙江書局本同。

> 卷一 12 頁：《通典》“群從及兄”。

校勘記："從"，中華書局本《通典》之校勘記以爲應作"從父"。

按，中華書局本《通典》校勘記據"王吴本"，底本與凌曙所引同。

卷一13頁：《通典》"明天子無冠禮之審"。

校勘記："明天子無冠禮之審"，《通典》作"明無天子冠禮之審也"。

按，中華書局本《通典》底本原作"則明天子冠禮之審"，四庫本同，中華書局本據《晋書・禮樂志》補"無""也"二字。凌曙補"無"字，與《通典》校本意義一致，而未補"也"字，蓋所引原與浙江書局本同而略作校改。

卷一13頁：《通典》"筮賓于阼以著代"。

校勘記："筮賓于阼以著代"，此處恐有脱誤，中華書局本《通典》校勘記據《晋書・禮志》補作"筮日，筮賓，冠于阼以著代"。

按，中華書局本《通典》底本與四庫本同，凌曙所引蓋據此。

卷一16頁：《北齊書・刁柔傳》"鄭注曰：仲子爲親者諱耳"。

校勘記："仲"，據《禮記》鄭注，應作"伯"。

按，殿本、阮本《禮記注疏》皆作"伯"。四庫本《北齊書》作"仲"，與凌曙所引同。

卷一16頁：《北齊書・刁柔傳》"今議以適子孫死"。

校勘記："子"，疑爲衍文。

按，據四庫本《北齊書》不衍。

卷一28頁：《曲禮》疏"《禮》戴説天子親迎"。

校勘記："禮戴説天子親迎"七字爲《曲禮》疏文，以下實爲《禮記・哀公問》疏文。

按，此七字實爲《曲禮》疏所引《五經异義》文。凌曙以《曲禮疏》檢得《五經异義》文，即轉而考核《五經异義》原書，故如此。

卷一30頁：《郊特牲》疏"與《左氏》説同"。

校勘記："與"，《禮記》作"不與"，陳壽祺亦以爲當作"不與"。

按，此《郊特牲》疏引《五經异義》文。四庫本《禮記注疏》引此爲"而與《左氏》説同"，四庫本《五經异義》僅作"與《左氏》説同"。據之，可知凌曙雖引《禮記注疏》，然實考核《五經异義》之文。

卷一31頁：《通典》"三王之前"。

校勘記："三"，應從北宋本《通典》作"二"。

按，四庫本、浙江書局本《通典》作"三"，與凌曙所引同。

卷一32頁：《王制》疏"共容"。

校勘記："共"，陳壽祺《五經异義疏證》以爲當作"甘"。

按，四庫本《王制》疏引作“其”，凌曙作“共”，蓋形近而訛。

卷一33頁：《白虎通》“《書》曰：成王崩”。

校勘記：“書曰成王崩”，此五字《續經解》本無。

按，此《春秋公羊禮疏》重刻入《續經解》時所改也，考四庫本《白虎通》與凌曙所引同。

卷一33頁：《白虎通》“异死生也”。

校勘記：“死生”，蜚雲閣本作“生死”，今據《續經解》本及《白虎通》改。

按，陳立《白虎通疏證》作“死生”，四庫本《白虎通》作“生死”，蜚雲閣本爲初刻本，凌曙所引蓋與四庫本同。

卷一36頁：《王制》注“尊者疏”。

校勘記：“疏”，《禮記》鄭注作“舒”。

按，四庫本、阮本《禮記》皆作“舒”，惟四庫本江永《禮書綱目》所引作“疏”，與凌曙同。

卷一38頁：《白虎通》“天地四時山川五祀歲遍”。

校勘記：“天地四時”，《白虎通》作“天子祭天地四方”。

按，四庫本《白虎通》作“天地四時”，與凌曙同。此乃《白虎通》引《曲禮》文，《曲禮》原文作“天子祭天地，祭四方，祭山川”，陳立或據此以校正。

卷一42頁：《五經通義》“欲使絀陟”。

校勘記：“通”，蜚雲閣本作“异”，今據《續經解》本改。“陟”，蜚雲閣本作“職”，今據《續經解》本改。

按，此文之後42页有稱“劉向《五經通義》”者。《春秋公羊禮疏》之例，除經之注疏及前四史之外，凡所引書首次必題著者姓名。據此，則下文稱“劉向《五經通義》”者，乃初引《五經通義》，而此處凌曙必不以所引者爲《五經通義》。故知凌曙此處原作《五經异義》非其誤植，或其所依據者即作《五經异義》。考四庫本《北堂書鈔》引與凌曙相同之文，以爲出自《五經异義》，且“陟”亦作“職”，與凌曙初刻本同。故知凌曙此文蓋從類書徵引。

卷一43頁：《五經异義》“明有所屈”。

校勘記：“屈”字下，蜚雲閣本有一“伯”字，今據《續經解》本删。

按，四庫本《北堂書鈔》引此亦有“伯”字，故此與前條同引自四庫本《北堂書鈔》。

卷一50頁：《漢書·律志》“十龠爲合”。

校勘記：“十”，王先謙《漢書補注》以爲當作“合”。

按，《通考》《通志》《通典》《群書考索》《御覽》等皆有引作“十”者。

卷二63頁：《白虎通》“不名者……不名盛德之士者，不可以屈以爵禄也”。

校勘記："不名者"三字上，陳立《白虎通疏證》以爲脱"上大夫"三字。"不名盛德之士者不可以屈以爵禄也"十四字，陳立《白虎通疏證》以爲當在"公弟叔肸"之下。

按，四庫本《白虎通》與凌曙所引同，唯無"屈以爵禄"之"以"。

卷二70頁：《通典》"祧之廟無月祭也"。

校勘記："祧"，王文錦先生云：北宋本《通典》作"二祧"。

按，中華書局本《通典》底本與凌曙引同。

卷二75頁：《白虎通》"春秋世"。

校勘記："世"，《白虎通》作"曰"。

按，校勘記所引《白虎通》或爲陳立《白虎通疏證》本，四庫本《白虎通》作"世"，與凌曙同。

卷二76頁：《通典》"天子尚不臣者"。

校勘記："者"，《續經解》本無。

按，四庫本《通典》有"者"，與凌曙同。

卷三85頁：《白虎通》"貴義也"。

校勘記："貴"，蜚雲閣本作"貪"，今據《續經解》本改。

按，四庫本《白虎通》未檢得此句，或佚文歟？考四庫本《初學記》《太平御覽》所引者皆作"貪"，故知凌曙徵引所自。

卷三91頁：《士喪禮》注"既殯殯後"。

校勘記："殯"，《儀禮注疏》作"之"。

按，蓋重文符號"々"與"之"字手寫體，字形相近而致誤。

卷三95頁：《白虎通》"以上至高祖宗"。

校勘記："以"字上，陳立《白虎通疏證》據《通典》，以爲當有"父宗"二字。

按，考四庫本《白虎通》《玉海》《儀禮經傳通釋》等均無"父宗"二字，與凌曙所引同。

卷三100頁：《通典》"或議曰"。

校勘記："或議曰"三字，陳壽祺云此下有闕文。

按，此爲《通典》引《五經异義》文，顯然有闕文。然四庫本《駁五經异義》"曰"下夾注"闕文"，《通典》則未作説明，與凌曙所引同。

卷三101頁：《宋書·禮志》"再祥周變"。

校勘記："再祥周變"，《宋書》作"再周祥變"。

按，四庫本《宋書》作"再祥周變"，與凌曙同。《讀禮通考》《五禮通考》亦皆作“再祥周變”。

卷三 103 頁:《檀弓》疏“不伸祥”。

校勘記:“伸”,蜚雲閣本作“申”,今據《續經解》本改。

按,四庫本《禮記注疏》作“申”。

卷四 109 頁:《大戴禮》注“謂庠門”。

校勘記:“庠門”,《大戴禮》盧注作“虎闈”。

按,盧辨云“一作虎門”,四庫本《大戴禮》云:“據《永樂大典》作‘虎闈’,各本作‘庠門’,又雜入‘庠門一作虎門’六字,删。”

卷四 110 頁:《春秋繁露》“成王化也”。

校勘記:“王”,蜚雲閣本作“主”,今據《續經解》本改。

按,國家圖書館藏蜚雲閣本《春秋公羊禮疏》作“王”,目驗無疑,未知作“主”者何據。

卷四 112 頁:《曲禮》疏“得一吉”。

校勘記:“一”,《春秋公羊傳注疏》作“二”,據何休注雲“三蔔吉凶,必有相奇偶者,可以决疑”,則作“二”。

按,《禮記注疏》作“一吉”,或孔穎達所引何休説别有所本,凌曙引自《禮記注疏》。

卷四 117 頁:《大宗伯》疏“孔昭……光武”。

校勘記:“孔昭”,孫詒讓以爲當作“孔光”。“光武”,《周禮》賈疏作“漢武”,孫詒讓以爲當作“漢安”。

按,四庫本《周禮注疏》作“孔昭”“光武”,皆與凌曙所引據者同。

卷五 123 頁:《白虎通》“孝子以主係心焉”。

校勘記:“係”,蜚雲閣本作“繼”,今據《續經解》本改。

按,四庫本《初學記》引《白虎通》作“繼”,四庫本《白虎通》無此文,是故凌曙引自類書。

卷五 129 頁:《白虎通》“大夫以璧”。

校勘記:“璧”,蜚雲閣本作“米”,今據《續經解》本改。

按,《讀禮通考》引《白虎通》亦作“米”。

卷五 133 頁:《喪服變除》“但下用泥之”。

校勘記:“下”,《喪服變除》作“不”。

按,四庫本、殿本《通典》引葛洪《喪服變除》作“不”,《古經解鉤沉》引葛洪《喪服變除》作“下”。凡凌曙轉引自《通典》之書,多標明引自《通典》。此引《喪服變除》不言《通典》,或引自《古經解鉤沉》歟?

卷六 138 頁:《白虎通》“不學事己父母”。

校勘記:“事己父母”,陳立以爲當作“事夫”。

按,四庫本《白虎通》無“己”字,《五禮通考》引作“事己父母”。蓋上句云“婦人學事舅姑”,此句若云“不學事夫父母”,則舅姑與夫之父母意同。

卷六 139 頁:《白虎通》“反之以玦,其不待放者”。

校勘記:“反之以玦,其不待放者”,陳立以爲當作“反之以環,其不待放者”。

按,四庫本《白虎通》作“玦”。

卷六 139 頁:《五經异義》“族大夫以下”。

校勘記:“下”,《五經异義》作“上”。

按,四庫本《駁五經异義》作“下”。

卷六 152 頁:《王制》疏“不可行事”。

校勘記:“不”字上,《禮記正義》有一“雨”字。

按,此爲孔穎達所引《异義》文,四庫本《禮記注疏》與《五經异義》皆無“雨”字。

卷六 160 頁:注“選其耆老”。

校勘記:“老”,蜚雲閣本作“好”,今據《續經解》本改。

按,四庫本《公羊注疏》作“耆好”,與凌曙同。

卷六 161 頁:《食貨志》“移國學于少學”。

校勘記:“少學”,王先謙《漢書補注》以爲當作“小學”,下“諸侯歲貢少學之异者”亦然。

按,四庫本《漢書》作“少學”,與凌曙同。

卷八 181 頁:《白虎通》“不從中御者”。

校勘記:“不從中御者”,蜚雲閣本作“必不御者”,今據《續經解》本改。

按,四庫本《白虎通》作“必不禦”者。

卷八 182 頁:《白虎通》“但聞軍令,不聞君命”。

校勘記:“聞”字下,蜚雲閣本衍一“將”字,今據《續經解》本删。“命”字下,蜚雲閣本衍一“也”字,今據《續經解》本删。

按,四庫本《白虎通》皆同蜚雲閣本。

卷八 183 頁:《通典》“不應時見也……故當七月二十八日”。

校勘記:“時”,北宋本《通典》作“特”,于義爲長。“當”字下,北宋本《通典》有“用”字。

按,此據中華書局本《通典》校勘記而言。四庫本、浙江書局本《通典》與凌曙所引同。

卷八 184 頁：《通典》“喪宜從重”。

校勘記：“宜”，《通典》作“疑”，且上文亦云“喪疑從重”。

按，四庫本《通典》作“宜”，與凌曙同。

卷八 187 頁：《通典》“合月從節”。

校勘記：“合”，北宋本《通典》作“含”。

按，此據中華書局本《通典》校勘記。四庫本、浙江書局本《通典》亦作“合”，與凌曙所引同。

卷八 190 頁：《通典》“降成君稱子”。

校勘記：“子”，北宋本《通典》作“卒”。

按，四庫本、殿本《通典》亦作“子”，與凌曙同。

卷十 209 頁：《閽人》注“魯制三兼四”。

校勘記：“三”，孫詒讓以爲當作“二”。

按，《周禮注疏》作“三”，《欽定周禮義疏》亦作“三”，與凌曙同。

卷十 212 頁：《白虎通》“其理順備”。

校勘記：“理”，蜚雲閣本作“禮”，今據《續經解》本改。

按，四庫本《白虎通》作“禮”，與凌曙同。

卷十一 219 頁：《載師》疏“天子之正”。

校勘記：“天子之正”，陳壽祺以爲當作“天下之中正”。

按，四庫本《周禮注疏》《駁五經异義》皆作“天下之正”，凌曙所引訛“下”爲“子”。

卷十一 222 頁：《五經异義》“其言少從”。

校勘記：“少”，陳壽祺據《毛詩正義》以爲當作“可”。

按，四庫本《駁五經异義》作“少”，夾注言：“禮之疏作少，《麟趾》疏作可。”

卷十一 222 頁：《開元占經》“王者之嘉□”。

校勘記：“□”，此處爲闕文。

按，考四庫本《開元占經》，其爲單句，前後皆有空格，未見多空一格處，或不爲闕文。

以上，筆者對上海古籍出版社《春秋公羊禮疏》校勘記進行了簡單的考察，希望由此考察凌曙當時讀過哪些書。通過對校勘記的研究，不難發現凌曙引書的版本大多與四庫本系統相近。特别是《通典》《五經异義》和《白虎通》這三部利用率很高的文獻，從异文情况看基本沿襲了與四庫系統相近的文本，導致凌曙引文與校勘工作中的他校材料存在差异。從清代的政策上看，南三閣是對廣大士子開放的，不管這個政策到地方具體落實的程度如何，至少四庫本及由四庫本傳抄而來的本子在理論上講是當時學者比較容易接觸到的。凌曙這種家境貧困的學者，無疑難以接觸到北宋本《通典》，此時《四庫全書》本的便捷性就體現出來了。

朱一新在《無邪堂答問》中指出："國朝人于校勘之學最精，而亦往往喜援他書以改本文。不知古人同述一事、同引一書，字句多有异同，非如今之校勘家一字不敢竄易也。今人動以此律彼，專輒改訂，使古書皆失真面目，此甚陋習，不可從。"[②]古人引書或多有省略，或概略引之，如果他校時嚴格約束引文文字，那麼古人著書之貌便被盲目統一了。從對凌曙《公羊禮疏》的校勘記研讀中，我們可以看到前人引書的另一個問題，即版本選取。選擇了不同的版本，看到了不同的文字，可能會對學者理論的構建和思想的形成有所影響。如果後人在校勘中盲目用善本來苛求前人所徵引者，或許會使前人著述面目全非。當然，這種工作作爲研究方法可能會在學術領域找到新的突破，但是這不是校勘應有之義。

此外，通過對校勘記的研究，也爲我們今後的古籍整理工作提供新的啓發，即要盡可能地去還原古人著書時的學術背景，設身處地體會古人可能用到的文獻版本。首先，要有時間的邏輯，《續經解》本之所以能對蜚雲閣本引文進行改動，是因爲《續經解》刊刻時陳立《白虎通疏證》等文獻已經成書，但凌曙在著述時不可能依據陳立的著作。其次，要樹立學術的善本意識，北宋本《通典》自然是善本，特別是在古籍收藏等方面價值連城，但是不可能人人都能接觸到北宋本《通典》，因此經過館臣校勘的四庫本《通典》便屬于精校本之列，足以應用于學術研究。

凌曙作爲清代中期的學者，其治學規模涵蓋禮學和公羊學兩部分。在一般的學術史叙述中，往往更傾向評價其公羊學。對于凌曙公羊學的評價，學界的意見通常较負面[③]。然而很少有人針對凌曙的學術成果進行細緻全面的研究和探討。本文對凌曙引書版本的考察，是研究凌曙治學方法的題中應有之義。通過這種研究，我們不僅能够知道凌曙引書的版本，在此基礎上還可以對凌曙的閲讀範圍和知識體系有進一步的認識。考察凌曙《春秋公羊禮疏》引書版本的情況，可以對凌曙的治學方法有新的認識。

注釋：

①（清）凌曙等撰，黄銘、楊柳青、徐淵點校：《春秋公羊禮疏（外五種）》，上海古籍出版社，2015年，卷首"凡例"。

②（清）朱一新撰，吕鴻儒、張長法點校：《無邪堂答問》，中華書局，2000年，94頁。

③ 如楊向奎《清儒學案新編・曉樓學案》（齊魯書社，1994年，108—114頁）、陳其泰《清代公羊學》（東方出版社，1997年，123—132頁）等。

（作者單位：河北工業大學人文與法律學院）

“春至百花開，黄鶯啼柳上”禪宗公案考

趙洪雅　林世田

内容提要：“諸法從本來，常自寂滅相。春至百花開，黄鶯啼柳上”是一則著名的禪宗公案，此偈相傳爲某位無名禪僧所作，最早見載于《五燈會元》，并在後世廣爲流傳。國家圖書館藏宋刻本《妙法蓮華經》卷後所載的元僧克立跋文則記載這一佛偈由北宋著名孝子朱壽昌所作，并與蘇東坡、朱壽昌二人交往密切相關，爲學界研究禪宗公案提供了一條新的綫索，具有重要的文獻價值。本文圍繞蘇軾、朱壽昌、天如惟則禪師與臨川克立，從大量題跋、信札、詩詞和刻書題記入手，從文本源流與演變、文本内容、跋文作者等方面進行分析，以期鉤沉這則公案的創作年代和背景，考證文本内容的真實性，拋磚引玉，爲學界深入研究提供參考。

關鍵詞：蘇軾　朱壽昌　天如惟則　克立　《妙法蓮華經》

“諸法從本來，常自寂滅相”出自《法華經》，後人爲其續作“春至百花開，黄鶯啼柳上”一句，使其連爲一首詩偈，并演繹爲一個廣爲流傳的禪宗公案。自南宋《五燈會元》以來，相關文獻均記載這首詩偈由某位不知名的禪僧大德所作，學界至今尚不知此偈的具體創作者和創作原委。

國家圖書館藏宋刻本《妙法蓮華經》（索書號：09998；入選第三批《國家珍貴古籍名録》，名録號：07177）六卷（存經文 13 葉，即卷一至卷六，卷六尾及卷七缺），一册，高 25.2 厘米，半葉寬 17.5 厘米，半葉 35 行，每行 56—60 字不等，四周單邊。卷後有元至正至明洪武間陳彦明等人的贊頌，以及釋師訓、釋克立等 30 餘人的題詩、題跋。《秘殿珠林續編》卷六《乾清宫藏》[①] 著録“宋刊細字妙法蓮華經一册【本幅】仿金粟箋本　十六幅　縱八寸　横一尺一寸五分　宋槧妙法蓮華經　姚秦三藏法師鳩摩羅什奉詔譯　經文不録”，其“後副葉”所載贊頌、題跋内容與此册《妙法蓮華經》後題跋文字相一致，且此册卷一鈐有“乾隆御覽之寶”“秘殿珠林”“珠林新編”“珠林重定”四方印璽，可知此册《妙法蓮華經》爲清宫舊藏，《秘殿珠林續編》著録。卷末元至正四年（1344）釋瑩中頌文中稱“吴郡陳彦明氏得細書法華經刻本僅十五紙，而其七軸之文精妙可知”，元至正松江師訓題跋亦稱“吴郡章君實氏，得細字法華，僅十有五紙，而一部俱全”，由此可知，此部《法華經》元時尚存全秩，計十五紙[②]，後入藏清宫，從清宫流出後殘逸兩葉，今僅存十三葉。

該册《妙法蓮華經》釋克立的跋文有頗可留意之處。該段跋文明確提到“春至百花開，黄鶯啼柳上”這一佛偈由北宋孝子朱壽昌所作，并與東坡居士和朱壽昌二人交

游密切相關。現將克立跋文迻録如下：

> 吾佛大聖人説而至于《法華》，本懷暢矣；諸大弟子學而至于《法華》，聖功成矣。惡逆調達、邪見嚴王、畜生龍女，乃至末法有緣之人，聞此《法華經》一偈一句者，悉得授記作佛。辟之穡事，則《法華》爲秋獲；辟之海寶，則《法華》爲如意珠王也。昔者朱壽昌得東坡所書細字《法華經》，讀至"諸法從本來，常自寂滅相"處，不覺懷疑，寢食俱廢，至于行住坐卧之間，常覺有一物礙于胸中，久之不决。一日曉起聞鶯，忽然悟入，礙胸之物嚗地自散，喜不自勝，乃作一偈，以謝東坡，云："諸法從本來，常自寂滅相。春至百花開，黄鶯啼柳上。"東坡曰："誰知法王大寶乃落在這個窮措大手中，政自可笑也。"今吴郡陳彦明得此細字《法華經》，乃叙而贊之，以授其友章君實，其意蓋有在焉。但不知君實曾如壽昌悟入一回也無。彼既丈夫，我寧不爾。倘能于日用之間，治生之暇，時取此經而閲之，忽然于一言之下豁爾開悟，方知法王之大寶其在我也久矣，又豈容朱壽昌獨擅其美于前哉？豈無東坡爲之印可？君實其勉之。至正十九年龍集己亥四月十又七日吴門東河師子林克立書于指柏軒。（後鈐"臨川克立""卓峰""一箇閒人"印）

這段跋文雖被《秘殿珠林續編》全文收録，但目前尚未引起學界注意。下面謹從文本源流與演變、文本内容分析、跋文作者臨川克立三個方面探析此篇跋文所載内容的真實性與史料價值。

一、文本源流與演變

"諸法從本來，常自寂滅相"出自《妙法蓮華經·方便品第二》[③]，原文爲"諸法從本來，常自寂滅相。佛子行道已，來世得作佛"。歷代高僧多以"諸法從本來，常自寂滅相"來闡述佛理，在早期佛教論疏，如隋釋吉藏《大乘玄論》[④]、《中觀論疏》[⑤]、隋釋智顗《法華玄義》[⑥]、唐釋一行《大毗盧遮那成佛經疏》[⑦]中，即時常予以引用，是隋唐以來耳熟能詳的經文之一。

根據現有史料，禪宗最早以問答形式，引用"諸法從本來，常自寂滅相"來開示弟子的高僧是唐代禪師馬祖道一（709—788），《祖堂集》卷十五記載了汾州無業禪師與馬祖的問答：

> （無業禪師）言下豁然大悟，涕泪悲泣，白馬大師言："本將謂佛道長遠，勤苦曠劫，方始得成。今日始知法身寶相本自具足，一切萬法從心化生，但有名字，無有實者。"馬大師云："如是，如是。一切心性不生不滅，一切諸法本自空寂。是故經云：'諸法從本來，常自寂滅相'……"[⑧]

《宋高僧傳》[⑨]也記載了這段問答，内容相差無幾，當源自《祖堂集》。

其後，南宋成書的《古尊宿語録》記載北宋滁州琅琊山臨濟宗下六世慧覺禪師（生卒年不詳，約10世紀後半葉至11世紀前半葉）與弟子問答時，也對該句有所闡釋：問："承教有言：'諸法從本來，常自寂滅相。'學人見山是山、見水是水時如何？"師云："賊是小人，智過君子。"[10]

而"諸法從本來，常自寂滅相"從佛經文本演變爲禪宗公案的記載，最早出現于《五燈會元》：

昔有僧因看《法華經》至"諸法從本來，常自寂滅相"。忽疑不决，行住坐卧，每自體究，都無所得。忽春月聞鶯聲，頓然開悟。遂續前偈曰："諸法從本來，常自寂滅相。春至百花開，黄鶯啼柳上。"[11]

《五燈會元》將該段記載歸入"亡名古宿"，認爲續作的佛偈是某位不知名的禪僧大德所作。這一説法被明代瞿汝稷編纂的《指月録》[12]所延續，其文本當源自《五燈會元》。明胡應麟《少室山房筆叢》也將"春至百花開，黄鶯啼柳上"列爲無名氏所作[13]。清代《駢字類編》[14]、《御定佩文韵府》[15]則明確引用了《五燈會元》的文本，康熙年間編纂《御選唐詩》時，輯注者還以《五燈會元》所載的這一典故爲初唐詩人宋之問《雨從箕山來》中"觀花寂不動，聞鳥懸可悟"一句作注[16]，可見這首佛偈流傳頗廣，且均應源出《五燈會元》。

經過梳理，可知"諸法從本來，常自寂滅相"自唐代馬祖以來就一直被禪師所引用。南宋《五燈會元》中首次記載了這句佛經文本轉變爲佛偈的原委，并將其歸入"亡名古宿"一類，被後世文獻遞相沿用。而國家圖書館藏宋刻本《妙法蓮華經》所載元代禪師臨川克立的跋文中，却出現了有别于上述文本的記載。對比《五燈會元》版與克立版兩個文本，主要有以下三點不同：

（1）創作主體不同。《五燈會元》版創作佛偈的主體是"僧"；而克立版的創作主體是北宋著名孝子朱壽昌。

（2）佛經來源不同。《五燈會元》版衹言及某僧"看《法華經》"并未指明該《法華經》版本的來歷；而克立版《法華經》由蘇東坡用小字親手抄寫而成，并將其贈予朱壽昌。

（3）創作目的不同。《五燈會元》版僧人所作佛偈衹是有感而發；而克立版朱壽昌所作佛偈是爲了答謝東坡，且東坡對此也有回復。

儘管公案故事母體都延續了"讀經—困惑—聞鶯—頓悟"這一主綫，但相較于《五燈會元》，克立版在人物、情節和細節上都更爲豐富。

二、文本内容分析

下面通過朱、蘇二人的生平和交游，探討克立版文本内容的可能性與真實性。

（一）朱壽昌的生平與佛教信仰

朱壽昌[17]，字康叔，揚州天長人。歷任陝州通判、荆南通判、岳州知州、閬州知州、廣德軍知軍事、駕部郎中、河中府通判、鄂州知州，提舉崇禧觀，纍官司農少卿、朝議大夫、中散大夫，爲官頗有政績，以孝聞名于世，卒年七十歲。朱壽昌是中國歷史上著名的孝子，其“弃官求母”的事迹甚至在元末被列入“二十四孝”[18]，《宋史》也詳細記載了這一孝行：

> 知廣德軍。壽昌母劉氏，巽妾也。巽守京兆，劉氏方娠而出。壽昌生數歲始歸父家，母子不相聞五十年。行四方求之不置，飲食罕禦酒肉，言輒流涕。用浮屠法灼背燒頂，刺血書佛經，力所可致，無不爲者。熙寧初，與家人辭訣，弃官入秦，曰：“不見母，吾不反矣。”遂得之于同州。劉時年七十餘矣，嫁黨氏有數子，悉迎以歸。京兆錢明逸以其事聞，詔還就官，由是以孝聞天下。自王安石、蘇頌、蘇軾以下，士大夫争爲詩美之。壽昌以養母故，求通判河中府。數歲母卒，壽昌居喪幾喪明。既葬，有白烏集墓上。拊同母弟妹益篤。[19]

除《宋史》外，其事迹還見于《東都事略》卷一百十七[20]、《東軒筆録》卷十[21]、《東坡志林》卷二[22]等。

梳理朱壽昌的相關記載可知，首先，朱壽昌是一位虔誠的佛教徒，清代彭紹昇《居士傳》爲其立傳[23]。爲祈求尋得母親，壽昌“用浮屠法灼背燒頂，刺血書佛經，力所可致，無不爲者”。當時不少隨筆也提及朱壽昌“刺血書佛經”，如《邵氏聞見録》稱其爲寻母“刺血書佛經，志甚苦”[24]；沈括《夢溪筆談》記載“（朱壽昌）聞佛書有《水懺》者，其説謂欲見父母者，誦之當獲所願，壽昌乃晝夜誦持，仍刺血書懺，摹版印施于人，唯願見母，歷年甚多”[25]。朱壽昌不僅日夜誦經，而且刺血寫經，摹版印施，可見向佛之心至誠，其孝行事迹也帶有濃重的佛教色彩。

第二，朱壽昌應該頗爲擅長詩詞格律，并積極進行有關佛教文本的創作。《宋史·藝文志》中録有朱壽昌所作《樂府集》十卷[26]，現已亡佚。熙寧三年（1070），朱壽昌還以韵語簡化了梁武帝所作懺文。雖然朱壽昌現存詩文皆亡佚，但可以從中推斷其在佛理、詩詞、韵律等方面均有所造詣，具有續作“春至百花開，黄鶯啼柳上”這一佛偈的可能性。

（二）蘇、朱交游

朱壽昌在文壇上成就不顯，更無詩文集傳世，其存世資料較少。所幸蘇軾、文同、王安石、司馬光、蘇頌等人與朱壽昌均有交往。關于蘇軾與朱壽昌二人的交游，可從東坡的生平和其他詩文、書信中管窺一斑。

熙寧三年（1070），蘇軾在京任殿中丞、直史館、判官告院，權開封府推官。是年“朱壽昌弃官尋母，得之同州，六月癸亥（初四日），詔壽昌赴京師。其秋，壽昌母子至。壽昌以韵語改梁武帝所作懺，蘇軾爲作偈”[27]。蘇軾爲朱壽昌所作的《朱壽昌梁武懺贊偈（并叙）》[28]是二人現存最早的詩文往來[29]。二人當于熙寧三年秋初識于京城[30]，并都熱衷于佛教，很快便以佛教爲連結進行交流。

朱壽昌携母還朝後，朝野頗爲轟動，不僅蘇軾對其大加褒獎，王安石、蘇頌等“士大夫争爲詩美之”。蘇軾表兄文同在《丹淵集》卷二十六《送朱郎中詩序》中記載，“壽昌侍母于熙寧三年秋至京師，都人前後擁觀，閲月而後已，于是好事者争賦詩以贈行"[31]。熙寧四年（1071）年初，壽昌"以其母子孫俱在同州，故折資通判河中"[32]，變法派的王安石爲其作《送朱壽昌詩》三卷，《宋史·藝文志》及《文獻通考》皆有著録，惜今已亡佚[33]。至今尚存蘇頌《送朱郎中壽昌通判河中府》、文同《朱康叔郎中，弃官求母于金州，因會華清宫，作此詩送之》及司馬光《贈河中通判朱郎中壽昌》等衆多詩文。蘇軾《朱壽昌郎中，少不知母所在，刺血寫經，求之五十年，去歲得之蜀中，以詩賀之》[34]即爲朱壽昌的贈行之作，詩云：

嗟君七歲知念母，憐君壯大心愈苦。
羨君臨老得相逢，喜極無言泪如雨。
不羨白衣作三公，不愛白日升青天。
愛君五十着彩服，兒啼却得償當年。
烹龍爲炙玉爲酒，鶴髮初生千萬壽。
金花詔書錦作囊，白藤肩輿簾蹙繡。
感君離合我酸辛，此事今無古或聞。
長陵朅來見大姊，仲孺豈意逢將軍。
開皇苦桃空記面，建中天子終不見。
西河郡守誰復譏，潁谷封人羞自薦。

後人有將此詩誤爲熙寧五年[35]或謫居黄州時[36]所作。據孔凡禮先生考證，壽昌爲母在同州而"折資通判河中"已是熙寧四年年初。而文同《送朱郎中詩序》則作于熙寧五年中元，時壽昌爲駕部郎中，故以郎中稱之。蘇軾此詩詩題乃若干年後所加，故將壽昌得母之地同州誤記作蜀中[37]。在詩中，蘇軾列舉了漢武帝、霍去病、隋文帝、唐德宗、吴起和潁考叔等人的典故，盛贊朱壽昌的孝行"此事今無古或聞"。直到南宋，詩人楊萬里仍有言："昔東坡先生頌朱壽昌，至今咏歌，以爲美談。"[38]

實際上，蘇軾與朱壽昌的情感認同，不僅在于佛教信仰，更在于政治立場。熙寧二年（1069），王安石參知政事，主持變法。蘇軾爲國子監考試官，策題諷刺王安石。神宗數次欲用蘇軾，皆被王安石阻止。二年冬，蘇軾作《上神宗皇帝書》，全面駁斥新法。熙寧三年，蘇軾《再上皇帝書》，要求罷免王安石。雙方鬥争日趨白熱化。這就是熙寧三年朱壽昌携母上京的政治背景[39]。

時太子中允李定因支持王安石變法而受到重用，有人檢舉他在涇縣當主簿時，母親仇氏亡故，李定却爲保官位，没有回家奔喪守孝[40]。這與朱壽昌弃官千里尋母的事迹正好形成鮮明對比。反對新法者以李定不服母孝、没有人子之德來攻擊王安石，朱壽昌即在此政治漩渦中成爲輿論標杆，這也是其弃官尋母事迹能够在短時間内引起朝野轟動的重要原因。蘇東坡作爲王安石的反對者，自然親近支持朱壽昌，作詩暗貶李定，甚至在《東坡志林》卷二《蔡延慶追服母喪》中説："善人惡人，相去乃爾遠邪"[41]，直接將朱壽昌、李定列爲善惡對立的兩方。但這也爲之後李定彈劾蘇軾，發動"烏臺詩案"埋下了伏筆。《邵氏聞見録》[42]對此有記載：

蘇内翰子瞻詩云："感君離合我酸辛，此事今無古或聞。"王荆公薦李定爲台官，定嘗不持母服，台鑒、給、舍俱論其不孝，不可用。内翰因壽昌作詩貶定，故曰“此事今無古或聞”也。後定爲御史中丞，言内翰多作詩訕上。内翰自知湖州赴詔獄，小人必欲殺之。張文定、范忠宣二公上疏救，不報，天下知其不免矣。内翰獄中作詩寄黄門公子由云：“與君世世爲兄弟，更結來生未斷因。”或以上聞，上覽之悽然，卒赦之，止以團練副使安置黄州。

《東軒筆録》卷十亦記載：“士大夫嘉其（朱壽昌）孝節，多以歌詩美之。蘇子瞻爲詩作序，其譏激世人之不養者。李定見其序，大惋恨。會定爲中丞，劾軾嘗作詩謗訕朝廷事。”[43]

蘇軾在元豐四年（1081）所作《滿江紅・寄鄂州朱使君壽昌》中“不獨笑書生争底事，曹公黄祖俱飄忽”，提到禰衡被曹操、黄祖等朝中權貴陷害，其弦外之音即暗指王安石、李定之流陷害自己[44]。

此後蘇、朱二人各自外任。元豐二年（1079），蘇軾知湖州，七月，因御史中丞李定等彈劾蘇軾詩譏諷朝廷，以謗訕新政的罪名自湖州任上被捕入京。八月至京，繫于御史臺獄，史稱“烏臺詩案”。經多方營救，蘇軾十二月結案出獄，詔貶檢校水部員外郎、黄州團練副使，本州安置。元豐三年（1080）二月一日，蘇軾到達黄州貶所（黄州治所在今湖北黄岡）。蘇軾被貶黄州期間，由于迫害深重，更趨熱衷佛教及養生之術，遣興于詩詞、書法與美酒佳餚之中。由蘇軾衆多詩文信札可知，時朱壽昌知鄂州（治所在今武漢市武昌），兩人一江之隔，朱在西，蘇在東，酬唱往還日益密切，成爲至交。二人留下衆多書信，是一窺朱、蘇交往的重要材料。

蘇軾到黄州貶所未久，兩人便开始通信，《與朱康叔二十一首》俱是元豐三年至五年間所作[45]。貶抵黄州後，蘇軾先寓居定慧院，數月後遷居臨皋亭，即“東坡”，其遷居之事或也有賴朱壽昌幫助[46]。由信中所見，朱壽昌時常贈送蘇軾酒果特産[47]，還爲其友人光州知州曹九章與蘇門説媒。元豐五年，曹九章之子曹焕迎娶蘇轍第三女，成爲蘇轍之婿，促成此段姻緣者即爲朱壽昌[48]。不僅如此，壽昌還在信中問及蘇軾的家妓、侍妾，并向其傳授房中術[49]，可見二人私交甚篤。

由二人書信可見，朱壽昌愛好書法字畫，并常向東坡求贈書畫墨寶，蘇軾投桃報李，將自己所作詩軸、書畫、屏贊、硯銘等[50]贈與壽昌。元豐三年，寶月大師請東坡作《經藏碑》。此碑剛剛做成後，東坡便將其所作《勝相院經藏記》抄録一過，作爲書法作品，贈予朱壽昌[51]。同年，東坡還向朱壽昌贈送手抄《國史補》一卷[52]。東坡信中稱“寫字俟少閑，續納上。”[53]“所以重寫詩，已一依來命，別寫去，不知中用否？大字寫未及，乞恕察。”[54]可知朱壽昌常向東坡求字。信中還提及“墨竹如可尊意，當取次致左右，畫者在此不遠，必可求也。呵呵。”可見東坡知朱壽昌耽于字畫，故而主動提及其善畫墨竹的表兄文同離此不遠，可向其求畫。《與朱康叔二十一首》之十三中，東坡作《船涉調・哨遍》詞，用小楷抄寫一本寄與朱壽昌，并“却求爲書，抛磚之謂也”，并因“念公篤好”，將自己所作一幅竹石圖贈予壽昌：

舊好誦陶潜《歸去來》，常患其不入音律，近輒微加增損，作《船涉調・哨遍》，遂微改其詞，而不改其意，請以《文選》及本傳考之，方知字字皆非創入也。謹小楷一本寄上，却求爲書，拋磚之謂也。亦請録一本與郭元弼，爲病倦，不及别作書也。數日前，飲醉後作頑石亂篆一紙，私甚惜之。念公篤好，故以奉獻，幸檢至。

朱壽昌亦將自己所藏書法贈予東坡，《與朱康叔二十一首》之十四載："天覺出藍之作，本以爲公家寶，而公乃輕以與人，謹收藏以鎮篋笥。"[55]可見二人皆雅好書法字畫，常相饋贈。

元豐四年春，蘇軾作《滿江紅·寄鄂州朱使君壽昌》，當年十二月又作《江城子·大雪，有懷朱康叔使君，亦知使君之念我也，做〈江神子〉以寄之》，以表達對朱壽昌的思念之情[56]。

元豐五年，蘇軾聽聞黄州、鄂州地區貧苦人家有"溺嬰"的陋習，故特意致信朱壽昌，提出賞罰和救濟辦法，自己也捐贈了不少善款：

近聞黄州小民貧者生子多不舉，初生，便于水盆中浸殺之，江南尤甚，聞之不忍。會故人朱壽昌康叔守鄂州，乃以書遺之，俾立賞罰，以變此風。……乃使率黄人之富者，歲出十千，如願過此者亦聽……訪聞里田野有貧甚不舉子者，輒少遺之。若歲活得百個小兒，亦閒居一樂事也。吾雖貧，亦當出十千。[57]

朱壽昌元豐五年四月罷鄂州守。兩人的交往皆集中于元豐三年至五年。考二人生平和交往，可知：（1）二人熙寧三年相識于京城，元豐三年至五年間，蘇軾任黄州團練副使，朱壽昌任鄂州守，在此期間，二人相隔不遠，書信往來密切，且常相饋贈。在時間和空間上，具有贈送細字《法華經》的可能性。（2）兩人均有虔誠的佛教信仰，朱壽昌曾"以韵語改梁武帝所作懺"，蘇軾爲之作偈；蘇軾作《勝相院經藏記》，也即刻抄録一份贈予壽昌，故蘇軾有以佛教經文作爲贈禮的可能性。（3）兩人皆雅好書法，從二人通信中可見，朱壽昌常向蘇軾索求字畫，蘇軾也常贈以墨寶。可見，蘇軾將親手書寫的佛經《法華經》贈予朱壽昌，在時間、地點、人物交往特點等方面均具有非常大的可能性。

此外，宋刻佛經中亦有采用蘇東坡行楷字體進行刻板者。今上海圖書館所藏北宋崇寧刻本《妙法蓮華經》一册七卷，出自吴江北宋所建華嚴院方塔，其書體小字與蘇東坡行楷極爲神似[58]。傅增湘在《藏園群書經眼録》卷十中亦記載有宋刊經摺本《妙法蓮華經》七卷，"字撫蘇體，刻工精雅絶倫"[59]。可見北宋年間，不僅有蘇東坡手抄《法華經》流傳于世，民間還將其摹印刻板，流傳至今。

三、跋文作者臨川克立

此跋文作者爲克立，號卓峰，又稱立公，江西臨川（今撫州）人，是元代天如惟則禪師弟子，獅子林菩提正宗寺第二代住持。克立的信息鮮少見于史料，從其師天如惟則禪師的相關著作和書信中，可以窺見克立生平。

（一）天如惟則禪師與克立的往來

天如惟則禪師（約1286—1354），名惟則，號天如，俗姓譚，江西吉安府廬陵人，曾受業于禾山，後參訪天目山，師事中峰明本，從受禪法，是中峰明本法嗣弟子之一，也是元代臨濟宗著名禪師。惟則約從元泰定五年（1328）至至元五年（1339）的12年間，遁迹松江一帶傳法，在叢林間聲名鵲起。

約至元五年或至元六年，天如惟則禪師在《與義海都正》[60]信中提及克立：

> 江西受業二僧歲旦日至，謂吾母年七十八，望歸省。……因得乘輿一動，及至杭，適漳寇敗，一路班師擾攘，咸謂不可進，遲延久之。立卓峰又領徑山書記之職，念其二三十載死生憂患之伴，一旦弃之不情，故止西江之行，登山相守。……

惟則在赴江西省親的途中，行至杭州，路遇兵亂，不能行進。當時克立在杭州徑山寺擔任書記一職，與惟則有“二三十載死生憂患之伴”。惟則故而取消了歸鄉省母的計劃，赴杭州徑山寺與克立“登山相守”。

至正元年（1341）十月，惟則禪師來到江蘇吴門。因爲松江地勢比較低，容易積水，其弟子們便于次年（1342）在江蘇吴門集資買地，修建數間茅屋以居其師。至正二年，惟則以此地建立禪寺一座，正式創建“師子林”（今習稱“獅子林”）。據歐陽玄《師子林菩提正宗寺記》記載，“其地本前代貴家别業”“門人相率出資，買地結屋，以居其師”[61]。獅子林以假山著稱，洞壑幽深，曲折盤桓，有若迷陣。相傳，宋徽宗在京城汴梁營造假山“艮岳”，派遣官員來江南選取太湖石，史稱“花石綱”。當時蘇州曾設“應奉局”，朱冲、朱勔父子派人用船將搜羅來的太湖石運往京城。誰知未及運出，北宋即滅亡，大批太湖石留在了蘇州城的東北隅。據顧頡剛《蘇州史志筆記》引邑人吴騰庵考證：“獅子林爲朱勔從太湖運來之石，未及送汴而徽、欽北去，乃留蘇州，及宋亡而寺僧築園。”[62]惟則禪師主要運用了這些北宋遺留的精品湖石建造了獅子林。袁學瀾在《獅子林記》中曾有評價説：“石之奇，爲吴中之冠。”因“林有竹萬個，竹下多怪石，狀如狻猊者”，“石峰離立，峰之奇怪，而居中最高，狀類師子”，故取名爲“師子林”，并以此來紀念倡道于天目山之獅子岩的恩師中峰明本。“其後十餘年間，天如惟則禪師以該寺爲道場，高提祖印，呈先開後”[63]。雖然他不擔任寺院的職事，然而經常在寺中隨機接引弟子和各地來的學人。一些地方官員也前來問法，執弟子禮。至正十二年（1352）元順帝賜名爲“獅子林菩提正宗禪寺”。

至正四年（1344），惟則再次歸鄉探母。在《與卓峰書記（甲申二月小孤山舟中發）》[64]中，惟則詳細記載了這段旅程，更直抒胸臆地表達了對克立的惜别、依賴與牽掛。二人雖爲師徒，却情同父子，舐犢之情溢于言表：

> 離姑蘇日，閶關楓橋，一路不忍别，又同舟相送九十里，宿無錫，明日遂分。以二十六年之道聚，流行坎止，頃刻未嘗離，死生相托，休戚相關，股肱骨肉之親不足云喻。乃一旦有數千里之别，况此行是歸鄉省母。母子弟兄，恩義之桎梏；老病死葬，變故之牽纏。秤錘落井之説，從古有焉。又况長江天塹風濤之險惡，

轉面隔生之慮，彼此胸中有之，語在唇吻而不忍發，倘非曠達之懷處斷素定者，其孰能堪此哉？……水光月凉，夜不能寐，因思足下必爲吾憂而莫知吾喜，吾反憂汝之憂而莫由汝解。問子明歸期，則曰歸在余先。遂挑燈作是書，詳具行程，托以報平安也。《楞嚴會解》想已入梓，幸夙夜靡懈，以促其成，遇徒之寫，道林之磨勘，應念百千萬本由此本出，必各盡手眼神通以致其精敏也。錢塘炬菩薩四十八日大會，已許其五月初旬説法滿散，此約决不可爽矣。鄉關轉身之計，吾亦籌之熟矣。今度舟還，必由常山小溪以達錢塘，穩且順矣，秤錘落井之疑，轉面隔生之慮，是書既到，可一笑而釋諸。

惟則信中説，與克立“以二十六年之道聚，流行坎止，頃刻未嘗離，死生相托，休戚相關，股肱骨肉之親不足云喻”。爲報平安，惟則托人帶回書信，詳細講述了歸鄉行程，并叮囑五月初旬共赴錢塘法會之約。

至正六年（1346），惟則六十一歲，諸禪友集資爲其在虎丘之南的水西原買山六七畝，作爲“師子林開山老人之壽藏也”，并爲其修建佛塔。至正七年（1347），佛塔修建完成，“立卓峰買舟載余往觀之”，惟則作水西原十偈以紀之。師徒間時常吟詩唱和，《師子林天如和尚語録》中，常有與“卓峰立書記”文辭往來的記録。如卷四《送道林訓書記》中記載，惟則在送別弟子道林之時吟詩一首，“道林書記與立卓峰二三禪友用篷字韵一再唱和”。平時，惟則與克立等諸弟子在獅子林中過着平淡閑適的修行悟道生活，《答湛書記》[65]載：

七月廿五日早粥罷，立卓峰送天台僧泰出門。余方飛虹橋上解衣燕坐，詎可庭自掃池上落葉，忽然叫報有新事，帶露木犀開數枝。于是移瓦鼓子環樹而坐，呼山僮小嚴汲冰壺井花，烹武寧伊山喻子德磨頭茶，賞之以鼻香。爲緣深入，無着無礙，自在游戲，閑不徹三昧。未幾，鄉人迪惠林來扣關，二三子曰：“這場窮快活莫使他儂知。”遂散去。

（二）克立與《楞嚴經會解》

受明本禪師囑咐，惟則禪師認真參究《楞嚴經》，其所作《楞嚴經會解》，對後世影響深遠。在《與卓峰書記（甲申二月小孤山舟中發）》[66]中，惟則提及刊印《楞嚴會解》事：“《楞嚴會解》想已入梓，幸夙夜靡懈，以促其成，遇徒之寫，道林之磨勘，應念百千萬本由此本出，必各盡手眼神通以致其精敏也。”今《楞嚴經會解》卷首有至正二年惟則的《大佛頂首楞嚴經會解叙》，後有臨川克立的題跋：

……然學者或困于詳而莫能遍探，今師子林天如禪師《會解》一出，則不待遍探而衆美具在，不勞辨覈而群疑自消。誦習之便，莫便于是矣。愚與師游從既久，自其搜刮諸家，參酌去取，凡三年而會解成，皆愚所目擊，蓋亦頗知其深有功于是經者也。兹因募衆梓以流通，乃復記經來之歲月云。臨川沙門克立題[67]

可知《楞嚴經會解》的撰述歷經三年，至正四年（1344）已雕版完工。克立身爲惟則的弟子，又擔任“書記”一職。該經由克立謄寫，道林校對，兩人“各盡手眼神通”，纔得以將書稿打磨“精敏”。可知對于惟則而言，克立不僅如子如徒，也是其在佛學研究過程中的重要助手。

至正十四年（1354）天如惟則禪師圓寂[68]。朝廷賜以“佛心普濟文慧大辨禪師”之號，并賜金襴法衣。克立在惟則圓寂後，繼承衣鉢，成爲獅子林菩提正宗寺繼惟則之後的第二代住持。克立邀請翰林學士歐陽玄爲師子林撰文，歐陽玄《師子林菩提正宗寺記》中寫道“寺成之十三年（約1354）宜春比丘嗣談以臨川比丘克立所撰事狀來京師謁余爲記”，并由奉訓大夫兵部員外郎危素書寫，宣文閣授經郎兼經譯文官王餘慶篆額。

至正二十三年（1363），克立又委托元代著名畫家、詩人朱德潤繪製《獅子林圖》并作序，序中說：“師（天如惟則）既示寂，其徒卓峰立師克嗣其學，與余交，請爲圖之。”[69]元末明初，朝代更迭，社會動盪。明洪武五年（1372）著名詩人高啓受當時的獅子林住持如海因公之請，作《獅子林十二咏序》，序言中記載了師子林當時的情况：“吴之佛廬最盛，叢林招提據城郭之要坊，山水之靈壤者數十百區，……”“其宏壯嚴麗豈師子林可擬哉，然兵燹之餘皆委廢于蓁蕪，扃閉于風雨”，“而師子林泉益清，竹益茂，屋宇益完。人之來游而紀咏者益衆。”并追述說：“蓋創以天如則公願力之深，繼以卓峰立公承守之謹。”[70]將克立與惟則并列，極大地肯定了克立對獅子林的守成之功。

克立與當時的僧俗士人也有所交游往來，如危素（1303—1372）《小偈奉簡卧雲室中老師》中便有“鄉僧幾載客吴門，世味蕭然道義尊”之句，即因“卓峰上人與素同里，故附致區區”[71]。而危素詩中所提“卧雲室”、克立跋文的書寫地點“指柏軒”以及師訓跋文的書寫地點“漚行軒”均是蘇州獅子林内的建築。惟則在創立獅子林時，見有宋代遺留的柏樹和梅樹，遂以相關的禪宗公案直接爲建築題名，如立雪堂（法堂）來自于“斷臂立雪”的故事，指柏軒（僧堂）則出自“趙州指柏”的公案[72]。在《師子林天如和尚語録》卷五中，載有《師子林即景十六首》，其中之一寫道：“指柏軒中六七僧，坐忘忽怪异香生。推窗日色暖如火，薝蔔花開雪一棚。”可知“指柏軒”即是獅子林内的一處僧堂，“庭舊有柏者曰騰蛟，今曰指柏之軒”[73]，天如和尚經常在此與克立等弟子們坐而論道，研習佛法。

四、結語

國家圖書館藏宋刻本《妙法蓮華經》卷後所載的克立跋文，爲學界研究禪宗公案提供了一條新的綫索。或許由于佛偈作者朱壽昌和跋文作者臨川克立在歷史上都聲名不顯，故而長久以來，這一佛偈被歸入“亡名古宿”之類，一直未受到注意和重視。目前學界對朱壽昌的研究，大多探討其“弃官求母”的孝行，即便涉及蘇、朱二人交往，也往往衹留意到了熙寧變法的政治鬥争，而鮮少提及元豐年間二人的頻繁往來以及在佛法、書法等方面的相同志趣。而臨川克立則更因寂寂無名而淹没在史料當中。對于此二人的研究，皆衹能從蘇軾和天如惟則禪師等人的著述、信札、詩文和刻書題記入手。本文通過對公案内容以及蘇、朱二人交游往來的分析，推斷克立跋文中所記載的這則禪宗公案與朱壽昌、蘇東坡之間存在較强關聯。同時，這則跋文也爲繼續探索這一公案文本的演變、流傳、變异或重構留下了廣闊的空間。

注釋：

①（清）王杰等輯：《秘殿珠林續編》卷六《乾清宫藏》，清内府鈔本。

②《秘殿珠林續編》著録此册《妙法蓮華經》有“十六幅”，或將題跋葉亦算入内。

③（後秦）釋鳩摩羅什譯：《妙法蓮華經》卷第一《方便品第二》，大正新修大藏經本。

④（隋）釋吉藏：《大乘玄論》卷三、卷四，大正新修大藏經本。

⑤（隋）釋吉藏：《中觀論疏》卷七、卷十，民國四年（1915）金陵刻經處本。

⑥（隋）釋智顗：《法華玄義》卷二下、卷四下，大正新修大藏經本。

⑦（唐）釋一行：《大毗盧遮那成佛經疏》卷七，日本慶安二年（1649）刻本。

⑧（南唐）釋静、釋筠編撰：《祖堂集》卷十五《汾州和尚》，中華書局，2007 年，691 頁。

⑨（宋）釋贊寧：《宋高僧傳》卷第十一《唐汾州開元寺無業傳》，中華書局，1987 年，247—248 頁。

⑩（宋）釋賾藏集：《古尊宿語録》卷第四十六《滁州琅琊山（慧）覺和尚語録》，中華書局，1994 年，917 頁。

⑪（宋）釋普濟：《五燈會元》卷第六《未詳法嗣 亡名古宿》，中華書局，1984 年，363 頁。

⑫（明）瞿汝稷編纂：《指月録》卷一，巴蜀書社，2012 年，19 頁。

⑬（明）胡應麟：《少室山房筆叢・癸部雙樹幻鈔下》，明萬曆刻本。

⑭（清）吴士玉：《駢字類編》卷二十二《時令門一》，清文淵閣四庫全書本。

⑮（清）張玉書：《御定佩文韵府》卷九，清文淵閣四庫全書本。

⑯（清）陳廷敬等輯注：《御選唐詩》卷二《五言古・宋之問》，清文淵閣四庫全書本。

⑰ 朱壽昌生卒年份史籍没有明確記載。劉崇德認爲生于大中祥符九年（1016），卒于元祐元年（1086）；謝桃坊認爲生于大中祥符七年（1014）；陳曉燕不認同上二説，認爲應生于宋天禧二年（1018），卒于元祐二年（1087）。不過可大概確定朱壽昌比蘇軾年長約二十歲，二人屬忘年之交。見劉崇德：《東坡樂府編年訂補稿》，河北大學科研处《河北大學研究生論文集文科版 第一期》，河北大學科研處，1985 年；謝桃坊：《朱壽昌尋母事辨》，《文史雜志》2009 年第 6 期，10—12 頁；陳曉燕：《朱壽昌生卒年考辨》，《文史雜志》2012 年第 2 期，17—19 頁。

⑱（元）郭居敬：《二十四孝圖》，明初刻本。

⑲（元）脱脱等：《宋史》卷四百五十六，中華書局，1985 年，13404—13405 頁。

⑳（宋）王稱：《東都事略》卷一百十七，清文淵閣四庫全書本。

㉑（宋）魏泰：《東軒筆録》卷十，明刻本。

㉒（宋）蘇軾：《東坡志林》卷二，中華書局，1985 年，第 7 頁。

㉓（清）彭紹昇撰，張培鋒校注：《居士傳校注》卷十二，中華書局，2014 年，106—107 頁。

㉔（宋）邵伯温撰，李劍雄、劉德權點校：《邵氏聞見録》卷十三，中華書局，1983 年，148—149 頁。

㉕（宋）沈括：《夢溪筆談》，嶽麓書社，2002 年，75 頁。

㉖（元）脱脱等撰：《宋史》卷二百九，中華書局，1985 年，5395 頁。

㉗ 孔凡禮：《蘇軾年譜》卷九，中華書局，1998 年，183 頁。

㉘（宋）蘇軾撰，（明）茅維編，孔凡禮點校：《蘇軾文集》卷二二，中華書局，1986 年，643—644 頁。

㉙ 亦有學者認爲《朱壽昌梁武懺贊偈》作于元豐三年，是蘇軾謫居黄州任團練副使時所作，時朱壽昌爲鄂州知州。見（宋）蘇軾著，李之亮箋注：《蘇軾文集編年箋注》卷二二（贊七十五首，偈二十二首），巴蜀書社，2011 年，350—351 頁。

㉚《續資治通鑑長編》記載："（熙寧三年六月）癸亥，詔壽昌赴闕朝見。"參（宋）李燾：《續資治通鑑長編》卷一百二，中華書局，2004 年，5144—5145 頁。

㉛（宋）文同：《丹淵集》卷二十六，四部叢刊景明汲古閣刊本。

㉜（宋）司馬光：《温國文正公文集》卷第十二《贈河中通判朱郎中》，四部叢刊景宋紹興本。

㉝（元）脱脱等撰：《宋史》卷二百九《志第一百六十二・藝文八・集類》，中華書局，1985 年，5406—5407 頁；（元）馬端臨：《文獻通考》卷二百四十九《經籍考七十六》，中華書局，2011 年，6707 頁。

㉞（宋）蘇軾撰，（清）王文誥輯注，孔凡禮點校：《蘇軾詩集》卷八，中華書局，1982 年，386—388 頁。

㉟《蘇軾詩集》次此詩于熙寧五年（1072），誤。

㊱《佛祖統紀》載朱壽昌"得母于同州，年已七十。蘇軾時謫居黄州，寄詩以爲賀。時稱壽昌孝感所致"。見（宋）釋志磐撰：《佛祖統紀》卷四十五，大正新修大藏經本。

㊲ 孔凡禮撰：《蘇軾年譜》卷十，中華書局，1998 年，196 頁。

㊳（宋）楊萬里撰：《誠齋集》卷一百十七《李台州傳》，四部叢刊景宋寫本。

㊴ 陳曉燕文已指出當時背景：熙寧三年四月十九日，神宗任命李定爲監察御史裏行，但宋敏求等人拒爲李定起草任命書。王安石因此撤銷宋敏求、李大臨、蘇頌等人職務，即"熙寧三舍人事件"，新舊兩黨的鬥争圍繞李定任命與否而逐漸加劇。不到兩個月後，神宗詔令朱壽昌還京。見陳曉燕：《朱壽昌入〈二十四孝〉原因探析》，《文史雜志》2014 年第 1 期，48—51 頁。

㊵（宋）李燾：《續資治通鑑長編》，中華書局，1986 年，5259 頁。

㊶（宋）蘇軾：《東坡志林》卷二，中華書局，1985 年，7 頁。

㊷（宋）邵伯温撰，李劍雄、劉德權點校：《邵氏聞見録》卷十三，中華書局，1983 年，148 頁。

㊸（宋）魏泰撰：《東軒筆録》卷十，明刻本。

㊹ 唐驥：《困境中的嘲笑與寬釋——蘇軾〈滿江紅・寄鄂州朱使君壽昌〉賞析》，《古典文學知識》2001 年第 5 期，13—16 頁。

㊺（宋）蘇軾著，李之亮箋注：《蘇軾文集編年箋注》卷五十九，巴蜀書社，2011 年，671—693 頁。

㊻ 見《與朱康叔二十一首》之五："已遷居江上臨皋亭，甚清曠。風晨月夕，杖履野步，酌江水飲之，皆公恩庇之餘波，想味風義，以慰孤寂。尋得去年六月所寫詩一軸寄去，以爲一笑。酷暑，萬乞保練。"箋注曰："東坡遷居之事説與朱康叔，蓋其事康叔從中幫助也。"《蘇軾文集編年箋注》，675 頁。

㊼ 朱壽昌向東坡寄送酒果特産之舉頻見于二人書信，如《與朱康叔二十一首之二》："酒極醇美，必是故人特遣下廳也。某再拜。"（《道山清話》載："朱康叔送酒與子瞻仰，子瞻以簡謝之云'酒甚佳，必是故人特遣下廳也'。蓋俗謂主者自飲之酒爲'不出庫'。"）《蘇軾文集編年箋注》，672 頁。又如《與朱康叔二十一首》之十五："蒙寄生煮酒四器，正濟所乏，極爲珍感。生酒，暑中不易調停，極佳。然閔仲叔不以口腹纍人。某每蒙公眷念，遠致珍物，勞人重費，豈不肖所安耶？……酒法，是用緑豆爲麯者耶？亦曾見説來。不曾録得方，如果佳，録示亦幸。鱘鮓，極珍極珍！"《蘇軾文集編年箋注》，686 頁。

㊽ 見《與朱康叔二十一首》之七："中前示論姻親事，可留示年月日，恐求親者欲知之，造次造次！"箋注考諸詩文，知"曹光州名九章字演甫，而其子則焕也。"《蘇軾文集編年箋注》，676 頁。《蘇軾年譜》卷二十一《元豐五年》條記載："（五年五月）曹焕自光州赴筠州，到過黄岡。蘇軾有《漁家傲》贈其父光州守曹九章。焕赴筠，當爲完婚。"《蘇軾年譜》卷二十一，543 頁。

㊾ 見《與朱康叔二十一首》之十五："所問菱、翠，至今虚位，雲乃權發遣耳，何足掛齒牙？呵呵。馮君方想如所諭，極煩留念。又蒙傳示秘訣，何以當此？寒月得暇，當試之。"按菱、翠指東坡兩位家妓；雲指東坡侍妾朝雲；傳示秘訣，指房中術之秘訣也。宋代士子大多對此道非常留意，衹不明言而已。然東坡甚知自愛，故云"寒月得暇，當試之"，爲暑日行房事過于傷身也。《蘇軾文集編年箋注》，687 頁。

㊿ 見《與朱康叔二十一首》之十四："屏贊、硯銘，無用之物，公好事之過，不敢不寫，裝成送去，乞一覽。"《蘇軾文集編年箋注》，684 頁。

51 見《與朱康叔二十一首》之二十："今已寫得《經藏碑》附上。"《蘇軾文集編年箋注》，691 頁。據李之亮考證，《經藏碑》即指《勝相院經藏記》。《蘇軾文集編年箋注》，198 頁。

52 見《與朱康叔二十一首》之十八："今日偶讀《國史》，見杜羔一事，頗與公相類。嗟嘆不足，故書以奉寄，然幸勿示人，恐有嫌者。"《蘇軾文集編年箋注》，689—690 頁。又見《與朱康叔二十一首》之十五："前曾録《國史補》一紙，不知到否？"《蘇軾文集編年箋注》，686 頁。

53 見《與朱康叔二十一首》之十一。《蘇軾文集編年箋注》，680 頁。

54 見《與朱康叔二十一首》之二十一。《蘇軾文集編年箋注》，692—693 頁。

55《與朱康叔二十一首》之十四，按天覺即張商英，時監鄂州漢洲鎮酒税，爲朱康叔之僚屬；又其蜀中人，故與東坡亦有交往。《蘇軾文集編年箋注》，683—684 頁。

56（宋）蘇軾著，鄒同慶、王宗堂校注：《蘇軾詞編年校注》，中華書局，2007 年，347—348 頁。

57（宋）蘇軾著，李之亮箋注：《蘇軾文集編年箋注》卷七十二（雜記九十六首）《黄鄂之風》，223 頁。

58 陳先行：《先行説善本》第二講上，https：//www. bilibili. com/video/BV1WT4y1A7Ce？from = search &seid = 5361531686265320949.（2021. 3. 5 檢索）

59 傅增湘撰：《藏園群書經眼録》卷十《子部四・釋家類》，中華書局，2009 年，730 頁。

60（元）釋善遇：《天如惟則禪師語録》卷八，《新纂續藏經》（第 70 册），中華電子佛典協會，2004 年。

61（元）歐陽玄：《師子林菩提正宗寺記》，（明）錢穀《吴都文粹續集》卷三十《寺院》，清文淵閣四庫全書補配清文津閣四庫全書本。

62 顧頡剛著，王熙華輯：《蘇州史志筆記》，1987 年，江蘇古籍出版社。

63 見《天如惟則禪師語録》卷一。

64 見《天如惟則禪師語録》卷八。

65 同上。

66 同上。

67 同注①。

68 楊維中：《元代臨濟宗高僧天如惟則生卒年、出家時間考》，《佛學研究》2013 年總第 22 期，105—111 頁。

69（元）朱德潤撰：《獅子林圖序》，（明）錢穀《吴都文粹續集》卷三十《寺院》。

70（明）高啓撰：《獅子林十二咏序》，（明）錢穀《吴都文粹續集》卷三十《寺院》。

71 楊鐮主編：《全元詩》第四十四册目録《危素 小偈奉簡卧雲室中老師》，中華書局，2013 年，238

⑴ 楊鐮主編:《全元詩》第四十四册目録《危素 小偈奉簡卧雲室中老師》,中華書局,2013 年,238 頁。此外,危素于至正九年還曾爲《天如惟則禪師語録》作序。

⑵ 高麗華:《蘇州名園獅子林文化内涵淺析》,《廣東園林》2002 年第 4 期,5—9 頁。

⑶(元)歐陽玄:《師子林菩提正宗寺記》,(明)錢穀撰《吴都文粹續集》卷三十《寺院》。

(作者單位:國家圖書館國家古籍保護中心辦公室　古籍館)

北京大學圖書館藏《大明冠服圖》研究

徐文躍

内容提要：北京大學圖書館藏《大明冠服圖》，爲《玄端冠服圖説》《忠静冠服圖説》二書合于一册而成，記載了嘉靖七年定製的君臣燕居冠服制度。兩套冠服的製定及圖説的成書過程，雖見于議禮之臣的著作，以往并未引起太多的注意。《大明會典》采録了兩套圖説，但文字并不完整。《大明冠服圖》一書豐富了對嘉靖初年創製、改製冠服的認知，對深入認知嘉靖年間的禮制改革亦有重要價值。

關鍵詞：《大明冠服圖》　燕弁冠服　忠静冠服　張璁

一、《大明冠服圖》大略

北京大學圖書館藏有《大明冠服圖》一書，典藏號爲 SB/319.409/4637。此書爲清代抄本，四周單邊，綫裝，一函一册，共計 21 葉。封面題有書名“大明冠服圖”，藍布函套上則貼以白色題簽，亦用墨書題曰“大明冠服圖”。書中内容爲明嘉靖七年（1528）所定燕弁冠服、忠静冠服制度[①]。燕弁冠服爲皇帝燕居之服，寓“深宫獨處之時而以燕安爲戒”之意[②]；忠静冠服則爲群臣燕居之服，“在京許七品以上官及八品以上翰林院、國子監、行人司，在外許方面官及各府堂官、州縣正堂、儒學教官服之。武官止都督以上，其餘不許濫服”，寓意“進斯盡忠、退斯補過”[③]。兩套冠服之前冠以明世宗下于禮部的敕諭，其後以圖文形式對各自的冠服作出解説。所附圖説，有圖的則圖在下，圖上注説，其説均爲世宗意旨；無圖的則爲世宗君臣討論制度的内容，世宗的意旨均冠以“聖諭”二字，議禮之臣的意見則以“臣”字起首，字體較聖諭部分稍小。忠静冠服之前題有“忠静冠服圖説”字樣，而燕弁冠服無此類説明。萬曆二十三年（1605），孫能傳、張萱等人受命校理内閣藏書，編有《内閣藏書目録》。該書卷四圖經部記有“《玄端冠服圖》一册”，文後且標明書橱字號爲千字文“宙”字，并注云“嘉靖七年，上諭製燕居之冠曰燕弁，服曰玄端，并深衣帶履，大學士張璁繪圖説以進，内有廣運之寶”[④]。據此，燕弁冠服即玄端冠服，燕弁冠服的圖説亦即《玄端冠服圖》（《玄端冠服圖説》）[⑤]。《大明冠服圖》乃由《玄端冠服圖説》《忠静冠服圖説》二書合于一册而成。《玄端冠服圖説》卷尾題“嘉靖七年正月二十二日少保禮部尚書兼文淵閣大學士臣張璁奉敕圖説”[⑥]，《忠静冠服圖説》卷首有“臣璁伏蒙聖諭”云云[⑦]，可知圖説出自張璁之手。此書卷首抄録《大明會典》《皇明寶訓·世宗肅皇帝寶訓》《明史·輿服志》中燕居冠服相關的内容，其中“玄端”二字均作“元端”，圖説中“玄”字均缺筆，乃是避諱使然。又，《明史》爲清乾隆四年（1739）修成刊行[8]。據此，可知《大明冠服圖》抄本不會早于乾隆四年。此書抄者不知何人，所冠“大明冠服圖”亦不知是何時所題。

二、兩套冠服的内容

燕弁冠服、忠静冠服的製定，見于《明世宗實録》，但實録記載簡略，未能詳其制度[9]。兩套冠服的具體内容，通常所知以《大明會典》最爲詳備，分别見于該書卷六十、六十一，既有禮文又附插圖[10]。查其插圖，均同于《大明冠服圖》所附。《會典》所記燕弁冠服制度，純爲世宗聖諭的内容，不見議禮之臣被采納的意見，所以文、圖之間存有差异。而忠静冠服制度則載録了張璁提出且被世宗采納的建議，圖文一致。據其圖文，可知《會典》所載兩套冠服的内容，應即以《玄端冠服圖説》《忠静冠服圖説》爲依據，但《玄端冠服圖説》的注説未被完整采録。兩套冠服的製定，據《大明冠服圖》，贊成其事的主要是張璁。張璁有《諭對録》一書存世，此書爲張璁之孫張汝紀、張汝經編定，收録張璁所奉手敕三百八十一道及奏對劄子，世宗與張璁議定冠服往來的諭旨、奏對多在其中[11]。據《諭對録》，參與燕弁冠服製定的還有楊一清。《玄端冠服圖説》卷尾題“臣張璁奉敕圖説”，卷内議禮之臣并未署名，與《忠静冠服圖説》中“臣”下署名爲“璁”有别。據此，《玄端冠服圖説》中的“臣”所指當是張璁、楊一清二人。而總其成製爲圖説的，則是張璁。無獨有偶，張璁有《諭對録》留存，楊一清亦有《密諭録》行世。《密諭録》亦收有世宗與楊一清議定冠服往來的諭旨、奏對多道[12]。今據諸書，將兩套冠服的内容稍作整理。

如同冕服以冕冠得名、皮弁冠服以皮弁（冠）得名一樣，燕弁冠服、忠静冠服均以所戴冠帽而得名，燕弁冠服的首服爲燕弁（冠），忠静冠服的首服則是忠静冠。燕弁冠服的初稿，世宗認爲太過儉素，需加以文采。冠制如皮弁，敷以烏紗，分十二瓣，每瓣壓以金綫，冠前裝飾五彩玉雲五片，冠後列四山。世宗的本意是“仍用朱條爲組纓，雙玉簪”[13]，但張璁認爲燕居之服可去組纓[14]，楊一清則覺得“用五玉恐太重”[15]。從插圖來看，世宗采納了張璁的建議，不用組纓，同時衹用了一根玉簪，但未采納楊一清的建議。玄端服，衣身用玄，邊緣用青，胸前繪團龍一，背後繡方龍二，衣領、袖口、下擺等處則裝飾有龍八十一條。世宗原擬“兩肩添日月”[16]，但張璁以爲“燕服不用日月者，向晦宴息之道也”[17]，建議不用，楊一清則認爲八十一龍裝飾太煩，肩挑日月有褻用之嫌[18]。從插圖來看，不用日月的建議被采納，但八十一條龍的裝飾則世宗作了堅持。玄端服之内的襯衣，作深衣制，黄色，袖帶胡垂，領用直領，下身用布十二幅，張璁、楊一清無所建白。素帶，朱裏青表，緣以緑色，裝飾玉龍九片[19]。張璁建議“省玉以從素”[20]，據插圖，似未被采納。玄履，玄色，朱緣，黄結，襪用白色，張璁、楊一清并無异議。忠静冠，制如古玄冠，敷以烏紗，後列兩山，冠頂仍方，中間微微突起三梁，各壓以金綫，邊以金緣之，四品以下不用金邊。張璁提出補充意見，認爲“四品以下去金綫之壓，邊以淺色絲綫緣之爲之殺也”[21]。據《大明會典》，此議被采納。忠静服，衣身用深青色，邊用藍青，前胸後背綴本等花樣織金補子，深衣用玉色。三品以上用雲，紵絲紗羅爲之，四品以下用素，補子花樣隨品。如已賜麒麟服，則賜其他，補子花樣隨品。張璁未有建白。深衣之制，聖諭“悉仿古酌其宜也”[22]，《大明會典》載“用玉色”[23]，插圖所見，形制同于燕弁冠服深衣。素帶，仿大夫之帶制，青爲表，緑緣邊及裏。素履青色，緑絛結，白襪。張璁均無异説。

三、冠服製定的過程

燕弁冠服的製定，由張璁、楊一清先行商議擬定初稿，再呈世宗御覽，由其提出具體的修改意見，然後由張璁、楊一清對世宗的意旨提出自己的見解，最後斷自聖衷。忠静冠服則由世宗與張璁二人議定，楊一清雖未參與，但就忠静冠服哪些人可以穿用，張璁曾與其商議。據《諭對録》《密諭録》，現將兩套冠服的製定過程稍作梳理。

嘉靖七年正月十五日，世宗欲復祖制，但明初并未對皇帝的燕居冠服作出規定，世宗遂下諭旨，命張璁稽考古帝王的燕居冠服，“庶存王者之體”，并令其與楊一清商議奏聞[24]。十九日，經張璁稽考禮書，參酌今宜，與楊一清詳細討論之後，製成《圖注燕居冠服式》一册，并將參考引證所用的禮書一同進呈[25]。二十日，御覽圖注之後，世宗以爲太過儉素，降諭“須得一法度之制，方可爲後世法”，對燕居冠服的内容提出了具體的修改意見，讓張璁“再熟思精考以成朕志”，并發還呈覽的“引證書册”。同時，世宗擔心反對之人批評此舉“賣聰明、變制典、紊成法”[26]，紊亂祖制，諭令“慎密之”，讓張璁對此事保密[27]。據諭旨，可知燕居冠服制度的初稿爲張璁所擬定，時已包括玄冠、玄端服、深衣、帶、舄、襪等。二十二日，經與楊一清商議，張璁認爲“玄衣之制欲加日月之章，疑類袞衣，反爲拘重，非燕服所宜。其冠飾五玉，似稱帶飾九玉，請酌損益”。同時，又“具《聖製燕居冠服圖説》一册進呈”[28]。對照諭旨與奏對的内容及回奏的時間，此“《聖製燕居冠服圖説》一册”就是《大明冠服圖》中的《玄端冠服圖説》。

《密諭録》不像《諭對録》一樣署有年月，不過據其内容，參照《諭對録》，部分上諭和奏對的日期也不難推知。又，如書名《密諭録》所示，世宗與楊一清議定冠服，當時也處于對外保密的狀態。據《密諭録》，正月二十日，御覽燕居冠服制度初稿《圖注燕居冠服式》之後，世宗也降諭楊一清徵求意見，并就玄冠之制，令其“思之以成”。接到聖諭後，楊一清回奏，認爲玄冠“略加文采可也，用五玉恐太重。服用前後袞龍補子，已是華美，沿邊八十一龍，似太煩。日月袞袍，上衣之首，不可褻用。蓋燕居之服，宜取輕便，今故華且重焉，恐作事不便，且非皇上存古之本意”，又謂“璁熟于典禮，曾注釋《禮記》，考究甚詳，臣等俱不能及。宜采用其言，不必致疑”[29]。此奏疏無年月，對照《諭對録》，應在二十二日。奏上之後，世宗對何以要加文采作了解釋：“燕居冠服太重煩華，其古制貴儉，今人觀之，不免之笑。故朕欲加以文采，况爲甚侈。卿以冠飾五玉，服添龍袞，恐傷于煩重。朕非惡儉好華，此世不可盡拘古制。

兹制也，若論其實，亦不是朝夕不可離之物，本因帝王之服，不可無製作，特製此式，即是存古道也。”并論“此制行之，可與不可，卿須再爲朕慮之，庶免朕得過在躬耳”，要求楊一清直言不諱[30]。世宗此諭，部分與《諭對録》所記類同，可知世宗降諭是在二十三日。

二十三日這天，世宗也下諭張璁“如可行也，須擇吉告祖，示之禮部，傳之天下，卿再加議，詳定來説”。接此聖諭，張璁當天就作了回復，認爲“此特一燕服之制，似不必致詞告廟，恐煩也。服以吉日，或燕見兩宫以承歡可也”。同時，張璁提及當時“禮教不興、風俗敗壞，异言异服之人雜出”，建議參考古時玄端、深衣之制，爲品官製定燕居冠服[31]。二十五日，“木星逆行，留守井宿”，欽天監官員陳奏破解之法，稱“但有奏更舊制者願勿納之”。之前議定冠服的事一直處在保密狀態，“今尚無所更之者”，世宗懷疑有人藉口反對。世宗産生顧慮，對是否馬上推行燕居冠服猶豫不决，從而徵求張璁意見。張璁回奏“皇上欲稽古爲燕服，動與禮合，臣下知禮者孰不願化之”，支持當下推行[32]。當天，世宗命欽天監挑選製服吉辰，回説二十七日午時吉，世宗遂下令二十七日吉時開始織造燕弁冠服[33]。二十六日，世宗對燕居冠服之制“已釋其疑”，并將“來書三册復還”張璁[34]。二十七日，世宗將冠服已付織造事告知張璁，并提及張璁先前建議的製定品官燕居冠服一事，得空再定爲等殺，仍須張璁贊成[35]。

二月十四日，世宗粗述大概，令張璁將忠静冠服製爲圖説進呈。張璁製成圖説進呈，伏乞裁正。在上疏中，對于玄端冠服製成後是否告廟的問題，張璁改變了以往的看法，認爲“宜于此服既成，仍具禮服致詞告于内殿，以申稟命先公之意，以示不敢專也。告畢，然後以此圖説下之禮部，通行刊布，一切异服，悉行禁革”[36]。張璁意見的轉變，或受楊一清的影響。早先在張璁否定世宗“擇吉告祖”的想法之後，世宗“朕意未釋”[37]，遂又降諭楊一清徵求意見。楊一清認爲燕居之服不可謁祖廟，而此冠服具儀文又不失爲法服，回奏稱“製成之日，皇上服之以告三殿神位，每殿行四拜禮可也”，以示“孝子每事不忘親之意”[38]。次日，世宗定議“燕居冠服有成，告于祖考，伸其製之之意。具祭服行禮，亦如祭告之儀。且于兩宫承歡之時，奏知而後服之”[39]。此番諭對，《密諭録》未署日期，查其内容，當在十四日、十五日。十五日，世宗製燕弁服，并“令尚衣監收貯，著爲式”[40]。

三月十一日，就忠静冠服的具體穿用之人，世宗諭令張璁“從容酌處”奏聞。張璁奏稱“若使生儒胥吏之徒一概服之，恐氾濫矣”，經與楊一清詳細商議，以爲“雖有官者，在京許七品以上及八品以下翰林院、國子監及行人司官，在外許方面官及各府堂官、州縣正官、儒學教官可服。其他庫局、倉場、驛遞、巡司、河泊等官若一概服之，恐亦氾濫矣”，對世宗提及的“武臣亦許服之，但止都督之上者”則表示認可。同時，張璁就忠静冠的裝飾提出自己的意見，認爲“飾冠以金綫爲品差，三品以上許如制壓以金綫三道，并金綫其邊。其餘不許壓三綫，止用淺色綫飾邊，所以明品差也”，并要求對藏于内閣的圖説“少易數字”[41]。十二日，世宗諭令“將内閣見收底册貼説于旁，某句去之，某句更之，封來改録”。張璁從命，并提及“《聖製玄端服圖説》中云：陰之偶也，准坤運于下也，運字乃奠字之誤”，請求改正[42]。二十七日，世宗敕諭禮部頒行燕弁冠服、忠静冠服制度，并以《忠静冠服圖説》頒布天下，如敕奉行[43]。同時，又因張璁的建議“宣德流化，必自近始，近必自内閣始”[44]，世宗爲“儆于有位，以式萬方”[45]，賜輔臣楊一清等忠静冠服各一副，“庶幾上下同心、君臣一德，以化于天下，俾歸道義之中”[46]。

從正月十五日世宗命張璁稽考古制，到三月二十七日頒行燕弁冠服、忠静冠服制度，用時不到兩個半月，可以説相當迅速、順利。皇帝燕弁冠服、品官忠静冠服定製之後，遂又有諸王保和冠服的製定。而燕居冠服的定製，又進而帶動了嘉靖八年武弁服的創製，及冕服、百官朝祭冠服的改製。

四、明代冠服的圖説

冠服制度中的規定，因其實際穿用的需要，文字記述之外，往往還需圖式以作形象的説明。《大明集禮》《大明會典》等政書所載冠服制度，即于文字之外另附插圖。冠服相關的圖式、圖注、圖説，《明實録》亦有提及。永樂三年（1405），禮部進“冕服、鹵簿、儀仗圖”等書，明太宗以爲“祖宗成憲不可改更，即令頒之所司永爲儀式”[47]。楊士奇《文淵閣書目》卷一記文淵東閣天字號第二橱書目亦有“《冕服圖》一部一册，完全、《冠服圖》一部三册，完全、《朝服圖》一部三册，完全、《鹵簿圖》一部七册，完全”[48]，《冕服圖》《鹵簿圖》或即“冕服、鹵簿、儀仗圖”中的兩部。即便不是，諸書均以圖爲主，性質上當屬同類。成化年間，錢溥將早年所見内閣藏書整理成《秘閣書目》，其中亦有“冕服圖一、冠服圖三、朝服圖二、鹵簿圖七”[49]。葉盛所撰同樣成于成化年間的家藏書目録《菉竹堂書目》，該書“聖製”類録“官頒各書及賜書”，内中亦有《冕服圖》《冠服圖》《朝服圖》[50]。嘉靖八年，世宗親定百官《朝祭服圖式》，并令禮部“摹板繪采，頒行中外”，而此圖式乃在禮官按内閣秘圖、《大明會典》“酌以今上所定冕服説，草上圖注”的基礎上改定而成[51]。嘉靖九年，“禮部集議各王府所用衮冕冠服當改正者”，也提到了内閣秘圖，謂“《會典》《集禮》與内閣秘圖，説各不同，要當以秘圖爲正”[52]。嘉靖年間，世宗勇于製禮作樂，其間編繪有不少圖説、圖注。

燕弁冠服、忠静冠服的定製，過程已如前述，無論是初稿、改稿還是最終稿，都是圖注、圖説的形式。據《諭對録》，繪圖注説這一做法，也延續到張璁參與的諸王保和冠服、冕服，皇帝武弁服、冕服，百官朝祭冠服的議定過程中。這些冠服所附之圖，都是張璁“對畫工指陳作圖”而成[53]。萬曆間，孫能傳、張萱等人所撰《内閣藏書目録》卷四圖經部載：

> 《乘輿冕服制圖》一册，宙。嘉靖八年，上諭大學士張璁，謂古者上衣下裳，不相掩覆，今使衣通其掩其裳，且古裳如帷幔，今則兩幅而已，均非禮制，命更定之。因分十二章，衣裳各六，璁考古自有虞及周以下之制爲説，繪圖以進。内有廣運之寶。《乘輿武弁服制圖》一册，宙。嘉靖八年，上諭大學士張璁，凡乘輿親征，有類造宜禡之祭，當具武弁服，今考古制，繪圖以進，璁爲之注説。上有

廣運之寶。又，《冕服圖》一册，宙。畫本。又，《衮冕冠服圖》一册，地。畫本。内有廣運之寶。又，《冠服》一册，地。畫本，皆中宫以下及郡主冠服式。内有廣運之寶。《玄端冠服圖》一册，宙。嘉靖七年，上諭製燕居之冠曰燕弁，服曰玄端，并深衣帶履，大學士張璁繪圖説以進。内有廣運之寶。《御製保和冠服圖》一册，宙。嘉靖七年，因光澤王奏請冠服之式，上命大學士張璁以燕弁爲準，參酌降殺以賜宗室，璁爲之圖説以進。《朝服圖》一册。畫本，皆文武諸臣朝服、公服、常服衣履帶笏之式也。[54]

諸圖式、圖注均標明册數、所藏書橱的千字文編號，其後還注明圖書性質“畫本”，及用寶情况，《内閣藏書目録》且補充道“以上諸圖皆嘉靖間繪進”[55]。上述的冠服圖，其中不少應出自張璁之手。冠服圖之外，亦有鹵薄圖、儀仗圖。

《大駕鹵簿》一册，地。《中宫鹵簿》一册，地。俱畫本。内有廣運之寶。《儀仗》三册全，地。畫本。内有廣運之寶。東宫一册，親王一册，東宫及公主、郡主以下共一册，皆儀仗圖。[56]

這類鹵薄圖、儀仗圖，目録中没有注明繪製進呈的年月，多數應是傳自明初。這些圖式、圖説，今天大多已無法得見，存世的衹是少數。《大明冠服圖》之外，近年刊行的《明宫冠服儀仗圖》是引人注目的一種，是書以圖爲主且爲彩繪，附以圖説，載録了洪武及永樂年間的冠服制度[57]。又，清華大學圖書館藏有精繪本《冠服圖》（索書號：戊916.4 7161）一函二册，但知者見者都少，具體内容不詳。

五、結論

明世宗以藩王入繼大統，即位初年圍繞繼嗣還是繼統問題，君臣間産生争論，最後以世宗欽定大禮而結束。大禮議後，世宗遂采取了諸多措施强化皇權，史稱“帝自排廷議定大禮，遂以製作禮樂自任”[58]。嘉靖年間的冠服改製，即世宗製禮作樂過程中的重要一環。張璁“深于禮學，豐格儁拔，大禮之議，乃出所真見”[59]，所以受到世宗的知遇，并參與到後續一系列的禮儀改製過程中。

燕弁冠服制度由世宗與張璁、楊一清三人議定，忠静冠服制度則由世宗與張璁二人議定，楊一清雖未參與，但張璁曾與其商議，而其圖説均出自張璁之手。現存的《玄端冠服圖説》與《忠静冠服圖説》，二書合抄成《大明冠服圖》一册，是嘉靖年間冠服改製的珍貴遺存，也是目前所知能與文獻記載對應的難得實例。

注釋：

①《大明冠服圖》，清抄本。北京大學圖書館藏。此書知者不多，能够親見其書的更少，書中文字最早由李之檀、房宏俊二先生抄録，房宏俊且拍攝了書影。對《大明冠服圖》一書較早的披露，見謝大勇：《明代服飾文獻舉要》，《北京文博文叢》2013 年第 4 期。謝文由房宏俊惠示，而《大明冠服圖》書影則由謝大勇惠示，在此謹致謝忱。

②《大明冠服圖》，03b 頁。

③ 同注②，04a 頁。

④（明）孫能傳、張萱等撰：《内閣藏書目録》卷四，《續修四庫全書》第 917 册，上海古籍出版社，2001 年，57 頁。

⑤ 清初黄虞稷《千頃堂書目》卷九儀注類記此書作《玄端冠服圖説》，見（清）黄虞稷撰，瞿鳳起、潘景鄭整理：《千頃堂書目》卷九，上海古籍出版社，2001 年，256 頁。

⑥ 同注②，12b 頁。

⑦ 同注②，13a 頁。

⑧《清高宗實録》卷一百二“乾隆四年十月辛巳”條載：“大學士鄂爾泰等奏：遵旨議頒發《明史》。查舊例，在京四品京堂以上、翰詹衙門講讀中贊以上、内廷行走翰林、滿漢講官，及外省督撫藩臬，俱在應賞之列。其纂修《明紀綱目》官，請各賞一部。直省府州縣衛學宫，亦各頒一部。如坊間願自刻者，呈明地方官准刻。從之。”

⑨《明世宗實録》卷八十五“嘉靖七年二月丁巳”條記燕弁冠服曰：“上製燕弁服。仿古玄端之制，稍加文采，襯用深衣，色用黄，令尚衣監收貯，著爲式。”關于忠静冠服，則衹謂“因復酌古玄端之制，更名曰忠静”，没有提及其具體内容。

⑩（明）申時行等修，趙用賢等纂：《大明會典》卷六十、六十一，《續修四庫全書》第 790 册，209—211 頁、244—246 頁。

⑪（明）張孚敬：《諭對録》，《四庫全書存目叢書》第 57 册，齊魯書社，1996 年。按，張孚敬即張璁。

⑫（明）楊一清：《密諭録》，《楊一清集》下册，中華書局，2001 年。

⑬ 同注②，06a 頁。同注⑪，93 頁。

⑭ 同注②，06a 頁。

⑮ 同注⑫，943 頁。

⑯ 同注②，08a 頁。同注⑪，93 頁。

⑰ 同注②，08a 頁。同注⑪，93 頁。

⑱ 同注⑫，943 頁。

⑲ 同注②，11b 頁。

⑳ 同注②，11b 頁。同注⑪，93 頁。

㉑ 同注②，14b 頁。同注⑪，109 頁。

㉒ 同注②，18a 頁。

㉓ 同注⑩，244 頁。

㉔ 同注⑪，92 頁。《密諭録》所載聖諭有云：“去年朕令璁議考燕居冠服，今幸得之，于制合宜，準今酌古。”似世宗于嘉靖六年已令張璁稽考燕居冠服。然據《諭對録》，世宗于嘉靖七年纔令張璁稽考。今從《諭對録》。

㉕ 同注⑪，92 頁。

㉖ 張孚敬《諭對録》卷四記聖諭有云“朕又聞天立君以作民主，使其制度文爲作民之則，定尊卑親疏之制，命德以服，討罪以刑，凡此等事皆開基立極之祖之事，非繼世守成之主所敢爲之。朕本藩服，又非守成之君比，不過纘緒奉祖而已。今之製燕服也，達禮者曰：朝廷之心，不過動與禮合，故服飾器用求其至當，不是賣聰明、變制典、紊成法也，則朕之幸。又有曰：爾祖宗相傳至今也，止如此服用，他日便有許多做作，則朕之罪業。”楊一清《密諭録》卷三記聖諭亦云：“若有謂朕紊亂祖制，擅更服制，自伐其能，則實不敢也。……朕復思之，或有人論之曰：他祖宗至今，凡幾朝也，止是這等服用，到他日偏有許多做作出來，豈非紊典章、更成法、賣聰明耳，則

朕之罪也。”

㉗ 同注⑪，92—93 頁。

㉘ 同注⑪，93 頁。

㉙ 同注⑫，942—943 頁。

㉚ 同注⑪，943 頁。

㉛ 同注⑪，93—95 頁。

㉜ 同注⑪，95—97 頁。

㉝ 同注⑪，98 頁。

㉞ 同注⑪，97—98 頁。

㉟ 同注⑪，98 頁。

㊱ 同注⑪，102 頁。

㊲ 同注⑫，944 頁。

㊳ 同注⑫，943—944 頁。

㊴ 同注⑫，944—945 頁。

㊵《明世宗實録》卷八十五“嘉靖七年二月丁巳”條。

㊶ 同注⑪，108 頁。

㊷ 同注⑪，109 頁。按《大明冠服圖》玄端服下“臣按禮曰”之後有云“衽緣以十二龍，齊緣前後亦如之，陰之偶也，准坤奠于下也”，“奠”字已作改正。由此，可見《大明冠服圖》所收《玄端冠服圖說》乃是改後之稿。

㊸《明世宗實録》卷八十五“嘉靖七年二月丁巳”條。參照《大明冠服圖》《諭對録》，可知《明世宗實録》此條關于忠静冠服的記事較爲雜亂，世宗下禮部諭當在三月二十七日。

㊹ 同注⑪，95 頁。

㊺ 同注⑪，102 頁。

㊻《明世宗寶訓》卷五“嘉靖七年二月丁巳”條。此條記事與《實録》略同，據《大明冠服圖》，世宗下禮部諭當在三月二十七日。

㊼《明太宗實録》卷四十七“永樂三年冬十月壬午”條。

㊽（明）楊士奇編：《文淵閣書目》卷一，《叢書集成新編》第 1 册，新文豐出版公司，1985 年，698 頁。楊士奇正統六年題本謂，各書“自永樂十九年南京取來，一向于左順門北廊收貯，未有完整書目，近奉旨移貯于文淵東閣，臣等逐一打點清切，編置字號，寫完一本，總名曰《文淵閣書目》”。

㊾（明）錢溥：《秘閣書目》，《四庫全書存目叢書》第 277 册，齊魯書社，1996 年，2 頁。

㊿（明）葉盛：《菉竹堂書目》，《四庫全書存目叢書》第 277 册，36 頁。

51《明世宗實録》卷一百八“嘉靖八年十二月丁丑”條。

52《明世宗實録》卷一百十一“嘉靖九年三月丙辰”條。

53 同注⑪，169 頁。

54 同注④，56—57 頁。清初黄虞稷《千頃堂書目》卷九儀注類所記類同，字稍有异，當即出此。

55 同注④，57 頁。

56 同注④，57 頁。清初黄虞稷《千頃堂書目》卷九儀注類所記類同。

57《明宫冠服儀仗圖》，燕山出版社，2016 年。

58（清）張廷玉等撰：《明史》卷一百九十六，中華書局，1974 年，5178 頁。

59《明世宗實録》卷二百二十一“嘉靖十八年二月乙巳”條。

（作者係自由研究者）

清代内府對民間皮黄戲的改編與演出

——以連臺本戲《普天樂》爲中心

王　岩

内容提要： 清咸豐末年以後，皮黄戲開始逐漸進入内府舞臺。以《普天樂》爲代表的民間本戲以其跌宕起伏的情節和鮮明的人物形象，成爲同、光時期内府常演劇目。内府將民間通行的八本改編爲十四本上演，對于情節、場次、唱詞、念白等方面均有不同程度的改編，以適應内府嚴整精煉的演劇要求。同時，内府五次集中上演該劇的歷程，能够清晰地展現普天同慶班、升平署内學、外學等不同演出機構各自上演或合作演出該劇的實際情形。另外，該劇保留下豐富的劇本、演出題綱，以及專爲帝后觀賞繪製的圖像藝術品——扮相譜，表明該劇在當時曾頻繁演出并爲帝后所青睞。

關鍵詞： 内府　連臺本戲　《普天樂》　皮黄戲　改編

清代内府演劇以昆弋兩腔爲主流，自咸豐十年（1860）北京地區民間戲班進内演出開始，皮黄戲纔逐漸進入内府舞臺。但這個過程并非一帆風順，皮黄戲在咸豐末年大量承應之後，隨着咸豐帝駕崩開始服喪期，以及同治初年革退外學和暫緩開禁等政策，皮黄戲在内府的演出遭到重創。慈禧太后衹能通過外學隨手培養寢宫太監科班即普天同慶班，通過間接方式達到欣賞皮黄戲的目的。至光緒朝，隨着慈安太后駕崩和恭親王奕訢大權旁落，慈禧太后纔漸漸執掌權柄，通過重開外學和召外班進宫承應的方式，逐漸提高内府皮黄戲的演出比例。從劇目形式的角度來看，皮黄戲在内府的演出經歷了三個階段，即：咸豐末年至同治前期，皮黄單齣戲率先進入；同治後期至光緒中期，皮黄本戲逐漸增多；光緒末期，内府昆弋兩腔傳統劇目被翻改爲皮黄戲。

有關民間皮黄戲進入内府的早期研究，齊如山在《京劇之變遷》一文中指出："又加以皇帝從前提倡，其力量更能左右新舊戲的勢力。道光以前，如張德天所排《昭代簫韶》（即《楊家將》）及各齣吉祥戲，不必細論。到了道咸年間，因皇帝屢屢傳差，各班争排新戲，爲的是傳差得賞。三慶班排《三國演義》《列國》《乾坤鏡》等戲，四喜班排《五彩輿》《梅玉配》《雁門關》《德政坊》等戲，春臺班排《混元盒》《緑牡丹》等戲。後因南方打仗，皇帝没有這個興趣了，所以排新戲的情形也就歇了。及戰勝洪秀全，國内平定，西太后又大高興，屢屢傳差聽戲，于是各班又排新戲，如十三旦等排全本《新安驛》《鐵弓緣》等等，福壽班排《龍馬緣》

《德政坊》《兒女英雄傳》《十五貫》（由昆腔改亂彈）等。自庚子後，西后興致又不佳，排戲之風又歸停頓。”[①]其中有些内容值得仔細推敲，例如道光七年（1827）宣宗改南府爲升平署，從此裁革全部外學，直至咸豐十年（1860）纔重新招募演劇伶人入宫承差。咸豐十年文宗萬壽時確有外班進宫承差的記録，但也談不上“道光咸豐年間，因皇帝屢屢傳差”的程度。雖然如此，這段文字還是爲研究者勾勒出當時民間皮黄戲傳入宫禁的大致情形。《普天樂》即爲當時外邊戲班常演的皮黄劇目，尤其經常用于封箱演出，“在昔八班合演之封箱戲，多有爲全部《普天樂》（八本鍘判官）者，而演畢即必須明春始再開箱也。故各園中之夥友，從先又莫不知有‘唱完了鍘判官就扣鍋’之諺語者”[②]。此説最早見于《藕香齋筆記》，而該書作于同治朝。因此最晚在同治朝北京民間封箱戲演出中，就常常由各大名班合作演出該劇，足見《普天樂》的影響力和受歡迎的程度。

《普天樂》改編自小説《七俠五義》三十二至三十九回，講述書生閻察散赴祥符縣投奔姑母，誰知姑母已去世三年而姑父柳洪續弦馮氏，閻柳兩家的婚約也因馮氏從中作梗而擱淺。柳金蟬命丫鬟綉紅約見閻察散并助以路資，誰料馮氏侄兒馮君衡誘殺綉紅反嫁禍于閻，閻察散爲柳金蟬貞節名譽不惜自頂罪名。冤情的轉機是江湖豪杰白玉堂鼎力相助和清廉官員包拯明斷案情，使得凶犯得以懲處而閻察散得以平反。在包拯的壓力下，柳洪不得不履行諾言爲二人完婚。但戲曲作品對于原著小説存在一定程度的改編，將罪魁禍首改爲屠户李保。元宵夜觀燈時柳金蟬爲狂風所襲迷失道路，李保見財起意殺死柳金蟬弃尸喜鵲橋，閻察散從此經過，爲舅父柳自芳誣告殺人抵命。同時，戲曲本創造性地引入了判官張洪這一角色。陰間五殿判官張洪與犯人李保是甥舅親屬，張爲救李將其名字碾成紙鈕釘入生死簿，致使包拯游遍陰間十殿探訪陰山查到柳金蟬纔真相大白。本劇以閻柳二人還陽而包拯典刑李保、張洪爲結局，發出了“古今多少無頭案，纔見陽人鍘判官”的慨嘆，具有深刻的思想性和積極的時代意義。

一、《普天樂》現存曲本考

該劇現存民間本包括《綏中吴氏藏抄本稿本戲曲叢刊》35 册收吴山人、宋道人合抄本《普天樂》、車王府曲本《普天樂》以及《京劇傳統劇本彙編》21 卷所收劉盛通藏本《鍘判官》。以上三部劇情結構相近，皆爲該劇清末民間八本演出本，衹不過劉盛通藏本每本之内更有具體分場。此外，裘盛戎、周信芳等名家演出本多截取該劇中某段具體情節加以發揮，大抵都是在以上三本的基礎上生發而來。本文以吴山人、宋道人合抄本《普天樂》作爲參照對象。該本的特點是劇情繁複，例如前幾本時常穿插宋帝派遣大臣送十國王出境、藝人街頭賣藝爲地方總甲盤剥等情節，這些情節與閻柳冤案的主綫并無直接關聯。同時，該本還不斷重複主人公家世淵源和閻柳兩家婚約等交代前情的唱念，使得劇情不够凝練簡約。

該劇内府劇本現存兩部總本，現分述如下：其一，《故宫珍本叢刊》第680、681册影印十四本《普天樂》，共14册，每册封皮皆以雙欄題簽標注“某本普天樂總本”如“二本普天同樂總本”。其内頁則標注該本名目，其一至十一本題名分别爲：普天同樂、鵲橋遇害、撇贓挂號、結扭喊冤、咨文典刑、還魂放告、召鬼夜審、陰陽争辯、暗探陰山、會審摘印、賜祭還陽。十二至十四本未標題名，如内頁僅標注“十二本普天樂”。其二，未冠以《普天樂》總名，而是以每本題目爲名稱，并以單本的形式出現，在題名之下標注每本序號。分别在《故宫珍本叢刊》第675、677至679册，共影印10册，題名分别爲普天同樂、撇贓挂號、結扭喊冤、咨文典刑、還魂放告、召鬼夜審、陰陽争辯、暗探陰山、會審摘印、賜祭還陽，即第一、三、四、五、六、七、八、九、十、十一本。兩者劇本内容的區别是後者《賜祭還陽》包含了前者《十一本普天樂總本賜祭還陽》和《十二本普天樂總本》兩本的曲文。由該劇演出題綱可知，該劇普遍演出本爲十四本，前十本題名與以上兩部總本相同，十一至十四本題名分别定爲鎖拿釋放、賜祭還陽、收丹法場和覆旨鍘判。參照該劇演出記録可知，以上兩部總本前者十四本版爲早期本，光緒十年（1884）以前用此本；而後者當出現于光緒十三年(1887)，此時内府有意將十一本《鎖拿釋放》、十二本《賜祭還陽》合爲第十一本，總名《賜祭還陽》，而將十三本《收丹法場》、十四本《覆旨鍘判》合爲第十二本，總名《覆旨鍘判》。合并縮減情况可由光緒十三年（1887）的演出檔案得悉，見表5。

另外，《俗文學叢刊》315册127—132頁影印之第一册《普天樂》，爲内學太監任榮順所演角色單角本。這部單角本是基于伶人任榮順在本劇中承擔的全部角色而抄寫，包括柳家丫鬟和女兒國國王兩角的唱詞和念白。

二、内府本《普天樂》對民間本齣目結構的調整

將民間本與内府本進行對比，可知從劇情結構的角度而言，内府本對民間本進行了删減和拆分，具體對應情况和每本提要見表1。

表1　民間本與内府本《普天樂》齣目對照及内府本提要表

吴山人、宋道人合抄本《普天樂》	内府十四本《普天樂》題名	内府十四本《普天樂》提要
頭本	頭本普天同樂	宋朝趙禎皇帝在位時，元宵節大放花燈與民同樂，十國王子前來朝賀，有毛人國王出言不遜，包拯用照妖鏡使其現出猿猴原形。十殿閻君因隨從觀燈將生死簿交與判官代管。閻察散與學友及舅父柳自芳一家皆去觀燈，誰知一陣狂風捲來猛虎將小姐柳金蟬擄去，柳自芳氣急失手將陶氏夫人打死。

續表

<table>
<tr><th>吴山人、宋道人合抄本《普天樂》</th><th>内府十四本《普天樂》題名</th><th>内府十四本《普天樂》提要</th></tr>
<tr><td rowspan="2">貳本</td><td>二本鵲橋遇害</td><td>李保、楊氏夫婦將柳金蟬騙至家中勒死，又擄去釵環衣物丢至喜鵲橋邊。閻察散与高捷吃酒談論一宿，清晨回家正見小姐尸首。又遇家奴來興確認尸身，請來柳自芳及當地縣官。縣官下令暫且入棺不必掩口，待緝拿凶手後方爲其償命。柳金蟬魂魄至李保家試圖續命并索要釵環。</td></tr>
<tr><td rowspan="2">三本撇贓挂號</td><td>柳金蟬魂魄至五殿閻君處挂號并狀告李保，閻君不在地府，由判官張洪代行使命。張洪正是李保娘舅，因此將其生死簿上名字撕掉，捻成紙鈕釘簿收藏，張洪又貪贓枉法坑害閻柳二人。</td></tr>
<tr><td rowspan="2">三本</td><td>宋帝派楊文廣、狄青、党進、呼必顯四將護送各國王子出關，閻察散邀請舅父母爲其母慶壽，行至喜鵲橋恰巧撿到釵環包袱，被來興、丫鬟誤認作殺人嫌犯告狀至官府。</td></tr>
<tr><td rowspan="2">四本結扭喊冤</td><td>祥符縣官江萬里明知其中冤情，却將閻察散屈打成招，并革去其功名。閻母柳氏聞聽兒子下獄，與柳自芳夫婦結扭至開封府。</td></tr>
<tr><td rowspan="2">肆本</td><td>包相查看招詳文呈并無破綻，因此拒絶召見柳氏及柳自芳夫婦，决定維持原判。</td></tr>
<tr><td>五本咨文典刑</td><td>包相回府面見嫂娘講述案情，嫂娘勸其重新發落改作絞刑以留全尸。江萬里監刑而閻察散氣絶尸不倒，柳氏告狀至開封府。包相知其中必有冤情，便將江萬里革職留任，并限期百日拿獲真凶。</td></tr>
<tr><td rowspan="3">伍卷</td><td>六本還魂放告</td><td>包相下令將閻察散尸首抬至開封府，閻魂魄詢問城隍及土地皆不知凶手是誰，土地引其至開封府。包相使用招魂旗將閻救醒，還其衣巾功名。</td></tr>
<tr><td>七本召鬼夜審</td><td>包相招來柳自芳説明其中冤情，又命江萬里將閻察散帶回收監。因無冤魂叩告，包相便令人將批文牌票各處燒化，再至城隍廟招來鬼卒、地方、土地、判官等詢問案情。衆人均不知是誰謀害柳金蟬，包相衹得携帶桃木鞭、游仙枕赴陰間查訪凶手。</td></tr>
<tr><td>八本陰陽争辯</td><td>包相下陰曹訪查柳金蟬魂魄，見血池刀山種種慘烈景象，從頭殿一直問至四殿皆言柳金蟬從此挂號而過。至五殿閻君處，張洪堅稱未見柳金蟬，包相與五殿閻君争吵一番各不相讓。閻君退班而去，包相無奈衹好又向六殿訪查。</td></tr>
</table>

續表

吴山人、宋道人合抄本《普天樂》	内府十四本《普天樂》題名	内府十四本《普天樂》提要
陸卷	九本暗探陰山	張洪將柳金蟬打入陰山背後不可超生，懼怕包相發現又將其鎖在石橋之下。包相問過六、七、八殿均未見柳金蟬經過，决意暗探陰山，巧遇看守油流鬼引見柳金蟬，這纔查明真相。
	十本會審摘印	包相返回五殿對證生死簿，又請來十殿閻君會審張洪，張洪起初死不認罪，包相命油流鬼并柳金蟬当面对質纔使其就犯。包相命摘去張洪印信改任油流鬼爲判官，帶領張洪還陽典刑，以曉諭人間軍民。
柒卷	十一本鎖拿釋放	包相返回開封府，命王朝、馬漢捉拿李保歸案，楊氏畏罪自縊。包相升堂審問李保，又招閻察散二人對案，將李保下在牢中。當庭釋放閻察散命其母子先至柳自芳家中等候。
	十二本賜祭還陽	柳金蟬棺椁停于席棚，閻察散母子前來拜見時，柳自芳夫婦正在一旁祝讃。稍後包相前來燒化檄文。請功曹申文表到閻君殿，命將女鬼柳金蟬放還陽間。柳金蟬還陽拜見包相，一家不勝悲喜。
捌本	十三本收丹法場	月下老人曾命座下仙童收取柳金蟬養身寶丹及牌票路引，現已收回覆命。包相令江萬里監斬李保，閻察散及柳自芳皆來觀刑。
	十四本覆旨鍘判	宋帝命吕蒙正參加科舉考試而包拯兼點，又曉諭合城軍民夜鍘判官張洪。李保魂至城隍處挂號，城隍命將其解往酆都。包相念在楊氏爲夫屈死，使其轉投人身，又命五大惡鬼監斬張洪，以彰報應。

由上表可知，内府本根據情節需要對民間本進行了一定程度的拆分與合并，形成十四本的齣目編排，光緒十三年雖然出現過十二本的演出記録，但也衹是曇花一現。内府絶大部分演出題綱、場面題綱和演出記録還是使用十四本。尤其民間二至四本與内府二至五本之間互有參差，在情節結構方面調整最多。試舉一例，民間本第四本開頭即爲楊文廣護送各國王子至界口後回朝覆命等情節，内府本也將這一情節放在第四本《結扭喊冤》的開頭。從舞臺調度的角度而言，這一情節須“四龍套四馬甲四大鎧”等衆多龍套演員出場，并配合吹奏“泣顔回”等曲牌，顯示出宏大的氣勢，比較適合于放在某一本的開場。雖然同樣是第四本的開頭，這一情節所處的前後劇情順序已然發生了變化，民間本這一情節出現在江萬里斷案之後，江萬里向包拯稟報案情之前；而内府本則將這一劇情往前移動，使其發生在閻察散拾到包袱巧遇來興之前。因此，内府本不僅對民間本的劇情進行了重新切分，還爲舞臺演出之便，對某些情節的前後順序進行了調整，從而形成了十四本的獨特結構。

三、内府本《普天樂》對民間本情節和唱念的改編

（一）内府本《普天樂》情節的增删及其益弊

内府本與民間本相較，在情節方面進行了一定程度的增删，尤其是删除了大量冗餘的情節，但這種做法在某些場次中也造成情節不够順暢等問題。

第一，内府本情節方面的增加。民間本無“宋帝命吕蒙正考試包拯兼點，曉諭合城軍民夜鍘判官”等情節，可見這一情節是内府本爲彰顯鍘判官的聲勢而增加的。同時，内府本將這一情節作爲第十四本《覆旨鍘判》的開場，使這一本的齣目獨立性有所提高。

第二，内府本删去衆多冗餘情節。如第一本删去王文父女街頭賣藝爲地方盤剥等情節，這一情節有打鬥、有唱念、有科諢，具有明顯的民間演出特色。再如第三本删去判官審問大小丑鬼因烟袋互毆而死的情節，以及葷善、查中、烏貴、鄢畫四鬼過堂等情節。這個橋段用荒誕的筆法揭露官員的醜惡行徑，包含衆多科諢笑料。以上兩段劇情都與閻柳冤案的主綫劇情無關，民間本演出這些情節也存在冷熱場次調劑的考慮。内府本以劇情精煉爲目標，故而大量删除這類情節。

第三，内府本在情節方面的縮略。如第二本李保意欲謀財害命被楊氏勸阻，李保氣急敗壞恐嚇楊氏這段情節，内府本删除了李保假意雇轎實際乘酒行凶且要挾楊氏從犯等劇情。與之類似的情況還包括李保欲留金蟬全尸因此命楊氏去取繩子的科諢也被删去。這些情節的縮略使得内府本劇情更加緊凑。

但同時，内府本對于情節的縮略也存在不够周全之處。如第二本删除了民間本中李保懼怕陰司刑罰，經過與楊氏商議將首飾抛至喜鵲橋的情節。這段情節消失之後緊接閻察散拾到包裹，但内府本對這段情節未加詳述，使得内府本第二本、三本之間情節斷裂，對于不熟悉劇情的觀衆恐怕會一頭霧水。再如内府第三本閻察散撿到包袱巧遇來興和柳家丫鬟的情節中，民間本將閻察散的中正迂腐不願拆看、來興貪利急于打開的區别表現得自然而真實，這也爲來興懷疑誣告閻察散留下了伏筆。内府本删除了上述情節，就使得來興對閻察散的懷疑變得十分生硬突兀。又如内府本第三本張洪聞聽李保害死金蟬欲爲其開罪的心理活動也被删去，這段心理活動透露張洪生前與閻父閻立不和纔將罪名嫁禍于閻察散。這段情節删去之後，觀衆雖然知道張洪因親緣關係必救李保，却不知罪名爲何一定由閻察散來背負。

（二）内府本《普天樂》对唱詞的改編

民間本《普天樂》存在唱詞冗餘、繁雜、重複等問題，内府本對與劇情疏離的、叙述性的、重複性的唱詞進行了大量的削减，儘可能在不影響劇情完整和人物情緒表現的前提下，做到唱詞内容的精簡和洗練。

第一，删除與主綫劇情無關的部分唱詞。如民間本頭本，在表現宋帝帶領百官觀

燈這一情節的時候有宋帝演唱的24句唱詞，其內容描述宋帝乘龍駒鳳輦來到五鳳樓俯視滿城一片祥和繁榮的景象。雖然唱詞本身規範而富于詩意，但其內容與本劇閻柳冤案的主綫故事無關，因此内府本將這整段唱詞悉數删去。再如民間本第五本包相上場審問閻察散冤案一節中有包相上場的20句唱詞，其中前十句描述自身斷案經歷，後十句漸漸談及閻察散所遭遇的案情。由于前十句包相的仕途經歷和之前所斷案情與本劇没有直接關係，内府本删除了這段唱詞的第二至十一句："輤軍民誰敢犯國法律條。曾計（記）得衆（中）皇榜及第榮耀，太子道我貌醜摘（謫）貶出朝。多虧了王恩師忠言奏保，放乞元爲縣令盡夜勤勞。破瓦窑斷烏盆黎民具曉，不奉（按：此處當缺一'旨'字）斬趙大冤魂氣消。曹國舊（舅）號勤堂欺君犯了，削官職隱林泉身拌（伴）娱（漁）樵。俺包拯蒙天恩文星高照。"[③]

第二，删除交代劇情的繁複唱詞。如民間本第六本包相探陰山尋找柳金蟬冤魂一節中共有44句唱詞，内府本删去了其中18句。這些删去的唱詞大部分都是交代前面劇情用的。以删去的第三至第九句爲例"一殿言他進了陰言境，二殿上也挂號名標鐵牌。三殿上將金蟬名姓注載，四殿内判神言見過裙釵。我查到五殿中天子接代，不見了冤魂鬼怒氣滿懷。唇舌鬥某性急出了殿外。"[④]再如民間本七本閻察散勸母、舅和解一段也是以叙述前情爲主，共寫了18句唱詞，内府本爲精簡劇情僅保留開頭兩句。民間戲班往往每天演出一本，而每次觀演的觀衆并不確定，因此每次演出都要對前情略作交代使觀衆得以接續劇情。此即交代劇情的唱詞頻繁出現的原因。内府演出專爲帝后承應，重述劇情的唱詞便被全數删除。

第三，避免使用不祥的唱詞。如民間第二本童兒唱詞"師言法旨不敢漏，金蟬冤枉喪黄泉"，内府本保留了前半句，後半句改作"金蟬冤枉此今宵"，以避免使用"喪黄泉"等禁忌的字眼。

（三）内府本《普天樂》对念白的改編

内府本與民間本相較，念白方面最大的區别是，内府本大部分科白都寫作"發諢科"或"虛白科"，很難判斷内府表演時是否能够完整重現民間本的念白和科諢，呈現出重唱詞而輕念白的表演傾向。

第一，簡化表現心理活動的"背躬白"。如民間本第二本表現李保見財起意時有大段"背躬白"表現其内心思緒："嚇嚇嚇。這是誰家女子？坐在地下。穿的錦綉衣裳，滿頭金珠玉翠。照得見人嚇。未（爲）何就像死人一般？這是當家女子慶賞元宵，在家多吃幾杯乘着酒興，出來觀燈。嚇，難道他不代人跟着麽？哦，想是擠散了失了伴，他就醉在這裏。哈哈，且喜燈盡無人，乘他不醒人世，待我揀他釵環首飾。"[⑤]如此長的背躬想必應有繁複的動作加以配合，簡化之後雖然劇情得以凝練，但未免使情節變得生硬而不够順暢。

第二，省略交代劇情的念白。如民間本第二本，李保聽聞縣令驗過尸首以爲罪名得脱的念白："我李保，這這莊事作得乾净，昨晚害死柳金蟬，得了他的衣服拆换首飾，又將尸首移在喜鵲橋邊，柳老爺呈報縣主已經驗過尸首，抬回入棺，不必安埋不須掩口，且候拿獲凶手治罪，然後安埋。我想柳小姐是我夫妻謀害，漫說是人就是神仙也不知道，如此放心無憂，沽得一壺酒歸家，與妻暢飲一醉，豈不是喜哉樂哉也。”⑥這段劇情前面已敷演，内府本爲精簡劇情此處僅作“發諢”。

第三，省略科諢、對白。如民間本第二本李保夫婦謀害柳金蟬一段，夫妻二人衆多念白都被删去：“（保）是你哎呀，打鬼打鬼。（楊）鬼，在在那裏哎呀。（保白）快拿燈來。……好惡鬼。（楊拿燈上）燈來了。（保）你你坐下。（楊）當家的你爲何大驚小怪啊？（保）嚇，我酒醉睡眼朦朧，自睡去，柳金蟬前來望我要命，將我頭上緊緊一把卡住，是我用盡氣力將他推開，哎呀。唬殺我了也，你陪着我坐到天明，在（再）作計較，哎呀，我好怕嚇。……”⑦這類無關緊要的對白在内府本中大多被删去或縮略。

四、《普天樂》内府演出史述

將升平署差事檔、恩賞日記檔有關《普天樂》的演出記録進行匯總，可知内府至少五次比較集中地演出該劇，概述如下。

（一）内府《普天樂》第一次集中承應

第一次是同治十年（1871）七月十三日至十二月二十三日，以朔望演出的形式承應十四本《普天樂》，見表2。

表2　同治十年（1871）《普天樂》演出記録表

日期	地點	所演劇目
七月十三日	漱芳齋	普天同樂（四刻十分）（按：頭本）
七月十五日	漱芳齋	撇贓挂號（五刻）（按：三本）、鵲橋遇害（六刻）（按：二本）
九月初一	漱芳齋	結扭喊冤（三刻六分）（按：四本）
十月初一	金昭玉粹	還魂放告（六刻十分欠三刻五分）（按：六本）
十月初九	漱芳齋	還魂放告（三刻十二分）（按：六本）
十月初十	漱芳齋	召鬼夜審（三刻五分）（按：七本）
十月十五日	漱芳齋	陰陽爭辯（四刻）（按：八本）
十一月初一	漱芳齋	暗探陰山（五刻五分）（按：九本）
十一月十一日	漱芳齋	會審摘印（三刻）（按：十本）
十一月十五日	漱芳齋	鎖拿釋放（四刻五分）（按：十一本）
十二月初一	漱芳齋	賜祭還陽（四刻十分）（按：十二本）
十二月十五日	漱芳齋	收丹法場（三刻五分）（按：十三本）
十二月廿三日	漱芳齋	覆旨鍘判（三刻）（按：十四本）

其中十月初一日、初九日檔案中顯示連續兩次演出第六本《還魂放告》，而未演出第五本《咨文典刑》，而其他各本則按照順序依次演完。此處有可能出現檔案記録有誤的情況，因爲在非常短的時間間隔内連續演出同一本的概率不大，且兩次記録中的演

出時長并不對等，因此十月初一日演出的很可能是第五本。

拙作《普天同慶班創立動因及同治朝承應考》[⑧]經過詳細考證，認爲國家圖書館藏演劇檔案——《差事檔（同治七年至十三年）》是一部專門記録慈禧太后寢宫太監科班——普天同慶班的演劇檔案。而表2正是根據《差事檔（同治七年至十三年）》整理所得，也就是説《普天樂》第一次登上内府舞臺是由普天同慶班承應。

（二）内府《普天樂》第二次集中承應

第二次承應并未按照順序依次完整演出十四本，其具體演出劇目及時間見表3。

表3　同治十一年至十二年（1872—1873）内府《普天樂》演出記録

日期	場域	劇目
同治十一年三月十六日	長春宫	十二本賜祭還陽（二刻三分）
三月十八日	長春宫	覆旨鍘判（三刻）
六月二十一日	長春宫	八本普天樂（陰陽争辯）（四刻）
九月二十一日	長春宫	陰陽争辯（四刻）
九月二十四日	長春宫	七本普天樂（召鬼夜審）（三刻五分）
十月初一日	長春宫	頭本普天樂（普天同樂）（五刻）
十二年二月十六日	漱芳齋	還魂放告（三刻十二分）
十月初九日	長春宫	八本陰陽争辯（三刻［四刻］）

由表3可知，在超過一年半的時間内，先後依次演出第十二、十四、八、八、七、六、八本，其中第八本演出了三次。最久的一次演出間隔長達八個月。也就是説，這個階段的演出没有統一規劃，呈現出帝后觀演的隨意性。同時，同治朝演劇檔案存在記録不全的現象，因此可能存在這一時期頻繁系統地演出該劇，但并未如實記録的情況。

同時，升平署檔案中保留下不少該劇的演劇題綱，可以作爲該劇在這一時期演出的佐證。《故宫珍本叢刊》693册影印《普天樂》題綱四册，其中第二册包含《四本普天樂》《八本陰陽争辯》《五本咨文典刑》，第三册爲《普天樂四本題綱》，第四册爲全本十四本《普天樂》題綱。另外，《故宫珍本叢刊》694册298—299頁影印《頭本普天樂》題綱，爲表格狀，與693册内府本全本十四本《普天樂》題綱第四册内容相同。以上四部題綱中扮演主要角色的伶人如安進禄飾包公、馬得安飾閻察散、丁進壽飾李保等，皆由同一批内學太監擔任。同時，以上四部題綱皆出現伶人單盛泰（題綱中作“單盛太”）于同治十年（1871）入署，同治十二年（1873）逃走。因此可以判斷，以上四部題綱皆爲升平署内學同治十年至十二年間所用。這些檔案清晰地展示出同治十年至十二年間内府第二次演出該劇的情形，也説明從這時起，該劇的演出機構已從普天同慶班擴展到升平署内學。

（三）内府《普天樂》第三次集中承應

第三次承應從光緒九年（1883）十一月初一日至十年（1884）二月初二日，升平署内學以朔望演出的形式演完全部十四本《普天樂》。這一階段該劇往往配合其他昆弋摺子戲、皮黄戲同臺演出，其中有三次是一天内演出了兩本，演出記録見表4。

表4　光緒九年（1883）十一月至十年（1884）二月内府《普天樂》演出記録

日期	場域	劇目
光緒九年十一月初一	長春宫	（府）頭本普天同樂（四刻）
十一月十二日	長春宫	（府）二本鵲橋遇害（四刻）
十一月十五日	長春宫	（府）三本撇贓挂號（四刻）
十二月初一	長春宫	（府）四本結扭喊冤（三刻十分）
十二月十五日	長春宫	（府）五本咨文典刑（四刻）、（府）六本還魂放告（三刻）
十二月廿三日	漱芳齋	（府）七八本普天樂（五刻五分）
十二月廿九日	長春宫	九本暗探陰山（五刻）
十二月三十日	長春宫	十本會審摘印（四刻欠十分）
十年正月十六日	長春宫	（府）十一本鎖拿釋放（三刻）
正月十八日	長春宫	（府）十二本賜祭還陽（二刻五分）
二月初二	漱芳齋	（府）十三本收丹法場（二刻五分）、（府）十四本覆旨鍘判（二刻五分）

這一時期的演出題綱同樣佐證着演出記録，并透露出外學伶人參與演出的信息。《故宫珍本叢刊》693册影印的四册《普天樂》題綱中第一册爲内府全本十四本《普天樂》題綱，不分場，其中伶人以升平署内學太監爲主，僅在第十本出現更改迹象，有“張長保、鲍福山、姚阿奔”三位外學伶人出演功曹。由馬面飾演者李有祥光緒八年（1882）入署而光緒十年（1884）卒可知，這是升平署内學光緒八年至十年間演劇題綱。《故宫珍本叢刊》694册312—315頁影印《九本普天樂暗探陰山》《十本普天樂會審摘印》題綱，其内容與693册内府本全本十四本《普天樂》題綱第一册相同。衹是由于以上兩部皆爲畫成格式的分場題綱，因此每場有哪些角色出場就顯得更加清晰。尤其是《十本普天樂會審摘印》顯示，二場功曹由“張長保、姚阿奔、鮑福山、方鎮泉”四名外學伶人扮演，五場功曹由姚阿奔扮演，七場功曹由鮑福山扮演，九場功曹由方鎮泉扮演，以上提到的四位伶人皆于光緒九年（1883）入署。可見以上兩部題綱即爲内府第三次演出該劇時所用。内學太監經過從同治十年（1871）開始的習學，對該劇已經非常熟稔，他們是承擔該劇演出的主要力量。而方鎮泉、鮑福山、張長保、姚阿奔四名外學名伶乍入宫禁，恰好趕上該劇演至第十本，他們被要求替換這一本原來扮演功曹的太監在内府亮相。從前文所引演出日期來看，第十本被安排在光緒九年除夕承應，頗有民間封箱戲和吉祥戲演出的意味。令四名外學伶人扮演功曹的作法并非欺其入署不久，畢竟此時與咸豐末年外學伶人集體退出已經過去20餘年，皮黄戲無論在民間還是宫廷的受歡迎程度都與日俱增。因此這種作法更類似《清稗類鈔》等文

獻記載譚鑫培在宮廷演出中反串《探親》中村婆的情況，雖有“宮廷之威”和統治者的捉弄成分存在，但也帶有一定榮寵的意味。

（四）内府《普天樂》第四次集中承應

第四次承應從光緒十三年（1887）五月十五日至十二月十五日，升平署内學依次演出普天同樂（頭本）、鵲橋遇害（二本）、撇贓挂號三本、結扭喊冤四本、咨文典刑五本、還魂放告六本、召鬼夜審七本、陰陽争辯（八本）、暗探陰山（九本）、會審摘印（十本）、賜祭還陽、覆旨鍘判。具體承應記録見表5。

表5　光緒十三年（1887）五月至十二月内府《普天樂》演出記録

日期	場域	劇目
光緒十三年五月十五日	漱芳齋	（府）普天同樂（四刻長五分，頭本）
六月十六日	漱芳齋	（府）鵲橋遇害（四刻長五分，二本）
七月初七	漱芳齋	（府）撇贓挂號三本（三刻五分）
八月初四	漱芳齋	（府）結扭喊冤四本（三刻長五分）
八月十四日	漱芳齋	（府）咨文典刑五本（四刻欠五分）
九月初一	漱芳齋	（府）還魂放告六本（二刻五分長三分）
九月初九	漱芳齋	（府）召鬼夜審七本（二刻五分長五分）
十月初一	長春宫	（府）陰陽争辯（二刻十分長七分）
十一月初八	長春宫	（府）暗探陰山（四刻五分欠五分）
十一月十五日	長春宫	（府）會審摘印（三刻欠八分）
十二月初一	長春宫	（府）賜祭還陽（四刻五分）
十二月十五日	長春宫	（府）覆旨鍘判（四刻五分欠七分）

前文已述，《故宫珍本叢刊》影印出版了兩個不同版本的《普天樂》，十四本版爲光緒十年（1884）以前演出本，十二本版爲光緒十三年（1887）以後演出本，其判斷依據就在于光緒十三年檔案中無《鎖拿釋放》《收丹法場》兩本演出記録，而比對光緒九年至十年（1883—1884）和光緒十三年兩次演出記録可知，光緒十三年演出《賜祭還陽》的時長恰好相當于光緒十年《鎖拿釋放》《賜祭還陽》兩本的時長，十三年《覆旨鍘判》的演出時長恰好相當于光緒十年《收丹法場》《覆旨鍘判》兩本的時長。也就是説，光緒十三年内府有意將該劇進行縮減合并，即改十四本爲十二本。

（五）内府《普天樂》第五次集中承應

第五次《普天樂》演出并無差事檔或恩賞日記檔記録，但在内府演劇題綱中却有清晰地顯示。《故宫珍本叢刊》694 册 300—311 頁、317—320 頁爲内府本全本十四本《普天樂》題綱，爲表格狀不分場。這部題綱所涉演員内外學伶人皆有，且其中衆多主要外學伶人如錢金福、金秀山、陸華雲、王瑶卿、龔雲甫等皆于光緒三十年（1904）

入署，而内學太監楊順義則于光緒三十年逃走。因此，本部題綱當爲光緒三十年升平署内外學伶人合演此劇時的題綱。同時，694 册 187 頁《二段鵲橋遇害》，236—241 頁《三本撇贓挂號》《四本結扭喊冤》《五本咨文典刑》，381—383 頁《十一本鎖拿釋放》（兩部）、《十三本收丹法場》等七部題綱與 300—311 頁、317—320 頁全部十四本題綱内容一致，可以看作光緒三十年同一時期内府演出全部十四本《普天樂》的演劇題綱。以上這些題綱中，主要角色全部由外學伶人擔當，而龍套則全部由内學太監擔任。其中金秀山飾包拯、陸華雲飾閻察散、龔雲甫（題綱中作龔雲普）飾柳氏、高得禄飾張洪、曹永吉飾閻義、羅壽山飾李保、王瑶卿飾柳金蟬、李順亭飾柳自芳、周長順飾陶氏、王長林飾來興，就算是出場次數較少的角色也皆由名角擔任，如王桂花飾宋帝、阿壽（即喬蕙蘭）飾十國王之一、陳得林飾吴夫人、汪桂芬前飾江萬里後飾吕蒙正，即使如高捷、付進這樣僅僅出場一次的角色也由鮑福山、訾得全等名角飾演。可以説該劇集合了當時升平署外學全部名伶，而這些名伶在當時的京城也是最具影響力和票房號召力的頭牌演員。他們在各自效力的班社中皆能獨當一面，各有一衆配角爲其助演并依靠其維持生計。若非清廷以政府之力將他們召入宫中演劇，以民間的商業運作模式是很難令這些名伶在一部劇目中同臺獻藝的。這樣的表演陣容，代表了當時京劇表演藝術的最高水準。

歸結而言，《普天樂》在内府的演出歷程可以看作是民間皮黄本戲進入内府的一個代表性案例。該劇在革退外學上場伶人的同治朝傳入内府，相對而言應該是較早進入内府的皮黄本戲。而其傳入内府的渠道應該是由保留編制的外學隨手先行授予慈禧太后主持的普天同慶班，這與同治朝慈禧太后觀劇相對受限而傳召升平署又十分不便的實際情況相關。而傳授的過程也伴隨着改編，因爲民間演該劇以八本爲通例，内府則改作十四本上演。進而，該劇再由外學隨手授予升平署内學，從同治末期至光緒中期内學大約集中演出過三次，前兩次按十四本承應，光緒十三年（1887）的第三次演出改成十二本上演。光緒三十年（1904），内府曾以外學名伶中的豪華陣容擔綱演出該劇，生旦净丑各行演員皆爲一時之選。而太監科班、内學、外學不斷演出該劇的歷史恰恰説明該劇在内府的受歡迎程度，在昆弋連臺本戲絶迹内府舞臺的同光時期，該劇成爲清代後期頗具影響力的大型皮黄本戲。

五、《普天樂》穿戴、場面題綱和扮相譜

前文論述《普天樂》内府演出情况時，大量涉及該劇演出記録和演劇題綱。此外，該劇還保留下豐富的穿戴題綱和場面題綱。如《故宫珍本叢刊》第 693 册 340—341 頁爲該劇《二本鵲橋遇害》《三本撇贓挂號》的穿戴題綱，詳細標注該劇演出所用行頭、冠巾、道具的具體情形。而 694 册則收録一部《全本鍘判官場面目録》（按：《鍘判官》即《普天樂》），即内府全部十四本《普天樂》分場舞臺調度。以上兩類文獻分别是從服裝、化妝的舞臺美術角度和戲曲導演角度整理的内府演出資料，説明當時内府演劇在演出管理方面的規範化和精細化要求。

此外，還有一類文獻與《普天樂》相關，即清宮半身戲畫，齊如山爲代表的研究者在民國時期曾將其定名爲“扮相譜”。目前，這類文獻在國家圖書館、中國藝術研究院、梅蘭芳紀念館、美國紐約大都會藝術博物館等機構均有不同數量的收藏。同時尚有一定數量的半身戲畫藏于戲曲研究者周華斌和一些私人藏家之手。據筆者統計已經面世的半身戲畫數量達535幅。而故宫博物院僅藏有100幅全身戲畫和175幅戲齣畫，半身戲畫則在民國年間全部散出宮外。《普天樂》的半身戲畫就藏于國家圖書館。

國家圖書館所藏半身戲畫實爲兩册：第一册封皮寫有“慶賞升平”字樣，涵蓋4部劇目，即《普天樂》《千秋嶺》《蔡天化》《反西凉》，共畫人物像51幅；第二册涵蓋5部劇目，即《泗州城》《太平橋》《空城計》《玉玲瓏》《落馬湖（按：當爲駱馬湖）》，共畫人物像46幅。

除《普天樂》外，其餘8部劇目皆在首幅圖畫上注明劇目名稱，并有“穿戴臉兒俱照此樣”標注。據學者朱家溍考證：“北圖所藏和梅先生所藏的每一齣戲的劇中人名下邊都有一行小楷：‘穿戴臉兒俱照此樣’，而原藏故宫一直未動過的這一部分却没有。我認爲，這説明流散出去的部分，被第一個收買者做了手脚，加了這一行小字。意圖很明顯，因爲原畫上既無作者款署，又無年月和用途的記載，看起來不過是匠人畫的戲曲人物，恐不能多賣錢，于是加上一行小字，使人看了自然覺得這是宫中演戲的標準臉兒和穿戴，豈不就有了史料價值？……另據《故宫物品點查報告》記録，戲曲人物畫在故宫的原藏處是太后寢宫壽康宫的紫檀大櫃中，從這一點也可以説明它是屬御賞物，……而不是如一般外人想像的是給演員和管理戲箱人員做備忘録用的。……即使須要備忘録，也用不着精細到如此程度的畫册。”[⑨]應該説，朱氏的判斷是中華人民共和國成立以來有關半身戲畫研究的代表性觀點，認爲製作如此精細的半身戲畫應是御賞之物的説法具有一定合理性。但其所用論據却經不起推敲。例如朱氏認爲宫外戲畫有一行小楷而宫内未散出的没有這行小楷，實際是把全身戲畫和半身戲畫混成一談。原藏處爲太后寢宫壽康宫的説法，所指同樣是全身戲畫。據查，《故宫物品點查報告》第五編第一册卷一“壽康宫正殿及同鶴齋”之“後殿北套間”載“二四五，五彩戲片兩册”[⑩]，此即故宫現藏兩册100幅全身戲畫——《性理精義》。全身戲畫自然是没有這行小楷的，因爲這是與半身戲畫完全不同的另一類文獻，二者在存世數量和創作方式上都有着較大差异，抄寫格式不同也是順理成章的。而流散宫外的半身戲畫確實大部分都寫有這行小楷，但2005年出版的《中國藝術研究院藏清宫升平署扮像譜》中，《四杰村》《定軍山》《四郎探母》等劇目未寫這行小楷。换句話講，這行小楷爲商賈穿鑿之説也衹能是臆測，至今學界仍缺乏足够的證據來證明這一點。從現存半身戲畫來看，所涉劇目及人物都十分龐雜，每個劇目都力圖完整描繪全部上場人物的臉譜、穿戴甚至道具。因此，這類文獻很可能與安殿本的作用類似，是慈禧太后觀劇時對照使用的。

另外，聚焦國圖所藏半身戲畫《普天樂》，可知該劇缺首幅圖。原因有以下兩點：第一，目前可見保存完整的半身戲畫往往在首幅圖右側寫有劇目名稱，而國圖藏扮相譜第一册第一幅圖“城隍”右側却未寫劇目名稱。目前將該劇所收23幅人物歸入《普天樂》劇，是根據其中顔查散（顔察散）、柳金蟬、判官張魁（即劇本中之判官張洪）、李保兒（即劇本中之李保）等出場人物作出的判斷，而非文獻中確切標明的劇目名稱。這種首圖缺失的情況在目前所見扮相譜中并非首例，《國劇畫報》所刊段勇、馬貴二人物圖皆無劇目名；再如《中國藝術研究院藏清升平署戲裝扮像譜》所刊周應龍、黄三太二人物圖同樣無劇目名稱標注。第二，目前所見保存完整的扮相譜皆以兩幅爲一單位，且所繪兩位角色往往與劇情相關，呈現出某種對應關係或情節相關性。以本劇爲例，第四圖千里眼在右，第五圖順風耳在左，二者都向内側身且身段相互呼應；再如第八圖判官張魁在右，第九圖油流鬼在左，張魁左手持生死簿顯示出不可一世的驕横態度，而油流鬼左手提油桶朝向張魁顯示出受到欺壓的無可奈何；又如第十四圖李保兒在右，第十五圖刁氏（即劇本中之楊氏）在左，這對夫妻是本劇中殺害柳金蟬的罪魁禍首，兩個角色也是相對而立，顯示出人物關係上的相關性。這樣的例證無論在國圖藏扮相譜中，還是他處所藏同類文獻中皆不勝枚舉。因此，國圖藏《普天樂》中向右側身站立的城隍就顯得异常突兀，其左側應當有一圖與之呼應。據查《故宫珍本叢刊》694 册《頭本普天樂》題綱和《全本鍘判官場面目録》均提到“土地”這一重要角色，更有“六場上城隍同土地去五鳳樓保駕”[11]的記録。因此，國圖藏扮相譜很可能缺失“土地”一角，而該圖右上角當注有劇目名“普天樂”。

六、結論

在皮黄戲進入内府的過程中，《普天樂》的演出頗具代表性：首先，作爲一部皮黄本戲，該劇與單齣戲演出相比，篇幅宏大，所需伶人數量也更多，演出難度更大且對舞臺調度的要求也更高；同時，内府對于該劇的改編能够體現出清末宫廷演劇的基本要求，而這種改編民間劇目的行爲要早于光緒末期翻改《昭代簫韶》，可以看作是慈禧太后主持翻改内府昆弋兩腔傳統劇目的準備時期；另外，現存史料能够比較清晰地展現普天同慶班、升平署内學、外學等不同機構的伶人先後承應該劇的情况，對于瞭解同光年間皮黄本戲在内府的演出形態具有指向意義。最後，該劇保留下豐富的劇本和演出題綱，以及專爲帝后觀賞繪製的圖像類藝術品——扮相譜，表明該劇在當時曾頻繁演出并爲帝后所青睞。

【本文係 2019 年國家社會科學基金青年項目“國家圖書館藏清宫戲曲文獻研究”（19CTQ017）、2019 年國家圖書館一般項目“國家圖書館藏清宫戲曲文獻研究”（NLC－KY－2019－15）的階段性成果】

注釋：

① 梁燕編：《齊如山文集》第二卷，河北教育出版社，2010 年，307—308 頁。

② 韓永進、王建朗主編：《民國文獻類編・文化藝術卷》第 904 册，國家圖書館出版社，2015 年，125 頁。

③ 吴書蔭主編：《綏中吴氏藏鈔本稿本戲曲叢刊》第 35 册，學苑出版社，2004 年，234 頁。

④ 同注③，256 頁。

⑤ 同注③，165—166 頁。

⑥ 同注③，179 頁。

⑦ 同注③，182—183 頁。

⑧ 王岩：《普天同慶班創立動因及同治朝承應考》，《太原師範學院學報（社會科學版）》2019 年第 1 期，16—21 頁。

⑨ 北京圖書館編：《北京圖書館藏升平署戲曲人物畫册》，北京圖書館出版社，1997 年，前言。

⑩ 故宫善後委員會編：《故宫物品點查報告》第九輯，綫裝書局，2004 年，319 頁。

⑪ 故宫博物院編：《故宫珍本叢刊》第 694 册，海南出版社，2001 年，391 頁。

（作者單位：國家圖書館典藏閲覽部）

清代州縣佐貳分防的微觀圖景

——以《碍嘉志稿》爲中心

杜　萌

内容提要：清朝對于基層社會的治理，打破了皇權不下縣的慣例，采取了頗具特色的州縣佐貳分防模式。佐貳官員離開日常辦公的縣城，駐扎于縣域中較爲重要的鄉鎮，承擔水利、錢糧、刑名、治安等一種或多種職能，成爲介于鄉鎮和州縣之間的一級政區。雲南楚雄府南安州州判分防碍嘉，即是其中一例。通過梳理首任碍嘉州判羅仰錡所撰《碍嘉志稿》一書，可以明顯看到分防官員在基層治理中的突出效用。但不可回避的是，分防官員在職官體系中地位不高、職能不完備、獲取行政資源的能力較差，在實際操作中往往遭遇各種限制，從而激發了分防地方升格爲縣的强烈願望，衹是在清朝定額觀念的約束下，這一願望衹有極少數地方能够實現。

關鍵詞：《碍嘉志稿》　羅仰錡　州縣佐貳分防

明朝末年，佐貳分防的舉措已逐漸應用于地方政區的治理，衹是出現零星，未成規模。清初，中央政府繼承明代的治理經驗，將分防作爲政區管理的重要手段，在清理明末遺留的各類政區問題時，大範圍地使用了佐貳分防。省的分防形成道制，府的分防形成廳制以及同知、通判的分轄，州縣的分防形成佐雜分轄。分防制度的廣泛應用是兩方面因素共同作用的結果。一是區域發展、人口增多，必然需要新置州縣、增添官員以加强管理。二是清廷在財税領域秉持“量入爲出”的觀念。其以田賦爲主體的税收格局和“攤丁入畝”的税制，導致在耕地面積不增加的情况下，税收亦難增加。税收增長乏力，直接限制了官僚機構的規模。爲解决經濟發展和官員數量有限之間的矛盾，清廷選擇了派駐各級佐貳官員到轄區内重要地方擔任起治理之職的分防模式。

佐貳分防在省、府、州縣三級皆有應用，其狀態也各不相同。省級分防，也就是各道，直接任命自中央；大部分府屬佐貳官員，其分防轄區在一段時間内即脱離過渡狀態，成爲廳；衹有州縣一級的分防，終清一朝一直處在過渡狀態，并未全部升格爲縣。州縣佐貳分防與基層最貼近，對基層治理的影響也最大。因此，對州縣佐貳分防做個例的考察，是把握這一基層治理方式的必要途徑。以下，本文將以國圖所藏清乾隆十一年（1746）抄本《碍嘉志稿》爲主要資料來源，分析清代雲南省楚雄府下轄之南安州碍嘉分防州判在行政實踐過程中所承擔的職能，及其面臨的困境。

一、《碍嘉志稿》與羅仰錡

清代地方志纂修數量非常龐大，但專門爲州縣分防地方編修的方志則極少。胡恒所列《現存清代分縣志一覽》[①]僅有八種，可見這種方志類别之稀有與特殊。遺憾的是，《碍嘉志稿》并未出現在這一表中，其本身所包含的政區意義和文獻價值還有待揭示。

《碍嘉志稿》成書于清乾隆十一年（1746）。全書共四卷，卷一沿革、祥异、諸山、諸水、物産、村寨、橋樑、路程、疆域、城垣、倉厫、廟宇、名宦、流寓、鄉賢、設官；卷二營汛、界碑、蔑架、紳衿、田賦、課程、經費、公田、義學田、社穀、書籍；卷三爲州判羅仰錡奏文；卷四廠務及藝文。卷端有州判羅仰錡自序。據其自序可知，碍嘉一地此前并無志書，羅仰錡的纂修尚屬首次。

《碍嘉志稿》體例簡單，僅衹四卷，各名目按大致分類魚貫羅列，雖難稱完善，但已涵蓋官修方志所應涉及的主要内容。卷端除羅仰錡自序外，没有編纂人姓名，又卷三奏文全爲羅仰錡所作，加之羅仰錡自序中所謂“一腔心血，叙編成帖，留爲後之君子案頭備覽”，可推知此志書主要作者就是羅仰錡。

羅仰錡，《碍嘉志稿》卷三“秩官志”載其官履：“江西吉安府泰和縣人，歲貢生，由保舉發滇，以雲貴廣西三省試用。雍正十年八月到任，乾隆六年二月奉調中甸州判”“乾隆八年正月仍奉調回碍嘉任，十一年十月二十日以衰病乞休離任。”[②]羅仰錡在碍嘉前後任職共 13 年，爲碍嘉的建設傾注了全部心力。其由科舉進身，爲歲貢生，歲貢生是科舉出身中可以任官的最低級别，往往是在多次未中舉之後，朝廷給予恩遇的結果。羅氏所任職之州判，是州一級的佐貳官員，品級爲從七品。

清代州縣同級，根據《大清會典》的記載，州同、州判、縣丞、主簿，皆稱爲佐貳官[③]。佐貳官地位低微，在官僚系統中少受重視。《清高宗實録》載：“又諭近來外省督撫于道府大員及正印官尚留心稽察，至于佐雜等官，往往視爲微員，置之不問。不知佐雜秩卑體褻，與胥吏最近，素相朋比。”[④]佐雜與佐貳意義相當，在皇帝眼中，佐貳官似乎天生品行有差，不可倚賴。但事實上，佐貳官員、特别是分防地方的佐貳官員，是推動帝國政令在基層實施的重要力量，他們在捕盗、水利、税收、教育等方面肩負着看似瑣碎、實則不可或缺的責任。雖位卑而任重，足以引起中央重視。

清代的佐貳官員根據其駐地，可分爲與正印官同城駐扎或分防地方兩種。同城駐扎的佐貳官作爲正印官的屬員，其職責或爲輔助正印官處理日常事務，如臨時命案處理；或負有某些方面的專責，如逋盗、催徵錢糧等。整體而言，同城佐貳經常被朝廷視爲閒曹，一旦轄區屬内某地凸顯出重要性，則往往將其派駐地方，以資彈壓，事畢即回城。分防地方的佐貳官員，其職責中最著者，爲《清實録》中最常提到的“户婚田土”，這是屬于司法審理的部分，另有錢糧徵收一事頗爲緊要，兩者共同構成了分防佐貳的基本職責。另外，佐貳官員也會被分派到某些特殊的區域，如河防要地，郵傳驛站等擔任分防，其職責相比通常的刑名錢糧較爲單一。

分防地方的佐貳官員雖職責不一，但這一群體同知州、知縣等一起承擔着處理帝國最基層事務的責任，保障了國家機器的順利運行，即使朝廷存在偏見，也不得不逐漸承認其地位和作用。乾隆二十七年，廣西巡撫熊學鵬曾奏："慶遠府屬之河池州州同分防三旺，南寧府屬之土忠州，太平府屬之土思州各州同，控制交夷，均邊地要缺，非知州同城佐貳可比，向無關防，應補鑄給。"[⑤]出身貢生的羅仰錡，正是這樣的分防州判。在雲南楚雄府南安州碍嘉這一偏遠地區，負擔起保障邊疆安定、賦税徵收、審理細案、教化夷民的重任。

二、碍嘉州州判設立緣起

碍嘉一名得自元朝，傳説泰定間，"有星墜于黑初山巔，化爲黑石，遂名碍嘉。至元初置碍嘉千户所，尋改爲縣，隸楚雄府"[⑥]。碍嘉設縣于元朝，明朝未更置。至清康熙八年，碍嘉被裁歸南安州，編爲羅甸里。碍嘉于清康熙初年被裁歸州縣并非個例。明代實行軍民分治，中央五軍都督府和地方各都司衛所共同構成了一個獨立于民政體系、覆蓋全國的軍事管理組織。清朝建立後，八旗、緑營成爲主要軍事力量，明代設立的都司衛所不再適用，大規模裁撤散布在全國各地的衛所成爲清廷的必然選擇。且明清易代之際，因頻繁用兵，國力不支，裁并明代所設衛所、州縣成爲清廷減少財政支出的重要舉措。據清范承勛總纂《［康熙］雲南府志》，雲南在康熙三十年以前共有三次大規模的裁并行動，即康熙五年、八年、二十六年。其中，康熙五年與二十六年主要裁并的是衛所，康熙八年主要裁并的對象是州縣。明末天啓年間，劉文徵著《滇志》，詳列雲南都指揮使司、衛、千户所、守禦千户所共計41處。至清康熙年間已裁去大半，盡歸州縣。至于裁撤州縣的原因，以碍嘉爲例，應與其境内人口數量較少，規模不足以立縣有關。據《碍嘉志稿》載，碍嘉在乾隆初年共有户口三百七十二户，以每户五口計，僅有一千八百餘人，遠不够設縣的標準。另外，碍嘉建于明萬曆年間的縣衙，于康熙六年被野賊焚毁，城墻傾圮，縣治不存，也是碍嘉縣被裁撤的原因之一。

"至雍正十年，南安州牧孫必榮因離州五站，鞭長莫及，稟蒙上憲題准，設州判一員，分防駐扎。"[⑦]自康熙八年至雍正十年，碍嘉作爲南安州羅甸里的時間共計63年。碍嘉撤縣不是獨立事件，其升格爲州判分防駐扎同樣不是特例。《清世宗實録》卷一百十六"雍正十年壬子三月庚辰"條：

> 裁雲南曲靖府通判缺。添設元江府通判一員，駐劄他郎；南安州州判一員，駐劄碍嘉；姚州州判一員，駐劄普淜。改臨安府原轄之新平縣歸元江府管轄；普洱鎮原轄之元江營歸臨安鎮管轄，其元普沅威鎮改爲普洱沅威鎮；臨安澂江鎮改爲臨元澂江鎮；移元江營守備駐劄他郎。從升任雲貴廣西總督鄂爾泰請也。[⑧]

鄂爾泰（1677—1745）于雍正四年至雍正十年任官西南，先授職雲貴總督，後改授雲貴桂總督，總管雲貴川桂改土歸流事宜。南安州牧孫必榮就碍嘉寫遠，建議設置州判一事所稟呈之上憲，即爲鄂爾泰。鄂爾泰在此奏摺中，不僅提到設南安州判駐扎碍嘉，而且提議設元江府通判駐扎他郎，姚州州判駐扎普淜。這種讓府或州縣一級佐貳官員分防轄區内某一特殊區域的做法，在鄂爾泰處理西南改土歸流善後事宜時經常使用。雍正七年鄂爾泰于貴州新辟苗疆，上疏請立營設官，“請于都匀府添設同知、通判各一員，以同知分駐八寨，以通判分駐丹江。鎮遠府添設同知一員，分駐清水江。黎平府添設同知一員，分駐古州。俱加理苗同知字樣。……施秉舊縣，既將游擊移駐同城，不便無文員，請添設施秉縣縣丞一員分駐。”⑨分駐地方的佐貳官，既有府一級的同知和通判，也有州縣一級的州判和縣丞。具體到碍嘉，雍正十年碍嘉正式劃歸南安州州判管轄。其原因上文已言及，無非是碍嘉與南安州州治所在地山水相隔，鞭長莫及，故需分防。然細究其故，便可知道碍嘉分防的原因至少還有兩點。首先，碍嘉地處要衝，北境與楚雄縣以石羊河爲界，西境爲南安州通往景東廳要隘，且“緊靠哀牢、魯魁，野賊出没，所在宜防，從前官民頻受其害”⑩，地理位置决定了碍嘉需要加强防衛。其次，碍嘉境内有石羊銀廠，是雲南境内重要的銀礦。“石羊乃碍嘉所屬，碍嘉地方荒僻，村寨零散，并無街市，所賴惟石羊一廠。外來貨物聚集于廠，本地薪米負賣于廠，若廠廢則交易無所，一邑漢夷人等生計盡阻，每年錢糧亦將無所措辦。且廠廢則自楚雄進碍嘉一帶路徑，崇山邃谷，往來無人，勢必藏匿奸匪，愈致難行。是山廠衰旺更與碍嘉相爲表裏。”“爲經查石羊廠，昔時爲滇省諸廠之冠，今衰敝已極，反比諸廠不及。……采礦之硐共十六口，内合班二口，强班十四口，所下人夫共僅二百有零，氣象蕭條……石羊廠當年旺時，廠上人以數萬計，合班之硐數十口，每口下夫一二百名至六七百名不等。强班之硐，不計其數。”⑪石羊廠在雍正中期之後産量大減，但仍是當地的支柱産業，人員賴此聚集，交通賴此暢通。所以，管理石羊廠成爲當地官員非常重要的職責。在設置碍嘉分防州判之前，石羊廠的管理權改易頻繁，從康熙六十年至雍正十年，短短十年時間，就有八位地方官經管。主管官員的頻繁更替對于石羊廠的管理没有益處，對穩定地方、收取賦税也没有幫助。而新設碍嘉州判，石羊廠劃歸州判管轄，纔是穩定管理石羊廠最直接有效的方式。

三、碍嘉州判的權責範圍

《碍嘉志稿》卷一“沿革”對州判的職責作了簡要勾畫：“將錢糧鹽課徵收起解，户婚、田土細事，就近審理，命盗大案，驗尸緝犯，解州審詳。”⑫財政方面，可徵收錢糧、鹽課；司法方面，可直接處理户婚田土等訴訟，衹有命盗大案纔需上報知州。朝廷對于碍嘉州判的職責主要集中在賦税與聽訟兩方面，然而根據羅仰錡的記録，在他任職期間完成的工作，大大超出了這一要求。

《碍嘉志稿》卷三收録了羅仰錡多篇奏稿，内容包括縣治的規劃與建設；生産恢復與發展；軍事防禦據點的調整與完善；改易民衆陋習與遏制不良風氣。通覽此卷，可大致了解羅仰錡在碍嘉進行的種種經營。

1. 修建衙署與城垣。碍嘉舊城毁于康熙六年，羅仰錡于雍正十年任碍嘉州判，十二年十月即興工修建城垣與衙署，次年四月建成。清廷之所以派駐佐貳官分防地方，本爲節省經費，减少官員衙署的修建，但作爲分防官員，羅仰錡以自身“經管刑名錢穀，與州縣無异”⑬，自然也需要有城垣衙署，以彈壓境内賊人，保護鄉民。城垣衙署不僅是辦公地點，也是國家權威的象征，無此則威信難立，政令難行。

2. 整頓境内軍事防禦體系。碍嘉除官署所在地外，尚有蔑架和界牌兩汛爲軍事重地。羅仰錡作爲行政官員本不該干預軍事，但地方事務無法截然劃清，必須統籌安排。針對碍嘉及附近塘汛，羅仰錡提出的建議包括：爲汛地駐兵修建倉厫；申請修理界牌營城、增加界牌營兵；移蔑架營弁兵駐碍嘉；與新平縣交界處添設塘卡，并新平縣斗門鄉應派駐縣佐管轄；界牌與舊哈會哨，宜行停止。

3. 恢復與發展生産。糧食生産方面，碍嘉通向外界的幾條主要道路皆穿行山林，山間耕地産糧尚可，然經盜賊侵擾，已成荒田。羅仰錡申請招民墾荒，增加糧食的同時可使道路更加安全。農副産品方面，鼓勵紡織，以實民財。另有非常重要的一點，即是請求上級發給工本，接濟石羊廠，以恢復銀礦的開采。前文已述，石羊廠與碍嘉興衰關係重大，康熙朝以後雖然産量降低，但仍有開采的價值。羅仰錡親臨礦洞詢問情況，查得礦旺時尚需協濟，此時礦衰，更需接濟。故上疏請求撥給石羊廠銀五百兩，以求廠旺課豐。

4. 革除陋習，改易風氣。碍嘉地處荒僻，鄉民有蓄養蠱毒之家，傷己害人，羅仰錡得聞後，當即禁嚴此事，毒蠱盡皆燒毁。又勸諭士庶之家，務必將婢女及時婚配，以盡人倫之禮。在宣傳教化方面，羅仰錡勸捐以修關聖廟、蕭公祠，重塑民衆信仰與精神導向。

作爲管轄一定地域範圍的基層官員，州判羅仰錡在任上完成了非常多的工作，遠遠超出了官員的例行事務範疇。對照雍正皇帝在詔書中對知縣一級官員作出的訓誡，“朕之所望于爾等者，不僅在于辦理刑名、徵收賦税了簿書期會之責而已。必須實盡父母斯民之道，視衆庶爲一體，剛柔相濟，教養兼施，化澆薄而爲醇良，懲僉邪以安善類，愛民如子”[14]，羅仰錡的種種作爲，與一般知縣差别不大。也就是説，除了不享有命盜大案的審决權外，羅仰錡的權責與碍嘉知縣無异。行使知縣的權力，却没有知縣的身份，這樣的落差僅是一種過渡狀態，還是會長久地存在？

四、碍嘉州判分防的狀態與趨向

碍嘉于清康熙八年以後廢縣，歸屬南安州管理，雍正十年，碍嘉設州判，并未改變其爲南安州屬地的事實。然而，碍嘉從元代設縣開始，至清康熙八年止，其作爲縣的歷史有四百年之久，碍嘉縣的概念已與這片土地和此處的居民牢固地綁定在一起。縣域觀念的頑固存在，加之州判分防管轄的現狀，造成了作爲州縣一級下轄政區的碍嘉與上級政區南安州之間關係的疏離；分防官員出于實際需要想獲得更多管轄權的慾望，又進一步推動了碍嘉努力擺脱分防地位，成爲真正的縣治這一進程。可惜的是，終清一代，碍嘉也没能完成升級，成爲縣治。

碍嘉在清代雖然没能升格爲縣，但其縣域觀念却始終存在，這一點在志書中有强烈的表現。《碍嘉志稿》卷一“諸山”條，在叙述各山方位時，皆以“縣”爲中心，標識山脈所在方位，如“哀牢山，縣西邊一帶”“舊站山，在麻臼山北，離縣二十里。”[15]此處“縣”字應是實指，即以磗嘉州判的衙署代指磗嘉縣，這樣的描述直接表明了羅仰錡以磗嘉爲縣的認識。

磗嘉與直屬南安州之間的關係也非常鬆散。磗嘉屬南安州，且從磗嘉分防州判的職權範圍也可看出，分防州判畢竟還要在遇到“命盜大案，驗尸緝犯”時，“解州審詳”[16]。但在《磗嘉志稿》中，我們很少見到磗嘉與南安州發生聯繫的記録。每遇磗嘉有事奏稟，羅仰錡的奏文幾乎都投向“上憲”“憲臺”“藩憲”“府憲”，即總督、布政使或楚雄府知府，却没有見到其奏報南安州知州的任何文字。另外，羅仰錡的養廉銀亦是“奉文撥赴鎮南州就近支領”[17]。羅仰錡與南安州知州孫必榮的聯繫僅見于《磗嘉志稿》卷三《再陳地方事宜二款通稟》“請將磗嘉城内之兵分撥十名安設塘卡，遥與菁口水塘哨接應。南安孫牧署任景東，過往磗嘉，亦曾言及”[18]。這種鬆散的關係不是單向的，作爲上級的南安州對磗嘉的認同也存在缺失。康熙四十八年（1783）編纂的《南安州志》中，磗嘉并没有完全融入州志的撰寫：全志開篇之《南安州地輿圖》中，對磗嘉的標注仍然是磗嘉縣；卷一《地理志・沿革》中，磗嘉縣單附于後。儘管其他門類的記載中磗嘉并未單獨附録，輿圖的失誤也可能是緣于康熙時期修纂方志的緊迫與粗疏，但仍在一定程度上體現出磗嘉在南安州的特殊地位。

羅仰錡在磗嘉州判任上，曾向上級提出過兩個建議：一是申請分派教官一員駐扎磗嘉；二是申請將毗鄰之新平縣斗門鄉歸并磗嘉，《磗嘉志稿》卷三《善後事宜六款通稟》“卑職正月條議，請于斗門鄉添設分防縣佐一員。今查新平地方人多不法，佐貳微員，不足彈壓，似不若將斗門鄉歸并磗嘉，另設一縣，庶權體較重，地方不致有慢玩之弊矣”；“再查磗嘉田少，産米無多，需于斗門鄉采買，隔屬亦有不便，倘蒙將斗門鄉歸并磗嘉，則所徵米糧應增，更免采買之煩矣”。從這兩項建議不難看出，羅仰錡對磗嘉目前較爲簡陋的官員配備以及不便的糧食采買狀況頗有不滿，而想要解决這些問題，最簡單的做法莫過于恢復磗嘉的縣治。這一努力方向是如此明確，我們在羅仰錡撰寫的多篇奏文中都可以看到他采取各種措施，增加磗嘉恢復縣治所必需的行政資源。從地方管理角度來講，磗嘉設縣的確最能起到彈壓當地不法勢力、提振經濟、增加人口的效果，但中央的治理思路却并非如此，卷三《詳請分訓》“嗣蒙上憲以離州五站，鞭長莫及，題設州判一員，分防駐扎，經管刑名錢穀，與州縣無异。……是以憲臺有請復縣治并添教官、典史之議也，衹緣經費所係，未蒙上憲准行。……雖移官必建衙署，不無動費帑金”，控制經費支出纔是中央關注的重點。

乾隆四十六年（1781），時任磗嘉州判的王聿修曾在羅仰錡《磗嘉志稿》的基礎上再修《磗嘉志》，從相关记载可以看出，羅仰錡對于恢復磗嘉縣治的種種建議和期許，幾乎都没有實現。軍事防禦方面，“後以緬甸用兵，調去千總一員，止存把總一員，寓居本城及防守界牌”[19]，軍隊和塘汛數量没有增加，反而減少；教育方面，“近時太平百餘年，文風日盛，此處員生至五六十名，舉人二名，貢生九名，運會漸開，第道路險遠，往返十站，應童試者跋涉艱難。爲諸生者，又無師儒訓誨，祭祀月課，十不到一，此亦當事者所宜籌畫也。”[20]至王聿修爲州判時，磗嘉仍然没有儒學官員；石羊銀廠之銀課，也因産出日漸消沉，“于乾隆四十二年，署州判趙煜宗奉文，歸并南安州徵收起解。"[21]至乾隆中後期，石羊銀廠并未重新振興，與之密切相關的人口數量也難有大幅增加，碍嘉升格爲縣治的希望，也就愈加渺茫了。

州縣佐貳分防作爲設縣之前的過渡狀態，是一種非常靈活的制度。地方人多事繁則升縣，無甚變化則保持分防。至民國時期，雲南多數分防地方皆成爲縣治，衹有少數未能完成這一轉變，碍嘉即是一例。民國二年，南安州改爲南安縣，尋更名摩芻縣，碍嘉州判也隨之變更爲碍嘉縣佐，民國二十年（1931），國民政府推行區、鄉制，碍嘉縣佐被撤銷，劃入雙柏縣第五區，成爲碍嘉鎮[22]。碍嘉終于結束了佐貳分防的過渡狀態，成爲雙柏縣下轄的一個鎮。

注釋：

① 胡恒：《皇權不下縣？——清代縣轄政區與基層社會治理》表7—6，北京師範大學出版社，2015年，247頁。

②（清）羅仰錡纂修：《碍嘉志稿》卷一"設官"，清乾隆十一年（1746）抄本，卷一28b。

③《［嘉慶］大清會典》卷四《吏部》，臺北文海出版社，1990年，115—116頁。

④《清高宗實録》卷五〇七"乾隆二十一年二月壬戌"條，《清實録》第15册，中華書局，1986年，405頁。

⑤《清高宗實録》卷六百五十二"乾隆二十七年壬午春正月戊申"條，《清實録》第17册，中華書局，1986年，306頁。

⑥ 同注②，卷一"沿革"，卷一1a。

⑦ 同注⑥。

⑧《清實録》卷一百十六"雍正十年壬子三月庚辰"條，《清實録》第8册，中華書局，1986年，547頁。

⑨《清世宗實録》卷八十九，"雍正七年十二月戊申"條，《清實録》第8册，199頁。

⑩ 同注②，卷三"請建城垣通稟"，卷三1a。

⑪ 同注②，卷三"謹陳石羊場情形請發工本接濟詳文"，卷三40a、b。

⑫ 同注⑥。

⑬ 同注②，卷三"詳請分訓"，卷三7a。

⑭《清世宗實録》卷五十五"雍正五年閏三月乙丑"條，《清實録》第7册，中華書局，1986年，832頁。

⑮ 同注②，卷一"諸山"，卷一4a。

⑯ 同注⑥。

⑰ 同注②，卷二"經費"，卷二17b。

⑱ 同注②，卷三"再陳地方事宜二款通稟"，卷三18b、19a。

⑲（清）王聿修：《乾隆碍嘉志》"建置志·沿革"，楊成彪主編《楚雄彝族自治州舊方志全書·雙柏卷》，雲南人民出版社，2005年，213頁。

⑳（清）王聿修：《乾隆碍嘉志》"建置志·公署"，217頁。

㉑（清）王聿修：《乾隆碍嘉志》"賦役志·税課"，226頁。

㉒ 雲南雙柏縣地方志編纂委員會：《雙柏縣志》，雲南人民出版社，1996年，3頁。

（作者單位：國家圖書館古籍館）

“蠲紙”小考

李致忠

内容提要：“蠲紙”指潔净、潔白之紙，“蠲紙”在唐代就已出現。文獻所見“蠲糨紙”指的也是“蠲紙”。五代時，户部發給照顧親疾或親死結廬守墓之人免去賦役的憑證，爲蠲紙所製，故稱“蠲符”。唐到五代，直到兩宋，都有“蠲紙”生產。至明代，官局在温州監造“蠲紙”，宣德年間温州知府何文淵認爲“蠲紙”製作過程有害百姓，遂設計讓造出來的紙色轉黑，從而停止“蠲紙”製作。

關鍵詞：蠲紙　蠲糨紙　蠲符　温州

“蠲”字最初并没有蠲免之意，而是清潔、潔净之意。《周禮》卷第六：“宫人掌王之六寢之修，爲其井、匽，除其不蠲，去其惡臭。”漢鄭玄注曰：“井，漏井，所以受水潦。蠲，猶絜也……。匽，路厠也。玄謂匽豬謂霤下之池，受畜水而流之者。”唐孔穎達疏云：“謂于宫中爲漏井以受穢。又爲匽豬，使四邊流水入焉。井、匽二者，皆所以除其不蠲潔，又去其惡臭之物。”[①]明楊慎《丹鉛總録》卷二《漏井匽豬》曰：“《周禮》‘爲其井匽’，注井漏、井匽、堰豬。按漏井，今之滲坑；匽豬，今之陰溝也。”[②]歸納上述這些解釋，明代夏樹方《詞林海錯》卷八總結曰：“蠲紙……爲言潔也。”[③]足見“蠲紙”得名之意也是其潔净、潔白。

有人説蠲紙産生在唐宋時期，這太寬泛了。清李衛雍正年間所修《浙江通志》卷一百七“物産·温州府”引證宋周輝《清波别志》云：“唐有蠲府紙，凡造紙户，免本身力役，故以蠲名。今出于永嘉，士大夫喜其發越翰墨，争捐善價取之，殆與江南澄心堂等。”[④]這種“蠲府紙”實即蠲紙，表明“蠲紙”在唐代就已經出現了。

《宋史》卷八十八《地理志》第四十一載瑞安“貢鮫魚皮、蠲糨紙”[⑤]。清勞大輿《甌江逸志》曰：“温州作蠲紙，《廣輿記》所云蠲糨紙也。潔白緊滑，過于高麗。吴越時，供此紙者蠲其役，故名。”[⑥]可知“蠲糨紙”指的也就是“蠲紙”。

宋歐陽修《新五代史》卷五十六《何澤傳》載：“五代之際，民苦于兵，往往因親疾以割股，或既喪而割乳、廬墓，以規免州縣賦役。户部歲給‘蠲符’，不可勝數，而課州縣出紙，號‘蠲紙’。”[⑦]這段話的意思，是説五代連年兵戈，朝代頻更，賦役繁重，老百姓苦不堪言，遂生苦肉之計。有以雙親生病而割股自殘者，有雙親既死而割乳、廬墓，墳地守喪者，藉以躲避應盡的賦役。對于這種情况，官府并不瞭解實情，并由户部用紙做成一種證書，發給那些照顧親疾或親死結廬守墓之人，免去他們的賦役。這種證書大概用的就是蠲紙，所以叫作“蠲符”，號爲“蠲紙”。

歐陽修《新五代史》《何澤傳》云："澤上書言其弊，明宗下詔悉廢户部蠲紙。"⑧宋王溥《五代會要》卷十五《户部》條謂："後唐天成三年（928）閏八月，廢户部蠲紙。四年五月，尚書户部狀申：'伏緣當司蠲符，近奉敕令，有事功可著者，即户部奏聞。'"⑨嚴格了"蠲符"發放的尺度。

宋趙與時《賓退録》卷二云："臨安有鬻紙者，澤以漿粉之屬，使之瑩滑，謂之蠲紙。蠲，猶潔也。"⑩明陳耀文《天中記》卷三十八謂："温州作蠲紙，潔白緊滑，大略類高麗紙。東南出紙處最多，此當爲第一，烏程、由拳皆出其下。吴越錢氏時，供此紙者，蠲其賦役，故號蠲紙云。"⑪清人劉岳雲《格物中法》卷六所記大抵與《天中記》同，但説法略异："温州作蠲紙，潔白堅滑……，然所産少。至和以來方入貢。權貴求索寖廣，而紙户力已不能勝矣。吴越錢氏時，供此紙者，蠲其賦役，故號蠲云。"⑫可知從唐迭經五代，一直到南北兩宋，都有這種紙的生産。

清勞大輿《甌江逸志》又云："温州供紙五百張，其來久矣。明開局于瞿溪，差官監造。何東園出守，慮其病民，用計潛濁其水，製紙轉黑，乃以此地氣改遷奏聞。奉旨勘實，方得除免。此固愛民盛心，但少此佳紙，爲可惜耳。"⑬由此可知，以産"蠲紙"聞名的温州，自明代宣德年間終止了"蠲紙"的生産槽坊。

何東園名文淵，亦作聞淵，東園蓋其字。江西廣昌，亦作建昌人。明張孚敬所修《［嘉靖］温州府志》説他于明"宣德中，知温州府。悉民情，革奸弊，不避豪右。在任六年，朝廷异其政績，召爲刑部侍郎，老稚遮道挽留，民到于今稱之。所著有《牧民備用》"⑭。官局在温州監造"蠲紙"，他怕有害于民，遂設計潛濁其水，令造出來的紙色轉黑，遂停止再造此紙。其膽略昭然可知。

注釋：

①（唐）賈公彦撰，（唐）陸德明釋文：《附釋音周禮注疏》卷六，清嘉慶二十年（1815）南昌府學刻本。

②（明）楊慎：《丹鉛總録》卷二，明嘉靖刻本。

③（明）夏樹方：《詞林海錯》卷八，明萬曆刻本。

④（清）李衛等修，（清）沈翼機、傅王露等纂：《浙江通志》卷一百七，清乾隆元年（1736）刻本。

⑤（元）脱脱等撰：《宋史》卷八十八，清乾隆武英殿刻本。

⑥（清）勞大輿：《甌江逸志》，清康熙刻《説鈴》本。

⑦（宋）歐陽修：《新五代史》卷五十六，清乾隆武英殿刻本。

⑧ 同注⑦。

⑨（宋）王溥：《五代會要》卷十五，清乾隆武英殿活字印本。

⑩（宋）趙與時：《賓退録》卷二，宋刻本。

⑪（明）陳耀文：《天中記》卷三十八，明萬曆刻本。

⑫（清）劉岳雲：《格物中法》卷六，清同治劉氏家刻本。

⑬（清）勞大輿：《甌江逸志》。

⑭（明）張孚敬修：《温州府志》卷三，明嘉靖刻本。

（作者單位：國家圖書館國家古籍保護中心辦公室）

七寶轉輪藏主人李瑶雜考

艾俊川

内容提要：清人李瑶用活字排印的《南疆繹史勘本》等書，因被認爲是“泥活字本”而受到重視，但李瑶本人的事迹長期隱没不彰。李瑶喜著書，擅繪畫，廣交游，是清晚期一位活躍的文士。爬梳整理李瑶及其友人的零散文字，可見其生平、交游、著述、印書和藝事大略，加深對他印書所用活字并非泥活字而是木活字的認識。

關鍵詞：印刷史　李瑶　七寶轉輪藏　《南疆繹史勘本》　泥活字

清道光時人李瑶用活字排印了《南疆繹史勘本》《校補金石例四種》等幾種書，因牌記題寫“七寶轉輪藏定本仿宋膠泥版法印”，近幾十年來，這些書被認爲是用“泥活字”排印的，李瑶也以“成功仿製畢昇泥活字版”而成爲中國印刷史上的重要人物。

實際上，李瑶印書使用的衹是普通木活字，他印刷出版活動的意義因後人對文本的誤讀而被高估。不過，他還是清晚期一位富有才華的文士，交游廣泛，并有詩文書畫傳世，這在以前的研究中又被忽視。通過對李瑶存世作品和友朋詩文的爬梳整理，可以大致瞭解他的生平出處，加深對其人其事的認識，包括對他印刷出版活動的理解。

一、生平

李瑶校勘的《南疆繹史勘本》道光十年（1830）印本，卷首有自序，末題“古高陽氏吴郡李瑶序”，下刻二印章，一爲“飛將軍孫”，一爲“寶之手校”；《引用書目》後有長跋，末題“七寶轉輪藏主古高陽氏并記于十二峰寓樓”，下刻“子玉手白”小印。李瑶所撰《繹史摭遺》十八卷，卷端題“李瑶子玉纂”，《卷目》跋署“七寶生”，并刻“明經博士”印[①]。

從李瑶自己提供的這些信息可見，他字子玉，又字寶之，號七寶轉輪藏主、七寶生等，蘇州人[②]，是一位“明經博士”，也就是貢生。

寶山人袁翼（1789—1863）所著《邃懷堂全集》[③]中，有多首詩文涉及李瑶，從中可略知李瑶生平，特别是他大致的生卒年份。

袁翼早年在寶山就與李瑶相識，道光後期宦游江西，又在南昌遇到定居于此的李瑶，二人交往頻密。《邃懷堂詩集後編》卷一有《寄隱山莊歌贈李寶之明經》長詩[④]，内云：

憶昔翩翩弱冠齡，田何弟子受羲經（鉅野田若谷師由鎮洋調任寶山，君以高弟在幕）。鶴江烟月邀春醉，鼇嶼風濤入夢聽。我年二十困童試，使君謬賞出群器。土銼能收爨下桐，鹽車早脱泥中驥。衙齋把臂意纏綿，君是蓬萊小謫仙。萬卷圖書孫北海，一家花鳥惲南田。

按光緒《寶山縣志》卷七官師表、宦績傳，知縣田鈞字若谷，山東鉅野舉人，嘉慶七年（1802）九月由鎮洋調任寶山，在任十載。根據上引長歌，田鈞調任時，李瑶以弟子身份居其幕中，正當“翩翩弱冠”之年，所以李瑶大致生于乾隆四十八年（1783）。他給袁翼留下的印象是，有詩才，富藏書，善繪畫。

《詩集後編》卷三有《題李寶之明經畫册》一首，其前詩《閏七夕》句下注“乙酉閏七月，迄今甲寅閏七月”。此編詩作按年月編排，可知咸豐甲寅（四年，1854）秋李瑶尚在世，年已七十歲。

《詩集後編》卷四有《題錢舜舉風雨漁村圖手卷》詩，序云：

此卷爲亡友李寶之明經珍藏。寶之疾亟，贈其某友，且曰：吾貸汝金若干，汝若需金，以此卷携示某人，必能如數償也。故遂歸于余。偶一展覽，爲之憮然。

此時李瑶已去世。卷中前一首詩爲《早春》，有“今日人日過，將近試燈時”句；後面隔一首爲《元夜不寐》。袁翼在江西浮沉下僚，咸豐六年署弋陽知縣，七年實授玉山知縣[5]，五月到任。據此編詩中情事，《題錢舜舉風雨漁村圖手卷》作于離職弋陽之後，任職玉山之前，時爲咸豐七年正月上半月。

袁翼“偶一展覽，爲之憮然”，説明畫卷并非剛剛到手，且依清人習慣，清理債務都在“三節”之前，過年時不會討債，所以李瑶的卒日，也不會在咸豐七年元旦後那幾天，而是在咸豐四年至六年之間，或以六年（1856）可能性爲大。

綜上，李瑶的生卒年，大致爲：1783—1856。

據李瑶《南疆繹史勘本引用書目》跋，他有一子名辛生；據道光丁未（1847）李瑶題施淦《人物》畫記（圖1），他有一女嫁錫山施淦[6]。

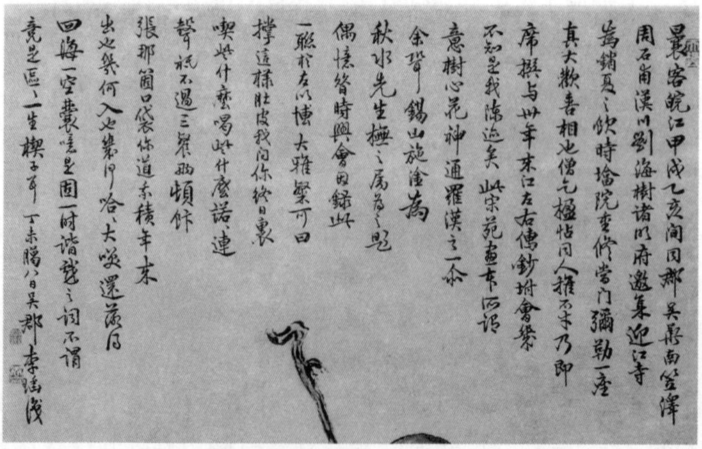

圖1　李瑶爲施淦畫人物題記

二、交游

李瑶自稱“明經博士”，友人也多這樣稱呼，但翻檢蘇州方志，貢生表中未見其名。他的行迹，青年游幕，中年著書，晚年隱居，大略有自己和朋友的詩文爲證。

袁翼的詩透露出，早在嘉慶七年（1802）李瑶 20 歲時就在寶山知縣何鈞幕中。何鈞于嘉慶十七年丁憂去職，其後李瑶有數年在安徽游幕。

嘉慶二十年（1815），李瑶在安徽知縣盧元爍幕中。李兆洛《養一齋詩集》卷八有一組叠韵詩，第五首爲《叠韵答李寶之》[⑦]。組詩後跋云：

> 嘉慶甲戌，予以奉諱去官。其明年，以官事羈留皖江，時周石甫及吉甫丈同以奉諱留省垣，石甫寓城南某寺，有沙彌小顛從之學詩，時有唱和，而芝房亦以省侍在焉，與盧湘槎明府及其幕下士李寶之往來過從相善也。石甫作感懷詩見示，因次韵答之，已而遍及諸同人，諸君亦相繼屬和，屈指二十年矣。

石甫爲周鶴立，吉甫爲陳炳德。盧元爍號湘槎，吴縣人，嘉慶二十一年知貴池縣[⑧]。李瑶于次年離開貴池，暫居省城，與友人劉珊（海樹）等有吟詩投壺之樂。年底，他入鹽運使札郅庭幕，前往杭州。其事略見李瑶《投壺譜》自序：

> 嘉慶丁丑夏，不佞由貴池挈眷渡江，僦居皖城之南，以安頓琴書尊罍之屬。面城挹江，賡延風月，自署其居曰小蓬萊、寄廬。一時名下諸公，咸相燕集，集則以雅歌投壺爲勝，漢川劉海樹大尹曾爲之記……是年都轉札郅庭師偕之來浙。

在浙江，李瑶得到明周宗建（謚忠毅）孤山梅花刻石，後以拓本贈宗建六世孫鶴立，一時友人詩以紀之。陳文述《頤道堂詩選》卷二十五《孤山梅花石刻歌爲周石甫作》[⑨]，詩序略云：

> 石爲君六世祖忠毅公官杭州日刻。前列其師華亭張侗翁鼐孤山種梅叙，忠毅補種三百株，加跋語書而刻之，并刻侗翁所畫和靖手植古梅也。石舊在孤山，爲吴門李寶之瑶所得。嘉慶己卯，石甫遇寶之于宣城，夜夢忠毅語之曰：汝字縉雲耶？以黄玉瓶授之。晨得寶之所貽石刻搨本。解者曰：縉雲者，李郡望也，褚河南書唐文皇哀册“家傳縉雲”語可證也；玉瓶者，寶之也。忠毅精爽，于翰墨有餘眷焉。

查揆《篔谷詩抄》卷十五也有詩記此事[⑩]，題云：

> 張堯思畫巢居閣古梅，周忠毅公摹刻于和靖先生祠。其前有華亭張鼐種梅序，公爲之跋尾。嘉慶庚辰，吴縣李寶之瑶得諸西湖之濱，以歸其六世孫鶴立。道光元年見于皖上，爲作詩記之。

二人所述得碑之年不一，其事則一。

道光初，李瑶又回到安徽。道光三年（1823），他應寧國知府陳其松之邀在宣城閱看童子試卷，與寧國縣教諭沈欽韓共事三個月，沈欽韓《幼學堂詩稿》卷十七有《答李子玉元韵》三首[11]：

題襟携手太匆匆，五月長江舶趠風。盡有高梧宿鸞鳳，爲誰凄切草間蟲。

雨雨風風暖復寒，芭蕉新緑展簷端。相將河上詩吟罷，一倚山樓叠嶂看。

一寸燭心休更剪，三杯酒面藉相扶。新詩戢戢雖如筍，去日愔愔不駐壺。

分别後，李瑶將《投壺譜》寄給沈欽韓，請其作序。

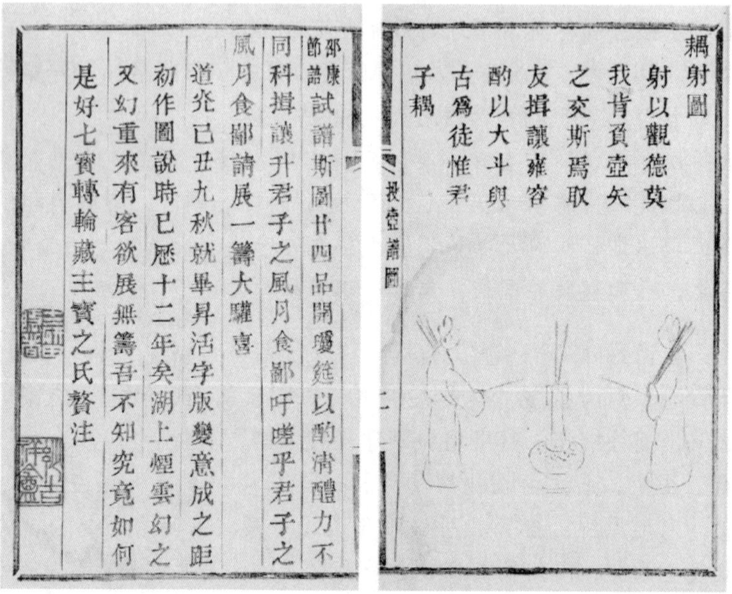
耦射圖

射以觀德莫我肯負壺矢之交斯爲取友揖讓雍容酌以大斗與古爲徒惟君子耦

投壺譜圖 二

部康節譜試譜斯圖廿四品開瓊筵以酌清醴力不同科揖讓升君子之風月食鄙吁嗟乎君子之風月食鄙請展一籌大驩喜

道光己丑九秋就畢昇活字版變意成之距初作圖説時已歷十二年矣湖上煙雲幻之又幻重來有客欲展無籌吾不知究竟如何是好七寶轉輪藏主寶之氏贅注

圖2 清道光九年（1829）活字印本《投壺譜》

此後，李瑶仍在浙江鹽運使幕中。道光九年，他已脱離幕僚生涯，寓居杭州，開始以校印書籍謀生。他自己説：

不才少務交游，絀于知己，名心獨冷，俠骨空張。縣維急人之急，每至纍益加纍，今而纘此古史，托驥尾逐蠅頭，亦計之末焉者矣。憶昨從事都轉幕下，浮家西子湖邊，月滿一樓，花明四壁。詩酒壺矢之會，旬輒載舉；親疏依附之流，日繁有徒。及兹黄金散盡，白髮漸生，鼓枻重來，入山小住，聽萬籟之既寂，對一燈而自孤。我因注史杜門，人亦弃交絶迹，撫今感昔，尚忍何言。[12]

他先在道光九年（1829）用活字排印《南疆繹史勘本》80部，復于次年再排印100部。道光十二年，他又排印《校補金石例四種》。李瑶素喜交游，曾手散萬金，但此時境况困窘，告貸艱難，幸好還有幾位好友，助他度過難關。

道光後期，李瑶定居南昌并終老于此。他在東湖邊修築寄隱山莊，以詩文書畫與當地官員往來應酬。袁翼再次見到他，就是在南昌他的山莊中。《寄隱山莊歌贈李寶之明經》起首云：

良朋會合有時數，咫尺天涯吴越路。我住灌城已五年，與君今夕樽前晤。

南昌城初爲漢時灌嬰所築，故稱灌城。袁翼是道光壬午舉人，初充京師覺羅官學教習，

“戊戌試吏西江”，時在道光十八年，下推五年，爲道光二十二年（1842），此時李瑶有山莊待客，應已卜居有日了。

三、著述

李瑶善詩文，朋友詩中多以太白目之。道光末年也在江西任知縣的馮詢《子良詩存》卷五有《李寶之明經瑶寄示新居詩賦贈》二首[13]，詩云：

扶輪大雅有文章，敢説青蓮但古狂。謫到神仙天寂寞，閲殘湖海客蒼凉。買山未定逃名計，築室先求避俗方。便欲賦閑閑不得，一生長爲著書忙。

久耳門多長者車，解來問字或非迂。我尋吴郡新詩卷（寶之蘇州人），人道高陽舊酒徒。未必座能容俗吏，不妨市亦着潜夫。蒼官骨格分明在，堪比昂藏七尺無（承畫丈幅巨松）。

贊揚了他作詩與著書的生涯。李瑶的詩文不知是否結集，現能見到的，衹有著書序跋、繪畫題咏等零星作品。

韓泰華《無事爲福齋隨筆》[14]卷下記李瑶爲其岳父沈濤（西雍）作《得鏡圖》，并繫以長詩。現移録李詩于下，以見一斑：

天邊明月圓如鏡，人間寶鏡光相映。時值中秋月更清，清光大來發高咏。成都太守志灑然，早賦歸與心不競。道出西江攬月華，婦翁解榻談清政。漢唐金石重摩挲，上下千秋同訂正。弆鄉喜得鏡團圞，銘泐丹文製特勝。八子九孫兆吉羊，子午規方十二命。豐城劍氣舊如虹，物各有主緣有定。猗與退翁藻鑒照秋豪，矧有香奩唱和隨聲應。曰歸曰歸試看西湖一鏡清，鸞舞龍蟠卜家慶。

“一生長爲著書忙”。李瑶撰著之書，現存的知有二種，一爲《投壺譜》，一爲《繹史摭遺》[15]。

李瑶喜交游，并喜以投壺之禮佐酒。據《投壺譜》自序，嘉慶二十二年（1842）夏李瑶在安徽，“一時名下諸公，咸相燕集，集則以雅歌投壺爲勝”；冬天至浙江，“會輒以區區壺天爲觴政”，而當時投壺規則已不甚明瞭，“其賞罰之例，每以意度，未當也”，于是公餘整理舊格，繪圖附注，著成此書。書成之後，道光己丑（九年，1829）用活字排印刊行。卷後作者有短注説：“道光己丑九秋，就畢昇活字版變意成之，距初作圖説時已歷十二年矣。”[16]則其書完成在嘉慶二十三年。

《投壺譜》用活字版印行，流傳不廣，故李瑶定居南昌後，復擬雕版刊行，并請袁翼撰《投壺圖譜叙》，今未見道光咸豐之際刻本傳世，不知是否刊成。全國古籍普查登記基本數據庫[17]著録《投壺譜二十四品圖》一卷，（清）李瑶撰，附《連理玉樹堂言》一卷，清道光三年（1823）刻本。是此書在道光九年排印之前已有刻本，未經目驗，不知詳情如何。《投壺譜》另有抄本，清華大學圖書館和哈佛燕京圖書館各有收藏。

《繹史摭遺》十八卷，是李瑶辭去鹽運使幕府職務、在杭州刊行《南疆繹史勘本》時爲温睿臨《南疆佚史》所作的續補。李瑶鑒于温氏《南疆佚史》保留大量南明史料，有刊行之必要，而書中又有很多忌諱言詞，難以原樣刊行，遂于道光九年參考多種書籍進行校勘，删去“必不可存”之詞，重編爲《南疆繹史勘本》三十卷，并補充内容作《摭遺》十卷，于當年用活字版印行80部。第二年，李瑶又將《繹史摭遺》增補爲十八卷，合《南疆繹史勘本》共四十八卷，再用活字版印行100部。

四、印書

李瑶排印的兩個版本的《南疆繹史勘本》（還有道光十二年排印的《校補金石例四種》），都使用了同一個雕版牌記，篆書“七寶轉輪藏定本仿宋膠泥版印法”14字，在序跋凡例等處李瑶又有“用畢昇活字法，排印成編”“是書從畢昇活字例，排版造成”等説法，致使它們被看作是書籍史上難得的泥活字版印本[18]，實際上并非如此。

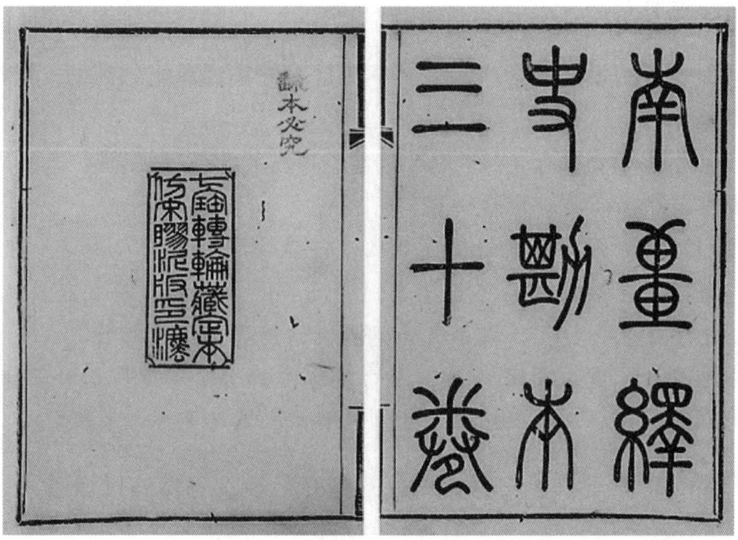

圖3　道光十年（1830）印本《南疆繹史勘本》書名頁及刊記頁

李瑶使用的活字，不是泥活字，而是當時普遍使用的木活字。對此，我曾在《爲李瑶“泥活字印書”算幾筆賬》一文中做過考辨[19]，主要依據李瑶在序跋中自己披露的出版印刷過程，判斷他没有時間、財力也没有動力去仿製泥活字版。如《南疆繹史勘本》是一部加上附録有50多卷、800多頁的大部頭書，衹用5個月即印刷完成，李瑶根本没有製作泥活字的時間；印刷80部書，用費平錢30萬文，計銀200餘兩，正好是當時雇請活字鋪排印的價錢，并不包括製作泥活字的成本；他兩次出版此書，是爲賣書謀生，全程靠借貸支撑下來，需要根據性價比采用技術，仿製泥活字版有違經濟規律。因此，所謂“仿宋膠泥版法”也好，“用畢昇活字法”也好，都是李瑶借用典故，表示活字印刷而已。

古籍版本鑒定，要以版本實物爲主要依據，而不能僅憑文字記載即下結論。觀察李瑶“仿宋膠泥版法”印書的版面特徵，對比可信的清代泥質書版印書，可以發現李瑶用的不會是泥質書版。一是同一書頁上的同一個字均不相同，説明活字逐個雕刻，而非用模具塑造。清代的泰山瓷版、吕撫泥版和翟氏泥活字版，字印都是用模子塑製的。以模塑字符合泥的特性，可以保證泥活字製作的質量和效率，逐字雕刻其實是製作木活字的辦法；二是板框四角留有較大縫隙，且越到後來縫隙越大。這也是木活字版的顯著特徵，因爲木字遇水膨脹，會將板框撑開，使縫隙變大。泥活字燒硬變成陶瓷，遇水不膨脹，也就不會撑開板框。三是取清代泥活字印本及木活字印本對照，李瑶印書的印痕墨色與木活字本接近，與泥活字本相差較遠。

另外，李瑶與其友人的説法，也否認了自製泥版。《南疆繹史勘本》初次印刷出版由李瑶主持，道光十年再版則由其友人蔡聘珍主持。對此，李瑶説"蕭山蔡氏丈笛椽孝廉爲之鳩工排版"，蔡聘珍序説"遂復爲之構所謂聚珍版者以輔其志"（"構"與"購"同義），十年本目録後題"道光十年庚寅閏夏七寶轉輪藏勘補定本、蕭山蔡氏城南草堂仿宋膠泥版法排版"，都明言由蔡氏出資請人排印。當時出版業并没有泥活字印書這一行，若想用泥版印書，即使花錢也無處可買，蔡聘珍所"構"衹能是日常應用的木活字版。

在文禁猶存的年代，刊印南明史書是有一定風險的，也難怪李瑶的朋友們避之唯恐不及。但在這種情況下，他依然兩次舉債排印《南疆繹史勘本》，其出版行爲本身就值得稱贊，原不必以并非事實的"泥活字本"來增重。

五、藝事

"萬卷圖書孫北海，一家花鳥惲南田"。李瑶除了擅長詩文，還是一位活躍的畫家，一位廣收金石書畫的收藏家。

在友人的詩文中，李瑶是多面手畫家，擅長各種題材。他喜歡爲人作畫，曾爲沈濤作《得鏡圖》，與黄爵滋同游螺墩，欲作關荆山水[20]；爲馮詢作丈幅巨松，又贈陸繼輅畫，使其"畫裏見吾廬"[21]。朋友們還經常爲他人收藏的李瑶畫作跋。袁翼有《題李寶之明經畫册》[22]詩：

> 桃花開落不知春，未許漁郎來問津。炊黍無烟鷄犬寂，此中容得避秦人。（《桃源問津圖》）
>
> 曾向南華祝瓣香，西來衣鉢問誰藏。而今滄海横流處，初祖應難一葦航。（《達摩渡江圖》）

在李瑶去世後，袁翼又作《殘冬欲雪客以天寒有鶴守梅花圖索題故人寄隱山莊李君筆也》詩[23]，詩云：

> 江村負郭遠囂塵，更喜僧廬結近鄰。鶴意願爲梅眷屬，水光能助月精神（圖繪半輪明月，低照梅梢，溪中又有半輪月影，布景清雅可愛）。夜長燈火詩還續，人去山莊墨尚新。自笑支離成病叟，一年臘鼓又回春。

從中可見李瑶山水畫作之面目。

馮詢《子良詩存》卷二十一有題李老寶畫二首，其一爲《沈槐卿以李老寶所作萬竹圖照屬題》，略云：“李君乃似欲盡天下之竹爲此圖，知君成竹胸中有，畫出萬篁如萬柳，柳腰瘦甚竹神清，恰肖沈郎好身手。”其二爲《題李老寶畫虎》。據下引《書畫鑒影》，“老寶”也是李瑶的别號，因知他擅畫竹、畫虎，兼能爲人寫照。

近些年，各拍賣行不時有李瑶畫作拍賣。邦瀚斯拍賣公司 2018 年 4 月舉辦的中國書畫拍賣會，有李瑶道光元年所作山水册頁[24]。畫共十頁，多仿明吴門畫派，筆墨輕盈，册尾有章承熙跋文，可補畫史之不足，節録于下：

> 此吴下李二寶之作也。寶之秉資穎异，性復冲和，詩古文詞，靡不擅長，尤究心于繪事，每遇前人墨迹，刻意臨摹，得其神似。

北京保利拍賣公司 2011 年第 16 期精品拍賣會，有李瑶梧下高士圖一軸[25]，題詩云：“碧梧高陰晚凉生，有客酣歌鶴應聲。月湧大江風露下，最難消遣此時情。”款署“東湖寄隱”，爲晚年寓居南昌時所作。

泰和嘉成拍賣公司 2018 年春季藝術品拍賣會，有李瑶淺絳山水一軸[26]，題詩云：“一林修竹舞清風，緑皺微波路曲通。有客坐忘吟不倦，樹陰移過草堂東。”款署“吴郡李瑶作于寄隱山莊”，也是晚年之作。

圖 4　李瑶晚年所作山水畫

創作之外，李瑶還喜好收藏，《投壺譜》序自述有“琴書尊罍”。他所藏書畫，除了後歸袁翼的錢選《風雨漁村圖》，從諸家著録可窺的，還有王蒙《松窗讀易圖》卷和王翬《春湖歸隱圖》卷。後者見于龐元濟《虛齋名畫録》卷五，引首篆書“耕烟散人寫春湖歸隱圖真迹逸品”，行書“嘉慶己卯小春之朔吴郡李瑶題”，鈐“老寶”和“明經博士”印。前者著録于李佐賢《書畫鑒影》卷五《王叔明松窗讀易圖卷》，前額篆書大字“黄鶴山樵松窗讀易圖”，行書“吴郡李瑶題”，押尾鈐蓋的也是“老寶”和“明經博士”二印。

王蒙《松窗讀易圖》卷原有數本，一本曾入清宫石渠寶笈，一本民國後歸吴湖帆所有。李瑶藏本有元明間人□逵、吴澄、鄭元佑、吴餘慶、徐溥五人題跋，看上去是流傳有緒的名迹，不知今日是否尚在人間。

注釋：

①（清）李瑶：《繹史摭遺》十八卷，清道光十年（1830）木活字本。國家圖書館藏。

② 李瑶的籍里，他自署“吴郡”，友人多書“吴縣”。

③《邃懷堂全集》内含文集四卷、詩集前編六卷、詩集後編六卷以及詞抄、駢文等。《續修四庫全書》第1515册影印清光緒十四年（1888）袁鎮嵩刻本。

④（清）袁翼：《邃懷堂詩集後編》卷一，《續修四庫全書》影印清光緒刻本，上海古籍出版社，2002年，第1515册，226頁。“寄隱山莊”是李瑶晚年在南昌東湖所築園宅。李瑶曾作山水畫，署款“吴郡李瑶作于寄隱山莊”，并鈐“寶之”印章（見本文第五節“藝事”），因知詩中“李寶之明經”即李瑶。

⑤ 袁鎮嵩《邃懷堂全集緣起》：“先世父穀廉公……咸豐六年權知弋陽縣事。”俞廷瑛《江西玉山縣知縣袁公傳》：“咸豐……以公調補玉山，七年蒞任。”俱見《邃懷堂全集》卷首。

⑥ 見南京十竹齋拍賣有限公司2005年秋季拍賣會第0545號拍品“李瑶”《人物》。按此畫實爲施淦所作，李瑶加題。https：//auction. artron. net/paimai-art36710545/.（2021. 4. 5 檢索）

⑦（清）李兆洛：《養一齋詩集》卷八，《續修四庫全書》影印清道光間活字本，第1495册，466頁。

⑧（清）陸延齡修，（清）桂迓衡纂：《貴池縣志》卷十四，清光緒九年（1883）活字本。

⑨（清）陳文述：《頤道堂詩選》卷二十五，《清代詩文集彙編》影印清道光本，上海古籍出版社，2010年，第504册，446頁。

⑩（清）查揆：《篔谷詩抄》卷十五，《續修四庫全書》影印清道光刻本，第1494册，470頁。

⑪（清）沈欽韓：《幼學堂詩稿》卷十七，《續修四庫全書》影印清刻本，第1499册，119頁。

⑫ 李瑶《南疆繹史勘本引書目録》跋。

⑬ 馮詢：《子良詩存》卷五，《續修四庫全書》影印清刻本，第1526册，70頁。

⑭ 清光緒《功順堂叢書》本。

⑮ 全國古籍普查登記基本數據庫著録福建省圖書館藏《身心日用録》二卷首一卷後編一卷，（清）李瑶選録，清道光二十九年（1849）刻本，當爲李瑶所編。俟詳考。網址：http：//192. 168. 42. 12/xlsworkbench/publish.（2021. 4. 5 檢索）

⑯ 據西泠印社拍賣有限公司2013年秋季拍賣會圖録，古籍善本，114號。

⑰ 全國古籍普查登記基本數據庫，網址：http：//192. 168. 42. 12/xlsworkbench/publish.［2021. 4. 5］

⑱ 如《第四批國家珍貴古籍名録》（國家圖書館、國家古籍保護中心編，國家圖書館出版社，2013年）著録紹興圖書館藏《南疆繹史勘本》（編號10186），版本即定爲“道光十年泥活字印本”。

⑲ 艾俊川:《爲李瑶“泥活字印書”算幾筆賬》,《藏書家》第 12 輯, 2007 年, 39—46 頁。又見艾俊川:《文中象外》, 浙江大學出版社, 2012 年, 51—63 頁。

⑳(清)黄爵滋:《仙屏書屋初集詩録》卷十五《螺墩即事》自注,《續修四庫全書》影印清道光活字本, 第 1521 册, 285 頁。

㉑(清)陸繼輅:《崇百藥齋續集》卷一《病榻懷人之作》之四,《續修四庫全書》影印清道光刻本, 第 1497 册, 55 頁。

㉒(清)袁翼:《邃懷堂詩集後編》卷三。

㉓(清)袁翼:《邃懷堂詩集後編》卷五。

㉔ 見雅昌藝術網, https://auction.artron.net/paimai-art0073590243/.(2021.4.5 檢索)

㉕ 見雅昌藝術網, https://auction.artron.net/paimai-art5008656225/.(2021.4.5 檢索)

㉖ 見雅昌藝術網, https://auction.artron.net/paimai-art0075351076/.(2021.4.5 檢索)

(作者單位:金融時報社)

配補本要素初探
——以國家圖書館藏善本别集配補本爲例

徐　慧　劉炳梅

内容提要：配補本是選取某種底本抄補或用某種刻本補齊古籍殘缺部分，形成一部新的全本（或仍有殘缺但較之前更完整）的一種書籍版本形式。配補過程涉及的要素包括配補主體、緣起，配補類型、形式，配補時間、方式、内容，以及配補底本選擇及邏輯等諸多方面。分析國家圖書館藏148部善本别集配補本的相關要素可知：配補行爲或與其流傳收藏相關，或與集主後代對家集的整理搜求相關，配補主要由藏家在收藏之後完成；配補以抄補爲主體，抄配活動在明清時期最爲鼎盛，配補在形式和内容上都儘量追求影摹；抄補、影刻在主客觀上都不可避免地會對底本和原書發生改動，補配底本選擇以原書刻本或原書版本系統爲原則。

關鍵詞：别集　配補本　配補元素

配補本是選取某種底本抄補或用某種刻本補齊古籍殘缺部分，形成一部新的全本（或仍有殘缺但較之前更完整）的一種書籍版本形式。配補本中所配之書有的非常珍稀，單行本或底本已佚，僅靠配補本得以流傳，其版本價值極高，甚或超過殘佚原書，是古籍版本學和古籍研究的重要資料。從版本學意義上來説，配補後新的全本形成了一種新的版本形式——配補本。作爲一種特别的古籍再生産方式和特殊的讀者詮釋方式，配補也是書籍史和文化史的重要現象。不過，以往古籍收藏界和學術界，往往更重視全本，在"原本""全本"缺失的情況下，纔退而求配補本。長期以來，這一爲數不少的配補本一直未受到足够的關注，更談不上關注配補現象。

近年徐蜀先生對配補本已經做過一些調研和思考[①]。據其統計，《中國版刻圖録》所收宋版書"共計191種，殘缺者94種，將近一半；殘缺的94種經配補者41種"[②]。而"《北京圖書館古籍善本書目》標注的配補本多達400餘種，其中多半爲孤本或稀見本"[③]。徐先生明確提出"在一般按照朝代劃分類别（如宋刻、原刻明刻、清刻等）的版本之外，又産生了一個全新的門類——'配補本'"。指出明清時期配補較多："因各種原因，不少宋刻本到元明時期已殘缺不全，爲其配補者大多爲明清（清代居多）時期的藏書家和學者。"又指出所補缺卷的來源有三類："一是其他宋刻本或元刻本、元抄本；二是影宋刻本、影宋寫本；三是直接或間接源自宋本的明清刻本、抄本。"[④]并且指出古籍目録著録、古籍影印應該注意配補本。

本文試圖藉由國家圖書館藏善本别集配補本，從配補主體、緣起，配補類型、形式，配補時間、方式、内容，配補底本選擇及邏輯四個方面对配補本作一探討。本文依據1987年出版的《北京圖書館古籍善本書目》相關著録，選取其中148部善本别集配補本作爲分析對象。

一、配補主體、緣起

古籍藏家是古籍殘本配補的主要主體。古籍藏家尤其是著名藏家，經眼善本古籍無數，熟悉各版本存藏流播情況，具備殘本配補的便利條件。另外，藏書家多爲古籍版本學或校勘學家，對于殘本的補配意願、補配底本的選擇及搜求能力以及紙墨的選擇、版式的控制、裝幀的要求等具體實施，都起到了關鍵作用。清代著名藏書家黄丕烈曾購藏、點校、抄補過一部清抄本宋趙聞禮編《陽春白雪》八卷《外集》一卷(06670)[⑤]殘本，卷一至四配補黄丕烈士禮居抄本。黄丕烈于此書留下數條校抄題跋，從這些傳世題跋、題識所留存的蛛絲馬迹中可勾勒出一些關于配補者補配緣起、動機的端倪。其跋文如下：

> 錢唐何夢華向年以元人抄本《陽春白雪》歸余，其時余姻家袁壽階亦有藏本，較何本多外集一卷。今來武林，訪何君夢華，上吴山玩，遇賞樓書肆，見插架有此殘帙，遂購歸，可據所藏元人抄本補完，亦抱守老人之幸也。
>
> 道光壬午年廿有五日，夢華從琴川返棹過余，向余問及此書，因有人托抄副本也。余曰："此書除元抄本外，尚有一殘抄本，却亦得諸武林，尚未抄全，君如應友人托抄，何不就君所藏副本上録其半，即以此下半册合之，豈不成兩美乎？"此議未决，而余却思倩人抄全，俾成完璧，以了宿願。遂先校其所有者，此殘本似從元抄本出，于紙損及字迹未明晰處，皆闕而不書，或書之不全，即此可見。

據第一則跋文，黄丕烈從錢塘何夢華處得元抄本《陽春白雪》，後逛書肆又購得一殘本，意據何氏元抄本補完，然并未付諸實施。據第二則跋文，後何氏又因人想托抄此書副本，向黄丕烈提及元抄本《陽春白雪》。黄丕烈于是又將殘本抄補配齊一事提上日程，并于抄補前點校殘本。經過二本對校，發現殘本似從元抄本出，最終將殘本據元本抄全，補齊缺失的卷一至四。通過跋文中諸如"補完""抄全""完璧""合之""夙願""抱守老人之幸""豈不成兩美乎"等關鍵詞，可以勾勒出藏書家對于藏書求精求善、合璧補全的汲汲渴求，訪購搜求、校改補配的藏家形象亦在三言兩語中躍然紙上。

又近代藏書家傅增湘曾收藏、補配明宋濂撰洪武十年（1377）鄭濟刻本《宋學士文粹》十卷《補遺》一卷（11423），卷六至十及《補遺》一卷爲傅氏補抄。傅增湘《藏園群書題記》卷十七明别集類亦收《洪武本宋學士文粹跋》一篇，叙及此書收得及配補過程：

> 余舊聞莫世丈楚生言，宋文憲集以《文粹》最爲罕秘，且字畫精緻，亦非尋常元刊可及，心慕已久。嗣游吴門，楚生語及近于書友李子東許偶見殘本，因屬蹤迹之，良久，郵致而來，開函展玩，驚喜逾常，行密如檣，字細于豆，古香馣藹，燦目襲心，洵可爲愜中之奇珍秘玩矣。惟刊本祇有卷一之五。余夙知楚生丈

許藏有全帙，遂假以北來。然其刻本亦僅存上半部，卷六至十及補遺一卷仍屬舊抄，因浼世好喬君大壯、王君麟伯及書記三人按其行格各分寫一卷，俾成完璧。二君皆雅嗜詞翰，筆法俊麗，而大壯尤秀异入古，今書中第四卷凡十六翻一萬二千餘言皆大壯所書也。

余嘗觀古來官署及私家摹刻書籍，多選名家工書之人繕寫開版，故其筆法體格足爲後人楷模。……而余幸得當代名筆補綴其殘佚，既可與前任媲美，更足爲古書增重，其歡喜贊嘆之情非毫楮所能宣矣。[⑥]

傅氏所收此集與莫棠（字楚生）所藏此本同版，"刻本亦僅存上半部"，可知二人所藏此書同版，且均缺下半部："此兩帙皆僅存前半，殊可怪詫。"[⑦]傅得此書後，請"雅嗜詞翰，筆法俊麗"的"當代名筆"喬大壯、王麟伯等補綴殘佚，力求達到"既可與前任媲美，更足爲古書增重"的程度。三位抄補者以莫棠本卷六至十爲底本分別"按其行格"抄寫，以補配成全本。此則題記題于"壬申（1932）入伏第一日"，則抄配時間當在此前。清張金吾《愛日精廬藏書續志》卷四著録有此書莫棠藏本，爲文三橋（文彭）舊藏："卷首有文彭印記，闕卷六至十，抄補。"[⑧]莫本有葉德輝跋，稱六卷以下爲抄配，從原刻影摹。跋文除述及傅增湘在收書後對于殘本的補配緣起外，對抄補底本選擇、抄寫者選擇、抄配時間、方式、原則等一系列補配元素信息亦有交代。

別集、家集本的編撰者和收藏者也是補配主體之一。明萬曆二十五年（1597）趙府刻本《天池雪堂彙稿》（14887）爲明嘉靖萬曆間安陽徐珮（字對山，號雪堂）別集，由其子、侄、孫編次校正而成。此集卷八至卷十五間有抄配，卷八第十五葉後至卷九通卷抄配，卷十四第三葉後至卷十五通卷抄配。抄補部分尺寸、行款與原書同，書後有《雪堂彙稿後序》及《雪堂彙稿又序》。《後序》云：

且夫《雪堂彙槁》一書誠先祖之所作，後世之子孫之儀型也。豈可聽其破殘失次乎？于是族中徐凌雲、徐吉元兩人出焉。殫一念之誠，歷半年之久，廣搜博訪，忽于古相州張君府中訪見數本，因借而謄抄，不數月中而《雪堂彙槁》遂成全書。願後世敬存而勿失之云。咸豐六年歲次丙辰嘉平月念十日，古輔巖樂安氏任冰壺敬書，同族人徐凌雲暨族侄吉元補修。

此序除涉及補配者、補配緣由外，亦交代了補配過程及補配時間等相關信息：集主徐氏家族後裔徐凌雲、徐吉元以先祖家集不能"聽其破殘失次"，歷時半年搜求，最終于古相州張君府中訪到舊本，交由徐氏家塾師任氏，費時數月，于清咸豐六年（1856）十二月抄寫校對完成。此集抄配發生在刊成 260 年後，集主後代、家族後裔補全先祖家集是主要動力。

二、配補類型和形式

從原本和配補部分版本類型角度分析，配補本有以下五種配補類型：刻本配抄本、刻本配刻本、抄本配抄本、抄本配刻本及其他補配形式。其他補配形式主要指各版本原書補配散頁（如目録、附録等）者、其他版本原書補配本（如原書爲活字本）及多種版本合并補配等特殊配補情况。以下甄選各類型案例，对各配補類型予以直觀展示：

表 1　配補類型分類舉例

序號	配補類型	書名著者	原書版本	配補項及版本	備注
1	刻本配抄本	《駱賓王文集》十卷　（唐）駱賓王撰（0881）	宋刻本	卷六至十配毛氏汲古閣影宋抄本	影抄本補配
3	刻本配刻本	《河東先生集》四十五卷《外集》二卷　（唐）柳宗元撰；（宋）廖瑩中校正（09633）	宋咸淳廖氏世綵堂刻本	卷三至五、十配影宋刻本	影刻本補配
2	抄本配抄本	《文苑英華》一千卷　（宋）李昉等輯（02146）存 940 卷	明抄本	卷一百四十一至一百五十、五百三十一至五百四十配明抄本	未補全
4	抄本配刻本	《張司業詩集》三卷　（唐）張籍撰（09624）	清順治十八年（1661）陸貽典影宋抄本	卷下配明刻唐百家詩本	原書爲影抄本
5	其他補配形式	《韋蘇州集》十卷（唐）韋應物撰（08709）	明銅活字印本	卷一至二配抄本	活字本補配抄本
6		《樂府詩集》一百卷《目録》二卷（宋）郭茂倩輯（07905）	宋刻本	卷十九至二十六、九十六至一百配元至正元年（1341）集慶路儒學刻本，卷二十七至三十四配清抄本	多種版本補配
7		《歐陽文忠公集》一百五十三卷（宋）歐陽修撰，《年譜》一卷（宋）胡柯撰，《附録》五卷（10278）	明天順六年（1462）程宗刻本	卷二十四至三十三配抄本，卷五十一至一百五十三、附録配另一明刻本	含散葉補配

配補形式方面，原書和配補部分在行款、欄框、書口、魚尾及開本、板框尺寸等方面有同有异。本文所涉 148 部别集配補本配補形式統計如下：

表 2　各配補類型配補形式分析

序號	配補類型	數量（部）	行款同/异	邊欄書口同/异（無）	開本尺寸同/异	版框尺寸同/异（無）
1	刻本配抄本	90	84/5	60/11（19）	89/1	46/27（17）

續表

序號	配補類型	數量（部）	行款同/异	邊欄書口同/异（無）	開本尺寸同/异	版框尺寸同/异（無）
2	抄本配抄本	26	21/5	—	22/4	—
3	刻本配刻本	23	11/12	11/12	3/20	8/15
4	抄本配刻本	2	1/1	—	1/1	—

（説明：由于人工測量可能存在的誤差，尺寸比對時將三毫米以内的差别忽略；第 1 類括號中數字爲抄本無相關情況部數；第 2、4 類抄本無版框尺寸情况較多，且本身部數數量有限，未做統計；“其他配補形式”類共 7 部，因數量少且複雜，未作統計比較）

根據上表，從各配補類型數量比例來看，第一類刻本配抄本的比例占到六成，數量最多。補配抄本（第一、二類之和）的比例合計占到近八成之多，而刻本補配（第三、四類之和）比例不足兩成。可見，在各配補版本類型中，抄本補配是主體。抄寫是書籍生成的最原始方式，即便在雕版印刷發明之後，亦一直長期存在。這從《中國古籍善本書目》著録的五萬多部古籍中有一半以上是抄本便可印證。而就大部分殘本補配而言，相對于補刻本，補抄本更易實現内容補全，更易操作，成本相對更低，因此抄本補配成爲配補本中最常見的配補類型。

從行款、欄框、書口等古籍版式元素來看，補配抄本與原書行款相同的比例達到近九成，除去 19 部無欄格的抄本補配者，欄框書口相同的比例仍能達到三分之二。而補配刻本與原書行款相同的比例衹能達到一半。相應地，補配刻本與原書欄框書口相同的比例也衹有一半左右。從開本尺寸來看，補配抄本幾乎全部能達到與原書相同，而補配刻本與原書相同的比例衹能達到八分之一。從版框尺寸來看，除去 17 部無欄格的抄本補配者，補配抄本與原書相同的比例能達到一半，而補配刻本衹能達到三分之一。

就版式數據統計比對來説，抄本補配相對于刻本補配，在補配形式上更能實現原書和補配部分的形似。在本文調查範圍内，以抄本補配的 116 部古籍中，有 21 部是影抄本補配，即除了在底本選擇上保證内容的一致性外，在行款、欄框、魚尾、書口等版式方面及抄寫的字體風格、紙張選擇、書籍裝幀等方面均力求做到與原書影摹逼真的程度，尤其考慮到全書裝幀的統一性，以上所列抄本補配者開本尺寸與原書近乎百分之百相同，除無欄格本外，版框尺寸相同者亦達到一半以上。

而以刻本補配者，除非能以原書刻本的不同印本補配外，在形式上很難實現原書與補配本的形似。值得注意的是，某一部古籍在流傳過程中分散後聚合與補配當屬于不同性質，前者可稱爲合璧，後者雖然力求相似，然補配部分與原書并不是一部書。當然，以影刻本補配，或版式相似的同一版本系統的刻本補配，也能實現一定程度的形似。而以不同版本系統的刻本補配者，在古籍版式如行款、欄框、書口、魚尾和版框尺寸等形制上必然會有全部或某方面的差异。開本尺寸上，除非進行必要的改裝，否則難以達到大小一致。版式比對亦能作爲原書與配補本版本系統關係考察的判斷元素之一。因此，或可認爲，以抄本配補者更能體現抄配主體的能動性和抄配行爲的現場感，而刻本補配則更多地是將恰好殘佚互補的兩部書進行匹配聚合，極少有爲補齊殘佚原書專門刻板刷印殘缺内容而進行補配者，因此較難實現版式上與原書的相似，更多體現的是補配主體在補齊内容上的努力。

另，從原書與配補部分比例上看，大多是原書爲主體，配補爲補充，亦有配補近半者、過半者及配補後全書仍不全者。如上引《宋學士文粹》卷六至十、補遺一卷配抄本，補配近半，又清抄本《王西塘春煦軒集》（17788），原書儘存卷十一、十三、十六至十八、二十二共六卷，卷一至卷十共十卷配清抄本，因此書曾被列爲四庫禁毁書，配補過半後全書仍闕。從配補版本數量來看，有配補一種版本及多種版本之分。另，大多數爲域内補配，亦可見域外補配者，如元刻本《後山詩注》（01069）卷一配日本抄本。

三、配補時間、方式、内容

在以上五種配補類型中，除非有明確的配補行爲相關記録，否則配補尤其是配補刻本的發生時間是較難判定的。值得注意的是，就補配抄本來説，補配一般是現抄配齊，暫未見到以現有抄本配齊者，因此，抄本配補本中配補抄本的版本時間與配補時間一般來説是統一的，而就補配刻本來説，由于極少現刻補齊，配補本版本時間跟補配行爲時間一般來説并不相同。以國圖藏現存古籍配補本來看，補配行爲最晚在元代即已發生。如子部宋刻本《重雕改正湘山野録》三卷《續録》一卷（08693）書尾有題記：“《湘山野録》共計一百葉，内宋本四十七葉，抄白五十三葉。”繆荃孫題曰：“此北宋刊元人補抄本，蕘圃跋至爲推重，百宋一廛賦中物，存于世間者亦少矣。”可知，此本卷下、續録爲元人抄補。抄補較晚者又有遲至現代館員抄配者，如清康熙刻本《楝亭詩抄》八卷《詩别集》四卷《詞抄》一卷《詞抄别集》一卷《文抄》一卷（03077），《文抄》一卷即爲國家圖書館館員抄配。在以上統計的116部抄本補配本中，有較爲明確的補配時間者，明抄配補本有13部，清抄配補本有59部，明清抄配占六成以上（其他四成補配時間尚待確定），可見，抄配在明清時期最盛，這與明清藏書文化風靡直接相關。徐蜀先生也認爲，明清時期的版本學史，進入了“後宋版書時代”，一批藏書家、學者、書賈，積極投身于宋版書的傳播、收藏、整理研究和拾遺補缺的事業中。因各種原因，不少宋刻本到元明時期已殘缺不全，而明清距宋較近，與殘缺古籍有關的文獻資料遠比今日豐富，配補起來也比較容易。

配補主體在確定抄補底本之後，抄配内容和形式如藏印、題簽、評點及裝幀、頁數等如何處理，有何取捨？在配補方式上，藏書家黄丕烈于清嘉慶丁丑年（二十二年）題寫于其藏補的元刻本《新刊麗則遺音古賦程式》（06656）一書上的題記，詳細交代了關于此本的抄補方式、内容等事宜，可視爲抄補行爲的一般性行爲範例，現將相關題記内容抄録如下：

往從香嚴周丈借觀《麗則遺音》，嘆爲精妙絶倫。首鈐毛氏父子印記，是即《汲古閣珍藏秘本書目》中所載最精元板《麗則遺音》也。雖寶愛之至，而影寫殊難，僅登其書于余所著《所見古書録》附録中，家實未有其書也。既而元妙觀前骨董鋪劉希聲持殘本僅存三四卷來示余，余喜甚，喜半部之抄補易爲力，而卷中有黄氏珍藏印識，是家陶菴先生故物，因急收之，復從周氏借本傳録，于周本儲藏之印，標題之籤，無不影摹逼肖，而字體之一筆一劃，纖悉無訛，又不待言矣。惟傳録時，字旁評點不盡摹入，蓋非所急也。此書之得，已越四五年，其中影摹傳録，皆藉家中親友下榻荒齋者乘暇爲之，不限時日，故至今始克裝成。丁丑春朝蕘翁記。元刊十七番，抄補二十三番。

黄丕烈在借觀藏書家周香嚴藏元板《麗則遺音》後，就有意影摹，以全本影寫殊難而僅將此本著録于其《所見古書録》附録中。後于元妙觀骨董鋪劉希聲處獲見殘本《麗則遺音》，僅存三四卷，遂急收之以冀在殘本上抄配補全。故又從周氏處借元本傳録，抄配序及卷一至二，于嘉慶二十三年（1818）補齊半部《麗則遺音》。此本原書行款半葉13行行23字，黑口，左右雙邊。補配行款半葉13行行23字，白口，左右雙邊。原書卷三卷端開本高23.8厘米，寬14.5厘米，補配抄本卷一卷端開本高23.8厘米，寬14.5厘米，同頁原書版框高16.6厘米，寬10.4厘米，同頁補配版框高16.6厘米，寬10.4厘米，原書刻本與補配抄本無論是行款、欄框、書口還是開本、版框尺寸完全相同，加之字體極爲相似，充分體現了補抄者“于周本儲藏之印，標題之籤，無不影摹逼肖，而字體之一筆一劃，纖悉無訛”的抄補原則，即在内容和形式上都力求影摹逼肖，“纖悉無訛”，而“惟傳録時，字旁評點不盡摹入，蓋非所急也”，即對于原書刻板内容以外的評點則不盡摹入，以其“非所急”。由此可知，補配者在抄補形式、内容及裝幀形式上即行款、字體、避諱甚至紙張上都力求對原書進行“影摹”“傳録”進而達到“逼肖”的程度。然在内容上則以原書正文（刻本中的刻印）内容爲重，底本中之評點、校改爲輕。

當然，抄配雖然有底本，抄配者在内容和形式上均追求影摹，但在實踐上，抄配行爲即便是影抄都會存在主觀和客觀上的改動，如前所引黄丕烈抄配《陽春白雪》者，其自跋記載抄補過程如下：

如此種小品，因有元抄本可補，故收之。向但知所闕在一至四卷，却未知八卷中闕三番。昔之藏是書者，似亦知其闕，故留空格三葉在卷尾，以待後人抄補。今余適補之如其葉數，據元抄計羨一行，而余寫此適于第九葉誤落一行，省後續填，故十一葉格子盡而文亦完，亦事之巧者。元抄本字體行草，非案文理求之幾不可辨，故余自寫之。久未握管，腕力不能端楷，但取文理之無訛，不計字體之多拙也。

其亦有抄脱及“非案文理求之幾不可辨”之時，衹能“省後續填”或“但取文理之無訛，不計字體之多拙也”。名家抄配尚且如此，遑論其他。抄本如此，刻本補配中影刻本補配亦是同理。影刻第一步是影寫，亦會存在主客觀上的改動，從而與原書産生或多或少的差异。在補配内容上，除了正文内容的成卷次補配，還有對序目、目録、附録等正文之外的其他部分或整葉或散葉的補配，如明刻本《臨川先生文集》一百卷

《目録》二卷（02084），《目録》二卷配另一明刻本；清初抄本《草堂雅集》十三卷（17211）目録配朱文鈞抄本；明天順六年（1462）程宗刻本《歐陽文忠公集》一百五十三卷《年譜》一卷《附録》五卷（10278），其中卷二十四至三十三配抄本，卷五十一至一百五十三、附録則配另一明刻本。

四、配補本選擇及邏輯

徐蜀先生在談到宋本所配缺卷來源時，認爲大致有三類，一是其他宋刻本或元刻本、元抄本；二是影宋刻本、影宋寫本；三是直接或間接源自宋本的明清刻本、抄本。徐先生集中關注的是宋本配補問題，因此配補書的選擇基本均與宋本有關，或親或疏，或遠或近。毋庸置疑，配補本的選擇都得結合原本進行，顯然，配補無論内容還是形式均當以與原書版本相同或接近爲優先原則。就以上五種配補類型而言，刻本配抄本和抄本配抄本兩種中，亟需考察的是配補抄本的抄配底本爲何，與原書是否相同。其他兩種配補刻本要考察的則是補配本與原書的版本關係問題，即是否屬于同一版本系統，二者關係爲何。以下仍按配補類型分類分析。

（一）刻本配刻本

理論上，配補刻本最優者當以原書刻本的不同印本配補，事實上則極難實現，從上文所述23部配補刻本與原書版本關係的系統考察來看，一般衹能實現配以原書同一版本系統的刻本，其優先順序依次當爲影原書刻本、同祖刻本、原書續刻本。同一系統之外，則優先選擇與原書同時代刻本或較早刻本。以下甄選釋例列表（表三）予以説明：

表3　配補本補配情况舉例

序號	書名著者	原書版本	配補項及版本	配補本説明
1	《河東先生集》四十五卷《外集》二卷（唐）柳宗元撰；（宋）廖瑩中校正（09633）	宋咸淳世綵堂廖瑩中刻本	卷三至五、十配明影宋刻本	明人影宋世綵堂刻本補配，屬影原書刻本
2	《李太白文集》三十卷（唐）李白撰（A01021）	宋刻本	卷十五至二十四配清康熙五十六年（1717）繆曰芑雙泉草堂刻本	繆本所影刻底本應爲陸心源皕宋樓舊藏宋刻本
3	《六臣注文選》六十卷（唐）李善、吕延濟、劉良、張銑、吕向、李周翰撰（16810）	明嘉靖二十八年（1549）洪楩刻本	卷十七至六十配明潘惟時、潘惟德刻本	潘惟時、潘惟德刻本與原書洪楩刻本祖本相同，均爲陳仁子茶陵本，屬同一版本系統

續表

序號	書名著者	原書版本	配補項及版本	配補本説明
4	《牡丹亭還魂記》二卷（明）湯顯祖撰（16261）	明萬曆刻本	上卷配補明末朱元鎮校周氏懷德堂刻本後印本	卷上、卷下所祖之本均爲萬曆四十五年石林居士序刻本，屬爲同一版本系統
5	《椒丘先生文集》三十五卷（明）何喬新撰（16949）	明嘉靖元年（1522）余罃刻本	卷一至七配明書林劉氏慎獨齋刻本	原書爲初刻，慎獨齋刻本與余罃刻本屬同一版本系統
6	《東坡集》四十卷《續集》十二卷《後集》二十卷《應詔集》十卷《内制集》十卷《樂語》一卷《外制集》三卷《奏議》十五卷（宋）蘇軾撰（10285）	明成化四年（1468）程宗刻本	《東坡集》卷一至八配明嘉靖十三年（1534）江西布政司刻本	藏園記載："此嘉靖刊本即從成化本出。"即配補本與原書屬同一版本系統
7	《集注東坡先生詩前集》十八卷（宋）蘇軾撰；（宋）趙夔、師尹等注（03702）	宋刻本	卷四配另一宋刻本	同時代及較早刻本

以上 1、2 兩種爲影原書刻本配補，3、4 兩種爲原書與配補本祖本相同，5、6 兩種爲配補本從原本而出，均屬同一版本系統，第 7 種爲同時代其他版本系統刻本補配。以上順序亦爲刻本配補的版本選擇邏輯呈現。

（二）刻本配抄本

以配補本與原本相同和接近原則來看，刻本配抄本中配補抄本的抄配底本的選擇無疑當以原書刻本爲優先，作爲底本的刻本系統選擇順序與以上刻本補配列表選擇邏輯相同。在本文所考察的 90 部刻本配抄本補配本中，至少 50 部抄配底本爲原書刻本，其中 21 部爲影抄。當然不排除有些原書在抄配時已爲孤本，故其影抄底本并非真正存在，影抄可能衹是輯字而成，考慮到在版式、字體、風格和内容上無不以影摹原書爲原則，故將這種影抄亦歸入此類。如宋刻本《駱賓王文集》十卷（0881）卷六至十配毛氏汲古閣影宋抄本，毛氏抄配時原刻全本似已佚，并無底本，係輯字摹寫而成。抄配正文版式行款與原書極爲相似，有缺字而不留空格，亦有缺字而留空格以及留空不當處，有誤字、衍字。

值得注意的是，抄配本有抄自原書刻本者，有抄自影刻本者，亦有轉抄自影抄本者。轉抄者如宋紹興十七年（1147）黄州沈虞卿刻遞修本《王黄州小畜集》三十卷（06647），卷一至十一、卷十七、卷二十五至三十配清吕氏吾研齋抄本。此集王序、目録及原刊其餘十八卷及卷末跋文均以清吾研齋主人吕無黨據影宋抄本轉抄補足。卷末沈虞卿跋後抄有明萬曆三十八年（1610）謝肇淛跋，謝跋稱，其"既知有版梓于黄州，托其州人覓之，又不得。去歲入長安，從相國葉進卿先生借得内府宋本，疾讀數過，甚快，因抄而藏之。……萬曆庚戌三月望日晋安後學謝肇淛敬跋。”謝據以抄藏的“内府宋本”之底本，應就是紹興十七年（1147）黄州本。謝跋被過録至此集中，即吾研齋抄配内容實轉抄自明謝肇淛小草齋抄本。以原書影抄本而轉抄者如上述《宋學士文粹》十卷《補遺》一卷，傅氏抄配所據底本爲同版莫棠本，轉抄自影摹原刻抄本。當然除了以原書刻本爲抄配底本之外，亦有刻本不存的情况下以抄本爲抄配底本者。如元至正刻本明修本《陳衆仲文集》（07114）卷八至十三配清抄本。檢《中國古籍善本書目》,《陳衆仲文集》流傳至今的除此配補本外，僅有兩部元刊明修殘本（一部存卷一至七，一部僅存卷一至四），及兩部清抄本完本。可見，清人抄配此本卷八至十三時，極有可能亦未見其他刊本，故其抄配底本或爲清抄本。

（三）抄本配抄本

就抄本配抄本一類而言，由于原書抄本的底本或已無從知曉，故大多難以比對出補配本底本與原書底本的异同，然從確知底本的抄本配補本中可知，與原書相同或接近仍是配補抄本底本選擇的優先考慮因素。如瞿氏鐵琴銅劍樓舊藏清影宋抄本《平齋文集》（03590），影寫極精，第一册書衣有兩條浮簽，有一浮簽題：“《平齋文集》影宋抄六本”，另一浮簽題“缺十一、十二、十三、十四、十九、二十、廿一、廿二共八卷”，可知影宋底本原缺八卷，故此抄本亦不全。卷末有勱庵跋：“《洪平齋先生集》若干卷，刊于紹定年間，歷元明未經翻刻，余僅獲睹此本，而已失其半，又前後漫漶不可整理，仍不惜捐貲購之，依式繕寫一過。存者珍如安石碎金，闕者庶或别冀一遇。”據此可知，洪集最早在宋代即有刻本流傳，元明間則未有刊刻，此本爲勱庵購入殘缺宋紹定年間刻本後影抄而成。現存最早之宋刻本，現藏日本國立公文書館之内閣文庫，原爲昌平坂學問所舊藏，乃世間孤本。瞿氏舊藏影宋抄本《平齋文集》補配部分爲卷十一至十四、十九至二十二。據卷二十二末瞿啓甲跋可知，補抄的八卷的底本爲張元濟所得日本内閣文庫所藏宋刻本的攝影本，抄補人爲瞿啓甲之甥子鈞，每卷末鈐“歸勝子鈞手抄”印，可爲印證。又上引清抄本《陽春白雪》八卷卷一至四配清黄氏士禮居抄本。據卷首末黄丕烈題跋“此殘本（原書）似從元抄本出，于紙損及字迹未明晰處，皆闕而不書，或書之不全，即此可見”“如此種小品，因有元抄本可補，故收之”可知，黄氏認爲原書應從元抄本出，而其抄配底本亦爲元抄本。

綜觀各種配補本，其底本選擇邏輯可概述如下：刻本配補以與原書版本系統同一爲基本原則，抄本配補底本選擇與原書版本系統同一爲基本原則；不同版本系統情况下，以與原書同時代或更早時代者優先。底本的版本類型以刻本優先，原書未見刻本流傳時，亦有以抄本爲底本抄配者。對配補書版本及其與原書關係的考察，勢必會發掘出一些已有書目中尚未著録的新版本，意義匪淺。

五、結語

古籍在經年纍月的流傳過程中，散佚殘破不可避免，值得收藏家去補配補全的文獻往往是兼具文獻、文物和藝術價值的善本。在本文所調查的148部配補本中，原書有119部刻本，其中宋刻本就有36部，占到三成以上。明清時期，影刻影寫宋本書風靡一時，黄丕烈、顧廣圻、汲古閣毛氏等許多藏書家和版本學家均熱衷于此，一方面補齊了大量殘宋本，由此産生了一批以宋本爲中心的多版本配補本，一方面不少宋元本、翻刻宋本、影刻影寫影抄轉抄宋本亦借此得以保存，其價值可想而知。

根據以上關于配補元素的梳理和分析，至少可得出以下結論：配補行爲或與其流傳收藏相關，或與集主後代對家集的整理搜求相關，補配主要由藏家完成。配補以抄補爲主體，抄配活動在明清時期最爲鼎盛。補配在形式和内容上都力求影摹，然抄補、影刻在主客觀上都不可避免地导致底本和原書不盡一致，補配底本選擇以原書刻本同一系統刻本優先。另外，對補配抄本與底本的對校，對配補主體、抄寫者抄配序跋題識等各種著録的研究，原書散佚情况的分析，更大範圍配補本的調查及配補本書目著録信息的完善等，都是配補本研究可以探索的方向。作爲一種特殊的版本形式，配補本囊括了不同時代版本、生産主體、物質形態的多重内涵。在書籍史層面，配補本的價值并不劣于全本、原本、精本。尤其就最常見的抄本補配而言，配補部分自然構成了手抄本文化的一部分。在版本形態上，它們一般是由一部分相對固定、封閉的刻本配上一部分流動并帶有開放性的抄本，因此比單一的刻本或抄本蘊含了更爲豐富的歷史文化内涵，對其進行挖掘，將揭開一個新的研究領域。

注釋：

① 本文緣起于即將由廣西師範大學出版社出版的《國家圖書館古籍善本鉤沉》一書，該書由徐蜀先生和國家圖書館古籍館陳紅彦副館長策劃編纂。徐蜀先生近年在其新浪博客發布多篇有關古籍配補的博文，如《古籍影印應該如何配補殘本》《〈中國版刻圖録〉〈圖畫見聞志〉訂補及其他》《〈中華再造善本〉瑕疵小記》《古籍目録及相關領域應該與時俱進（删節版）》等，博客網址爲：http：//blog. sina. com. cn/u/3528174753。

② 徐蜀：《古籍目録及相關領域應該與時俱進（删節版）》，網址：http：//blog. sina. com. cn/s/blog_ d24baca10102yt62. html.（2021. 4. 5 檢索）

③ 徐蜀：《關于〈北京圖書館古籍善本書目〉的回憶和感想（二）》，網址：http：//blog. sina. com. cn/s/blog_ d24baca10102y4ut. html.（2021. 4. 5 檢索）

④ 徐蜀：《〈中國版刻圖録〉〈圖畫見聞志〉訂補及其他》，網址：http：//blog. sina. com. cn/s/blog_ d24baca10102xpyc. html.（2021. 4. 5 檢索）

⑤ 本文所引配補本及其上所録題識跋語等出處均爲國家圖書館藏善本，書名後括號内爲索書號。

⑥ 傅增湘：《藏園群書題記》，上海古籍出版社，1989年，823—824頁。

⑦ 同注⑥，824頁。

⑧ 張金吾：《愛日精廬藏書續志》，上海古籍出版社，2014年，819頁。

（作者單位：國家圖書館古籍館）

《迦陵先生填詞圖》綜考

張　杰

内容提要：《迦陵先生填詞圖》係清初畫僧釋大汕爲詩詞大家陳維崧繪製，在陳氏家族中遞相傳至清末，題咏紛披，衆所矚目。此圖稿本原件已于民國年間佚失，通過對相關刻、摹、拓、抄本的綜合察考，可知相關題咏在清代不斷增加，共有110多人爲此圖題咏。各版本所見題咏順序不同，郯志潮摹本應該反映了原圖順序。此圖稿本自陳維崧之後，一直爲陳氏家族陳履端、陳克猷、陳淮、陳崇本、陳香士、陳葆耆等遞藏，從宜興陳氏到商丘陳氏，傳承兩百餘年。清末時應實未入袁保恒、袁保齡兄弟之手。清人别集有零星題咏爲《迦陵先生填詞圖》各版本所未見，或爲此圖散佚，可以輯補。

關鍵詞：《迦陵先生填詞圖》　陳維崧　版本研究　文化史　藝術史

陳維崧（1625—1682），字其年，號迦陵，江蘇宜興人。明末“四公子”之一陳貞慧之子。少負才名，17歲補爲諸生，與吴兆騫、彭師度一起被著名詩人吴偉業并譽爲“江左三鳳”。清康熙十八年（1679），舉博學鴻詞科，授翰林院檢討，與修《明史》。工詩及駢散文，尤長于詞。康熙十七年閏三月，著名畫僧釋大汕（字石濂）爲陳維崧繪製了名畫《迦陵先生填詞圖》[①]（下文簡稱《填詞圖》）。同年，陳氏自家鄉宜興携之進京，遍請名流題咏。他去世之後，《填詞圖》在陳氏家族世代流傳，一直及于清末民初。此圖廣受關注，具有重要的社會文化史價值。因其原件民國間已佚，本文依據現存版本，結合多種相關文獻，就其形貌傳藏、題咏輯補等情况加以綜合考述。本文考察依據的相關版本如下：

1. 清乾隆五十九年（1794）陳淮刻本。此本據康熙至乾隆間稿本刊刻，包括圖和康熙至乾隆年間宋實穎、吴照等83人的題咏。

2. 清乾隆五十九年陳淮增刻本。在原刻本基礎上，增加了袁枚的一篇序、一通信札和袁枚、惠齡、曹德華等3人的題咏。

3. 清乾隆五十九年至六十年（1794—1795）陳淮二次增刻本。在增刻本基礎上，又增加了楊倫、徐嵩、任安上、任映垣、潘允喆等5人的題咏。

4. 清嘉慶二十二年（1817）郯志潮摹本。郯氏據康熙至嘉慶間稿本臨摹了原圖，抄録了康熙至嘉慶年間宋實穎、謝學崇等91人的題咏，不過郯氏所見稿本中没有陳淮增刻本、二次增刻本所增序、函、題咏的原件。郯氏摹本，又有他本人以及張春熙、董國琛、戈襄、戈載、沈沂曾、王嘉禄、曹懋堅、朱環、沈彦曾、王仁俊共11人在上面題咏。此本目前筆者衹見到了《中國古代書畫圖目》所收圖和圖上宋實穎、史承謙等 8 人的題咏[②]，其他題咏情況參民國間繆荃孫抄本所録。

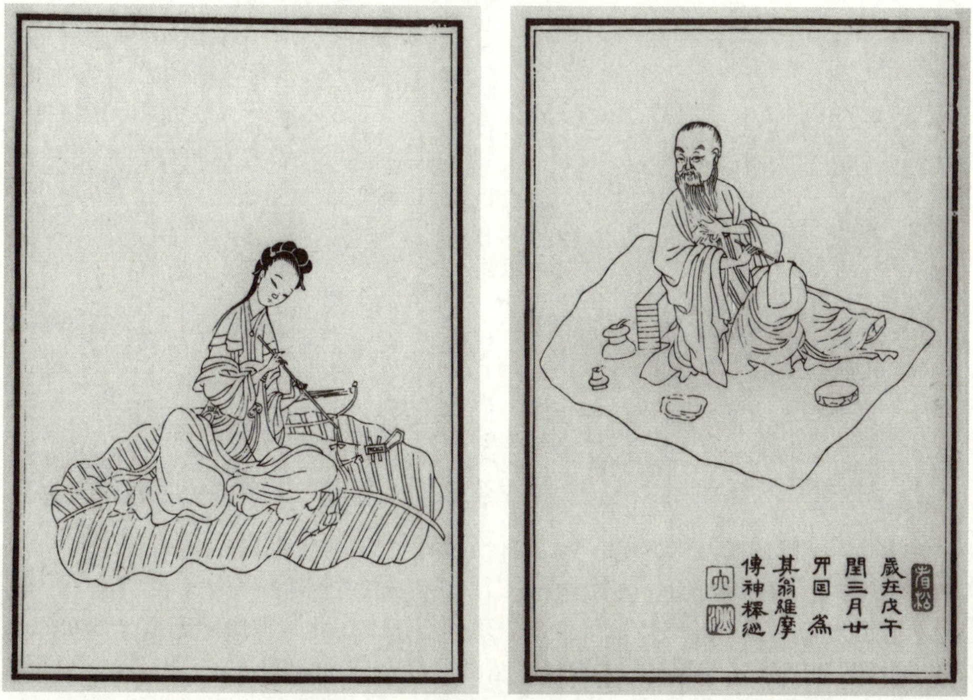

圖 1　刻本《迦陵先生填詞圖》

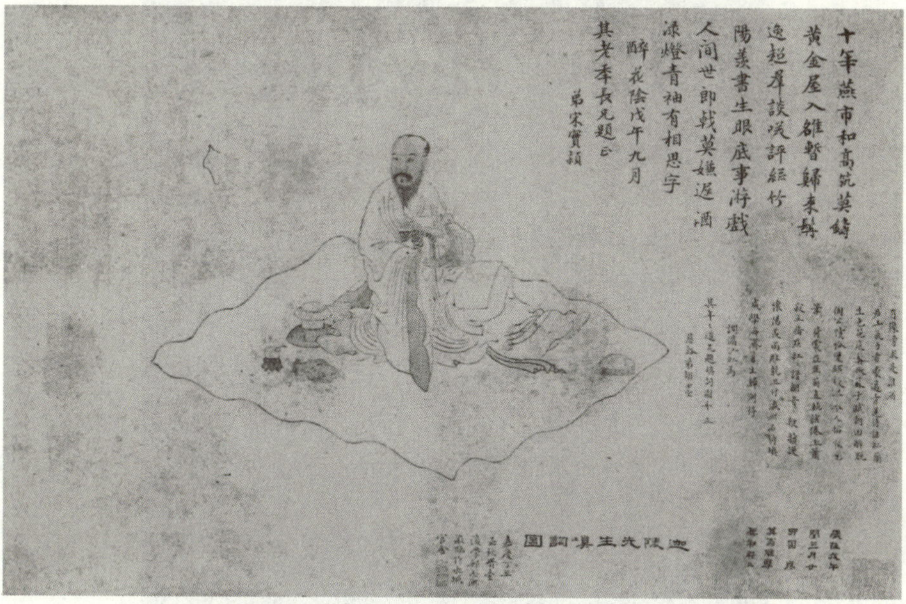

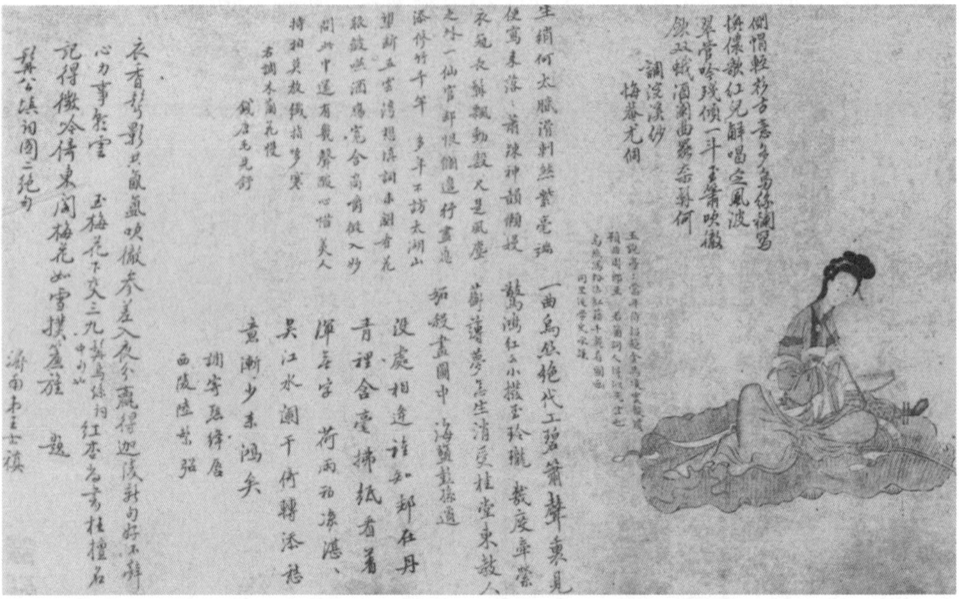

圖2　摹本《迦陵先生填詞圖》（摘自《中國古代書畫圖目》）

（爲排版方便，圖截爲兩半，上、下圖分别爲原圖之右、左）

5. 清道光二十五年（1845）陽羨萬貢珍刻石拓本。此本據康熙至道光間稿本摹勒上石，包括圖和康熙至道光年間宋實穎、萬貢珍等69人的題咏。

圖3　拓本《迦陵填詞圖》

6. 民國間繆荃孫抄本。此本據郲摹本抄録，包括摹本全部102人的題咏以及郲氏摹録後記，但未摹圖。

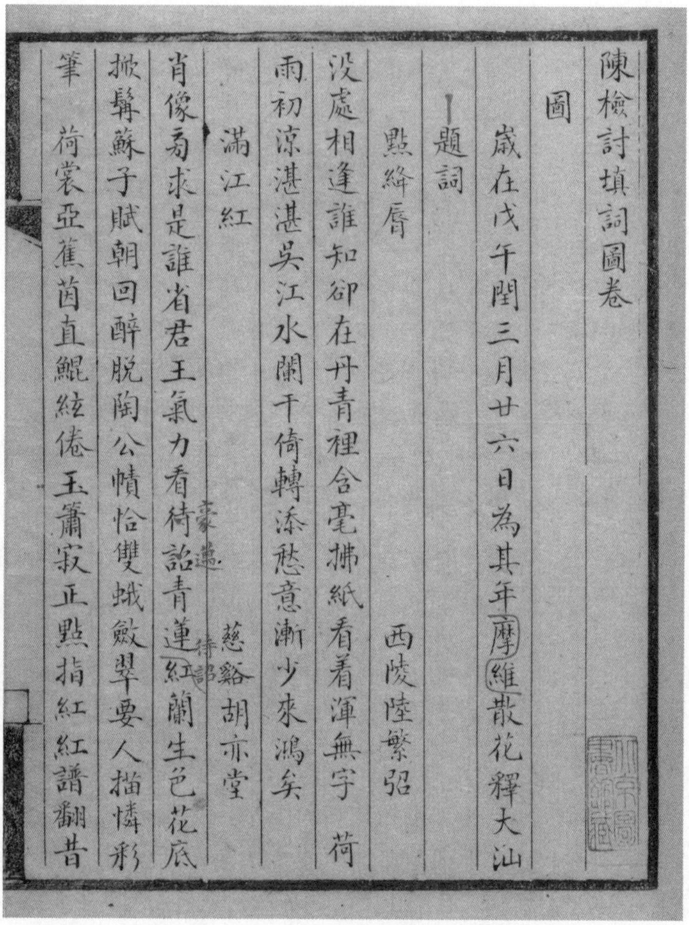
陳檢討填詞圖卷

圖

歲在戊午閏三月廿六日為其年摩維散花釋大汕

題詞

點絳唇　西陵陸繁弨

沒處相逢誰知卻在丹青裡含毫拂紙看看渾無字　荷
雨初涼湛湛吳江水闌干倚轉添愁意漸少來鴻矣

滿江紅　慈谿胡亦堂

肖像旁求是誰省君王氣力看待詔青蓮紅蘭生色花底
掀髯蘇子賦朝回醉脫陶公幘恰雙蛾斂翠要人描憐彩
筆荷裳亞蕉茵直鯤絃倦玉簫寂正點指紅紅譜翻昔

圖4　抄本《陳檢討填詞圖卷》卷首

一、《填詞圖》形態面貌

《填詞圖》稿本原件包括圖與題咏兩部分。因爲稿本原件已佚，我們根據上述刻、摹、拓、抄諸版本的圖及題咏以及其他相關記載，首先廓清《填詞圖》的畫面描繪及題咏變化。

關于《填詞圖》原件的畫面内容，清乾隆五十九年（1794）陳淮刻本沈初序曾述及："設色横幅。髯敷地衣坐，手執管，伸紙欲書若沉吟者，意象灑如。旁一蕉葉坐麗人，按簫將倚聲，雲鬟銖衣，望若神仙也。"[③]其中之"髯"指陳維崧，陳氏須髯濃密，人稱陳髯。袁枚《陳檢討填詞圖》序所記則有些失真："一則長鬣飄蕭，拈花微笑。一則雲鬟窈窕，對酒當歌。有晬其容，美矣麗矣。呼之欲活，是耶非耶?"[④]釋大汕在圖中題云："爲其翁維摩傳神。"既把陳維崧比爲維摩，則據《維摩詰經》，窈窕"麗人"

即爲天女。而在此圖之前，康熙十四年（1675）釋大汕已在河南商丘爲陳維崧繪有一幅《天女散花圖》。陳氏《喜遷鶯·石濂和尚自粵東來梁園爲余畫小像，作〈天女散花圖〉，詞以謝之》云：

……篋衍有一卷。細膩凝脂，三尺松陵絹。少不如人，師須爲我，畫出鬢絲禪板。旁侍湘娥窈窕，下立天魔蹇産。人間苦，悵碧桃花謝，洞天歸晚。[⑤]

據此，則《天女散花圖》中有三位人物，這與清初陳洪綬等所繪《何天章行樂圖》[⑥]（見圖5）甚爲相似。康熙十四年陳維崧北上商丘是去接其妾侍與弱子[⑦]。他請釋大汕繪圖，圖中"湘娥"當係其妾彩雲，"天魔"則是他已經去世的家優兼伴侶徐紫雲。不過到了康熙十七年（1678），錢芳標《喜遷鶯·粵東石頭陀爲其年寫照，作〈散花天女圖〉，次原韵奉題一闋》云：

宓妃芝館。費八斗才華，填愁欲滿。何許琴聰，描成髯客，繞涿墨濤微濺。身在蔓殊香國，夢醒梨花秋苑。回眸處，有齊公小小，銖衣縫淺。　曼衍。訝筆底聽法獰龍，攝入鵝溪絹。三尺團蕉，數聲枯梡，借汝破除歌板。野店黄粱待熟，火宅青蓮任産。功成後，看英雄學佛，他年未晚。

上闋末注："《酉陽雜俎》云：寶應寺天女像，乃齊公伎小小寫真。"下闋末注："時其年將赴徵車。"[⑧]據此，錢氏詞中的《散花天女圖》是有兩位人物，"小小"坐于團蕉，與《填詞圖》并無區别。因此，錢氏所觀應當就是後圖。陳維崧請釋大汕繪製的兩幅圖主題相近，名稱易混。至于《填詞圖》圖中人物爲何衹剩兩人（陳維崧外另一人應爲徐紫雲），這與突出主題有關[⑨]。康熙十七年陳維崧的兒子已經夭折，妾已下堂去。他與妾侍的感情本來就不深，傾心懷戀的始終都是已于五年前去世的徐紫雲，于是請舊友以新圖寫之。

陳維崧于康熙十七年七月抵京準備參加將于次年舉行的博學鴻詞科考試。各地應舉者陸續到達，京中一時名士雲集。作爲其中的佼佼者，陳氏廣交新朋舊友，而其方式之一就是請人爲《填詞圖》題咏。陳維崧去世後，其嗣子陳履端持藏此圖，續有所請。

圖5　《何天章行樂圖》（摘自《中國古代書畫圖目》）

而經過康熙後期至乾隆前期的一段空白，乾隆中後期《填詞圖》在陳維崧侄孫陳淮手中，題咏活動又重新活躍。乾隆五十九年（1794），陳淮“以《填詞圖》重繪縮本，合後幅詩詞爲一編，付之剞劂，近之題識亦附焉”（沈初序）。此刻本由翁方綱題簽，陳淮三個兒子崇本、懿本、楙本校對付刊。

據各版本所繪所記，《填詞圖》稿本原件諸家題咏在不同時期不斷變化。最初衹有康熙間陳維崧請宋實穎、尤侗等7人在圖上題咏，限于圖幅，梁清標等數十人則是題于圖外的散裝册頁。不過乾隆年間，史承謙將題咏又題在了原圖之上，故原圖上的題咏者共有8位。陳維崧之後，其嗣子陳履端、侄孫陳淮等作爲世世相繼的持有者續有請題，從而册頁不斷增多增厚。160餘年間共有110餘人爲此圖填詞賦詩。

刻本《填詞圖》的題咏順序爲（帶括注者爲曾與陳維崧同應鴻博）：

1梁清標　2王士正　3田茂遇（未用）　4彭孫遹（鴻博）　5倪粲（鴻博）　6王頊齡（鴻博）　7陸棻（鴻博）　8朱彝尊（鴻博）　9米漢雯（鴻博）　10徐釚（鴻博）　11尤侗（鴻博）　12毛奇齡（鴻博）　13吴任臣（鴻博）　14毛升芳（鴻博）　15高咏（鴻博）　16龍燮（鴻博）　17嚴繩孫（鴻博）　18鄧漢儀（特授）　19孫枝蔚（特授）　20宋實穎（未用）　21曹貞吉　22毛先舒　23吴殳　24汪懋麟　25成德　26高層雲（未用）　27李良年（未用）　28徐之凱（未用）　29徐林鴻（未用）　30吴農祥（未用）　31徐林鴻（未用）　32高士奇（特賜）　33宋犖　34毛際可（未用）　35柯維楨（丁憂）　36胡亦堂　37李符　38沈岸登　39徐咸清（未用）　40錢柏齡　41洪昇　42吴儀一　43林麟焻　44陸繁弨　45查鉉　46陸進　47沈皞日　48僧宏倫　49陳奕禧　50史惟圓　51徐喈鳳　52吕熊　53徐瑶　54陳諭　55陳枋　56周福柱　57蔣景祁　58徐洪鈞　59沈爾燝　60英廉　61于敏中　62裘曰修　63張裕犖　64錢載　65蔣和寧　66翁方綱　67謝墉　68平聖臺　69蔣士銓　70王文治　71馮應榴　72沈初　73陸費墀　74程晋芳　75史承謙　76史承豫　77儲國鈞　78李御　79張塤　80吴錫麒　81汪如洋　82錢棨　83汪端光　84吴照

全部83位題咏者（徐林鴻兩題），始自康熙止于乾隆，可分爲梁清標至沈皞日、僧宏倫至沈爾燝、英廉至吴照三個階段。根據各題咏所見稱謂及題咏内容、後記等綫索，請題者應該分别是陳維崧、陳履端、陳淮，陳履端子陳克猷、陳淮子陳崇本也曾少量請題。

在初刻本的基礎上，陳淮在短時間内又進行了兩次增刻，增加了袁枚的一篇序、一通函札和袁枚等8人的題咏。不過新增序、函、題咏的原件册頁并未與初刻所據原件主體放在一起，以後便未再現蹤迹。初刻所據原件稿本在嘉慶年間由陳淮傳給陳崇本，崇本又請阮元、謝學崇等10人續題，從而原件册頁繼續增加。嘉慶末年，蘇臺（又稱胥臺，指蘇州）郏志潮將陳崇本所藏稿本摹録一過。原稿圖上有宋實穎等8人的題咏，摹本圖上依樣照録，然後過録附增的散頁題咏。

民國年間，江陰繆荃孫見此郯氏摹抄本，并未摹圖，但將所有題咏都依郯本順序抄録了下來。因未見到郯本全貌，下面將繆抄本《陳檢討填詞圖卷》題咏者按順序列出（爲方便對照，前冠刻本序號）：

44 陸繁弨　36 胡亦堂　20 宋實穎　75 史承謙　11 尤侗　4 彭孫遹　22 毛先舒　2 王士禛　1 梁清標　27 李良年　23 吴殳　37 李符　76 史承豫　56 周福柱　45 查鉉　12 毛奇齡　10 徐釚　32 高士奇　35 柯維楨　13 吴任臣　57 蔣景祁　18 鄧漢儀　19 孫枝蔚　34 毛際可（筆者按：誤抄作嚴際可）24 汪懋麟　17 嚴繩孫　25 成德　59 沈爾燝　8 朱彝尊　46 陸進　7 陸棻　21 曹貞吉　38 沈岸登　41 洪昇　58 徐洪鈞　28 徐之凱　14 毛升芳　29 徐林鴻　30 吴農祥　31 徐林鴻　39 徐咸清（筆者按：誤抄作徐清）42 吴儀一　40 錢柏齡　33 宋犖 47 沈皡日　55 陳枋　9 米漢雯　26 高層雲　5 倪粲 48 僧宏倫　54 陳論　50 史惟圓　77 儲國鈞　52 吕熊 16 龍燮　53 徐瑶　15 高咏　43 林麟焻　6 王頊齡 51 徐喈鳳　49 陳奕禧　60 英廉　62　裘曰修　69 蔣士銓　68 平聖臺　65 蔣和寧　70 王文治　63 張裕犖　78 李御　74 程晋芳　79 張塤　66 翁方綱　67 謝墉　64 錢載　80 吴錫麒　73 陸費墀　7 馮應榴　72 沈初　81 汪如洋　82 錢棨　83 汪端光　84 吴照　85 洪亮吉　86 徐鑠慶　87 汪廷珍　88 李堯棟　89 吴省蘭　90 錢樾　91 秦瀛　92 阮元　93 陳嵩慶　94 謝學崇

繆抄本題咏者共有 91 人，84 號以後係續題。刻本中的 3 田茂遇、61 于敏中未見于抄本，29、31 徐林鴻兩題，故繆抄本中嘉慶以前爲 81 人，嘉慶年間續增 10 人。

通過比較可以看出，摹抄本（據繆抄本）的題咏順序與刻本不同，前者反映的應該是嘉慶末年稿本原件的順序，而乾隆末年陳淮則據當時稿本進行刊刻時對順序進行了一些調整。上文已提及，史承謙本是乾隆間人，但他徑直把自己的題咏題在了大汕原圖中徐紫雲之側。摹抄本對此予以照録，刻本則改回了乾隆時期。

就陳維崧在世時的題咏而言，刻本將梁清標、王士正（抄本、拓本作“禛”）置于最前是因爲二人位高名顯。梁氏曾經官居保和殿大學士，王氏是衆所共推的文壇領袖。梁、王之後便是陳維崧的鴻博同年，據秦瀛《己未詞科録》[10]卷首所列名録，包括特賜同博學鴻儒科、特授内閣中書年老者、丁憂未與試者、與試未用者在内，爲陳維崧作題咏的同年共有 28 人。而陳氏在京期間非應舉的舊友新交如成德（納蘭性德）、洪昇等與應舉者也有交叉。在此階段，首位題咏者應爲宋實穎。他與陳維崧都得到了都察院左都御使宋德宜的舉薦，一同下榻于宋氏寓廬幾近一載。二人“後先入國門，天遣對床卧。宵燈耿旅魂，秋閣了吟課”[11]。宋氏所題《醉花陰》詞作于康熙十七年九月，是時二人均到京不久。

陳淮刻本所見諸題咏，在僧宏倫至沈爾燝階段，其中多有陳維崧的家鄉親友。陳維崧是在京中去世，僧宏倫等鄉友既作題咏，説明這時陳氏已逝，《填詞圖》被其嗣子陳履端携回了家鄉。雖然該階段的題咏順序大體不差，不過陳淮在做編排時也有誤漏之處。例如龍燮是陳維崧的鴻博同年，陳淮將其置于宏倫之前的第一階段。但龍氏所題《雪獅兒》詞中有“每拊遺編惆悵。忽宛然、晤對髯翁形狀”[12]之語，顯然是作于陳維崧去世之後[13]。再如陳枋和蔣景祁分別是陳維崧的堂侄和世侄，位于宏倫之後。但陳枋所題《綺羅香》詞中有"問何日割肉歸來，給金門假也"、蔣景祁所題《丹鳳吟》詞中有"此際鳳樓宣召，休憶江南、楊柳岸"之句。實際上，陳、蔣二人在陳維崧去世之前都曾在京陪侍左右，題詞應是作于當時。

乾隆年間的題咏是陳淮父子請題，對于先後順序他們知之甚詳，但刻本依然没有嚴格按照時間先後來排序。諸家題咏有的在詩詞之後寫有題記，刻本、抄本《填詞圖》中的題記内容有的缺略不全，有時删掉了關于題寫時間的文句。後來道光年間陳維崧同邑後學萬貢珍將陳淮重孫陳葆耆所持《填詞圖》稿本原件摩勒上石，也就是上文所提及的拓本《填詞圖》，所摹題咏之題記則係照録。據拓本《填詞圖》諸家題咏中的完整題記，蔣士銓、翁方綱、于敏中、錢載、英廉、謝墉分别題于乾隆二十六年（1761）、四十年（1775）、四十年、四十一年、四十四年、五十七年（1792）。而陳淮將文淵閣大學士英廉、文華殿大學士于敏中置前，應是考慮到二人官位高顯。不過據上列繆抄本題咏順序，英廉同樣置前，錢載位于謝墉之後。這説明遲至嘉慶後期，在摹抄本所依據的稿本原件中，諸家題咏的某些册頁也未嚴格按照時間先後作細緻排序。

就嘉慶間《填詞圖》稿本的完整性而言，郟志潮所見基本可謂完整，但還是缺見數人。道光拓本《填詞圖》"不能遍録，割愛者多"[14]，刻録的人數不全，不過在嘉慶年間却是多出了3位。其與刻本相對應的部分即嘉慶以前的題咏者，自宋實穎、胡亦堂至汪如洋、汪端光，共録52人（汪端光被置于梁章鉅之後）。其與抄本相對應的部分即嘉慶年間的題咏者，自吴省蘭至李堯棟，共録9人（吴省蘭被置于沈初之前）。其中，見于抄本者6人，未見者3人即梁章鉅、管同、卞斌。這就是説，梁章鉅等3人的題咏原件郟志潮未見到。

石拓本《迦陵填詞圖》的題咏順序爲：

20 宋實穎　36 胡亦堂　11 尤侗　22 毛先舒　44 陸繁弨　27 李良年　10 徐釚　32 高士奇　37 李符　4 彭孫遹　2 王士禛　1 梁清標　45 查鉉　35 柯維楨　76 儲國鈞　25 成德　46 陸進　17 嚴繩孫　8 朱彝尊　24 汪懋麟　34 毛際可　18 鄧漢儀　19 孫枝蔚　41 洪昇　29 徐林鴻　30 吴農祥　31 徐林鴻　9 米漢雯　15 高咏　6 王頊齡　33 宋犖　49 陳奕禧　52 吕熊　14 毛升芳　43 林麟焻　51 徐喈鳳　60 英廉　61 于敏中　62 裘曰修　69 蔣士銓　65 蔣和寧　70 王文治　78 李御　63 張裕犖　66 翁方綱　64 錢載　67 謝墉　80 吴錫麒　73 陸費墀　82 錢棨　89 吴省蘭　72 沈初　81 汪如洋　95 梁章鉅　83 汪端光　96 管同　85 洪亮吉　92 阮元　90 錢樾　97 卞斌　87 汪廷珍　88 李堯棟　98 胡長庚　99 陳繼昌　100 鄧廷楨　101 丁應望　102 蔡世松　103 蔡宗茂　104 萬貢珍　105 陸費瑔

據拓本所録所記，道光年間，《填詞圖》的題咏者又增加了胡長庚、鄧廷楨、萬貢珍、陸費瑔等8人。

二、《填詞圖》流傳收藏

《填詞圖》康熙十七年（1678）繪成後，陳維崧非常珍視，如上文所述，他隨身携帶進京，并遍請友人爲其題咏。宋犖《和松庵存札》收有陳氏的一通來函，談及陳氏請宋犖題圖："新詩變化超忽，無美不備。勉作一歌奉揚……謹同原稿馳上。所懇《填詞圖》題詞，倘已脱稿，幸即書付爲感。"[15]按，宋犖字牧仲，與陳維崧多詩文交，康熙十九年（1680）秋，陳維崧爲宋犖《雙江倡和集》題詩一首，宋氏則爲《填詞圖》賦有一闋《摸魚子》[16]。陳維崧致宋犖函是有關陳氏請題的珍貴記録。

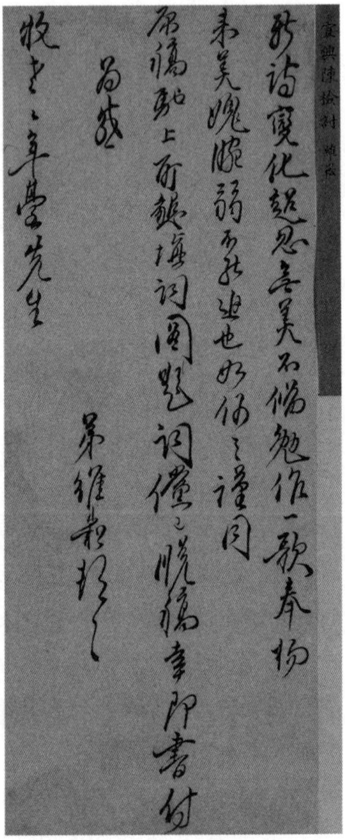

圖 6　陳維崧致宋犖函札

康熙二十一年（1682）夏五月，陳維崧在貧病懷思中離世。身後無子，其亡弟維嵋之子履端嗣之。陳履端，字求夏，少擅雋才，以貢生授江蘇山陽縣訓導，著有《晚耘詩集》等。康熙四十五年（1706）丙戌，吕熊爲《填詞圖》題詩之後記云："憶辛酉秋，曾謁迦陵先生于京邸，迄今已二十餘載。丙戌初冬，下榻于令嗣山陽廣文齋中，出先尊大夫《填詞圖》索題。展覩照影，不禁人琴之感。敬題三截句，以志追慕云。"可見在陳履端手上，《填詞圖》的題咏活動依然繼續。

陳履端之子陳克猷是《填詞圖》的又一持有者。乾隆間張裕犖爲《填詞圖》所題四首詩之末首云："畫裏須髯識孟公，半千孫自有門風。傳書萬卷神明在，夜夜滄江月貫虹。"詩注云："先生嗣孫時從予游。"後記云："乾隆十有二年丁卯客宋中題，越二十四年爲三十五年庚寅，補録于京師之海隱寓室。"可見乾隆十二年（1747）時，陳克猷尚持此圖，不過時在商丘（"後記"所云"宋中"即指商丘）。湯大奎《炙硯瑣談》卷上載："宜興陳浣初克猷，迦陵先生嗣孫。貧不自存，依其大阮銀臺公履平于商丘。遂占籍游庠，未幾卒，無後。"[17]陳履平係陳維崧四弟陳宗石次子，曾任通政司（别稱銀臺）右通政。陳克猷卒後，他所保存的先人遺物歸于叔父家族。自此以後，《填詞圖》遂開始由陳氏商丘一支世代收藏。

陳氏家族商丘一支的始祖陳宗石是陳維崧异母兄弟。陳氏兄弟的父親陳貞慧與商丘侯方域交深誼厚，結爲兒女親家。侯、陳相繼去世後，14 歲的陳宗石北上入贅侯家，自此遂占籍宋中。其長子名履中，次子名履平。履中子淮官至江西巡撫，孫崇本乾隆四十年（1775）進士。履平子濂，孫杲、彬，曾孫焯，玄孫壇分别爲乾隆三十一年（1766），嘉慶六年（1801）、十六年、十六年、道光十五年（1835）進士。有清一代，陳氏商丘一支科甲興盛，人才輩出，是一個著名的文化望族。

乾隆年間《填詞圖》的主要收藏者是陳履平之侄陳淮。陳淮（1732—1810），字望之，號藥洲。乾隆十八年（1753）拔貢，歷官廉、韶、廣州知府，後擢浙江鹽法道、安徽按察使。因事遭革職，再起補爲青州知府，升任蘭州道、甘肅按察使、湖北布政使。乾隆五十六年（1791）擢貴州巡撫，翌年調江西巡撫。嘉慶元年（1796）再次獲罪，遣戍新疆。兩年後贖罪回籍，卒于商丘。陳淮宦海浮沉，南北趨馳，由知府做到巡撫。其間《填詞圖》不離其身，先後邀請二十餘位名公名士爲其題詞、賦詩、作曲。據拓本《填詞圖》，乾隆二十六年（1761）蔣士銓題曲之後記云："望之太守將赴廉州，出《迦陵先生填詞圖》囑題。卷中各體參錯，名作如林，未敢漫作。既而望之索益力，不得已，譜北曲十一首。乾隆辛巳（二十六年）九秋霜降鉛山後學蔣士銓拜題。"説明至遲于乾隆二十六年圖之所有者已經是陳淮了。

乾隆末年，陳淮之子陳崇本有時已開始代父持圖。陳崇本，字伯恭，乾隆四十年（1775）進士。曾官國子監祭酒、光禄寺卿、宗人府府丞。工書善畫，富于收藏，與其父一樣，也是著名的書畫鑒藏家。刻本《填詞圖》所見馮應榴題詞後記云："伯恭學士出示《迦陵先生填詞圖》屬題。因用卷中嚴蓀友宫允《金縷曲》韵，學成此闋。"拓本《填詞圖》所見謝墉題詞後記云："伯恭館丈出《填詞圖》屬題。讀卷中多《沁園春》詞，因亦贈此闋。"按，謝墉後記和馮應榴的一樣，都已出現在陳淮刻本《填詞圖》中。不過謝氏的刻本題詞删掉了後記，而拓本中則未删。刻本刻于乾隆五十九年，故二人題咏不會晚于是年。

嘉慶年間《填詞圖》主要爲陳崇本所持。拓本《填詞圖》所見李堯棟題曲後記（抄本《填詞圖》未録）云："嘉慶七年歲在壬戌重入都門，已五十之年，始學填詞。伯恭祭酒以此圖囑爲曲子，乃以初學步者與前人角勝，亦可謂不善于藏拙者矣。"抄本所見陳嵩慶題詞後記云："伯恭前輩見示《填詞圖》，賦此呈教。"另，抄本《填詞圖》所見洪亮吉之《滿江紅》詞在洪氏《更生齋詩餘》卷一中題爲《〈陳其年先生填詞圖〉爲伯恭學士賦》[18]。這些題咏均未出現在刻本《填詞圖》中，都是嘉慶年間的續題。

道光年間《填詞圖》由陳崇本傳到了其子陳香士之手。拓本《填詞圖》所見胡長庚、蔡世松題咏分别記云："香士先生明府屬題""道光辛卯歲五月，香士明府出《迦陵先生填詞圖》屬題，即拈《摸魚兒》一解請政"。陳香士曾在廣西爲官，桂省仕宦得以一睹斯圖。徐時棟《題〈四明四友圖〉》詩注："吾友陳子相宦粤西，曾見《陳其年填詞圖》真迹。自國初至今二百年中，名公卿約略幾備。蓋世有賢子孫，常出求詩。而迦陵名重，人樂題之。以是圖卷成牛腰矣。"[19]

道光二十三年至二十六年（1843—1846），陳香士從侄陳壇（字杏江）在湖南提督學政，香士乃遣子葆耆（字孟民）于道光二十四年（1844）携圖赴湘。陳壇典掌文衡，風雅自任。而時任湖南布政使的萬貢珍乃陳維崧同里後學，對于鄉賢遺物亦非常重視。拓本《迦陵填詞圖》萬氏序曰："今杏江學使出示斯圖，前輩風流，宛然如在。亟登諸石，以永其傳。"陳壇跋謂："族弟孟民自粤西來，携［圖］以示余。萬荔門前輩見而愛之，亟摹諸石，并囑余跋尾。余惟此圖二百年來藉藉人口，今遇荔門前輩，遂得流播藝林。物之顯晦，固有時也。”“萬荔門前輩”即萬貢珍（字荔門）。

咸豐初年，陳壇和陳葆耆先後回到故鄉商丘。前者是自京而返，時當太平軍北伐，他奉旨回籍辦理團練。可當太平軍攻城時，陳壇不戰而逃，結果被發往軍臺效力。而陳葆耆身無官職，回鄉衹是避亂而已。對此，其從兄陳重《孟民從弟葆耆歸自豫章，賦此贈之》[20]詩中有“鄰域驚風烟，天涯振鼙鼓”“歸來舊相識，隨風到中土”等句，反映了陳葆耆回鄉避亂的情形；“推至少參後”句的自注“孟民及希唐出自先高伯祖少參公”，則指出了陳葆耆在陳氏家族中所屬的支系。少參公即陳履中，曾官甘肅布政參議。陳重乃銀臺公陳履平之後、陳彬之孫，與陳壇爲服屬更近的堂兄弟，陳壇爲陳杲之孫。陳重詩中又有“安恬守廬舍，孝養藝稷黍”之句，説明陳葆耆應是返鄉定居，且在鄉養親，則《填詞圖》應隨返商丘。

雖然按理《填詞圖》應由陳葆耆帶回商丘，但另有記載提供了其他的可能。清末何兆瀛曾有詩云：“髯也填詞字字圓，雲郎簫韵亦如仙。夢堂夢影無人問，此卷消磨二百年。”自注：“商丘陳氏家藏《迦陵填詞圖》，道光間嵐樵曹丈復收藏之，余猶及一見。蓋丈亦汴人，與陳氏爲戚眷，故得獲此圖也。丈歿後，圖不知又歸何人。”[21]“曹丈”即曹宗瀚。陳重《凉宵憶舊》詩有云：“徐陵厚德周親舊，謝眺虚懷獎得賢。幾載京華隨杖履，感恩知己兩拳拳。”自注：“蘭儀曹嵐樵給諫。嵐樵先生名宗瀚，癸酉舉人，余之父執也。”[22]按，“蘭儀”即今河南蘭考縣，“給諫”即給事中，“癸酉”爲嘉慶十八年（1813）。陳壇湖南學政任滿後回京，先後任御史、給事中，與曹宗瀚有同僚、同鄉、親戚之誼。則曹氏所存《填詞圖》應來自陳壇。如此，則陳氏觀覽《填詞圖》之後并未將其交還給堂弟陳葆耆，而是携之進京，自己存藏。這種可能性是存在的，《填詞圖》可以説是商丘陳氏的公産，當初陳維崧嗣孫陳克猷携圖依投的就是陳壇高祖陳履平。

曹宗瀚自陳壇之手獲觀《填詞圖》，應該衹是暫存而非實有。商丘陳氏在清代民國間始終都是當地望族，某一支系可能没落，不過整體上一直興旺，他們不可能把家族的核心遺産讓與他人。作爲戚眷，曹宗瀚可以比較方便地借觀；而正因爲是戚眷，他更不可能真正據有，何兆瀛之説有失當之處[23]。

在清末，陳氏家族的另一支姻親更加著名，這就是北洋軍閥首腦袁世凱所屬的項城袁氏。據《項城袁氏家集・母德録》，袁世凱叔祖袁甲三續娶“陳氏，商邱太學生贈翰林院編修諱照公女。生長名門，博稽群書”[24]。陳氏是袁甲三之子袁保恒（字小午、筱塢）的繼母，而《填詞圖》曾經出現于袁家。時人謝章鋌曾記：“《迦陵填詞圖》爲釋大汕作。掀髯露頂，旁坐麗人拈洞蕭而吹。昨在都門，于袁筱塢保恒侍郎處見其原卷，抽妍騁秘，詞苑大觀也。”[25]同治年間，書畫大家葉衍蘭曾經臨摹此圖，其《清代學者象傳》中的陳維崧像[26]即據此繪。20 世紀 60 年代，詞學家夏承燾曾在杭州觀此摹本，記謂：“九時過文管會，觀葉衍蘭所摹《陳其年填詞圖》。題詩詞曲者當時名家殆遍，衍蘭一一仿其筆迹。跋謂：原圖家藏數世，流落京師，爲雪苑袁氏所得，袁即陳氏外孫也。余從子久舍人處假歸，重臨一本云。署年爲同治十年。”[27]按，袁子久即袁保齡，係袁保恒之弟。

圖7　陳維崧像（摘自《清代學者象傳》）

筆者認爲，葉衍蘭所謂《填詞圖》“爲雪苑袁氏所得”的表述似未允當。袁保恒、保齡兄弟對此圖的持有，其性質應和曹宗瀚一樣。作爲陳氏姻親，他們實據《填詞圖》是不合情理的。可看一個類似的例子：“桃花扇”係明末四公子之一、陳宗石岳父侯方域的遺物，一直在陳氏家族中代代相傳。在清末，據《清代野記》所載，袁保恒曾經持扇請人題咏[28]，似爲此扇之主。而近人張伯駒在《崔鶯鶯墓志銘與李香君桃花扇》一文中則記：“余二十餘歲時，即聞楊龍友畫李香君之桃花扇，在項城袁氏家（爲袁保恒之嫡支，非袁世凱之一支。——原注）。後知桃花扇不在袁氏家，仍藏壯悔（壯悔堂，侯方域書室名）後人手。曾持至北京，故友陶伯銘見之。”[29]因此，袁保恒衹是曾經借觀桃花扇而已，原物終究是要璧還的。

《填詞圖》的性質應和桃花扇一樣。虽然曾經借予戚友，但它在清末民初一直屬于陳氏家族。然後家國巨變，戰火頻仍，此圖杳乎無蹤，再無得現，應已佚毀于民國時期的動亂。

三、《填詞圖》各版本未見之題咏

《填詞圖》原稿由一幅圖和一張張的題咏册頁組成，偶有册頁原件未見于《填詞圖》各版本而見于清人别集者，頗有輯佚補缺之用。嘉興徐嘉炎與陳維崧同舉鴻博，同授翰林院檢討。其《抱經齋詩集》之《玉臺詞》收有一闕《玉簟凉》，詞名爲《題其年填詞圖》。此詞未見于《填詞圖》刻本、抄本及拓本，因此，應是康熙年間稿本《填詞圖》散佚的題咏：

誰慣言愁。看蘭畹金荃，佳句誰儔。詞場君獨擅，奈芳思難酬。倚欄點筆，正江天齾箋，夜月箜篌。酒軟處，是惱公情緒、阿子風流。　輕盈妖姬，露臉艷舞。月眉因甚，閑却歌喉。絲欄與金譜，更繪影描秋。情思得到深處，宫羽换寫出綢繆。花倩影好，翩躚瓊島瀛洲。[30]

上文已述，嘉慶年間《填詞圖》稿本的持有者是陳維崧侄曾孫陳崇本。這一時期，著名學者阮元曾應陳崇本之請爲圖題有一首七言長律，見于《填詞圖》抄本以及拓本。阮元高弟錢塘陳文述也曾爲作一首。陳氏《頤道堂詩外集》卷四載有長詩《題〈陳迦陵填詞圖〉》，詩云：

陽羨才人梁苑客，湖海聲名動蠻貊。
已將文體匹徐庾，更遣詩名壓元白。
花月江山筆一枝，金荃蘭畹譜烏絲。
寺樓殘墨山僧護，驛壁新題過客知。
玉關羌笛黄河上，旗亭風雪雙鬟唱。
銅琶鐵板學蘇辛，酒邊按拍閑情蕩。
俠客琵琶謝茂秦，黨魁複壁冒巢民。
毫端别有滄桑在，豈獨梅花爲紫雲。[31]
圖中風貌何人寫？小紅擫笛尤妍冶。
袖角裙邊半姓名，新詞誰是如君者。
遲暮功名兩鬢秋，依人王粲感登樓。
天涯我亦青衫敝，日者無人説馬周。[32]

陳文述這首長詩的寫作背景和阮元長律的一樣，應該都是應陳崇本之邀而題。他手寫的册頁原件可能被陳家遺失，嘉慶末年郏志潮在做摹録時也未見到。

而以《填詞圖》聲名之著，還有爲其稿本之外的其他版本作題咏的。咸豐年間，錢塘張景祁曾作《羅敷媚·戲題〈陳迦陵填詞圖〉拓本三首》：

寫來滑笏生綃影。不畫雲郎，却畫雲娘。畢竟嬌柔易斷腸。　若從水繪園中見。團扇宫妝，檀板新腔。也合梅花百首償。

封侯骨相何須問。酒緑燈紅，兒女英雄。氣盡歌筵一笑中。　過江人物今安在。罨畫溪東，曾住元龍。可有新詞唱懊儂？

旗亭舊夢空留迹。髯也飄蕭，鬟也嬌嬈。八尺風漪尺八簫。　豪情我亦龍川亞。一領青袍，一曲紅幺。腸斷松陵十四橋。[33]

光緒初年，龍陽（今湖南省漢壽縣）易順鼎《丁戊之間行卷》中收有一套散曲《題〈陳迦陵填詞圖〉爲張養如作》：

【醉花陰】洗罷疏桐補清課，問誰擁桃笙嬌卧？箋待拂，墨停磨，着甚來由，苦把湘毫涴？且莫倚玉簫吹，怕驚得花邊夢兒破。

【喜遷鶯】香肩斜嚲，認頰潮紅暈雙渦。瞧科。是生成瓊裝玉裹，衹一霎沉醉東風面已酡。怎禪榻光陰刹那，厮趕上散花天女，常伴病維摩。

【出隊子】紅酣翠妥，費心情獨自哦。猛可的江南唱到《定風波》，猛可的天上聽殘水調歌。要守定闌干人兩個。

【刮地風】因甚的趁秋風換了南柯，因甚的尋春夢誤了東坡？莽風流自古受多磨，寫生時已曾經過。他擁越被朱顏婀娜，他倚胡床緑鬢婆娑。到底來鏡中花、水中月，幾曾真個。空則是展鸞綃、揮象管，費他年醉眼摩挲。便新詞盡向旗亭播，怕再世雛鬟發也皤。

【四門子】算髯翁艷福真無那。譜烏闌，傾白墮。也不患才多，也不患情多，到换羽移宫幾度過。亭兒半荒，墻兒半趓，把畫裏雙身牢鎖。

【古水仙子】酹酹酹，金叵羅。吊吊吊，冷鶯花。有個詩翁坐。問問問，尊前月更來麽？尋尋尋，卷中人相隨可。喜喜喜，展琅函雨曳烟拖。怕怕怕，化銀杯粉殘香墮。老詞仙赴了玉樓科，俏佳人證了瑶池果。甚痴魂銷，向畫圖多。

【尾聲】幻影三生無處躲，休惹起看畫的更風魔。教説與小雲郎，應識我。[34]

與詩詞相比，散曲的結構更複雜，感情表達更細膩。《填詞圖》收有康熙間洪昇、乾隆間蔣士銓所題兩套曲子，文采斐然，情真意切。易順鼎追比前人，不遑多讓。另，“爲張養如作”之張養如事迹無查，不可能據有《填詞圖》原件。易順鼎應與張景祁一樣，所見均爲拓本。在未見原件的情况下，作爲後學的他們面對其他版本都能感懷深切、文思泉湧。由此可見《填詞圖》畫面内涵的豐富，以及陳維崧文壇地位的重要。

四、結語

《填詞圖》原本雖然已佚，現在所見各版本也與原本或多或少存在差异，但通過對各版本以及其他相關記載的綜合分析，其面貌大體可以得到還原。《填詞圖》題咏者自康熙一直及于道光年間，清代文壇的重要人物中參與者衆，此圖的文學、文化價值無須贅述。歷經數代，它的題咏數量不斷增多，在書畫版本研究上是很有典型性的一件珍品。而二百餘年間遞藏遞守，陳氏家族的文化傳承精神也很值得後世景慕。

注釋：

① 康熙十七年暮春，陳維崧讀書于昆山徐乾學憺園，他與大汕應相會于昆山或蘇州。

② 中國古代書畫鑒定組編：《中國古代書畫圖目》第12册，沪11—460，文物出版社，1993年，168頁。

③（清）陳淮等編：《迦陵先生填詞圖》沈初序，文物出版社據清乾隆五十九年（1794）商丘陳淮等刻本影印，2014年。按，影印本版權頁題爲《陳迦陵填詞圖》。

④（清）袁枚：《〈陳檢討填詞圖〉序》，《小倉山房外集》卷八，民國間中華書局鉛印《四部備要·小倉山房詩文集》本。

⑤（清）陳維崧：《迦陵詞全集》卷二十二，清康熙間宜興陳宗石患立堂刻本。

⑥ 中國古代書畫鑒定組編：《中國古代書畫圖目》第6册，蘇1—209，63頁。

⑦ 關于陳維崧的生平交游、個人經歷，參考周絢隆《陳維崧年譜》（人民出版社，2012年），本文不再一一説明。

⑧（清）錢芳標：《湘瑟詞》卷四，清康熙間刻本。

⑨《填詞圖》中女妝人物當是徐紫雲。身爲男性優伶，徐紫雲總是以柔和的形象示人。在《填詞圖》之前，陳維崧還請五琅陳鵠繪有一幅《紫雲出浴圖》。圖中徐紫雲足弓纖細，狀似女子。陳維崧携

圖出入，也曾遍求題咏。當然《出浴圖》明確標示了紫雲的名字，而《填詞圖》則是將按簫麗人比爲天女，主題相對模糊。但揆諸陳氏詩詞對徐紫雲的細緻咏贊，再與《出浴圖》進行比較，則《填詞圖》真實内在的繪製主題還是可以明確的。

⑩（清）秦瀛編：《己未詞科録》，清嘉慶間刻本。己未年即康熙十八年，係陳維崧鴻博考試之年。

⑪（清）陳維崧：《宋既庭孝廉，余三十年好友也。客歲夏秋間，與余先後被召入都，又同下榻廣平夫子寓廬幾一載矣。秋日南歸，賦五言古詩二十八韵送之》，《湖海樓詩集》卷六，清康熙間宜興陳宗石患立堂刻本。

⑫ 本文未注出處的題咏引文均引自刻本《迦陵先生填詞圖》。

⑬（清）丁紹儀《國朝詞綜補》［清光緒九年（1883）無錫丁氏刻本］卷四録有此詞，注云："時其年歿逾年矣。"

⑭（清）萬貢珍編，胡萬本摹勒：《迦陵填詞圖》萬貢珍序，清道光二十五年（1845）陽羡萬貢珍刻石拓本。

⑮（清）宋犖存藏：《和松庵存札》，清初稿本。

⑯ 關于陳、宋二人在京交往的情況，參見《陳維崧年譜》652 頁。

⑰（清）湯大奎：《炙硯瑣談》，清乾隆五十七年（1792）武進趙懷玉亦有生齋刻本。

⑱（清）洪亮吉：《更生齋詩餘》卷一，清嘉慶七年（1802）陽湖洪氏洋川書院刻《洪北江全集》本。

⑲（清）徐時棟：《烟嶼樓詩集》卷十一，清同治間慈溪葉氏虎胛山房刻本。

⑳（清）陳重：《花著龕詩存》卷二，高洪鈞編《明清遺書五種》，北京圖書館出版社，2006 年，329—330 頁。

㉑（清）何兆瀛：《泥雪録》，清光緒十四年（1888）武林刻本。

㉒ 同注⑳，318 頁。

㉓ 嘉慶末年，郟志潮在其摹本上轉述春生刺史之言，曾謂《填詞圖》係"商邱宋氏所藏"，此説亦屬失當。按，宋氏亦爲商丘望族，康熙年間宋犖與陳維崧詩酒唱和，交往頗密。此後陳、宋兩家纍世交好，相互婚姻。宋氏借觀《填詞圖》的時間比較長，遂使春生刺史産生了誤會。

㉔（清）袁保恒等：《母德録》，清宣統三年（1911）清芬閣鉛印《項城袁氏家集》本。

㉕（清）謝章鋌：《賭棋山莊詞話》卷一，清光緒十年（1884）刻《賭棋山莊所著書》本。

㉖（清）葉衍蘭、黄小泉摹繪：《清代學者象傳》第一集，民國十九年（1930）商務印書館上海影印本。

㉗ 夏承燾：《天風閣學詞日記》，《夏承燾集》第 7 册，浙江教育出版社、浙江古籍出版社，1997 年，900 頁。

㉘ 梁溪坐觀老人著，王淑敏點校：《清代野記》，山西古籍出版社，1996 年，136 頁。

㉙ 張伯駒等：《春游瑣談》，南開大學出版社，2018 年，478 頁。

㉚（清）徐嘉炎：《抱經齋詩集》卷十四，清康熙三十八年（1699）秀水徐氏刻《抱經齋詩文全集》本。

㉛ 陳維崧曾在一夜之間爲徐紫雲賦有咏梅絶句百首，事見鈕琇《觚剩》卷二"賦梅釋雲"。

㉜（清）陳文述：《頤道堂詩外集》，清嘉慶間錢塘陳氏刻《頤道堂詩選》本。

㉝（清）張景祁：《新蘅詞》卷二，清光緒九年（1883）百億梅花仙館刻本。

㉞（清）易順鼎：《丁戊之間行卷》卷九，清光緒五年（1879）龍陽易氏貴陽刻《琴志樓叢書》本。

（作者單位：國家圖書館古籍館）

明清“人迹路程圖”中的文天祥記憶

吴　寒

内容提要：“人迹路程圖”是一類在地理信息之外輔以大量歷史文化注記的輿圖。主要是出于價值取向、歷史背景、地理觀念三方面原因，明清時期的此類輿圖中表現出對文天祥史迹的重視。首先，“人迹路程圖”獨特的價值取向使得文天祥的忠節形象受到尊崇。其次，明中末期的政治背景促使繪製者突出文天祥及其他南宋史迹以激勵人心。再次，“人迹路程圖”所秉承的文化空間觀念，也使得文天祥寫作《過零丁洋》這一事迹成爲全圖海疆叙事的重要一環。輿圖不僅是地理空間的客觀反映，更從價值關懷、政治意識、文化觀念等多個維度，形成了“歷史—地理—價值—文化”的關聯圖式，在文天祥形象的傳承和建構方面起到了獨特作用。

關鍵詞：“人迹路程圖”　文天祥　古地圖

文天祥（1236—1283）是南宋末年抗元名臣，他被俘後堅定不屈，于珠江口外一帶海域寫下《過零丁洋》以明志，其忠勇氣節一直爲後世所景仰。文天祥身後，他的詩文集被編撰再版，紀念活動也長期進行，文天祥逐漸成爲一個有典範意義的文化符號。

關于文天祥歷史形象的傳承與建構，以往學界多有關注，并就關于文天祥的刻碑立傳、祠堂修建、史料記載、别集刊刻等展開了相關研究①。不過，以往研究多集中于文字記載，而對于明清時期的輿圖資料關注不多。事實上，中國古代有一類被稱爲“人迹路程圖”的特殊地圖，它們往往選擇“古今人物之美，或政事之有益于生民，或節義之有裨于風化，或理學之有補于六經者”②，將這些歷史人物的生平活動與相應地理空間相結合，形成一類獨特的融歷史記憶于空間展示的輿圖類型。此類輿圖對文天祥表現出了格外的關注，尤其是文天祥寫作《過零丁洋》一詩的活動，成爲這些輿圖描繪的重點之一。由宏觀視角觀之，文天祥記憶甚至成爲此類地圖表現海疆叙事的重要一環。

可以説，輿圖資料對于文天祥記憶的建構和强化，起到了積極的媒介作用，其將文天祥的生平事迹與相應地理空間聯繫起來，也使得文天祥的忠節形象在具體場景中顯得更加豐滿和聚焦，這一圖像作用機制值得進行專門深入的研究。本文擬以明清古地圖中的文天祥記憶爲研究對象，分析其表現重點、繪製背景等，進而探討地圖在文天祥形象傳播中所起到的作用。此外，也可由文天祥這一個例出發，分析“人迹路程圖”這一地圖類别的繪製和嬗變背後蘊含的文化心理。

一、明清“人迹路程圖”中的文天祥

石冰潔《從現存宋至清“總圖”圖名看古人“由虛到實”的疆域地理認知》一文將傳統“王朝疆域圖”總結爲五類，分别爲“一統圖”“廣輿圖”“人迹路程圖”“皇輿全覽圖”“大清萬年一統系圖”[③]。其中的“人迹路程圖”一類，在地理信息之外，還加入了大量區域建置沿革、風俗、人物、物産的記載，包含了豐富的文化信息，目前所見最早的一幅“人迹路程圖”爲明嘉靖三十四年（1555）之《古今形勝之圖》，此圖中就出現了三處關于文天祥的記載，一處爲廣東香山零丁洋海域，標注“香山縣，文天祥過零仃洋此”；一處爲福建延平，標注“文丞相開督府南劍州”；一處爲廣東惠州，標注“元執文天祥于五坡嶺此”。而之後的此類輿圖雖然在表現範圍、繪製手法、詳略程度、信息側重等方面有所不同，但都延續了對于文天祥生平活動的記叙。統計筆者目前所能見到的明清古地圖，涉及文天祥史事的共有 12 種，其中 10 幅爲單幅地圖，兩幅爲書籍中的插圖[④]。

表 1　明清“人迹路程圖”中出現的文天祥史迹

圖名	時間	作者	尺寸	史迹標注	藏地
《古今形勝之圖》	明嘉靖三十四年（1555）	喻時	115 × 100 厘米	香山縣，文天祥過零仃洋此。 文丞相開督府南劍州。 元執文天祥于五坡嶺此。	西班牙西維爾亞西印度群島檔案館
《古今天下形勝之圖》	約明萬曆五年（1577）[⑤]	章潢	不詳	香山縣，文天祥過零丁洋。 文天祥開督府南劍州。 元執文天祥于此。	《圖書編》卷三十四，明萬曆四十一年（1613）刻本，國家圖書館
《乾坤萬國全圖古今人物事迹》	明萬曆二十年（1593）	梁輈	172. 5 × 132. 5 厘米	文天祥過零丁洋此。 文天祥開督府南劍州。 元執文天祥于五坡嶺此。	英國菲利普·羅賓遜圖書館
《皇明分野輿圖古今人物事迹》	明崇禎十六年（1643）	季明臺	147. 5 × 166. 3 厘米	香山，屬廣州府，文天祥過零仃洋即此。	美國哈佛燕京圖書館
《九州分野輿圖古今人物事迹》	明崇禎十六年（1643）	季明臺	142. 5 × 121. 5 厘米	香山，屬廣州府，文天祥過零仃洋即此。	加拿大大不列顛哥倫比亞大學亞洲圖書館
《天下九邊分野人迹路程全圖》	明崇禎十七年（1644）	曹君義	125 × 124 厘米	香山，屬廣州府，文天祥過零仃洋即此。	國家圖書館

續表

圖名	時間	作者	尺寸	史迹標注	藏地
《華夷古今形勝圖》	南明福王弘光元年（1645）	朱紹本等	每册 23 × 29 厘米	香山縣，文天祥過零丁洋。 文天祥開督府南劍州。 元執文天祥午坡嶺。	《地圖綜要》總卷，明弘光元年（1645）刻本，國家圖書館
《大明九邊萬國人迹路程全圖》	清康熙二年（1662）	王君甫	約 120 × 120 厘米	香山，屬廣州府，文天祥過零仃洋即此。	日本早稻田大學圖書館等
《南瞻部洲萬國掌果之圖》	清康熙四十九年（1710）	浪華子	115 × 143 厘米	香山，文天祥址。	美國斯坦福大學大衛·拉姆齊地圖圖書館
《乾隆天下輿地圖》	清乾隆八年（1743）後	不詳	132 × 170 厘米	文天祥過零汀洋此。 元執文天祥于五波嶺此。	大英圖書館
《大清廣輿圖》	清乾隆五十年（1785）	久保亨	不詳	元執文天祥此。 文天祥開督府。 垂珠嶺，文天祥登山流泪，故名。 宋文天祥舟師出此。	日本國立國會圖書館
《古今地輿全圖》	清光緒二十一年（1895）	劉明杰	101 × 175 厘米	零丁洋，文天祥零丁洋詩即此。	馬可孛羅地圖館

總的來説，明清古地圖資料中涉及的文天祥史事主要有 5 宗，以下按時間順序列舉：

一是南宋景炎元年（1276）秋七月，文天祥于福建延平南劍州開都督府，聚兵抗元。《宋史紀事本末》載："秋七月，文天祥開府南劍州，經略江西。"[⑥]此事在各幅地圖中共出現 6 次。

二是南宋景炎二年（1277），文天祥在福建漳州路過一處山嶺，回顧落泪，因此這座山被命名爲"垂珠嶺"。顧祖禹《讀史方輿紀要》記載："宋景炎二年，元兵破汀關，丞相文天祥移兵屯漳州，過此嶺，回顧垂涕，居民哀之，表以此名。"[⑦]這一標注衹在《大清廣輿圖》中出現了 1 次。

三是文天祥于南宋景炎三年（1278）三月屯兵麗江浦。《宋史紀事本末》載："三月……文天祥以弟璧及母在惠州，乃趨之行，收兵出海豐縣，遂次于麗江浦。"[⑧]這一標注也衹出現了 1 次，即日本繪《大清廣輿圖》在惠州捷勝麗江一帶注文："宋文天祥舟師出此。"

四是南宋祥興元年（1278）十二月，張弘範攻潮陽，文天祥在廣東海豐五坡嶺兵敗被俘。《宋史紀事本末》載："天祥方飯五坡嶺，弘正兵突至，衆不及戰，天祥遂被執。"[9]此事在各幅地圖中共出現6次。

五是文天祥寫作《過零丁洋》，此詩約寫作于南宋祥興三年（1279），文天祥被俘之後路過零丁洋時。《宋史紀事本末》載："弘范乃命文天祥爲書招世杰，天祥曰：'吾不能捍父母，乃教人叛父母，可乎？'固命之。天祥書所《過零丁洋》詩與之，其末有云：'人生自古誰無死，留取丹心照汗青。'"[10]此事在輿圖中共出現了11次。

總的來説，這些輿圖資料對文天祥事迹的記載，基本涵蓋了文天祥抗元時期的重要活動，在空間上也囊括了他在廣東、福建一帶較爲重要的活動地點。

二、人迹路程圖表現文天祥史迹的特點

結合具體的圖繪，我們可以大致總結出明清古地圖對文天祥史迹表現的幾個特點：

第一，相較其他人物來説，明清古地圖中涉及文天祥的空間標注較多。最早的《古今形勝之圖》中就出現了"零丁洋""五坡嶺""南劍州"3處，此後《古今天下形勝之圖》《乾坤萬國全圖古今人物事迹》等輿圖中都出現了這幾處標注，日本繪《大清廣輿圖》中又增加"麗江""垂珠嶺"兩處，總計5處。儘管這些"人迹路程圖"大多圖幅較大、文字注解也比較豐富，但畢竟古往今來人物衆多，地圖中要表現的各類信息也很多，大部分人物都衹是一筆帶過。以《地圖綜要》中的《華夷古今形勝圖》爲例，這張圖是書籍中的插圖，圖版較小，因此對文字信息進行了大幅删减，多數人物都衹出現了一次，而文天祥則標注了3處。足見其對文天祥的重視。而另一幅王君甫刊刻《大明九邊萬國人迹路程全圖》，雖與《天下九邊分野人迹路程全圖》等屬同一圖系，但更重視對各行政區域的表現，而省去了大量風俗、建制、人物信息，文字相較其他輿圖來説大爲簡略，却仍然在珠江口專門標繪"香山，屬廣州府，文天祥過零丁洋即此"。縱觀其他各幅"人迹路程圖"，儘管各圖文字標注有詳有略，却基本上都保留了對文天祥史迹的描繪。"人迹路程圖"對文天祥的重視可見一斑。

第二，涉及文天祥的輿圖，時間、地域跨度較大。從明嘉靖年間所刻《古今形勝之圖》，到清光緒年間刊刻的《古今地輿全圖》，時間跨度三百多年，目前統計所能見到的"人迹路程圖"全都没有遺漏文天祥的信息。而這批輿圖中，更有不少是在日本繪製的，這説明，在"人迹路程圖"這一輿圖繪製類型傳到日本之後，這些摹繪之作同樣保留了文天祥相關事迹的記載。可見，在"人迹路程圖"這一輿圖類型的傳承和發展中，文天祥已經成爲一個非常重要的主題要素，并没有隨時間的推移或是地域的變化而被繪製者删去。

第三，明清輿圖對文天祥事迹的表現，尤爲重要的就是他寫作《過零丁洋》一事。《過零丁洋》是文天祥一生中最爲後人稱道的名篇之一，而此篇以"零丁洋"命篇，詩中更有"零丁洋裏嘆零丁"一句，將伶仃洋這一地名與文天祥牢牢地聯繫在一起，成爲文天祥人生中的重要地理坐標。本文統計的12種輿圖，有11種都在珠江口海域專

門以方框或圓框標注此事，而日本地圖《南瞻部洲萬國掌果之圖》在珠江口海域的小島標注“香山，文天祥址”，直接將文天祥與香山這一地名聯繫在了一起。而文天祥在香山一帶最重要的活動，就是寫作《過零丁洋》。《澳門記略·形勢篇》記載：“澳東爲東澳山……又東爲零丁山，東莞、香山、新安三邑晝界處，下爲零丁洋。”⑪

第四，輿圖中的文天祥史迹并非孤立現象，而是和一系列南宋末年史迹形成呼應。《古今形勝之圖》中，就在三處文天祥史迹之餘，在東南沿海一帶標注了大量南宋末年的其他文化事件，例如在福州標識“宋端宗避元即位此”，在崖山一帶標注“陸秀夫抱帝死崖山此”等，這些事件共同形成了對南宋末年歷史事件的空間標識，也大致串起了南宋末期宋端宗即位、流亡政權建立、宋末三杰抗元，一直到陸秀夫帶幼帝趙昺自盡的歷史進程。這樣，讀者在閱覽這幅地圖的東南沿海部分時，就跟隨地圖不斷形成了對那一時期歷史事件的强化記憶。這種現象一直貫穿了“人迹路程圖”的發展歷程，到清光緒二十一年（1895）劉明杰《古今地輿全圖》中仍有所發展，此圖在東南沿海標注了“陸秀夫墓”“張世杰墓”“海陵山，張世杰自厓山突圍而出，至山下，風作，溺死”“硇州，宋端宗崩此”等南宋史迹。

第五，“人迹路程圖”傳到日本之後，相關輿圖中對文天祥的表現繼續豐富。以日繪《大清廣輿圖》爲例，根據圖上介紹，此圖本于蔡九霞《廣輿記》：“唐土大圖行于世者，無有善本，今據蔡九霞《廣輿記》圖本擴之，以諸書增訂之。”《廣輿記》一書爲明萬曆陸應陽輯，蔡九霞增訂刊刻于清康熙年間，蔡氏增訂本中有大清一統全圖和各省分圖，而這些輿圖僅表現地名信息和行政建制，并無地理信息之外的文化類介紹，這説明，《大清廣輿圖》的製作者在《廣輿記》中基本行政疆域圖的基礎上，融合其他文獻的記載，增訂了大量的文字注記和文化信息。前文已經提到，此圖中出現了兩處在中國本土“人迹路程圖”中未見的標注，一處是捷勝一帶“宋文天祥舟師出此”，另一處是漳州垂珠嶺“垂珠嶺，文天祥登山流泪，故名”，這説明日本繪“人迹路程圖”中對文天祥史迹的記載仍有發展。此外，涉及文天祥史事的日本繪輿圖，一定程度上已經溢出了“人迹路程圖”的範圍。傳統的“人迹路程圖”表現的皆是以中國爲中心的傳統地理觀念。而日繪《南瞻部洲萬國掌果之圖》是一幅表現佛教世界觀的地圖，這幅圖描繪了佛教傳説中四大部洲之一——南瞻部洲的地理情況，以印度、中國、日本爲表現的主體，其中的文化信息標注不多，而中國部分，除了一些紅筆和白筆標注之外，原圖上幾乎没有出現地名之外的文化信息，却在珠江口標注了一處“香山，文天祥址”。這一現象非常獨特，這説明這幅圖的繪製者很可能參考了一幅“人迹路程圖”，并將文天祥這一歷史信息吸納到了這幅佛教輿圖之中。這種種情况從側面反映了文天祥形象在日本的傳播和發展。

三、文天祥與“人迹路程圖”

文天祥爲什麽在“人迹路程圖”中受到格外重視？我們可以從以下三個方面展開分析，由此也可管窺“人迹路程圖”這一獨特的輿圖類型，其圖式的形成和嬗變背後蘊含的文化心理。

（一）“人迹路程圖”的價值取向

“人迹路程圖”是一種獨特的輿圖類型，它從一開始就兼具地理和歷史教育的功能。《古今形勝之圖》右下角有一段文字介紹其編纂緣起：“依統志集此圖，欲便于學者覽史，易知天下形勝、古今要害之地。其有治邑，原無典故者，不克盡列。”[12]從這段文字來看，《古今形勝之圖》的編纂，意義就在于便于學者覽史，因此，除了標準化的地理信息之外，圖中還輔以大量文字注記，介紹山川勝美或地勢險要之地，以及各地的歷史典故。而到了《乾坤萬國全圖古今人物事迹》，則更强調歷史人物的教育功能，圖記專門解釋了“人物事迹”的選擇標準：“古今人物之美，或政事之有益于生民，或節義之有裨于風化，或理學之有補于六經者，則注于某州某縣之側。”[13]《乾隆天下輿地圖》稱此圖“所注古今建置沿革、名賢古迹、府州形勝、向時風俗，俱係摘録《廣輿》諸書，甚有關于學問格致修齊治平之助”[14]。由此看來，“人迹路程圖”一類輿圖，有着非常强的傳統價值取向，製作者希望通過對典範人物的彰顯，讓閱讀者對這些人物的生平事迹有所瞭解，達到歷史教育的目的。

縱觀“人迹路程圖”對于人物事迹的選擇，可以看到兩個主要的取向，一是“因人”，也就是一些重要歷史人物在此地出生或活動，人物爲此地增加了文化底蘊；二是“因事”，也就是一些關鍵性的歷史事件或戰争發生于此，能説明此地的獨特地理形勢和險要地位。而文天祥是符合這兩大選擇標準的。首先，文天祥作爲南宋抗元名臣，其忠勇氣節爲後人所贊頌，有非常强的道德典範意義。同時，文天祥在東南沿海一帶的活動，尤其是其寫作《過零丁洋》的事迹，也標識了宋末元初一系列重要歷史事件的發生地。由于《過零丁洋》一詩的流行，伶仃洋這一意象與文天祥的忠節形象聯繫在一起。有清一代，伶仃洋海域作爲珠江口戰略要地，聯通了周圍的香山、新安等縣，這一區域既有葡萄牙人盤踞，又有倭寇和海盗襲擾，成爲廣東中路海防的防禦重點[15]。後人撫今追昔，也往往將伶仃洋與外夷入侵、山河破碎聯繫起來，如汪兆鏞《樓頭看月口占二首》：“藥裹繩床夢乍醒，望洋何忍説伶仃。誰教大好清江月，復照珠江萬古腥。”[16]金曾澄《港戰有懷，時客濠江》：“寸心莫慰飄零夢，粒食難療饑饉民。惘惘伶仃洋外望，倚欄應有斷腸人。”[17]梁簡能《壬午初春偕趙少昂偷渡澳門，舟次伶仃洋，感懷有作》：“伶仃洋上水聲悲，似向穹蒼訴亂離……魯陽戈在應揮日，文相詩遥已歡時。”[18]因此，“人迹路程圖”對于文天祥事迹的標識，可謂兼有歷史地理教育和彰顯道德典範的意義。

（二）“人迹路程圖”的歷史背景

“人迹路程圖”的産生有其特殊的時代背景。回顧目前所見的“人迹路程圖”，最早的《古今形勝之圖》爲明嘉靖三十四年（1555）刻，此時已值明代中期，内憂外患逐漸顯露，北有蒙古侵襲，東南沿海有倭寇滋擾。而此圖强調文天祥事迹的同時，以大量筆墨介紹了其他南宋末年的抗元史迹。這一系列南宋史迹的標識并非偶然現象，它説明作者是有意識地强調這一時期的歷史記憶的。結合當時的時代背景，作者在國家憂患之時，希望以這些勇抗外侮的英雄事迹，强化民族意識，激勵民衆的抗争情緒。因此，在這些輿圖中，地理信息和歷史記憶相結合，一定程度上起到了凝結人心的作用。同時，也有學者指出，此圖作者喻時爲江西人，他在輿圖中强調江西籍的文天祥，也可能與自己的籍貫有一定關係[19]。

“人迹路程圖”産生最多的時段是明晚期萬曆、崇禎年間，其時正值明末風雨飄摇之際，這些地圖中的南宋史迹也更加豐富。除了文天祥之外，相關輿圖對同爲抗元將領的陸秀夫等人也更爲關注。例如陸秀夫的介紹在《古今形勝之圖》中衹有簡短的“陸秀夫抱帝死崖山此”，而繪製于明萬曆二十年（1593）的《乾坤萬國全圖古今人物事迹》一圖，將陸秀夫事迹擴充爲“崖山在新會南八十里海中，宋末帝昺駐蹕于此，元追，迫陸秀夫朝服抱帝赴海死”。到崇禎年間的《皇明分野輿圖古今人物事迹》和《九州分野輿圖古今人物事迹》，又進一步擴充爲“崖山在新會南八十里海中，宋帝昺駐蹕于此，元將張弘範迫急，丞相陸秀夫朝服抱帝赴海死，秀夫，淮南鹽城縣人”。增加了對陸秀夫籍貫的記述。結合晚明時期的特殊形勢，輿圖繪製者很可能是希望通過對宋末史事的描繪，激發鬥争情緒，實現歷史教育和凝聚民族精神的作用，從而爲現實政治服務。

學者已經指出，明末是文天祥文化記憶形成和傳播的關鍵時期之一，這是由當時特殊的政治歷史環境影響而造成的[20]。結合相關輿圖資料我們可以發現，地圖中對文天祥記憶的展示，同樣符合了這一歷史趨勢，明末輿圖對于文天祥及其他南宋史迹的强調，某種意義上也成爲集體記憶建構的一種方式，展現了繪製者的政治關懷。而隨着諸種地圖對南宋末年歷史遺迹的不斷强化，嶺南一帶的歷史文化記憶與相應的地理空間之間，也有了更加緊密的聯繫。

（三）“人迹路程圖”的地理觀念與邊疆叙事

“人迹路程圖”的描繪重點，是以華夏地域爲中心的傳統世界觀念。從明中葉的《古今形勝之圖》開始，全圖的主要篇幅便是以明代的兩京十三省爲中心，拓展到周邊的陸疆和海疆，并進一步延伸到周邊的朝鮮、日本、爪哇、緬甸等地。這一基本的“由内而外”、由華夏文明的中心區域逐漸向外蔓延拓展的傳統地理觀念，在《古今形勝之圖》中就已經基本定型，而輿圖對華夏大地上古今人物之美的弘揚，對各地物産、名勝、重要歷史事件的介紹，也正意在凸顯華夏文明居于世界中心的自我認識，在表現地理信息的同時不斷强化其人文意涵。换句話説，在豐富文化信息的加持下，“人迹路程圖”所展現的，不僅僅是作爲空間地理的“中心”，更是文化上的“中心”。正如《乾坤萬國全圖古今人物事迹》所説：“内而中華山河之勝，古今人物之美……外而窮荒絶域，北至北極，南越海表，東至汪洋，西極流沙。”

在這種“區分内外”的傳統文化觀念之下，對邊疆的描繪便成爲一個重要地理維度。“人迹路程圖”和其他中國古代的其他世界地圖一樣，有意識地劃定了華夏文明區域。具體而言，西北陸疆以北部的長城和西部的黄河爲主要標志，其重要意象有長城關隘、邊城重鎮、星宿海等。而東南海疆則沿海標識了一些水路、海域、海島等作爲地域標識，形成一系列海疆意象。

而在地理表現之餘，“人迹路程圖”的一個重要特點就是歷史文化信息的標識。在華夏文明區域，輿圖中密密麻麻地羅列了地名、建制，因此相關文化信息衹能見縫插針，内容往往寥寥數字，非常簡短。但是在邊疆區域有大量空白區域，因此，繪製者沿着邊疆區域標識了一系列典故、傳説、重要事件和人物，較内陸區域要詳細得多，这些信息以方框或圓框重点標識，于邊疆沿綫環繞華夏文明區域，這從客觀上强化了文化上的邊界，形成了獨特的邊疆叙事。

從這個維度出發考察“人迹路程圖”對文天祥史迹的記録，可以發現，本文所統計的12種輿圖中，唯一没有標注這一事件的是日本人所繪的《大清廣輿圖》，這很可能與日本人没有那麽强的華夏邊疆意識有關。隨着時代的發展，零丁洋周邊增加了“澳門”“香港”和其他島嶼名稱等更詳細的地域標識，甚至多以方框或圓框重点標注，文天祥寫作《過零丁洋》這一文化事件成爲一個重要的沿海文化意象，作爲海疆叙事的一環，與其他沿海典故，如“秦築長城，入泥數里，以舟載生鐵沉于海中爲根底”，“成化以前運糧由此路，三五日至成山甚便，然壞船甚多，合不敢行”等沿海故實一起，在“人迹路程圖”中承擔了海疆叙事的文化功能。從這個意義上説，文天祥史迹于“人迹路程圖”的意義，也就超越了一般的道德典範人物，而有了文化空間標識的作用。因此，《過零丁洋》的寫作，也成爲“人迹路程圖”中不可或缺的一個主題要素。

四、小結

“人迹路程圖”對文天祥的重視，形成了一種對文天祥形象的傳承建構方式，是相關文化記憶的獨特載體。不同時期的輿圖將文天祥生平事迹標注于相應的地理空間，形成了一種“歷史—地理—文化—價值”的關聯圖式，促使觀看者不斷强化這些空間坐標，形成關于文天祥的更加豐滿和立體的形象記憶。

【本文係國家社科基金青年項目“詩經圖像文獻整理與研究”（19CZW010）的階段性成果】

注釋：

① 針對文天祥形象的傳播與接受的研究成果主要有：陳文亮：《明末絶命詞中的文天祥形象》，《井岡山大學學報（社會科學版）》2019年第5期；郭輝、李百勝：《歷史記憶與社會動員：抗戰動員中的“文天祥”記憶》，《福建論壇（人文社會科學版）》2018年第6期；楊年豐：《明清時期文天祥形象的記憶與認同》，《徐州工程學院學報（社會科學版）》2018年第1期；陳功林：《文天祥形象的塑造與演變》，江西師範大學2016年碩士論文；顧寶林、歐陽明亮：《明代對歷史人物風範的記憶與建構——以文天祥爲例》，《河北學刊》2014年第1期。這些文章從不同角度出發，聚焦相應時段，對文天祥形象的傳播和發展進行了分析。

②《乾坤萬國全圖古今人物事迹》，國家圖書館藏，藏號：1/1593。

③ 石冰潔：《從現存宋至清“總圖”圖名看古人“由虛到實”的疆域地理認知》，《歷史地理》2016年第1期。

④ 文中提到的“人迹路程圖”主要來源于各大圖書館網站、數據庫、拍賣圖録等，并參考了成一農《“古今形勝之圖”系列地圖研究》（《形象史學》第十五輯）、石冰潔《從現存宋至清“總圖”圖名看古人“由虛到實”的疆域地理認知》（《歷史地理》2016年第1期）等文所作的統計，基本上囊括了目前能檢索到圖像的“人迹路程圖”。由于此類地圖在歷史上曾經長期流傳，因此本文的檢索難以窮盡，不過這些輿圖應該可以代表這一系列輿圖的整體情況。

⑤ 據萬尚烈《刻章聘君先生圖書編丏叙》，章潢編輯《圖書編》“肇于嘉靖壬戌，成于萬曆丁丑”。據考證成稿之後章氏還在持續修訂，但無論如何，此書完稿應不晚于章氏卒年，即萬曆三十六年（1608）。

⑥（明）陳邦瞻：《宋史紀事本末》，中華書局，1977年，1170頁。

⑦（清）顧祖禹：《讀史方輿紀要》，中華書局，2005年，4494頁。

⑧ 同注⑥，1177頁。

⑨ 同注⑥，1180頁。

⑩ 同注⑥，1181頁。

⑪（清）印光任、張汝霖：《澳門記略》卷上，清乾隆十六年刻本，6頁。

⑫ 國家圖書館藏，藏號：2/1555—2。

⑬ 國家圖書館藏，藏號：1/1593。

⑭ 參見 http：//www. guoxuemi. com/gjzx/435752plij/47685/.（2021. 4. 6 檢索）

⑮ 參考魯延召：《明清時期伶仃洋區域海防地理特徵研究》，《暨南學報（哲學社會科學版）》2013年第9期。

⑯ 章文欽箋注：《澳門詩詞箋注・民國卷》，珠海出版社、澳門特别行政區政府文化局，2001年，121頁。

⑰ 同注⑯，584頁。

⑱ 轉引自鄭煒明：《16世紀末至1949年澳門的華文舊體文學述論（下）》，《許昌學院學報》1998年第2期。

⑲ 徐曉望：《林希元、喻時及金沙書院〈古今形勝之圖〉的刊刻》，《福建論壇（人文社會科學版）》2014年第3期。

⑳ 顧寶林、歐陽明亮：《明代對歷史人物風範的記憶與建構——以文天祥爲例》，《河北學刊》2014年第1期。

（作者單位：國家圖書館古籍館）

國家圖書館藏三種浙江名勝圖述要

翁瑩芳

内容提要： 國家圖書館藏有三種與清中期乾隆皇帝南巡相關的浙江名勝圖：《浙江勝景圖》《浙省名勝景亭圖説》和《浙江景物圖》。這三種輿圖在地理内容、繪製手法等方面大同小异，成圖時間也較爲接近，但又各具特色。在瞭解其概况、内容的基礎上，這三種輿圖的製作時間、具體功用等也得以揭示。

關鍵詞： 浙江　名勝圖　乾隆南巡

中國古代帝王離都巡游的傳統悠久，這其中又以清代乾隆皇帝的南巡最爲今人矚目。乾隆皇帝效仿其祖康熙皇帝，從乾隆十六年（1751）至乾隆四十九年（1784）的30餘年間先後6次南巡。南巡不僅影響了途經地區的政治、經濟和文化，也帶動時人及後人對沿途山水景物、園林寺廟等名勝的興建、修葺與重視。乾隆皇帝的6次南巡均把浙江作爲終點。

浙江地區風景秀麗、名勝衆多，描繪其風光的地圖古來有之，以“南巡”爲主題的浙江名勝地圖也不在少數。國家圖書館館藏宏富，在種類齊全、數量衆多的古今輿圖中，有三種與清中期乾隆皇帝南巡相關的浙江名勝圖，即《浙江勝景圖》（以下簡稱《勝景圖》）、《浙省名勝景亭圖説》（以下簡稱《景亭圖》）和《浙江景物圖》（以下簡稱《景物圖》）。這三種輿圖在地理内容、繪製手法等方面大同小异，成圖時間也較爲接近，但又各具特色。

一、輿圖概况

（一）裝幀形制

國圖藏三種浙江名勝圖均爲紙本經折裝，其中《景亭圖》和《景物圖》爲絹底托裱。《勝景圖》和《景物圖》各爲一册，圖名爲後人所擬。《勝景圖》爲單色刻本，封面貼有後人題寫的貼簽，上書“江南勝景圖”，小字備注“浙江”。《景物圖》爲彩繪本，封面未標題名。《景亭圖》爲四册刻本，後手工上色，效果接近彩繪本，封面有原圖名。從尺寸看，《景亭圖》和《景物圖》大小相當，《勝景圖》的高度僅爲前二者的三分之一多。因此，從載體形態相關方面來看，《景亭圖》和《景物圖》相似，與《勝景圖》差异略大。

表1　三種名勝圖版本、裝幀等概況

圖名	版本	裝幀	版框尺寸	圖册尺寸	色彩	數量
《勝景圖》	刻本	經折裝	無版框	11×8 厘米	單色	1 册
《景亭圖》	刻本	經折裝	22×15 厘米	27×18 厘米	彩色（手工上色）	4 册
《景物圖》	繪本	經折裝	25×17 厘米	31×20 厘米	彩色	1 册

（二）圖文形式

此三種輿圖都采用“圖説”形式來組織内容。“圖説”是明代以後比較常見的一種著述形式，或以圖畫爲主稍加文字説明，或以文字爲主兼附圖畫以助解説。輿圖中的“圖説”是以圖爲主，文字爲輔。國圖藏比較有名的“圖説”作品是明萬曆年間的《江西全省圖説》，清乾隆年間《廣陵名勝全圖》、清光緒十七年（1891）李彦奎繪《桂林十二景模本》等名勝圖同樣采用這種圖説形式。本文所述三種輿圖均采用“右圖左文”的形式，即圖先文後。

此三種輿圖的“圖”[①]均采用中國傳統山水形象畫法，細緻描繪了各處名勝的建築、山水、植被等，綫條流暢、刻繪精細、内容豐富、用色雅致、畫面飽滿。每處名勝均配有圖説，少則幾十字、多則百餘字，主要包括名勝簡介和帝王巡幸情況兩部分内容。名勝介紹主要涉及景點地理位置、得名緣由、修葺情況，以及景點歷史，包括與名人、帝王的淵源等。帝王巡幸情況主要提及清康熙皇帝和乾隆皇帝南巡臨幸時的題字、御製詩及修繕等内容，以乾隆爲主。

二、輿圖内容

與帝王巡游相關的“圖”中，最出名的當屬清代《淮河巡幸圖》《康熙南巡圖》《乾隆南巡圖》等巡幸圖。不過，這些“圖”是名副其實的宫廷畫，與一般意義上的輿圖以及本文所説的名勝圖有較大差异。最明顯的不同體現在形制與要素兩方面：在形制方面，這類圖多爲長卷形式，《乾隆南巡圖》總長154. 17 米，《康熙南巡圖》總長甚至超過 200 米；在要素方面，這類圖上充斥着大量流動性要素，例如人物、車輿等，這在一般的地理輿圖上極少出現。

本文所述三種名勝圖與上述巡幸圖差异較大，但與清代高晋等人編纂的《南巡盛典》[②]“名勝”部分相似。故宫博物院藏《南巡盛典》是清乾隆三十六年（1771）刻進呈本，共一百二十卷，記載了乾隆十六年、二十二年、二十七年、三十年皇帝途經直隸、山東四次南巡兩江兩浙的情況，也就是乾隆皇帝的前四次南巡。《南巡盛典》卷94至105 爲名勝部分，自河北盧溝橋至浙江紹興蘭亭，附有著名畫家上官周繪寫的插圖 160幅，插圖後有文字説明[③]。《南巡盛典》是清代殿版畫中的上乘之作，極具代表性。因此，本文擬通過與《南巡盛典》的對比，更有針對性地揭示國圖藏三種輿圖的内容。

（一）景點

《南巡盛典》爲單色刻本，綫裝，版框尺寸縱 21．8 厘米、横 16．9 厘米。《景亭圖》和《景物圖》的尺寸與之相仿。《南巡盛典》也采用圖文結合的方式，記載了浙江省内 50 處名勝，包括嘉興 1 處，杭州 44 處，海寧 2 處，紹興 3 處。《勝景圖》收録浙江境内 28 處名勝，包括嘉興 1 處，杭州 26 處，海寧 1 處。《景亭圖》收録浙江省内 53 處名勝，包括嘉興 1 處，杭州 49 處，海寧 3 處。《景物圖》收録浙江境内 26 處名勝，包括杭州 23 處，海寧 3 處。比較可知，《景亭圖》中收録的名勝數量最多，覆蓋了《勝景圖》中的所有名勝、《景物圖》中除“石屋洞”以外的名勝以及《南巡盛典》中紹興一地以外的名勝。《勝景圖》和《景物圖》的交集倒不多，不超過十處名勝；《勝景圖》收録了較多西湖周邊名勝，《景物圖》則收録了較多寺廟。國圖藏三種輿圖均未收録紹興當地名勝。

表 2　三圖與《南巡盛典》名勝比較

序號	《南巡盛典》	《勝景圖》	《景亭圖》	《景物圖》
1	烟雨樓	烟雨樓	烟雨樓	
2	杭州府行宫		杭州府行宫	
3	西湖行宫		西湖行宫	
4	蘇堤春曉	蘇堤春曉	蘇堤春曉	
5	柳浪聞鶯	柳浪聞鶯	柳浪聞鶯	
6	花港觀魚	花港觀魚	花港觀魚	
7	曲院風荷	曲院風荷	曲院風荷	
8	雙峰插雲	雙峰插雲	雙峰插雲	
9	雷峰西照	雷峰西照	雷峰西照	
10	三潭印月	三潭印月	三潭印月	
11	平湖秋月	平湖秋月	平湖秋月	
12	南屏晚鐘	南屏晚鐘	南屏晚鐘	
13	斷橋殘雪	斷橋殘雪	斷橋殘雪	
14	湖心平眺	湖心平眺	湖心亭（即湖心平眺）	
15	吴山大觀		吴山（即吴山大觀）	
16	湖山春社		竹素園（即湖山春社）	
17	浙江秋濤		觀潮樓（即浙江秋濤）	觀潮樓（即浙江秋濤）
18	梅林歸鶴	梅林歸鶴	放鶴亭（即梅林歸鶴）	
19	玉泉魚躍		清漣寺（即玉泉魚躍）	清漣寺（即玉泉魚躍）
20	玉帶晴虹	玉帶晴虹	玉帶橋（即玉帶晴虹）	
21	天竺香市	天竺香市	天竺香市	天竺寺
22	雲栖寺		雲栖寺	雲栖寺

續表

序號	《南巡盛典》	《勝景圖》	《景亭圖》	《景物圖》
23	蕉石鳴琴	蕉石鳴琴	丁家山（即蕉石鳴琴）	丁家山（即蕉石鳴琴）
24	冷泉猿嘯		冷泉亭（即冷泉猿嘯）	冷泉寺（即冷泉猿嘯）
25	敷文書院		敷文書院	敷文書院
26	韜光觀海	韜光觀海	韜光庵（即韜光觀海）	
27	北高峰	北高峰	北高峰	
28	雲林寺	雲林寺	雲林寺	雲林寺
29	六和塔		六和塔	六和塔
30	昭慶寺		昭慶寺	昭慶寺
31	理安寺		理安寺	理安寺
32	虎跑泉	虎跑泉	虎跑泉	虎跑泉
33	水樂洞	水樂洞	水樂洞	水樂居
34	宗陽宫		宗陽宫	
35	小有天園	小有天園	小有天園	
36	法雲寺		法雲寺	法雲寺
37	瑞石洞	瑞石洞	瑞石洞	
38	黄山積翠		黄龍洞（即黄山積翠）	
39	留餘山居	留餘山居	留餘山居	留餘山居
40	漪園	漪園	漪園	
41	吟香别業	吟香别業	吟香别業	
42	龍井	龍井寺	龍井	龍井
43	鳳凰山		鳳凰山	鳳凰山
44	六一泉		六一泉	
45	大佛寺		大佛寺	大佛寺
46	安瀾園		安瀾園	安瀾園
47	鎮海塔院	鎮海塔院	鎮海塔院	鎮海塔院
48	禹陵			
49	南鎮			
50	蘭亭			
51			蓮花峰	蓮花峰
52			葛嶺	葛嶺
53			瑪瑙寺	瑪瑙寺
54			普圓院	普圓院
55			尖山	尖山
56			觀梅古社	
57				石屋洞

（二）圖版

《勝景圖》的繪製風格與另兩件彩繪圖差异較大。不過，單一的色調和簡潔的綫條反倒賦予作品一種古樸風雅、返璞歸真之感。《景亭圖》和《景物圖》中，同一名勝圖版非常相似。就繪製視角而言，除兩處“觀潮樓”的視角正好相反且畫法差异較大外，其餘景觀的繪製視角完全一致。就建築布局而言，同一名勝的主體建築布局也幾乎相同，僅偶有幾處局部建築略有差异，如兩處“鳳凰山”半山腰的院落差别就較爲明顯。其他細微的差别主要在于：一是相同景物如山體的形狀、植被形態等細節處理不同；二是在地圖用色方面，前者偏灰，後者更顯青緑；三是前者圖上有地名標注，後者没有。

以收録名勝最多的《景亭圖》與《南巡盛典》相比，儘管都是版刻，差异仍然較大，主要可以概括爲六個方面。一是完整圖幅的縱横不同。前者一圖一面，爲竪版；後者一圖雙面，爲横版。這導致同一名勝的整體布局疏密不同，以及附近入框的建築物取捨不同，如“曲院風荷”一景，前圖中捨弃了望春樓。二是主要建築的形制不同，如“雙峰插雲”一景，前圖中爲四方院落，後圖中爲圓形院落。三是繪圖視角不同，如“花港觀魚”“湖心平眺”等景，兩件作品分别從兩個相反的方向進行繪製。四是部分建築位置不同，如“天竺寺（天竺香市）”一景，兩件作品中法净寺和法鏡寺這兩處位置正好互换。五是圖中地名標注不同，如“鳳凰山”一景，前圖中標出鳳凰山、月岩、起座、聖果寺，後圖中則標出鳳凰山、澄觀台、勝果寺。六是相同建築名稱用詞不同，如前圖中用“起座”一詞，後圖中則用“座落”一詞代替。

（三）圖説

從圖説内容來看，《景物圖》與《景亭圖》有些淵源，《景物圖》中的説明文字基本同《景亭圖》中的説明文字重合，衹不過内容更少。《景亭圖》的圖説内容更多，增加了皇帝題字、御製詩等情况説明。以下分别摘録四件作品中的“雲林寺”圖説文字，其文字運用、相關内容的差别直觀可見。

《南巡盛典》篇：

> 雲林寺，在靈隱山之陰，北高峰下，即古靈隱寺。自晋迄元明，屢建屢毁。國朝重修大雄殿及諸堂宇樓閣。聖祖仁皇帝賜名雲林寺，又御書禪林法紀匾額及飛來峰三字，并製詩章。皇上南巡，數幸寺中，賞賚優渥。天章絢爛，梵宇盤空，香雲繞地，爲禪林最勝界云。

《勝景圖》篇：

> 雲林寺，武林山之陰，北高峰下有靈隐寺，創自晋代，負海環江，山奇泉泠，據東南之勝。聖祖仁皇帝五經臨幸，賜賚優渥，御題雲林匾額并御製詩章。乾隆十六年，皇上南巡，兩幸寺中，御製詩一首又詩二十韵。二十二年，聖駕再幸，賜帑飯僧。

《景亭圖》篇：

雲林寺，在北高峰下，對靈鷲峰，創于晋僧慧理，舊名靈隐寺。康熙間，聖祖仁皇帝鑾輿五幸，賜額製詩，賚予優渥。皇上御製雲林寺七言律詩一首，方丈小憇示僧七言截句一首，雲林寺二十韵五言排律一首，飛來峰歌一首，辛未。飛來峰歌一首，再至雲林寺七言律詩一首，丁丑。靈隐寺用宋之問韵即效其體五言排律一首，壬午。仍叠宋之問韵一首，乙酉。又三次恭依皇祖靈隐寺詩韵五言律詩各一首，丁丑，壬午，乙酉。

《景物圖》篇：

雲林寺，在北高峰下，對靈鷲峰，創于晋僧慧理，舊名靈隐寺。

三、輿圖考證

國圖藏三種浙江名勝圖製作精良、内容豐富，但輿圖的繪製時間、繪製者與出版者以及功用等，尚存在一些疑問。另外，三種輿圖皆浙江一地名勝圖，三者有無内在聯繫也需要探索。下面就這些問題作進一步探討。爲便于分析，我們首先探討三種輿圖的製圖目的和功用。

（一）三種輿圖的功用

中國繪製輿圖的歷史源遠流長，但輿圖的明確分類却很晚形成。最早的明確的輿圖分類出現在清乾隆二十六年（1761）敕編《蘿圖薈萃》中。是書將當時内務府造辦處輿圖房所藏684種輿圖分爲天文、輿地、江海、河道、武功、巡幸、名勝、瑞應、效貢、鹽務、寺廟、山陵和風水13類。其中就有名勝圖。顧名思義，“名勝圖”的直接作用是介紹某地的名勝古迹，至于其背後的具體繪製動機，不能一概而論。就本文介紹的三種名勝圖來説，其功用大致如下：

1. 爲皇帝提供出巡前的參考，相當于爲皇帝個人訂製游覽推介。皇帝巡游不是臨時起意、馬上動身，一般在出行前有相當長的準備時間。這一點在清乾隆時期尤爲明顯。乾隆皇帝南巡前一年，會指定一位親王擔任總理行營事務王大臣，同時啓動各項準備工作。“派嚮導統領及地方官員詳盡勘察沿途道路，修橋鋪路，修葺行宫。凡行宫、名勝、營盤、中伙地名、行程里數，都要雇覓畫士繪圖粘簽進呈。每到一地，例需進呈方輿圖説和古迹單，詳細載明歷史沿革、地理位置、人文風俗、古人題咏，本朝事迹等項”④。地方官員、商人在此期間各顯神通，這從《景亭圖》的圖説文字中也可窺見一斑。“蓮華峰”篇有“乾隆四十四年考復舊名修葺諸景恭備宸覽”字樣，“天竺寺”篇有“因求其地應夢獲泉構亭紀异恭候宸幸”字樣，“普圓院”篇有“乾隆四十四年因舊址修復恭備宸覽”字樣等。“恭備宸覽”“恭候宸幸”均是恭候皇帝臨幸、游覽的意思。乾隆四十四年（1779）是乾隆皇帝第五次南巡的前一年，各處名勝已經新增或修葺完畢，等候皇帝駕臨。

2. 作爲南巡的專門記載而留存，相當于造册留影。“南巡後，江浙志書上至府縣，下及名勝、寺廟，多以御題爲編纂契機或主題，有的專爲紀盛而生。”⑤乾隆南巡的動機和影響暫且不表，南巡無論對于當時的朝廷還是百姓而言，都堪稱盛事。從此江南流傳着許多和南巡相關的軼事、掌故，爲人津津樂道。皇帝在各個名勝的游覽和御題也促成了諸多記載的形成。有一些江浙名勝志、筆記等，完全因爲南巡而編訂，例如清代兩淮鹽運使趙之璧在乾隆年間編撰的《平山堂圖志》⑥，十卷加卷首一卷，卷首即爲《名勝全圖》，采用連葉式繪圖，刻畫了揚州平山堂及其周邊的名勝古迹。

3. 作爲景點介紹廣而告之，相當于大衆旅游指南。唐、宋以後，地理志書中開始出現地區風景名勝的標示。明嘉靖、萬曆以後，士大夫階層中開始流行旅游，旅游業漸漸繁榮興盛起來。到了明朝末期，“許多消費活動逐漸從精英階層普及到社會下層，旅游活動也不例外，從官員的‘宦游’、士大夫的‘士游’，普及到大衆旅游。”⑦這種趨勢延續到清代，除了明末清初短暫的動盪時期，經濟的發展和社會文化的繁榮都爲時人出游提供了有利的外部環境。各地分别形成了一些標志性的名勝，被命名爲“八景”“十景”“二十四景”等。相應的名勝圖也得以製作和傳世，類似于現在的旅游導覽。

（二）製圖時間

和大多數古代輿圖一樣，這三種輿圖上都没有標明確切的繪製時間。以往著録也僅給出了大概時間：《勝景圖》《景亭圖》爲清乾隆時期作品，《景物圖》爲清代作品。結合圖中的信息以及上文所揭示的輿圖功用，這三種輿圖的繪製時間可以限定在更爲具體的範圍内。

《勝景圖》中的文字僅記録了乾隆十六年（1751）和乾隆二十二年兩次南巡臨幸。由此基本可以判斷，這件作品實際上是“乾隆皇帝第一二次南巡臨幸浙江勝景圖”，肯定繪製于乾隆皇帝第二次南巡之後，極有可能是在其第三次下江南之前，即乾隆二十二年至乾隆二十七年之間。

《景亭圖》中的文字僅提及皇帝前四次南巡的臨幸情况。此外，“蓮華峰”圖説中還出現了“乾隆四十四年考復舊名修葺諸景恭備宸覽”字樣，意思是，蓮華峰在乾隆四十四年（1779）得到修葺，正在等待皇帝覽勝。而乾隆皇帝的第五次南巡發生在四十五年。因此推測，圖册製作于乾隆四十四年至乾隆四十五年之間。

《景物圖》中較多提及乾隆時期的年份，最晚是乾隆四十八年。由此大致判斷，此圖可能反映了清乾隆年間的景點狀况。不過圖册最終製作時間必然是在乾隆去世之後，因爲圖説中已經出現了乾隆皇帝的謚號“高宗純皇帝”。再結合時效等因素考慮，推斷圖册可能成于嘉慶年間（1799—1820）。

（三）繪製、出版者

古代輿圖一般不會明確標示繪製時間，也不會明確標注繪製者或出版者。本文所述三種輿圖均是如此。但是《景亭圖》中的文字透露了一個信息。“天竺寺”一處的圖説載："臣三寶于四十年間夢平日所奉御題羅漢大士像臨泉示現，因求其地應夢獲泉構亭紀异，恭候宸幸。"《清史稿》卷三百二十記載："三寶，伊爾根覺羅氏，滿洲正紅旗人。乾隆四年翻譯進士，授内閣中書。……四十二年，擢湖廣總督……四十四年，授東閣大學士，兼禮部尚書，督湖廣如故。旋移閩浙總督……"[⑧]《景亭圖》製作于乾隆四十四年至乾隆四十五年間。在此期間，三寶（？—1783）正在閩浙總督任上，極有可能監督了《景亭圖》的繪製，以供乾隆皇帝第五次南巡前御覽。

（四）三圖的關係

就筆者目前所瞭解的國内外圖書館、博物館等館藏情況來看，單幅集結成册的浙江名勝圖説實屬稀見；而國家圖書館就藏有三種，十分難得。結合上文所述可知，《勝景圖》《景亭圖》《景物圖》這三種輿圖的繪製時間先後分别間隔了二三十年。《勝景圖》年代最早，但無論載體形態還是圖文内容等，都與後兩者差异較大，與後兩者之間應無關聯。《景亭圖》和《景物圖》從各方面來看十分相似，尤其是圖版近似、文字重合度高，而後者繪製時間更晚，因此《景物圖》極有可能參考了《景亭圖》。《景亭圖》爲刻本，《景物圖》爲繪本，《景物圖》極有可能謄抄自《景亭圖》。除了圖版和説明相似以外，另一佐證是，《景亭圖》"法雲寺"圖説中提及"乾隆二十二年皇上臨幸賜今額"，《景物圖》中則作"乾隆二十三年高宗純皇帝臨幸賜今額"。乾隆第二次南巡發生在乾隆二十二年，《景物圖》中的這一謬誤很有可能是謄寫時出的差錯。

四、結語

乾隆南巡在客觀上推動了江南名勝的建設、提高了江南名勝的知名度，甚至還成爲它們的文化籌碼、增加了它們的文化内涵。長而久之，"南巡臨幸"成爲這些名勝的文化烙印，成爲這些名勝歷史永久的一部分，也影響了世人、游客對名勝景觀的看法和記憶。這些名勝佳處如今很多都成了文化遺産，成爲重要的文化資源。國圖藏這三種輿圖在原有功能之外，也是保存和展現歷史文化遺存的重要文獻資料。

【本文係國家社科基金重大項目"中國國家圖書館藏山川名勝輿圖整理與研究"（項目編號：19ZDA192）階段性成果】

注釋：

① 國家圖書館藏《浙江勝景圖》中，首幅"虎跑泉"圖缺失。

② （清）高晋等編撰，張維明選編：《南巡盛典名勝圖録》，古吴軒出版社，1999 年。

③ 故宫博物院網站，https：//www. dpm. org. cn/ancient/hall/161758. html（2020. 12. 30 檢索）。

④ 左步青：《乾隆南巡》，《故宫博物院院刊》1981 年第 2 期，24 頁。

⑤ 劉歡萍：《乾隆南巡對江南地域形象及文化的影響——以南巡御製江南名勝品題爲中心》，《社會科學家》2015 年第 10 期，104 頁。

⑥ 同上。

⑦ 李曉愚:《從“澄懷觀道”到“旅游指南”——“卧游”觀念在晚明旅游繪本中的世俗化轉向》,《南京大學學報》2017 年第 6 期,101 頁。

⑧ 趙爾巽等:《清史稿》卷三百二十,中華書局,1977 年,10761 頁。

(作者單位:國家圖書館古籍館)

圓明園濂溪樂處慎修思永殿内檐裝修圖樣雜談

陳　健

内容提要：國家圖書館藏樣式雷圖檔中，保存大量皇家園林室内裝修陳設的設計圖樣。這些圖樣涉及園林室内裝修初始樣貌、改造設計以及未能實現的設計方案等不同施工階段。圓明園濂溪樂處慎修思永殿的裝修設計圖樣，是樣式雷圖檔内檐裝修的經典樣例，反映了清代皇家園林室内裝修陳設和風格的演變過程。

關鍵詞：圓明園　内檐裝修　樣式雷　古建築

在國家圖書館樣式雷收藏中，存在大量關于清代宫廷園囿中室内設計圖樣。有的是清代中期始建時的原貌，有的是歷次改造的記録，有的是改造前實測記録，還有的是從未實現的紙上談兵。在這些圖樣中，保留至今的圓明園濂溪樂處慎修思永殿的一些圖樣突出反映了清代室内裝修的改造工程和風格演變。

圓明園濂溪樂處，是園林中的一處書齋。這里四面爲水環繞，山水之間宫殿建築隱現，一派田園風光。濂溪樂處的建築主體正殿爲慎修思永，由水雲居、套殿和游廊組成。清乾隆皇帝取宋代理學家周敦頤的蓮花君子隱喻，將這處蓮花環繞的景色取名爲濂溪樂處。清宫樣式雷圖檔所見内檐裝修是分隔建築殿内空間的重要步驟，與建築功能、帝王審美等因素密切相關。濂溪樂處作爲圓明園内重要的書齋，其内檐裝修工程，從設計開始，皇帝就親自參與意見。慎修思永殿内檐裝修的設計、改建，很大程度上反映了帝王對建築的理解。以往學術界對樣式雷圖檔内檐裝修的研究，曾涉及天地一家春、九州清晏等景區①，但對慎修思永殿的内檐裝修考察，却没有專文涉及。本文根據樣式雷圖檔等資料，擬對濂溪樂處慎修思永殿的内檐裝修過程進行梳理，探討慎修思永殿裝修演變的深層意義。本文涉及的慎修思永殿圖樣包括《慎修思永北路春雨軒中路文源閣北路丈尺册》《圓明園北路慎修思永殿地盤畫樣》《北路慎修思永［地盤樣］》《北路慎修思永地盤樣》，共四幅。

一、慎修思永殿初建時的原貌

國家圖書館藏樣式雷《慎修思永北路春雨軒中路文源閣北路丈尺册》有這樣記録（原分行處以“/”標示）②：

慎修思永三卷殿一座九間，内明間面寬一丈四尺。二次間，/各面寬一丈三尺。二稍間，各面寬一丈二尺。四進/間，各面寬一丈二尺，中進深三丈一尺。前捲[③]進/深二丈二尺，後捲[④]進深一丈六尺。内前後各廊深/六尺，檐柱高一丈二尺五寸，臺明高三尺。/外言[⑤]油飾紅柱碌裝修[⑥]。/知過堂後殿一座七間，内明間面寬一丈四尺。二次間各面寬/一丈三尺，二稍間各面寬一丈二尺。二進間各/面寬一丈二尺，後捲進深二丈。前後廊各深/五尺，前捲進深一丈四尺，前廊深五尺。

除此之外，故宫博物院樣式房圖樣 1636 號和國家圖書館藏樣式雷圖樣 93－32 號《西洋花式圖案》《仙樓掛落立樣》中："臺高三尺，主（柱）高一丈二尺五寸"[⑦]等批注，大致反映出一般建築臺、柱等基本尺度情况。這與《慎修思永北路春雨軒中路文源閣北路丈尺册》記載的"臺明高三尺"和"檐柱高一丈二尺五寸"的大殿建造尺度保持一致。

清代内務府活計檔[⑧]中也保留了 4 則記載：

乾隆四年（1739）三月二十日（如意館[⑨]）："畫畫人戴正來説，三月十四日太監毛團傳旨：慎修思永西洋戲臺北床兩傍書格頂上着畫畫人王幼學畫水畫古董片十片。欽此。于本月二十三日，王幼學帶顔料進内畫訖。"

乾隆四年五月十三日（如意館）："副領催馬兆圖持來如意館押帖一張，内稱三月十七日太監胡世杰傳旨：慎修思永樂天和玻璃窗户一扇着郎世寧畫花鳥横披畫一張。再，五福堂亦畫横披花鳥畫一張。欽此。于七月二十日畫得花鳥横披畫二幅，樂天和窗户上、五福堂各貼一幅訖。"

乾隆四年六月初一日（如意館）："畫畫人戴正來説，爲四月二十三日太監毛團傳旨：雙鶴齋後殿東二間書格後安玻璃窗户眼處着做黑漆盆景，或畫彩漆，或畫洋金，上配象牙花，下配紫檀木香几，踏跺處照慎修思永樓梯欄杆北面板墻上糊油紙，畫假檻窗，東西兩邊門油畫書格，南北門亦糊油紙畫油畫。欽此。"

乾隆十二年五月十六日（裱作）："司庫白世秀、副催總達子來説，太監胡世杰傳旨：慎修思永樓上西洋塔後面板墻着糊西洋鳳尾紙，其紙向工程處要用。欽此。于本月二十二日，司庫白世秀帶匠進内糊什完訖。"

上述文字記載明確指示了幾條重要信息：慎修思永殿内有一戲臺，并且采用西洋的裝飾做法，戲臺北邊有床；殿内樓梯間墻上采用裱糊油紙，其上畫油畫，内容爲假檻窗；該建築雖然是單層建築，但室内有仙樓，爲複合的二層空間，且在某處陳設有"西洋塔"；配合西洋樣式的戲臺、塔幢，慎修思永室内裱糊采用西洋鳳尾紙。

再回到樣式雷圖樣，現收藏于國家圖書館的樣式雷圖檔《北路慎修思永［地盤樣］》和《北路慎修思永地盤樣》（見圖 1），是關于慎修思永殿的地盤平面圖樣。這些圖樣上繪製有一般戲臺所必須具備的上場門和下場門，并且圖紙所反映的室内空間可以容納小型室内戲院，因此判斷這兩張圖紙與文字檔案中所表達的信息基本吻合。此外，在國家圖書館的收藏中還有幾張圖樣表現慎修思永室内戲臺[⑩]，明確繪有多種寶座、室内樓梯、罩槅等内檐裝修和陳設，約爲清中期原狀。并且與清代晚期重新裝修慎修思永内檐的圖樣内容相差甚遠[⑪]。根據上文中整理的樣式房圖樣和文字記録，分析對照，能够比較清楚地畫出慎修思永内檐裝修平面圖。

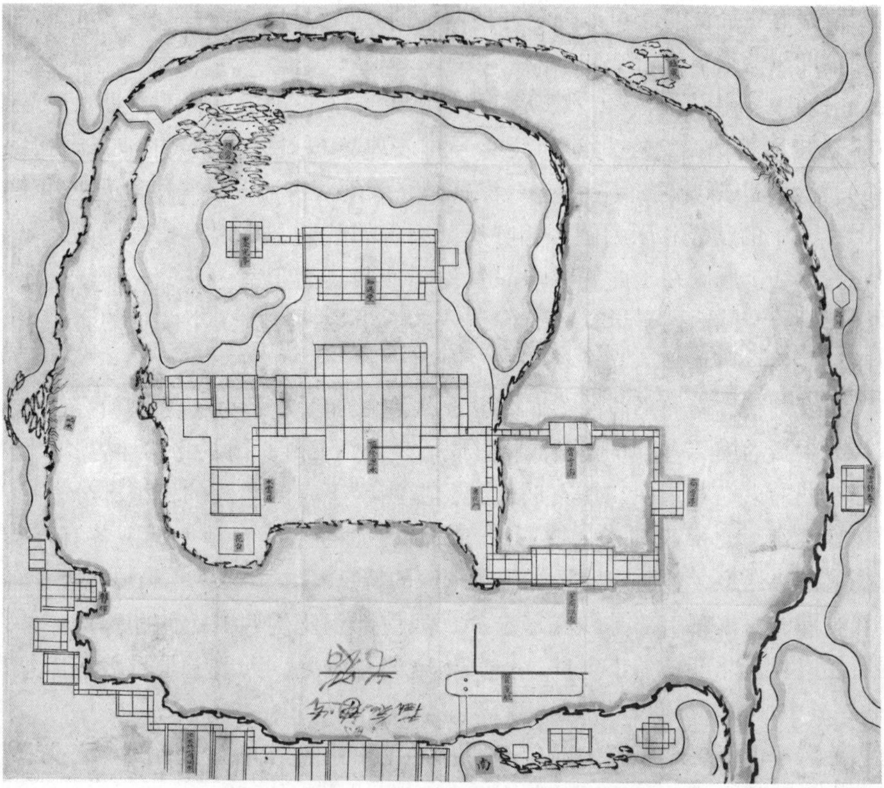

圖1　北路慎修思永地盤樣

二、慎修思永殿的小型空間構造

《北路慎修思永地盤樣》延續了樣式房底樣圖中使用貼樣表現樓層關係的做法，共使用了三張貼樣——正座東進間和東梢間處一張，後抱厦東進間一張、西進間一張，表示在此三處設有仙樓。

慎修思永殿前抱厦爲一開敞空間，正座和後抱厦構成室内空間的前後兩個部分，每部分又由很多小型空間組合而成：

前部面闊九間，當心明三間爲一大空間，前面三間均開四扇隔扇門，左右各用十扇碧紗橱與兩翼空間聯繫，背後用三槽群墻檻窗，與後部空間并不相通。此空間中陳設寶座、屏風、帶三個踏跺的地平，兩側陳設大插屏，是一個具有朝儀功能的空間。

前部東西二次間均爲過渡空間，東二次間與再東邊的空間相連，西二次間與再西邊的空間和北邊的後抱厦的西進間相連。

前部東端的室内空間向西開六扇碧紗橱與東二次間相通，内部設二層仙樓，樓上樓下分割成很多私密的小空間，樓上更設有跑馬廊，在此空間中心處圍合成一兩層高的共用空間。

前部西端的室内空間向西開六扇碧紗橱，并在南北兩側板墻上設半插屏（圖樣上并未表示清楚此二插屏是否可以開啓并連同空間)。西進間和西梢間中各布置有一開關床罩，并輔助以落地罩進行空間分隔。

後部空間中，由戲臺、看戲場所組成的戲院空間設于後抱厦明三間。戲院東西方向的空間軸綫稍稍偏南，在北部加設有一排三座後檐炕，恰與乾隆四年三月二十日(如意館）活計檔的記載“慎修思永西洋戲臺北床兩傍書格頂上着畫畫人王幼學畫水畫古董片十片”中的戲臺和床的關係相呼應。東邊的戲臺則表現得比較隱蔽，不注意很難發現它的存在。原因在于此處并未設置地平使戲臺高于室内空間，而僅僅是在臺口設一欄杆罩劃分空間，而臺後又設有券洞式的上下場門。戲院空間中的看戲寶座位于該空間西部，爲一單獨突出在背後板墻之外的寶座床。在寶座床後的板墻上，開有真假門口。筆者判斷，南側爲假門，而北側爲真門（在所有慎修思永内檐裝修地盤畫樣中僅有國圖收藏的第 27 包 16 號圖樣將真假門表現爲二座真門，此處且從多數圖樣)。

後部空間的東進間爲一二層空間，其位置相當于表演空間的後臺部分。這部分後臺空間極其豐富，北部設樓梯，樓下東南角開門通往室外，樓上樓下各有一寶座床，并留有隱秘的小過道，整體空間具有複雜幽深的特點。

後部空間的西進間南部是一二層空間，與前部正座的西二次間相連通，并在西南角開門通往室外；北部是一小空間，與其他空間相隔絶，大致上是看戲者休息時所使用的。

總體上説，慎修思永前後兩部分空間基本是相互隔離并不連通的。這種遮遮掩掩地設置室内戲院的方式，似乎折射出乾隆皇帝微妙的内心活動。

三、慎修思永殿各個小空間的功能

慎修思永地盤畫樣和相關基礎資料反映出該殿室内空間的劃分和組織是十分複雜的，并且采用了仙樓做法，在單層的大木結構中容納了兩層空間。進一步分析慎修思永室内空間的使用功能，可以根據室内陳設和裝修的綫索，初步判斷各個小空間的用途。簡述如下：

朝儀空間，即正座明三間。室内布置有完整的寶座和附屬設施。

過渡空間，即正座東西二次間。未見現存圖樣描繪該處室内床張、陳設等布置情況。

主佛堂空間，即正座東端二間中的以跑馬廊圍合的空間。此空間中當即陳設乾隆十二年（1747）五月十六日裱作活計檔中所指的“西洋塔”處。筆者推測此塔不過是由于附加有西洋裝飾而得名，實爲一佛塔。活計檔原文講的是“慎修思永樓上西洋塔後面板墻着糊西洋鳳尾紙”。是將塔布置在樓上呢？還是“慎修思永樓上”“西洋塔後面”分開理解，共同確定“板墻”的位置呢？清代檔案用語用字都比較隨意，後一種説法的可能性完全存在。而且塔座一般較高，難以容納在層高不足八尺仙樓上而同時保證恰當的觀瞻效果（以檐柱一丈二尺五寸計算，室内净空高不過一丈五尺)。參考故宫養心殿、梵華樓等處設塔的方式，更有理由認爲應按照第二種理解判斷，將塔座設于仙樓圍合而成的二層高的空間中。如此，僅有跑馬廊中間的空間既合適又符合清宫一般規矩。

小佛堂，分散組合在主佛堂空間的周圍，共計二層。在這些小佛堂中，設有落地罩、飛罩、圓光門、群墻檻窗、雙圓圓光窗等多種複雜隔斷，其中床張更是存在東西南北不同的朝向。

戲院主體空間，在後抱厦明三間中。室内戲院表演空間位于東次間，沿北邊設後檐炕一排，似爲隨從嬪妃觀戲之用，再以欄杆罩限定表演區域，明間西縫了無遮欄，以便在西次間内則設置看戲用的寶座。另外，寶座之後有一處仙樓。登臨仙樓的方式則須從西二次間向北進入一“奥室”，再折而向西拾級而上。可惜由于貼樣表現不詳，難以判斷在仙樓上皇帝是否可以從不同的高度觀賞演出。

扮戲空間位于後抱厦東梢間，是一二層的複合空間。扮戲室下層，在北部設樓梯，其餘空間圍繞着一張寶座床布置了東西南北各方向的通道四條，寶座床面向室外；扮戲室上層則靠東墻設有一張寶座床，西、南、北三方向留有通道，并于南北二通道的西端靠近戲臺的板墻上各開一圓光窗。

看戲休憩空間，在後抱厦西梢間北部。此空間由真假門中的真門進入，屋中僅設炕一張。

總體説來，慎修思永殿的室内空間的布局和功能設置是極獨特也是極有趣味的。帝王爲了體現自身的“勤政”特意布置了朝儀場所，爲了敬神祈福也特意設有空間静謐而豐富的佛堂；除此之外，最有特點的是，在殿宇後抱厦中，通過曲折的交通連接，“隱藏着”一個戲院。這個戲院向北開窗，用以采光；也向南邊的室内空間開窗，使前後兩部分空間可以“隱約對視”。

注釋：

① 張淑嫻：《裝修圖樣：清代宫廷建築内檐裝修設計媒介》《江南大學學報（人文社會科學版）》2014年第3期；劉暢：《清代宫廷内檐裝修設計問題研究》，清華大學博士學位論文，2002年。

② 國家圖書館藏樣式雷圖檔排架號364—174《慎修思永北路春雨軒中路文源閣北路丈尺册》，封面墨批：“謹查舊樣底，丈尺恐其年久更改不準。”

③ 前捲，指主體建築所帶前抱厦。

④ 後捲，指主體建築所帶後抱厦。

⑤ 外言，即外檐，此處指門窗等外檐裝修部分。

⑥ 紅柱緑裝修，係油飾做法，指柱子刷紅色油飾，門窗裝修（包括檻框?）刷緑色油飾。

⑦ 樣式雷製：《西洋花式圖案》，樣式房圖樣1636號，故宫博物院藏；樣式雷製：《仙樓掛落立樣》，索書號93-3293-32號。

⑧ 中國第一歷史檔案館編：《圓明園》（下），上海古籍出版社，1991年，1265、1269、1270、1311頁。

⑨ 如意館爲圓明園内的房舍之一，位于福園門内東側。乾隆年間，如意館從一個房舍名稱變成造辦處作坊之一，成爲參與圓明園建築的建造設計場所。

⑩ 國家圖書館藏樣式雷索書號27-11-1、11-2、11-3、11-4、11-5號。

⑪ 國家圖書館藏樣式雷排架27-4號所見内檐格局大變，其上有墨批“……鶏腿罩二槽……”，當係

清晚期繪製。另參劉敦楨《同治重修圓明園史料》(《中國營造學社彙刊》1933 年第 2 期)所轉載雷氏輯録旨意檔堂司諭檔、同治年間傳樣式房機密燙慎修思永樣等事，推測此帶“鷄腿罩”的内檐裝修設計係同治間所做。

(作者單位：國家圖書館古籍館)

國家圖書館藏善齋甲骨新舊拓本比勘

劉 菲 薩仁高娃

内容提要： 國家圖書館藏善齋舊藏甲骨兩種比較完整的拓片，其一是成書于20世紀30年代的《書契叢編》舊拓本，其二是國圖于2005年底完成傳拓的新拓本。由于拓片傳拓年代、傳拓理念、傳拓技術以及甲骨實物本身保存狀况等不同，兩種拓片存在缺拓與否、完整與否、是否清晰三大方面的差异。《書契叢編》舊拓本因僞刻未拓等缺拓有101例，新拓本由于骨朽而未進行傳拓的有12例；舊拓本骨形未拓全者4544例，漏拓正、背、臼面文字者529例；新拓本斷裂缺損或表皮剥落的有298例；舊拓本更清晰的有126例，新拓本更清晰的有158例。舊拓本保留了甲骨未損時狀態，雖有時代局限性，但具有不可取代的資料價值。出組牛骨更容易發生表皮剥落，或説明不同類組或時期的甲骨材質有區别。

關鍵詞： 善齋 舊拓本 《書契叢編》 《甲骨文合集》

國家圖書館（以下簡稱“國圖”）藏甲骨35651片，其中不乏名家舊藏，多爲精品。1958年文化部撥交的劉體智善齋舊藏28447片甲骨，構成了國圖藏甲骨的主體。這批甲骨國圖有新舊兩種拓本，其一是與甲骨同時移交的善齋自拓《書契叢編》（本文稱“舊拓本”）；其二是1958年甲骨移交國圖後的新拓（本文稱“新拓本”）[①]。

《書契叢編》舊拓本成書于20世紀30年代初，爲善齋自拓本，共18册[②]。善齋舊藏甲骨1958年入藏國圖後，館方登記編號爲5404至33850，并開展傳拓，每片甲骨拓3份。2002年，國圖對剩餘未拓甲骨進行集中傳拓，自善齋16141號（北圖21541）始，至2005年底，善齋舊藏全部甲骨及國圖藏其他甲骨全部傳拓完畢。自此，善齋甲骨多了3套新拓本。《書契叢編》舊拓本收録拓片含正、背、臼等，共29419張，國圖所拓新拓本包括正、背、臼等共29974張。

裘錫圭先生曾指出：“同一種物品不同拓本或照片，以及同一拓本、照片在不同的著録書或同一本著録書的不同版次以至同一版次的不同書本中的影本，往往會有清晰程度的差异。有一些時間有先後的拓本或照片，尤其是容易碎裂的甲骨拓本，還會有完成程度和存字多少的差异。”[③]正如裘先生所言，由于拓片傳拓年代、認識和傳拓理念局限性、傳拓技術以及甲骨實物本身保存狀況等多方面存在差异，國圖所藏善齋甲骨的兩種拓本，不可避免存在不同。作爲甲骨學研究的第一手資料，拓本的差异勢必會影響學者對甲骨的判斷和研究，清晰或更優拓本不僅能改進認識，甚至還能得出完全相反的結論。當前我們正在對國圖藏甲骨進行全面整理，因此有必要對善齋甲骨新舊拓本進行整理和比對，選擇最優拓本，爲學界研究提供更清晰完整的資料。

我們對新舊兩種拓本一一進行了比對。本文擬從缺拓情況、拓片完整情況、拓片清晰程度三個方面，對新舊兩種拓本比對情況進行總結分析，以求全面揭示善齋舊拓的價值與局限性、新拓的進步，以及新舊拓差异反應的因歷史變遷造成的甲骨殘損情況。鑒于善齋甲骨在《甲骨文合集》（以下簡稱《合集》）、《甲骨文合集補編》（以下簡稱《合補》）中著録了不少[④]，我們在比對新舊拓本的同時，也對《合集》《合補》收録善齋藏甲骨拓片進行了一定程度的比對，指出比《合集》《合補》所著録更優拓本。

一、缺拓情況

筆者對兩種拓本進行比對時發現，《書契叢編》舊拓本和國圖新拓本都或多或少存在缺拓的情況。根據《書契叢編》中歷次清點留下的批注[⑤]可知，舊拓本主要是部分甲骨無字未拓或疑似僞刻未拓；新拓本缺拓則多是由于甲骨本身狀態不佳。還有一種不一致的情況，實質上是因爲個别善齋舊拓拓片位置與實物位置不一致造成的，如善19269 位置拓片與實物不符，《書契叢編》周永珍、羅福頤先生批注云："原骨未見。珍、頤 6/10。"經我們查核，此片甲骨實即北圖 33806（《合集》9588）。《甲骨文合集材料來源表》[⑥]9588 之來源爲善 28292，當是考古所當年整理傳拓善齋甲骨時根據實際位置給的新編號。這種新、舊拓本不一致的情況約有 34 例，因非本文論述主題，故不具體説明。

（一）舊拓本缺拓

舊拓本中整片甲骨缺拓共計 101 例，《書契叢編》批注中均已指出。主要是無字甲骨和當時認爲僞刻的甲骨未拓。善齋舊藏甲骨在借存考古研究所和移交北京圖書館時經歷了兩次全面清點，《書契叢編》作爲原拓本起到了對照參考的作用，陳夢家、羅福頤、羅福葆等先生們清點整理時在其各卷葉眉及葉中留有"未拓""無字""僞"等批注。新拓本在傳拓補全方面做了大量工作，且傳拓理念有了變化，對之前《書契叢編》認爲僞刻等缺拓的甲骨，國圖新拓本亦進行了傳拓。

經過比對，舊拓本缺拓甲骨中無字未拓的 3 例；僞刻未拓的 50 例；另有 48 例未拓，書上批注僅描摹甲骨輪廓并注"未拓"二字，未説明原因。据我们觀察，這其中大部分是由于骨面磨損剥落，再加上文字本身筆劃纖細字口淺不易拓出，或被誤認爲無字骨，所以未拓；也有的文字清晰但與常見字體不同，舊拓本傳拓時或疑爲僞刻，因此未拓。如北圖 6483（善 1080）舊拓本未拓，此號處原批注"僞"字，後又劃掉，看來對此片甲骨真僞存疑。又如北圖 5441（善 38，《合集》34454），《書契叢編》于此片位置摹出骨形及文字，并注"補拓""已補"，可見考古所前輩在整理時認爲此片不僞，重新補拓，後收入《合集》。

（二）新拓本因骨朽未拓

這種情況共12例，其中有3例舊拓本雖有拓片但骨形未拓全。甲骨實物本身骨脆易碎，出土後又經輾轉保存，從20世紀30年代的《書契叢編》舊拓本到國圖新拓本之間相隔幾十年，有些甲骨因本身骨質等原因，發生粉化、表皮剥落等嚴重“骨朽”情況，已不適合施拓。《合集》《合補》著録善齋甲骨大部分是1953年至1957年中科院考古研究所傳拓，我們也把二書所著録拓片作爲比較對象，比較善齋甲骨20世紀30年代拓本、50年代拓本以及後來新拓本的异同，觀察甲骨本身歷經變遷後的變化。

表1　新拓本因骨朽缺拓情況表

北圖號	善齋號	《合集》/《合補》號	《合集》/《合補》拓片情況	所屬類組	甲骨現狀
8723	3321			出組	表皮剥落
8817	3415			出組	表皮剥落、斷裂
8881	3479	25333	《合集》拓片尚未損字	出組	表皮剥落損字，“㕡”字殘“又”旁，“亡”字全殘。
9713	4312			疑出組	舊拓本存“[illegible]”“祖”二殘字，現“祖”字已脱落
11410	6008	6070	《合集》拓片斷裂較舊拓本嚴重，但未損字	典賓	善齋舊拓斷裂爲2塊，現碎爲3塊
12950	7549	31035	《合集》未損	無名組	表皮輕微剥落，“至”“翌”“日”部分筆劃剥落
12967	7566	31012	《合集》未損	無名組	表皮剥落，“其袁”二字部分筆劃剥落
20452	15052	《合補》6306	《合補》未損	典賓	表皮剥落，“率”字殘存右側筆劃。
20462	15062	26112	《合集》拓片左下角斷裂	出組	比《合集》拓片多一裂紋
20631	15231	35245	《合集》未損，舊拓骨未拓全	歷組	表皮剥落
21180	15780	《合補》6000	文字磨泐難辨，善齋舊拓稍好一些	賓出	骨面剥落泐嚴重，字口較淺，不易拓出
26255	20855	9626	《合集》未損	典賓	表皮剥落

通過上表可見，隨着時間的推移，甲骨本身會發生一定變化，表中所列《合集》《合補》所著録爲20世紀50年代拓本，當時尚未發生剥落、斷裂等情況，目前却已

不具備施拓條件。當然，善齋甲骨現在藏于國圖恒温恒濕庫房中，自然環境對甲骨本身的影響已大大降低，甲骨的壽命會延長。但從幾十年間變化可以看出，甲骨拓片尤其是舊拓本對保存甲骨資料的重要性。表中所見可知，出組甲骨較易發生骨皮剥落現象，這也與我們平時整理甲骨所見相同。平時碰到骨皮剥落嚴重的牛肩胛骨，文字受損嚴重以致難以辨認，往往屬出組。

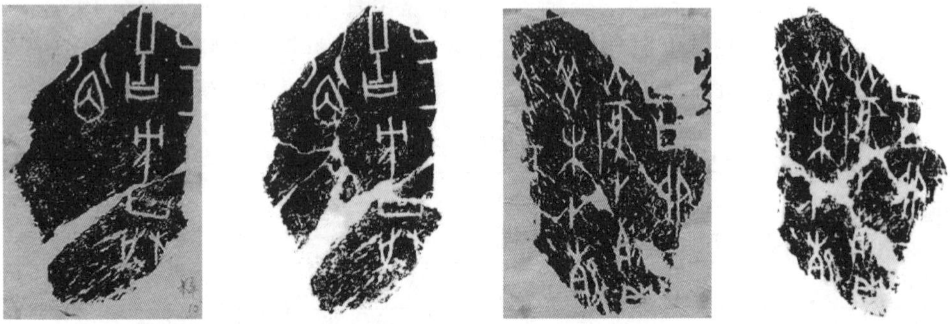

善 6008 正　《合集》6070 正　善 6008 反　《合集》6070 反

圖 1　善 6008 舊拓本與《合集》拓片比較

二、拓片完整情況

經過比對，舊拓本存在部分拓片未拓全情況，具體包括骨形未拓全 4544 例和漏拓正、背及臼面文字 529 例兩種情況。

（一）舊拓本更完整

善齋舊拓本雖然存在未拓全形等情況，但也有 298 例舊拓本比新拓本更完整。主要因爲舊拓本所見甲骨尚未斷裂和未缺損。舊拓本因傳拓時間早，個别甲骨尚未殘損。而新拓本因後來甲骨本身發生殘損，而致骨形有斷裂、殘缺，或因表皮剥落、磨泐以致文字缺失。能保留甲骨缺損前的更完整資料，這是舊拓本參考價值高的主要原因。我們在整理比對過程中，也同時與《合集》《合補》所著録善齋甲骨的拓片進行了比對，以便學界更好地利用《合集》《合補》，也藉此展現善齋甲骨幾十年間自然狀況的變化。

1. 舊拓本所見甲骨尚未斷裂

舊拓本所見甲骨尚未斷裂，而新拓本已斷裂的情況有 139 例。其中《合集》《合補》收録所見，尚未損者 36 例，已損者有 49 例（見表 2）。下表僅列出《合集》《合補》著録來源爲善齋且拓片所見已斷裂者，并説明斷裂及損字情況：

表 2　舊拓本所見甲骨未斷裂情况表

北圖號	善齋號	《合集》/《合補》號	舊拓本與《合集》《合補》、新拓本對比
5678	275	37115	中間裂紋尚不明顯，“二”字未損，右側“其”“又”字更清晰，新拓本亦清晰
5686	283	31752	右下尚未殘斷，“王”“宔”二字清晰未損
5739	336	23418	上方未斷裂，“貞”字未損，“母辛”合文更清晰，頂端“又”字比《合集》清晰
5911	508	11147	上方尚未斷裂，字很清晰
6102	699	14681	右下未斷裂，“[illegible]”字及從“卩”殘字清晰未損
6413	1010	《合補》7519	右側上下方向尚無明顯裂紋
6570	1167	27183	左上尚未斷裂，“祖丁”之“祖”字未損，字更清晰
6987	1584	3453	右上斷裂尚不明顯，“殸”字基本未損
7102	1699	25331	右側尚無上下方向裂紋，“叙”字未損
7128	1725	38499	右側尚無上下方向裂紋；新舊拓本字比《合集》清晰
7153	1750	《合補》9613	頂端尚未斷裂，“丁”字未損；舊拓本文字更清晰
7261	1858	38501	左下角尚未斷裂，“尤”字未損，新舊拓本“歲”字更清晰
7411	2009	25213	中間尚無上下方向裂紋
7808	2406	《合補》7627	左側尚未斷裂
8186	2784	《合補》197	尚未斷裂，“祖”字未損
8331	2929	《合補》7687	右側尚未斷裂，“戠”字未損
8752	3350	《合補》11722	左下角未斷裂，“王”字未損
8870	3468	30585	上部尚未斷裂，“宔”字未損
9476	4075	1803	齒紋處尚未裂開，此處“求”字完整拓出；左下已斷裂
10300	4899	5039	左下裂紋尚不如《合集》等嚴重，左上尚未斷裂
10379	4978	36762	左下尚未斷裂，“卜”字未損
10817	5416	7686	左下角尚未斷裂，“戊”字未損
11192	5791	8653	尚未斷裂，“方”字、右側“隹”字未損；但未拓全骨形
11360	5958	159	尚未斷裂
12154	6753	24487	斷裂尚不明顯
12384	6983	《合補》2578	僅“貞”之左一道裂紋，其餘尚未斷裂，“獸”字未損
13095	7694	29848	中間尚未斷裂，“其”字未損
13149	7747	《合補》3514	尚未斷裂
13274	7872	12890	尚未斷裂

續表

北圖號	善齋號	《合集》/《合補》號	舊拓本與《合集》《合補》、新拓本對比
14300	8902	25300	尚未斷裂，“王”“亡”二字未損
14322	8923	34312	左側尖角尚未斷裂；“其”字更清晰，其上另似有“王”字之殘
14596	9197	3881	尚未斷裂，“戌”“卜”二字未損
15128	9726	《合補》12479	右下角未斷裂
15219	9817	《合補》12322	尚未斷裂，“王”字未損
15662	10260	18789	尚未斷裂，字未損；《合集》拓片未拓清“阜”旁
16807	11405	38049（下部）	尚未斷裂，“辰”“癸”“未”三字未損，但未拓全骨形
18713	13312	《合補》6483	尚未斷裂
20228	14828	《合補》7057	左下角已斷裂，但尚密合，“祝”字未損
20444	15044	《合補》8532	尚未斷裂，“未”字未損
21141	15741	《合補》5945	尚未斷裂，“亥”未損，《合集》亦未損，新拓本已損
24105	18705	《合補》7186	僅“王”字右側稍有裂紋，“癸”字右下未裂，“癸”字未損
24186	18786	《合補》1005	尚未斷裂，“貞”字未損
24346	18946	《合補》1015	中部尚未斷裂，右上角已斷裂
24684	19285	21376	已斷裂，但尚密合，左下之字未拓清
25268	19868	6364	下部尚未斷裂，字很清晰
25427	20027	《合補》9061	尚未斷裂，“王”字未損
25489	20089	《合補》5510	左下尚未斷裂，“二”字未損
26972	21572	《合補》5445	尚未斷裂
29608	24208	4675	尚未斷裂

通過表中對斷裂損字情況的描述，可見善齋甲骨舊拓本之後幾十年間，個別甲骨已經發生了斷裂，乃至損字，直接影響到對甲骨卜辭内容的釋讀。北圖5686（善283，《合集》31752），《合集》拓片和新拓本所見下方斷裂，右側“王”“宧”二字已基本看不清，但舊拓本則完整無缺（見圖2）。《甲骨文合集釋文》等諸家釋文都因此未釋出此二字。北圖6102（善699）右下斷裂，“𠂤”及“曰”下從“卩”殘字，舊拓本清晰可見，後來拓本則受損（見圖3），從“卩”殘字諸家釋文多未釋出。

善283

《合集》31752

北圖5686新拓本

圖 2　北圖 5686 新舊拓本及《合集》拓本比較

善699

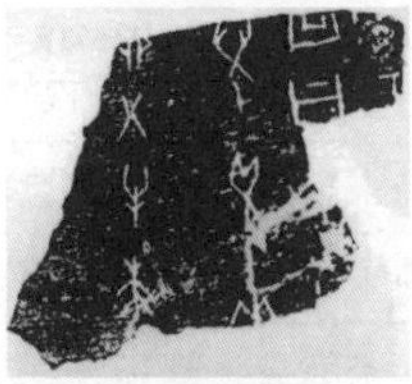

《合集》14681

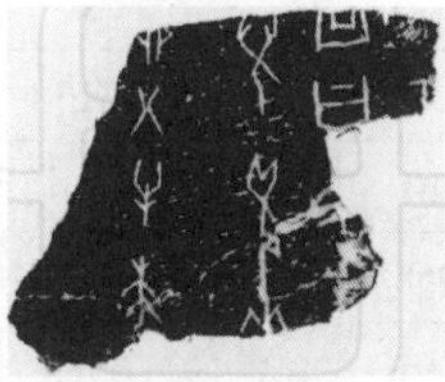

北圖6102新拓本

圖 3　北圖 6102 新舊拓本及《合集》拓本比較

2. 舊拓本所見甲骨尚未缺損

比對發現，新拓本所見甲骨已缺損而舊拓本尚未缺損者，共有 92 例。其中《合集》《合補》收録且拓片未損的 25 例，已損的 21 例（見表 3）。下表僅列出《合集》《合補》所著録已缺損者：

表 3　舊拓本所見甲骨未缺損情況表

北圖號	善齋號	《合集》/《合補》號	舊拓本與《合集》《合補》、新拓本對比
7202	1799	24179	左側斷裂處上端尚未缺，斷裂處尚密合，“艱”字不缺筆劃
7380	1978	25199	左下尖角尚在
7636	2234	《合補》5581	左下尖角尚在，字之左側未損，似作“[illegible]”，即“戎”字
7978	2576	《合補》5843	“亥”字左側“王”字尚存大半；“辛”字處尚未斷裂
8688	3286	《合補》7800	尚未斷裂，亦未缺損
10007	4606	5140	已斷裂，但尚密合，“弗”字左側尚未損
10021	4620	《合補》6304	下方尚未缺損，反文“寅”字尚存大半
12192	6791	《合補》10132	上部尚未斷裂、缺損，“未”字未損，但骨未拓全
12879	7476	28990	左下角尚未缺損，新舊拓本比《合集》字清晰
13186	7785	《合補》3496	舊拓所見原骨下部多出近半，爲另一條卜辭，有“貞”字
14669	9270	16566	左側尚完整，無豁口
15270	9868	《合補》12315	右上尚未缺角，爲直角

續表

北圖號	善齋號	《合集》/《合補》號	舊拓本與《合集》《合補》、新拓本對比
15312	9910	《合補》12344	右下角尚完整，無豁口
16883	11481	《合補》11487	左下角（反面右下角）更完整，反面“子”字右半尚在，但舊拓未拓全骨形
19752	14352	《合補》4491	尚未斷裂、缺損
20920	15520	《合補》8157	尚未斷裂、缺損，“貞”字右下尚無豁口
21453	16053	《合補》12193	舊拓本所見，“貞”字以下右側多出一部分，無字；下部亦未斷裂
23573	18173	《合補》13138	右上尖角尚在，可見“辛”字斜劃
25245	19845	13504	尚未斷裂、缺損，背面字未損
25358	19958	7186	尚未斷裂、缺損，字未損
25591	20191	《合補》6380	尚未斷裂、缺損，“罘”字左側殘字稍完整

表中可見，有不少缺損情況是邊、角缺小塊，應該是善齋甲骨在運至北京以及從考古所到北京圖書館輾轉運輸、交接過程中，發生了進一步的破損。而舊拓本則保留了缺損前的狀態。北圖 12192（善 6791，《合補》10132）舊拓本雖未拓全骨形，但上部未斷裂缺損，《合補》10132 及新拓本則“未”字下部缺損（見圖 4）。北圖 16883（善 11481，《合補》11487）反面拓片舊拓本右下角“子”字更完整，《合補》11487 反及新拓本拓片則已缺損右半（見圖 5），這是尖角容易斷裂丟失的典型例子。北圖 13186（善 7785，《合補》3496），舊拓本下部近半斷裂丟失（見圖 6），則比較少見。《書契叢編》羅福頤先生批注已指出其早佚：“下半原缺，失去。頤 20/9。”鑒于上文已指出的善齋舊拓與實物位置不一致的情況，此處所缺下半或許也在國圖，另有單獨編號，希望將來能找到。

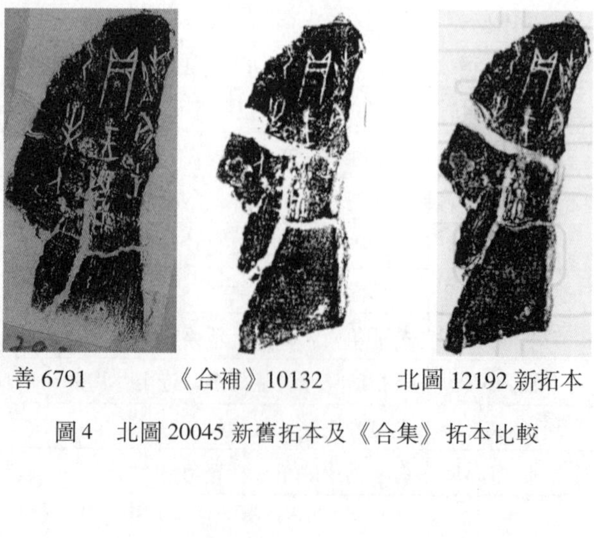

善 6791　《合補》10132　北圖 12192 新拓本

圖 4　北圖 20045 新舊拓本及《合集》拓本比較

善 11481 反　　《合補》11487 反　　北圖 16883 反新拓本

圖 5　北圖 16883 反新舊拓本及《合補》拓本比較

善 7785　　《合補》3496　　北圖 13186 新拓本

圖 6　北圖 13186 新舊拓本及《合補》3496 比較

3. 舊拓本所見表皮尚未剥落、磨泐

相較舊拓本，新拓本所見甲骨表皮剥落、磨泐情況共 67 例。其中《合集》《合補》收録且拓片所見尚未剥落、磨泐者 24 例，已剥落、磨泐者 12 例（見表 4）。下表僅列出《合集》《合補》著録來源爲善齋且拓片文字已損者：

表 4　舊拓本所見表皮尚未剥落、磨泐情況表

北圖號	善齋號	《合集》/《合補》號	舊拓本與《合集》《合補》、新拓本對比	類組
5798	395	32040	右下表皮尚未剥落，“示”“先”二字未損	歷組
5857	455	22655	左側“囗”字尚未磨泐損字，但未拓全骨形	出二
6230	827	15433	表皮磨泐，但下部尚可看出有“其…又一…”，中部似有“叀勿牛”	黄類
8100	2698	《合補》4332	舊拓本所見“亥”字左側爲“㱿”字，後因表皮磨泐丢字，《合補》、新拓本未拓出	賓一
10280	4879	37707	下半表皮已有剥落，但“巳”“田”二字尚在	黄類
11436	6035	6686	左側“出”“從”二字處尚未磨泐	賓三
12595	7194	《合補》888	反面表皮尚未剥落，“丙”“辰”字二字未損	典賓

續表

北圖號	善齋號	《合集》/《合補》號	舊拓本與《合集》《合補》、新拓本對比	類組
12609	7208	《合補》2391	表皮尚未磨泐丟字，左側二字爲“[illegible]”“[illegible]”，界劃綫上之字爲“弓”	賓出
14564	9165	26310	表皮尚未剥落，文字比《合集》、新拓本清晰	出二
14945	9543	《合補》8124	表皮已有剥落，但比《合補》、新拓好一些	出二
15452	10050	16943	正面“争”字上部表皮尚未剥落，字完整	賓三
25734	20334	《合補》10316	表皮已有剥落，但字殘存更多，上部“叀”字已有損，“叀”之左爲“用”之殘，其下之字則完整，爲“[illegible]”，似新見字	無名組

表中5798、10280、12595、14945、15452、25734與上文提到的表皮剥落無法施拓情况相同，不過總體上剥落程度要低一些，多是局部剥落。5857、6230、8100、11436、12609、14564也是表皮發生變化而丟字，但與上述情况不同，是更淺層的、點狀的磨泐。前一種情况因表皮剥落發生損字，没有舊拓本對照，則無法知道所損何字。後一種情况字的筆劃雖磨泐，但仍依稀可見，不過不易拓出。從類組來看，出組和賓出類仍在表皮剥落、磨泐情况中多見，其餘類組都有相關缺損。

北圖5798（善395）新拓本及《合集》32040拓片所見右側表皮剥落，導致“示”“先”二字殘損（見圖7），不易看出原爲何字。北圖6230（善827，《合集》15433），《合集》拓片所見表面磨泐嚴重，其字磨泐難辨，以致諸家釋文多誤釋。下部“其…又一…”誤爲“癸巳…其…”，中部“叀勿牛”則誤爲“乙卯”。并且根據舊拓本，此片顯屬黄類，或誤爲賓出。北圖25734（善20334，《合補》10316）尚存之“[illegible]”字（見圖8），似未見甲骨字編收録，較爲重要。

善395　《合集》32040　北圖5798新拓本

圖7　北圖5798新舊拓本及《合集》拓本比較

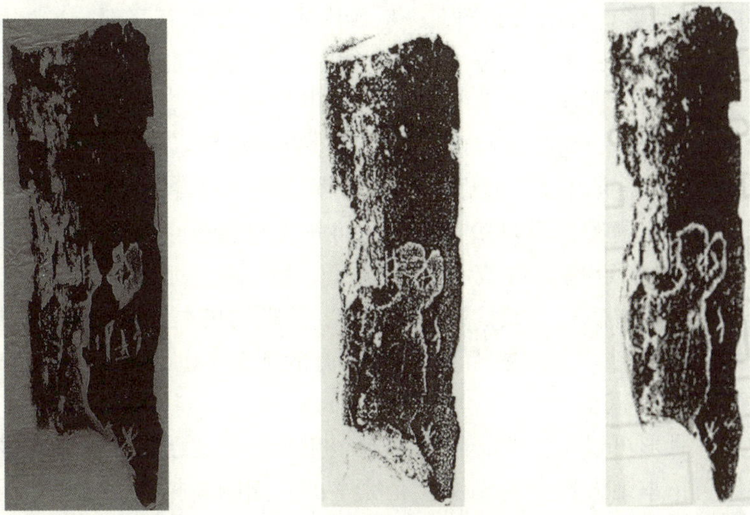

善 20334　　《合補》10316　　北圖 25734 新拓本

圖 8　北圖 25734 新舊拓本及《合集》拓本比較

（二）舊拓本骨形未拓全

比對發現舊拓本中骨形未拓全的共計 4544 例，其中骨形未拓全，但文字部分完整的共計 4342 例；另外，其中也存在未拓兆序、兆辭，以及漏拓邊緣文字等情況共計 202 例。

早期甲骨著録書籍中往往不注意拓全骨形。根據《甲骨文合集材料來源表》所注“不全”粗略統計，骨形未拓全片數占全書收録拓片總數比例從大到小情況如下（僅列舉大于 4%；以下書簡稱參《甲骨合集材料來源表》附録一“著録書簡稱表”）：《續》（36%）、《餘》（30%）、《鐵零》（24%）、《鄴三下》（23%）、《誠》（19%）、《戬》（13%）、《前》（12%）、《摭》（10%）、《通》（8.4%）、《後》（8.1%）、《佚》（7.8%）、《續存上》（5.8%）、《簠》（5.6%）、《寶》（5.6%）、《鄴初下》（4.9%）、《龜》（4.5%）、《京》（4%）。其中大部分是早期著録書。《書契叢編》拓本也反映出這個時代局限性。根據本次新舊拓本比對，《書契叢編》收録總片數 29419 片，骨形未拓全 4544 例，比例約爲 15%。

這種更注重文字不重骨形的傳拓方式主要是受到當時的學術觀念影響。“衹關注文字部分而不注重器物全形的著録方式源自于典型的金石學傳統”⑦。在金石碑刻的傳拓及著録中存在大量僅拓額題文字而不拓碑首全形及紋飾的情況，這與甲骨未拓全形類似。“清代在唯六經三史是尚的研究典範下，所用的方法及材料偏向内循環，基本上是從文字到文字，間有實物的研究，也是爲了佐證或釐清文獻裏的記載，所以重視的是銘文、著録之校勘，以及傳遞源流等，而不大留意實物還可以告訴我們什麼其他的知識。”⑧

1928 年殷墟發掘開始後，董作賓等學者開始運用現代考古理念來發掘和整理甲骨。董作賓先生已經意識到了早期拓本的弊端，在 1948 年撰寫的《甲骨實物之整理》中提出："過去拓本之付印者，有兩大弊病，一是版片甚大，僅拓有字部分，二是雖已將原物拓全，編排時，每剪截去無字之邊緣，以致復原時無法接兑。"⑨可見甲骨傳拓僅注重文字的觀念發生了變化，開始重視骨形完整對于甲骨綴合的意義。當前，甲骨綴合研究是甲骨學研究熱點之一，舊拓本骨形未拓全現象更是爲學者關注。黄天樹先生指出："早期的甲骨學者如羅振玉出版《殷虚書契》等舊材料著録書，往往衹拓有字的部分，未拓出全形……羅氏出書時，爲排版美觀，又將拓本修剪成豆腐塊的樣子，剪去周邊無字的部分。這些舊拓給綴合造成很大的障礙。所以這一階段的綴合成果數量不多。……早期的學者没有認識到完整的、原大的、清晰的拓本是進行綴合的基礎。"⑩

舊拓本未拓全骨形者，有的文字部分完整，有的則文字也缺拓。

1. 骨形不全但文字完整

從資料角度，骨形可以不完整，但文字應該拓全。上文已指出，除了少數兆序等字未拓外，善齋舊拓本絶大部分所拓文字是完整的。國圖新拓本注意拓全骨形，則彌補了舊拓本的缺憾（參圖9）。當然，這些未拓全骨形的舊拓本也不能忽視，這其中仍有部分雖骨形未拓全，但文字較新拓本更清晰，或原骨未缺損。

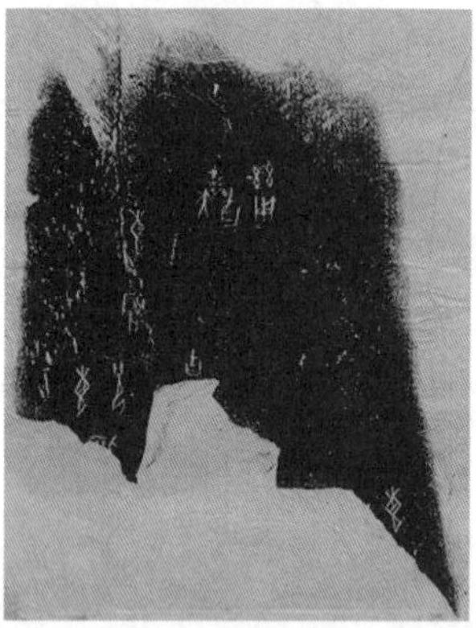

善 22

北圖 5425 新拓本

圖9　北圖 5425 新舊拓本比較

2. 骨形不全也缺拓部分文字

202 例文字也未拓全者，其中有 112 例爲未拓兆序或兆辭，90 例漏拓邊緣文字。未拓兆序或兆辭，一方面是由于兆序、兆辭離卜辭較遠而被忽略，另一方面主要是與當時在甲骨傳拓中對兆序、兆辭重視不足，并追求經濟、快捷有關。以北圖 5579（善178）爲例，善齋舊拓僅拓卜辭正文，骨面中間上部邊緣的兆辭"不𢆶鼄"則未拓（見圖10）。在不重視兆辭的背景下，此片甲骨左側大部空間無字，出于經濟、快捷考慮，自然不會去傳拓。

未拓兆序、兆辭之外的 90 例，大部分是因爲對殘字重視不足，甲骨邊緣處個别文字隨骨形漏拓而缺失。如北圖 5526（善 123，《合集》15609），爲殘存牛胛骨骨臼頭，完整卜辭在骨臼頭左上部分，右下的殘字“𠂤”則很容易被忽視。北圖10332（善4921）骨片較小，但舊拓本仍未拓全左側“癸”殘字（見圖11），或反映了不重視殘字。也有的極個别的情况是比較明顯的字而漏拓，應該是因爲疏忽。如北圖14810（善9411，《合集》29764），骨之左上“于翌日”三字較爲明顯，但仍漏拓。應是由于甲骨骨面磨損加上文字筆劃纖細字口淺，不易拓出或錯認爲無字故漏拓。

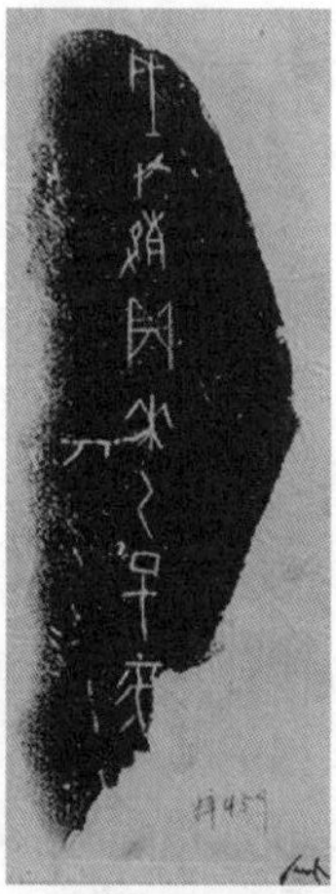
善178

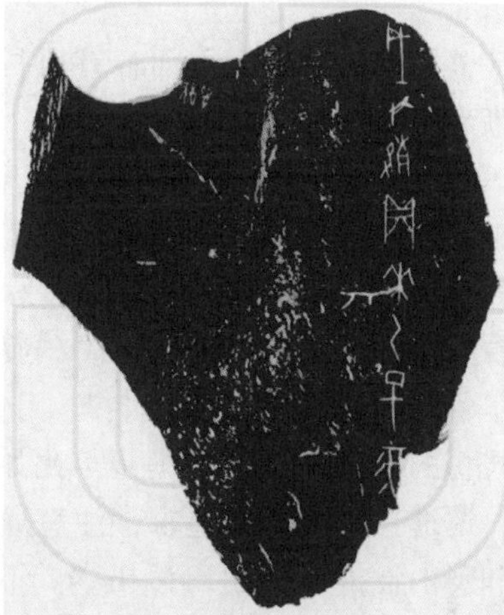
北圖5579新拓本

圖10 北圖5579新舊拓本比較

善4921

北圖10322新拓本

圖11 北圖10322新舊拓本比較

（三）舊拓本漏拓正、背及臼面文字

舊拓本又存在正面或背面、臼面整面未拓的情况，共計529例。其中以漏拓甲骨背面文字的情况最爲普遍，共471例，占總數近90%。早在1953年，陳夢家先生在考古研究傳拓善齋藏甲骨時就注意到了此類問題，并提出傳拓時要注意：“拓全甲骨面，背部、臼部有字的也拓全。”[11]嚴一萍先生也提到：“又契文之有背文者，前輩學人都不注意，以其假手拓工，或拓或不拓，或拓而分置之，故早期出版書契載籍，未有連揭背文者，至容希白之《殷契卜辭》，商錫永之《殷契佚存》，始稍稍注意及之，然非手拓，故亦在有意無意之間。”[12]究其原因，大多甲骨背面質地較正面粗疏，筆劃難以辨認，再加上認識不够，因此早期傳拓時多有遺漏。

漏拓背文之外，面文缺拓有37例，其中24例甲骨正文僅爲兆序刻辭，舊拓本未拓。非兆序刻辭漏拓13例，主要是由于骨面磨損，文字纖細難以辨識不易拓出，以及個别僅剩筆劃的殘字未拓。臼面文字缺拓者有21例，多數是由于文字纖細不易拓出以及骨臼表面磨損表皮剥落，導致文字難辨。

三、拓片清晰程度

經比較，新、舊拓本在清晰度方面各有所長，新拓本文字更清晰者有158例，舊拓本文字相對清晰者有126例。

甲骨傳拓與其他器物傳拓相比，有一定難度，劉鶚在《鐵雲藏龜》序中已提到："龜板文字極淺細，又脆薄易碎，拓墨極難。"這對傳拓的方法和技巧有很高的要求，傳拓技藝的高低直接决定了拓片質量的高低。另外，甲骨出土後，字口多有泥土污垢，如果不清理，則會直接影響傳拓效果。時代在發展，傳拓技藝自然也會發展進步。主持國圖善齋舊藏甲骨傳拓的賈雙喜先生曾撰《甲骨傳拓技法》[13]一文，文中所述實際上反映了甲骨傳拓技藝的改進和理念的進步。比如傳拓前清洗甲骨表面、清理字口；在拓清字的基礎上，還進一步有藝術追求，注意通過墨的濃淡表現骨面高低等等。因此新拓本在清晰度和藝術性方面要超出舊拓本。不過，因爲善齋甲骨量大，且每片甲骨要拓3份，難免有傳拓過程中工作不到位的情況，由此帶來新拓本中個别拓片不如舊拓本清晰的現象。如北圖28828（善23428）新拓本筆劃清晰程度比舊拓本差（見圖12）。另外，舊拓本傳拓時間早，甲骨表面磨泐等現象相對較少，因此會有部分拓片優于新拓本。

經過比對發現，新拓本因清理字口污物而文字更清晰者有111例，約占總數的70%。如北圖12312（善6911）舊拓本"貞"字字口被污物遮住，新拓本清理後筆劃更清晰（見圖13）。其餘47例主要是因爲傳拓方法和技術改進。如北圖16608（善11206）龜背甲盾紋溝内"卜""貞""王"等字，舊拓本拓片爲盾紋所掩，新拓本則清晰、完整拓出（見圖14）。盾紋處的文字較難拓出，我們發現此處文字舊拓本基本都没有處理得很好。賈雙喜先生曾詳細介紹盾紋内文字的補墨技術："龜背甲的盾紋處，因爲墨撲即使是做到最小也拓不到其低凹處，那麽文字就拓不出來。補墨的方法有三：其一，是用没有全部發開的小楷狼毫筆的筆頭蘸上少許的墨汁，使之成爲枯墨狀，并在拓紙的低凹處輕輕描摹。其二，取一塊做墨撲子的綢子布，中間放進一塊紅豆大小的棉花。然後用一小平角鑷子夾住綢子布，用綢子布蘸墨以後，輕輕在拓紙上撲墨。以上兩法最適用于低凹處的文字。其三，取較細的竹簽，把細竹簽的前邊砸劈、砸毛，并在竹簽頭上蘸少許的墨汁，徐徐在拓紙上戳動。此法衹適用于傳拓低凹處的無字處。"[14]

善 23428

北圖 28828 新拓本

圖 12　北圖 28828 新舊拓本比較

善 6911

北圖 12312 新拓本

圖 13　北圖 12312 新舊拓本比較

善 11206

北圖 16608 新拓本

圖 14　北圖 16608 新舊拓本比較

四、結語

通過上文的比對、分析，我們可以看到，善齋舊拓本因爲傳拓時間相對較早，保留了甲骨未損時的原貌，具有不可取代的重要資料價值。善齋舊拓本有多達 298 例保留了甲骨缺損前的原貌，有的還非常重要，可以糾正或補充《合集》《合補》釋文。不過受當時認識和傳拓理念所限，舊拓本與當時大多數著録書一樣，也存在大片甲骨僅拓有字部分、不注意拓全骨形、不拓兆序兆詞等情況，具有時代局限性。尤其是對于甲骨綴合研究來説，更是凸顯了這些早期拓本的局限性。新拓本注意拓全骨形，文字更清晰，反映了甲骨材料整理理念和傳拓理念的進步。善齋舊拓本以及其他民國舊拓本的價值應該辯證看待。

經比對發現，甲骨本身在幾十年間就發生缺損，有的還非常嚴重，不僅缺損丟字，還不能再施拓。可見甲骨拓本尤其是舊拓本的重要性，同時也説明保護好甲骨的重要性。比對也發現，不同類組甲骨缺損情況不一樣。出組牛肩胛骨更容易發生骨皮剥落等缺損，或許反映了不同類組或不同時期選用甲骨材質的不同。缺損情況不見于何組甲骨，主要應該是因爲何組以用龜甲爲主，牛骨較少。不過這也反映了龜甲相對牛骨來説，更不容易發生表皮剥落等缺損現象。

本次全面比對善齋甲骨新、舊兩種拓本，選擇同片甲骨最優拓本，將爲準確揭示善齋甲骨、爲國圖藏甲骨的全面整理出版打下很好的基礎。

【本文係國家社科基金重大項目“國家圖書館藏甲骨整理與研究”（項目編號：18ZDA301）階段性成果】

注釋：

① 國圖傳拓善齋舊藏甲骨情況參見趙愛學：《國家圖書館的善齋舊藏甲骨及其著録》，《文津學志》（第十輯），國家圖書館出版社，2017年，355—378頁。

②《書契叢編》成書及流傳情況參見趙愛學《國家圖書館的善齋舊藏甲骨及其著録》。

③ 裘錫圭：《推動古文字發展的當務之急》，《裘錫圭學術文集·金文及其他古文字卷》，復旦大學出版社，2012年，508—514頁。

④ 關于《甲骨文合集》《甲骨文合集補編》收録的善齋甲骨拓片具體情況參見趙愛學《國家圖書館的善齋舊藏甲骨及其著録》。

⑤《書契叢編》各卷頁眉和頁中留下了陳夢家、羅福頤、羅福葆、曾毅公等前輩學者們的大量批注。詳情參見劉菲：《國圖藏善齋甲骨舊拓本〈書契叢編〉批注述要》，《文津學志》（第十一輯），國家圖書館出版社，2018年，59—72頁。

⑥ 胡厚宣主編：《甲骨文合集材料來源表》，中國社會科學出版社，1999年。

⑦ 黄益飛：《〈殷契粹編〉版本簡論》，《文獻》2017年第5期，41頁。

⑧ 王汎森：《什麽可以成爲歷史證據》，《中國近代思想與學術的系譜（增訂版）》上海三聯書店，2018年，375頁。

⑨ 董作賓：《甲骨實物之整理》，《董作賓先生全集甲編》，藝文印書館，1977年，963頁。

⑩ 黄天樹：《甲骨拼合集》序，學苑出版社，2010年。

⑪ 陳夢家：《殷虚卜辭綜述》，中華書局，1988年，49頁。

⑫ 嚴一萍：《甲骨學》，藝文印書館，1978年，272頁。

⑬ 賈雙喜：《甲骨傳拓技法》，《甲骨文與殷商史》新三輯，上海古籍出版社，2013年，439頁。

⑭ 同注⑬，450頁。

（作者單位：國家圖書館古籍館）

《中國國家圖書館古籍藏書印選編》古文印釋讀六則

罗 恰

内容提要：漢代以後歷代輾轉抄寫的古文字（主要指戰國文字）稱爲"古文"，又稱"傳抄古文"。國家圖書館選編的《中國國家圖書館古籍藏書印選編》一書收録的藏書印中有不少是古文印，整理者大都作了很好的釋文，極少數印文的釋讀尚有可商之處。根據《汗簡》《古文四聲韵》《集篆古文韵海》《訂正六書通》等書所收古文字形，可將原釋作"雨氏山丰""卞章有福亦有道""南乘""泉□""鴻□""賨□"的六方古文印的印文分别改釋作"雨氏峯""文章有神交有道""用年""宗夏""鴻勳""杳嚴"。

關鍵詞：古文　印章　釋讀

國家圖書館選編的《中國國家圖書館古籍藏書印選編》（以下簡稱《印選》）一書，從該館藏1843種古籍中收録藏書印6000方以上，蔚爲大觀。其中不少藏書印的印文使用的是古文字體。相較一般小篆字體，古文印向稱難認。《印選》整理者對收録的古文印作了很好的釋文，絶大部分準確無誤，極少數印文的釋讀尚有可商之處。我們擇取其中六方古文印，將其印文重新進行釋讀。不當之處，還請方家賜正。

"古文"是一個比較寬泛的概念，本文所討論的"古文"又稱"傳抄古文"，是指漢以後歷代輾轉抄寫的古文字（主要指戰國文字）[①]。古文主要保存在《説文》、三體石經、《汗簡》《古文四聲韵》《集篆古文韵海》《訂正六書通》以及碑志等材料中。早在唐代，即有人以古文入印，如唐玄宗李隆基的"開元"印（圖1）[②]。到宋代，周密有古文印"周公子孫"（圖2）[③]。降至元代，王淵有古文印"墨妙筆精"（圖3）[④]。入明以後，隨着文人篆刻的蓬勃發展，晚明時期以古文入印蔚然成風，師承文彭的蘇宣即是此中的杰出代表，其古文印"我思古人實獲我心"（圖4）[⑤]，堪稱經典之作。由于古文的形體大多奇特古奥，難以辨識，所以一些古文印文常被誤釋[⑥]。隨着古文字學的發展，尤其是近幾十年來大批戰國有字楚簡的出土，古文的價值也越來越受到學界的重視。

圖1

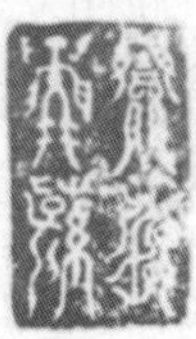
圖2

圖3

圖4

一、“雨氏峯”

《印選》中有一枚古文印鈐于明萬曆四十四年（1616）京山郝氏刻本《春秋直解》卷端，釋文作“雨氏山丰”（圖 5）[7]。初看印文，似無問題。細加琢磨，便覺不安。釋作“山丰”二字的字形，筆劃緊接，間架緊湊，實乃一字之上下兩部分。“峯”字有古文字形作[8]，正與此印文字形相合。《集韵・平聲一・鍾第三》“峯”字下云：“《説文》：‘山耑也。’或作峯，或書作峰。”“峯”即古文字形作之楷化。此印當改釋作“雨氏峯”，讀爲“雨峯氏”。古人有名有字，印文中作“某某氏”者，一般是字。與“雨氏峯”同鈐者另有一白文印作“中柱私印”（圖 6）。兩印繫聯，可知此兩方印的所有者應該名中柱，字雨峯。查檢有關史料，清代恰有一官員姓劉名中柱，字雨峯，官至直隸真定府知府，著有詩文集若干卷[9]。據此，此兩方印的所有者是劉中柱，殆無疑義。

圖 5

圖 6

二、“文章有神交有道”

清雍正間廬江金陵刻本《五經圖》書名葉鈐有一方古文印，《印選》所作釋文爲“卞章有福亦有道”（圖 7）[10]。文意不通，印文顯然有誤釋之處。

先看印文第四字，字形作，《印選》釋作“福”。細審此字，非“福”字，乃“神”字無疑。“神”字在《汗簡》中收録有古文字形作[11]，與此字形全同。第五字非“亦”字，實是“交”字。“交”字有古文字形作、[12]，與印文中字形相合。“交”字與“亦”字的區别在于其中間的筆畫有交糾。末字乃“導”字，在此讀爲“道”。最後看第一字，原釋作“卞”。從字形看，此乃“弁”字之小篆字形。《新加九經字樣》儿部“弁”字下云：“今經典相承或作卞。”[13]可知二字相通，將印文中此字形釋作“卞”亦可。這樣看來原釋文無誤。但無論是“卞章有神交有道”，或是“弁章有神交有道”，文意均不通。再從辭例分析，杜甫《蘇端薛復筵簡薛華醉歌》首句云：“文章有神交有道，端復得之名譽早。”此是名句，印文當從此詩句來，則第一字是“文”字無疑。試從字形上分析，“文”字有一古文字形作[14]，與印文中第一字字形相比，上部相同，下部多出形。據此推測：此印文第一字本應是“文”字，而治印者不熟悉“文”字的古文寫法，在奏刀時漏篆“文”字的下部筆劃，于是碰巧與“弁”字小篆字形相同。抑或是治印者爲了印面布局，將字形做了省減，最終導致誤釋。據此，此印文當釋作“文章有神交有道”。

圖 7

三、"用年"

明萬曆間刻本《方氏墨譜》一書鈐有一方古文印，《印選》釋文作"南乘"（圖8）[15]。從印文字形上看，與"南乘"二字確實有幾分相似，但仔細觀察其字形結構，實非"南乘"[16]，而應是"用年"二字。

"用"字之古文寫法有作𢆉形者[17]。《印存初集》卷一收録有一方古文印"用章"（圖9）[18]，可爲佐證。

"年"字之古文寫法有作𡴠形者[19]。《孫氏養正樓印存》收録有一方古文印"同享千年壽"（圖10）[20]，其中"年"字即由此字形而來。將"同享千年壽"印中之"年"字形與《印選》所録印文字形比較，可知二者結構基本相同，衹是中間部分筆畫有些許不同，但爲一字無疑。

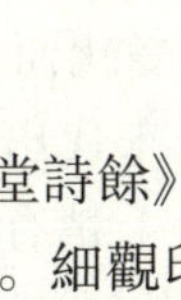

圖 8

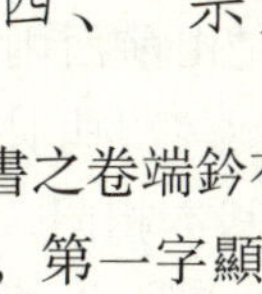

圖 9

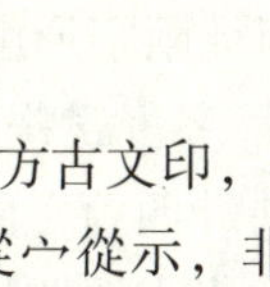

圖 10

四、"宗夏"

清康熙間刻本《溉堂詩餘》一書之卷端鈐有一方古文印，《印選》釋文作"泉□"（圖11）[21]，第二字闕釋。細觀印文，第一字顯然從宀從示，非"泉"字，而是"宗"字。第二字實乃"夏"字的古文寫法。《説文》："夏，中國之人也。從夊從頁從臼。臼，兩手；夊，兩足也。𩓏，古文夏。"印文中此字形下部之"疋"形頂部筆畫與中間"目"字下部横畫共筆，以致不易辨認。據此，此印文當釋爲"宗夏"。"宗夏"印下方另鈐有一方硃文印"歙縣潭渡黄氏公書"（圖12）[22]。歙縣潭渡黄氏係名門望族。兩印聯繫起來分析，可知此"宗夏"印乃清代歙縣潭渡人黄宗夏之私印。黄宗夏是清儒李塨高弟，顔李學派傳人，乾嘉學派"皖派"學者。歙縣潭渡黄氏歷代英才輩出，黄賓虹亦出自此支。對于黄宗夏這位先祖，黄賓虹曾有記載，云："確夫公，諱曰瑚，字宗夏，隱君公子。幼承母訓。康熙壬午，公至陶陽，拜李剛主先生塨問學。……全先生祖望言以不得見公爲憾事。”[23]可知“宗夏”乃字，“曰瑚”爲名。又“宗夏”印上方鈐有一枚白文印，印迹較模糊，原附釋文作“白瑚”（圖 13），應是“曰瑚”之誤。據鈐印，這部《溉堂詩餘》曾經黄宗夏收藏。

圖 11

圖 12

圖 13

五、“鴻勳”

古人姓名印與字號印并鈐時，姓名印一般爲白文，字號印一般爲朱文。通過這一規律，往往可以爲我們準確釋讀有關印文提供佐證。《印選》第九册收録有一方古文印，鈐于明末清初虞山毛氏汲古閣刻《松陵集》一書之卷端，釋文作“鴻□”（圖 14）。第一字爲“鴻”字古文無誤，第二字原闕釋。細審第二字字形，下部似乎從火，上部構形較爲奇特，不易辨認。與此印并鈐之一白文印，印文爲“張棟之印”（圖 15）。清代有畫家張棟，字鴻勳，號玉川，工山水，乾隆年間曾參與編纂《南巡盛典》[24]。《中國書畫家印鑒款識》收録有張棟印章十餘枚，其中編號爲十的白文印“張棟之印”[25]與鈐于此的“張棟之印”全同，則圖 19 之印文可確定爲“鴻勳”二字。此書所鈐之兩印應即畫家張棟之私印。“鴻勳”古文印《中國書畫家印鑒款識》一書失收，據此可補其不足。此“勳”字古文字形奇特，然《集篆古文韵海》與《訂正六書通》均收録有類似字形，今揭如下：

勳醺臐：《集篆古文韵海》卷第一，上平聲，二十文[26]

熏：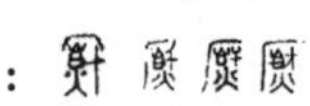《訂正六書通》上平聲第二，八真[27]

“鴻勳”印文中“勳”字形當從上揭字形變化而來。《訂正六書通》所收録之前兩字形，云出自張仲簋，而後兩字形應該是由前面兩字形變化而來。此“張仲簋”即今所稱之“弭仲簠”，“弭”字舊誤釋爲“張”。弭仲簠乃宋代出土，共有兩件，每件的器身和器蓋均有銘文，共計四篇，内容基本相同，字形上稍有差异。原器已失傳。其銘文先後著録于歐陽修《集古録跋尾》、王厚之《鐘鼎款識》、吕大臨《考古圖》、薛尚功《歷代鐘鼎彝器款識法帖》等書，字形作：

《集古録跋尾》[28]：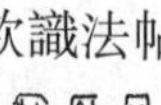

《鐘鼎款識》[29]：

《考古圖》[30]：

《歷代鐘鼎彝器款識法帖》[31]：

上列字形即爲《集篆古文韵海》與《訂正六書通》所本。其中王厚之《鐘鼎款識》著録的銘文是現存各書中字體變形最小的[32]。王厚之書釋爲“勛”，注云：“《帖釋》作‘熏’，借作‘纁’字。”[33]《積古齋鐘鼎彝器款識》釋爲“勳”字[34]。此字之釋讀至今未有定論，然非“勳（勛）”字無疑。清人本宋人釋文，誤認此字形爲“勳（勛）”，并將之入印。

圖 14

圖 15

六、“沓嚴”

清乾隆六十年（1795）古歙徐午刻《南昌文考》目録葉鈐有一方古文印，釋文作“㝯□”（圖 16）[35]。第一字是直接按印文原字形隸定的，第二字未釋出。實際上第一字爲“沓”字，見于《古文四聲韵》所引李商隱《字略》，字形作[36]，與此印文字形全同，二者爲一字無疑。第二字當爲“嚴”。《説文》：“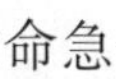，教命急也。從吅、厰聲。，古文。”《説文》“嚴”的小篆字形應當是受到了隸書字形的影響。“嚴”從西周晚期至東漢的字形作：

（西周晚期㝬鐘）

（西周晚期虢弔鐘）

（春秋秦公簋）

（戰國楚王孫誥鐘）

（秦睡虎地秦簡《爲吏之道》8）

（西漢銀雀山漢簡《孫臏兵法》36）

（東漢《成陽令唐扶頌》）

從兩“口”與從三“口”無别。變化較大的是下部“敢”字部分，“敢”的左下部本來是“口”，漸漸訛變成《唐扶頌》的類似“月”字形。再看印文中的“嚴”字形，寫法并不十分嚴謹，“敢”的左上部與“厂”形緊密結合在一起，左下部的“口”也變成類“月”字形。治印者如此安排筆畫，可能是從篆刻章法上考慮的。此印文當釋作“沓嚴”。

圖 16

注釋：

① 徐在國：《傳抄古文字編》前言，綫裝書局，2006 年。

② 上海博物館編：《中國書畫家印鑒款識》，文物出版社，1987 年，378 頁。

③ 同注②，615 頁。

④ 同注②，70 頁。

⑤ 方去疾編訂：《明清篆刻流派印譜》（修訂本），上海書畫出版社，1980 年，12 頁。

⑥ 在古文印文的釋讀方面，吉林大學李春桃先生做過許多細緻的工作，可參李春桃：《古文印章考釋舉隅》，《印學研究》第八輯，文物出版社，2016 年，303—311 頁；李春桃：《古文印章校釋例舉——兼談古文考釋應注意的問題》，《出土文獻》第十二輯，中西書局，2018 年，192—201 頁；李飛：《古文印章輯録》，吉林大學碩士學位論文，2018 年，導師：李春桃。

⑦ 孫學雷、董光和編：《中國國家圖書館古籍藏書印選編》，綫裝書局，2004 年，第一册 141 頁。

⑧（明）閔齊伋輯，（清）畢弘述篆訂：《訂正六書通》，上海書店出版社，2013 年，6 頁。

⑨ 王鍾翰點校：《清史列傳》，中華書局，1987 年，5785 頁。

⑩ 同注⑦，第一册 220 頁。

⑪（宋）郭忠恕、夏竦編，李零、劉新光整理：《汗簡　古文四聲韵》，中華書局，2010 年，4 頁。

⑫ 同注⑧，98 頁。

⑬（唐）釋玄度：《新加九經字様》，王雲五主編《叢書集成初編》，商務印書館，民國二十五年（1936）鉛印本，44 頁。

⑭（宋）杜從古撰，丁治民校補：《集篆古文韵海校補》，中華書局，2013 年，10 頁。

⑮ 同注⑦，第三册 155 頁、158 頁。

⑯“南”字的古文字形可參看徐在國《傳抄古文字編》，606 頁；《訂正六書通》，155 頁、451 頁；劉建民：《傳抄古文新編字編》，復旦大學博士學位論文，2013 年，322 頁。“乘”字的古文字形可參看《傳鈔古文字編》，551—552 頁；《訂正六書通》，136 頁、446 頁；劉文 302 頁。

⑰ 同注⑧，243 頁。

⑱（明）胡正言篆：《印存初集》，清順治四年（1647）十竹齋刻鈐印本，卷一第三葉 a。

⑲ 同注⑧，83 頁。

⑳（清）孫阜昌鑑藏，（清）孟介臣鐫篆：《孫氏養正樓印存》，清道光刻鈐印本，卷五第四十二葉 a。

㉑ 同注⑦，第六册 220 頁。

㉒ 同上。

㉓ 黄賓虹：《歙潭渡黄氏先德録》，浙江省博物館編《黄賓虹文集・雜著篇》，上海書畫出版社，1999 年，447 頁。

㉔（清）蔣寶齡撰，（清）蔣茝生續：《墨林今話》，周駿富輯《清代傳記叢刊・藝林類⑨》，臺北明文書局，1985 年，90 頁。

㉕ 同注②，970 頁。

㉖ 同注⑭，11 頁。

㉗ 同注⑧，64 頁。

㉘（宋）歐陽修撰：《集古録跋尾》，《叢書集成續編》第 96 册，臺北新文豐出版公司，1988 年，630—631 頁。

㉙（宋）王厚之輯：《鐘鼎款識》，《續修四庫全書》第 901 册，上海古籍出版社，2002 年，458 頁。

㉚（宋）吕大臨，（宋）趙九成撰：《考古圖　續考古圖　考古圖釋文》，中華書局，1987 年，60—61 頁。

㉛（宋）薛尚功撰：《歷代鐘鼎彝器款識法帖》，中華書局，1986 年，73—74 頁。

㉜ 李建西：《弭仲簠銘文補釋》，《西部考古》2016 年 2 期，107 頁。

㉝ 同注㉙，458—459 頁。

㉞（清）阮元編録：《積古齋鐘鼎彝器款識》，（清）阮亨輯《文選樓叢書》第捌册，廣陵書社，2011 年，4364 頁。

㉟ 同注⑦，第九册 181 頁。

㊱ 同注⑪，103 頁。

（作者單位：湖北省博物館保管部）

國家圖書館所藏松坡圖書館外文圖書管窺

彭福英

内容提要： 松坡圖書館是民國時期爲紀念蔡鍔將軍而建，分爲快雪堂和西單石虎胡同七號兩館。後者專藏外文文獻，藏書主要基于當時讀書俱樂部舊藏，輔之以每年的新購和捐贈圖書，藏書量逐年增加。這批外文藏書語種多樣，内容豐富，以文史書籍見長，内有不少名家舊藏，是今日國家圖書館外文特藏的重要組成部分。

關鍵詞： 國家圖書館　松坡圖書館　外文藏書　梁啓超　徐志摩

松坡圖書館是民國時期爲紀念蔡鍔將軍而建，其外文藏書語種豐富，内容廣泛，并有不少名家藏書。1949 年松坡圖書館并入當時的國立北平圖書館（國家圖書館前身），其外文藏書爲國家圖書館外文藏書來源之一。筆者参加國家圖書館西文提善項目(2008—2011 年)，有幸目睹了一些名家舊藏。今梳理松坡圖書館舊藏外文圖書概況及名家舊藏，供學界研究參考。

一、松坡圖書館的歷史沿革

據《松坡圖書館概况》記載："民國四年蔡公松坡以反抗洪憲帝制，首舉義旗，次年病故于日本，梁任公先生即擬建立松坡圖書館以垂紀念。"[①]可知松坡圖書館的建立，乃是爲了紀念著名政治家、軍事家和民主革命家蔡鍔將軍。1915 年，蔡鍔將軍反對袁世凱稱帝，發動護國戰争。次年袁世凱被迫宣布取消帝制，民國恢復，護國戰争取得勝利。但蔡鍔將軍的病情惡化，東渡日本治療，不幸醫治無效，病逝于日本福岡。蔡鍔將軍病故的第二年，梁啓超等籌建松坡圖書館，以示紀念。當時計劃將館址設在上海，并建蔡公祠。1918 年，公祭蔡鍔將軍之團體"松社"在上海成立，由于時局多艱，圖書館的創建被暫時擱置。1920 年梁啓超一行從歐洲考察歸來，"松社"同人重提此事。梁啓超等人通過北平歐美同學會[②]，組建了讀書俱樂部，很快俱樂部收藏的外文圖書達 6000 餘册[③]。而此時民國政府也撥交了宜都楊守敬先生藏中文圖書 2.4 萬册，建館條件基本成熟。梁啓超與"松社"同人商議將圖書館建在北京，并向民國政府申請館舍。歷經周折，1922 年民國政府將北海快雪堂及西單石虎胡同 7 號官房撥交圖書館使用；同時將讀書俱樂部藏書歸并，尚志學會、亞洲文明協會也捐贈其所藏的日文書籍[④]。同年 12 月，"松社"成員在北京開會，松坡圖書館幹事會正式成立，32 人當選幹事，梁啓超被公推爲館長，另聘蔣復璁編輯外文書目，會議還决定制定《簡章》，着手籌辦工作。1923 年 11 月，成立大會召開，會議决定將快雪堂設爲第一館，專藏中文文獻；石虎胡同 7 號設爲第二館，專藏外文文獻。第二館于 1924 年 6 月 1 日先行開放閲覽，第一館則于次年開館⑤。

當時的圖書館分爲經理、圖書兩部，館長和各幹事統理館務，每月召開一次幹事會。1928 年梁啓超去世之後，僅設常務幹事管理館務，未再續聘館長。1929 年，常務幹事蹇季常病逝，第二館館舍無人駐守，且因經費拮据于 1931 年被轉讓給蒙藏學校，第二館藏書與第一館合并。松坡圖書館除了收藏各種文獻之外，也出版了一些圖書，如《曾胡治兵語録》《松坡軍中遺墨》等。

1949 年松坡圖書館并入國立北平圖書館，館務與國立北平圖書館統一，原有幹事會與常務幹事會取消；保留蔡公祠堂；松坡圖書館之圖書、家具、房屋，均由國立北平圖書館全權接管與維持；原有職工斟酌留用⑥。松坡圖書館中、外文藏書成爲今日國家圖書館藏書的一部分。

二、松坡圖書館外文藏書概況

松坡圖書館的外文藏書，主要基于讀書俱樂部舊藏。讀書俱樂部的藏書主要由梁啓超訪歐時與同行的丁文江、張君勱、劉子楷諸君帶回。起初這些書籍都放在讀書俱樂部，後并入松坡圖書館，成爲其館藏的一部分。據蔣復璁回憶，當年梁啓超訪歐帶回了 1 萬册英、法、德文書，并從天津梁宅運來所藏日文及西文書，一并放入新成立的松坡圖書館⑦。此處的 1 萬册，與《松坡圖書館概況》所説的 6000 餘册有出入。據松坡圖書館館務報告，1923 年松坡圖書館外文總藏書量爲 9908 册⑧。從官方統計數據來看，6000 册的説法更爲可靠。由于各種原因，筆者所見到的松坡圖書館舊藏和鈐有“讀書俱樂部保存”印的文獻衹是冰山一角，對于當年讀書俱樂部藏書的具體數量，不敢妄下定論，還待來日進一步研究。徐志摩也提到過松坡圖書館藏書來自讀書俱樂部，他在 1923 年 5 月 10 日致朋友奥格頓的信中説：“以前的讀書會已經銷聲匿迹了，它的全部圖書現在成了我借宿的這座圖書館的財産，地址見此信。圖書館的創建是爲了紀念中國第三次共和革命中的一個英雄，并以他的名字命名。”⑨

圖 1　讀書俱樂部藏書章

表 1　1923 年松坡圖書館外文文獻捐贈情况表⑩

捐贈人	英文	德文	法文	日文	梵文	世界語	合計
梁啓超	14	4	3	776	4		801
徐志摩	157						157
周印昆				126			126

續表

捐贈人	英文	德文	法文	日文	梵文	世界語	合計
楊鼎甫	11		1	30			42
蔣亞			1				1
衛禮賢		10				1	11
任志清			17				17
陳彬龢	1						2
總計	183	14	22	932	4	1	1157

松坡圖書館成立前後，幾乎每年都會收到學界的捐贈書籍。據1923年該館館務報告統計，當年松坡圖書館共收到贈書1157册，主要爲日文和英文文獻，其中日文文獻932册，英文文獻183册。捐贈者有梁啓超、徐志摩、周印昆、楊鼎甫等。梁啓超在該年捐贈了801册圖書，徐志摩和周印昆也分别捐贈了157册和126册外文文獻[⑪]。捐贈文獻數量約占總藏書量的11.7%，爲該館外文藏書的重要來源之一。

捐贈之外，購買是松坡圖書館外文文獻的另一主要來源。圖書館每年均有一定金額的購書經費，如1924年中外文圖書購書費爲1095.58元[⑫]，1925年中外文圖書購書費爲1192.58元[⑬]，1926年中外文圖書購書費爲1039.11元[⑭]，1927年中外文圖書購書費爲644.8元[⑮]，1928年購書費爲845.31元[⑯]，1929年購書費用增加，爲1380.47元[⑰]。徐志摩1923年5月10日致奥格頓的信中，告知好友："每年有大約500鎊用來買書。我要去面見連先生，呈請他再寄一些錢給你，以便你再爲我們添購一些圖書。"[⑱]信中提及每年大約有500英鎊的購書費，姑且不論該數目的準確性，但至少可證實每年固定購書經費的存在。這樣一定程度上可以保證圖書館文獻的纍年增加。購書費爲松坡圖書館經費的一部分。當時圖書館費用主要依靠原有基金，即公債額面10萬元每年收入的利息。若不够，則依賴圖書館同人的募捐。兩館合并、變賣公債以後，每年息金約6000元，勉强够房屋修葺、購置普通書籍雜志之花銷[⑲]。從松坡圖書館的歷年館務報告中，也可以看出圖書館外文文獻的藏書量在逐年增加（見圖2），1933年外文文獻館藏量已經達到了15530册[⑳]。1942年，松坡圖書館總藏書量爲53996册，其中外文藏書15687册[㉑]，約占總藏書量的29%。

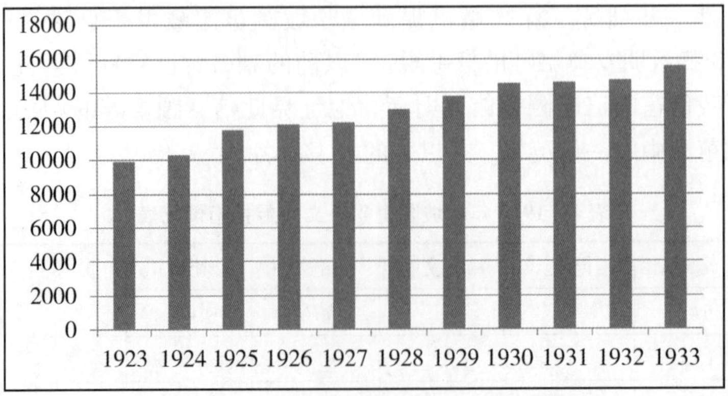

圖2　1923—1933年松坡圖書館藏外文藏書量

從内容和語種來説，根據1939年《松坡圖書館概況》的統計，當年館藏外文文獻内容涵蓋了總類、哲學、宗教、社會學、言語學、自然科學、有用科學、美術、文學和史學等類别。其中總類書籍數量最多，爲5674册；其次是社會學、文學和史學，分别爲4126册、2107册和1394册；再次爲哲學類書籍843册，自然科學491册，有用科學162册，美術類書籍236册，言語學68册[22]。此處的有用科學，其分類表中没有明確標注包括哪些書籍，推測應爲經世致用的商科、經濟學科以及其他工科書籍。總體上説，書籍以社會學、文史類見長。從語種來説，可分爲英文、德文、日文、法文、梵文、世界語等六種語言，英文和德文文獻最多，其次爲日文和法文文獻（見圖3）[23]。

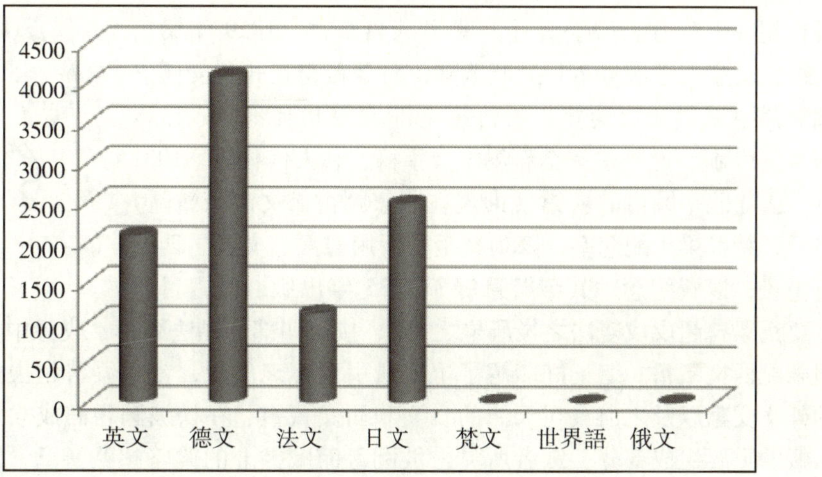

圖3　1939年松坡圖書館藏外文文獻語種構成

三、松坡圖書館名家外文舊藏舉要

松坡圖書館的部分藏書來自讀書俱樂部，讀書俱樂部藏書主要爲梁啓超一行從歐洲帶回來的書籍。松坡圖書館成立後，每年也會收到各方的捐贈，因而藏書中有不少名家舊藏。

松坡圖書館的外文文獻藏書章，筆者所見有三種，一種爲中文印章，橢圓形，印文爲“松坡圖書館/藏書”5字（見圖4—6左圖）；第二種爲中文印章，橢圓形，印文亦爲“松坡圖書館/藏書”5字（見圖4—6中圖）；第三種爲長方形的英文藏書印，分爲兩行，第一行爲“SUNG PO LIBRARY”大寫英文字樣，第二行爲“NO.”，再加上阿拉伯數字，即該書的登録號（見圖4—6右圖）。原讀書俱樂部藏書，則有上文提到的讀書俱樂部藏書印（見上文圖1），上行爲圖書所有者的名號，下行爲“讀書俱樂部保存”7字。外文藏書很多來自當時的文人學者捐贈，如梁啓超、徐志摩、徐新六、劉文島等。

圖4—6　松坡圖書館中、英文藏書章

（一）梁啓超藏書

圖7　梁啓超藏書章

梁啓超一生致力于治學著述，藏書甚爲豐富。1929 年梁啓超去世後，其家人于次年 2 月遵照遺囑，將其藏書正式移交國立北平圖書館，以供公衆閲覽。梁啓超全部藏書共有刻本、抄本 3470 種 41819 册，此外還有金石墨本及手稿、私人信札等。1931 年 6 月，國立北平圖書館新館（即現在國家圖書館文津街館區）落成之日，特辟梁氏紀念室，陳列其生平所用書桌、文具，四壁置金石書畫，以資紀念。其藏書目録于 1933 年出版，此書目收録的主要爲梁啓超戊戌變法之後所聚之書[24]，按照四部分類法編排，收録中文和日文藏書，但未見西文藏書。這正好印證了上文所引蔣復璁所説，當年梁啓超去歐洲考察帶回來的外文文獻以及之前藏在天津的日文和西文藏書，在松坡圖書館成立之初已經成爲其館藏的重要組成部分。筆者所見松坡圖書館藏書上的梁啓超藏書章，其一即上文提到的“新會梁氏藏書　讀書俱樂部保存”印，内横向半徑爲 2. 7 厘米，縱向半徑爲 1. 8 厘米，爲原讀書俱樂部印；另一枚印章亦爲橢圓形（見圖 7），印文爲“梁任公/捐贈”，内横向半徑爲 2. 7 厘米，縱向半徑爲 1. 8 厘米，當是松坡圖書館成立之後，梁啓超捐贈給圖書館後所鈐之印。筆者通過國圖西文提善項目，經眼近 300 種梁啓超先生的西文舊藏。這部分文獻從語種上看，包括英文、法文和德文文獻，三種文獻數量接近。從出版時間看，均爲 19 世紀和 20 世紀的出版物，其中 19 世紀的出版物約占 10%。從内容上看，則農業、藝術、經濟、教育、地理地質、歷史、法律、醫學、氣象學、軍事、哲學、宗教、社會學、文學等無所不包。文學出版物則可細分爲文集、戲劇、散文隨筆、小説、文學評論、文學史、詩歌、傳奇等，約 100 種，占此批藏書的 1/3；歷史類 50 種，哲學 46 種。文學作品有席勒（Friedrich Schiller，1759—1805）的《席勒作品集》（*Schillers Werke*）；德國“市民現實主義”時期成就最大的戲劇家之一弗里德里希・黑貝爾（Friedrich Hebbel，1813—1864）的《文集》（*Hebbels Werke in zehn Teilen*）、《劍橋英國文學史》（*The Cambridge History of English Literature*），1908—1916 年版；英國小説家、詩人沃爾特・司各特（Walter Scott，1771—1832）的《危險的城堡和一個醫生的女兒》（*Castle Dangerous & the Surgeon's Daughter*）1914 年倫敦版，《拉美莫爾的新娘》（*The Bride of Lammermoor*）1913 年版，《黑侏儒和蒙特羅斯傳奇》（*The Black Dwarf & a Legend of Montrose*）1912 年版。司各特的这幾種小説均由英國的約瑟夫・登特出版公司（J. M. Dent & Sons，Ltd）[25]出版。歷史類著作有比利時著名歷史學家亨利·皮雷納（Henri Pirenne，1862—1935）的《古低地國家的民主政權》（*Les anciennes démocraties des Pays—Bas*）1917 年版，加布里埃爾·阿諾托（Gabriel Hanotaux，1853—1944）的《現代法國》（*Contemporary France*）1903—1906 年版等。其他社科文獻有法國社會學家涂爾幹（Émile Durkheim，1858—1917）的《社會學方法的規則》（*Les règles de la méthode sociologique*）1912 年版，美國社會心理學家威廉·麥獨孤（William McDougall，1871—1938）的《社會心理學導論》（*An Introduction to Social Psychology*）1918 年版等。

梁氏藏書中，還有一套拿破侖三世（Napoléon III，1808—1873）敕令出版的《拿破侖書信集》（*Correspondance de Napoléon 1er*）。该書正文之前爲《呈皇帝書》（*Rapport a l'Empereur*）、《决議》（*Décret*）和《委員會呈皇帝陛下》（*Rapport de la commission a l'Empereur*），主要歌頌拿破侖一世的豐功偉績，介紹拿破侖書信編委會的宗旨、職責和組成人員。正文分 32 卷，前 28 卷按時間順序收録拿破侖 1793 年 10 月 25 日至 1815 年 8 月 4 日的信件、命令等；第 29—32 卷爲拿破侖的著作及其摘要，收録《圍攻土倫》（*Siège de Toulon*）、《埃及和叙利亞戰争》（*Campagnes d'égypte et de Syrie*）等。每卷後附該卷所收録信札表，有信札順序號、時間、收信人、信札主要内容和頁碼。封面爲四分之三皮裝，墨緑色犢皮，墨緑色和白色相間水紋狀大理石花紋紙裝飾。環襯裝飾每册不同，有的爲波浪紋大理石花紋紙，有的爲旋渦狀大理石花紋紙，還有的爲孔雀羽毛狀大理石花紋紙，上書口鑲金，個别卷其他兩面書口毛邊未裁。書脊皮裝，上有題名、卷號，以及三個燙金的百合花紋飾。鈐“新會梁氏藏書　讀書俱樂部保存”章，題名頁有印章“SUNG PO LIBRARY No. 5400”，每册分别有一個登録號。此書收録有關拿破侖戰争思想及其戰争實踐的主要資料，雖僅包括 1793—1815 年之間的書信、政令，但内容豐富，不失爲重要的拿破侖研究材料，爲法國大革命史、18 世紀末葉歐洲史等相關領域研究提供了重要的一手材料。這部分書籍的統計數據雖然不够完備，但管中窺豹，可見梁啓超先生博學多才、興趣廣泛與視野開闊。

（二）徐志摩藏書

徐志摩爲現代中國著名的文學家和詩人。1922 年 10 月徐志摩結束 4 年的歐美留學生活回國。次年開始在松坡圖書館第二館擔任英文秘書，負責外文書籍的采購以及英文函件的處理，并搬到第二館所在地石虎胡同 7 號居住[26]。徐志摩後曾寫下《石虎胡同七號》詩一首，懷念這段經歷。1924 年 3 月，徐志摩在此辦起了“新月社”。後來印度詩人泰戈爾訪華，徐志摩作爲翻譯全程陪同，并在此招待過泰戈爾。松坡圖書館成立之時，蔣復璁也曾由蔣百里引薦，擔任外文書目編輯。梁實秋、蔣復璁主編的《徐志摩全集》中，有蔣復璁所寫的《徐志摩小傳》，記述了這段生活，并寫道：“志摩亦往同寓，日夕相處，達三年之久。”[27]松坡圖書館成立後，徐志摩捐贈了不少書籍，如 1923 年捐贈英文書 157 册[28]，書上鈐“徐志摩捐贈”印章；也有鈐“志摩遺書”印章的，爲徐志摩去世後捐贈。筆者參與提善所見的徐志摩贈書 160 種，以英文文獻居多，其次爲法文文獻，但數量不大，衹有 10 種。按照出版年代劃分，19 世紀的出版物 20

種，其餘皆爲20世紀初期的出版物。從主題上看，内容豐富，涵蓋藝術、文學、社會學、政治思想、語言、哲學、歷史等領域，而以文學爲多，占一半有餘。文學書籍中，有文學家傳記、戲劇、散文、小説、詩歌、文學史和文學批評以及中世紀各種傳奇，以小説和詩歌爲最。詩歌中，有英國浪漫主義詩人威廉·華兹華斯（William Wordsworth，1770—1850）的《詩歌》（*The Poetical Works of William Wordsworth*），英國詩人、小説家托馬斯·哈代（Thomas Hardy，1840—1928）的《詩歌選》（*Selected Poems of Thomas Hardy*），英國劇作家、詩人約翰·德林瓦特（John Drinkwater，1882—1937）的《抒情詩》（*The Lyric*），雪萊（Percy Bysshe Shelley，1792—1822）的《詩歌選》（*Selected Prose Works of Shelley*）等。其他文學作品有約翰·阿丁頓·西蒙兹（John Addington Symonds，1840—1893）的《意大利文藝復興簡史》（*A Short History of the Renaissance in Italy: Taken From the Works of John Addington Symonds*），倫敦1893年版；意大利托爾夸多·塔索（Torquato Tasso，1544—1595）的《被解放的耶路撒冷》（*The Jerusalem Delivered of Torquato Tasso*），1854年由亨利·博恩（Henry G. Bohn）在倫敦出版的第五版，含插圖，印刷精美；1906年由紐約哈珀兄弟出版公司出版的馬克·吐温（Mark Twain，1835—1910）的短篇《亞當日記選》（*Extracts From Adam's Diary*），此書最初發表于1893年，後與《夏娃日記》（*Eve's Diary*）合爲《亞當夏娃日記》，描寫了亞當和夏娃從開始相互戒備，到後來相親相愛、相依爲命的美好經歷，歌頌了愛情至上的理想主義精神。徐志摩藏書内容豐富，涉及多個學科，這與他早年求學經歷有着很深的關係。徐志摩在美國克拉克大學期間，主攻歷史、經濟學、社會學等專業和課程、轉到哥倫比亞大學之後，主修政治學。到英國後，先是進入倫敦政治經濟學院學習，而後鍾情文學。其藏書也能體現其興趣、愛好與求學經歷。筆者所見僅爲徐志摩藏書的一部分，希冀後期進一步開展整理和梳理，盡可能還原當年藏書的全貌。

（三）其他名家藏書

梁、徐二位外，松坡圖書館亦有不少其他名家藏書，如劉文島、徐新六等人的藏書。

劉文島（1893—1967），湖北廣濟（今屬黄岡市）人，曾先後留學日本、法國，并取得巴黎大學博士學位。1925年回國後，受聘爲武昌中華大學教授，後參加北伐戰争。1931年起先後任駐法國、奥地利、意大利公使。抗日戰争爆發後回國。後退居臺灣。劉文島一生著作頗豐，著有《政黨政治論》《民約論》等[29]。其舊藏法國歷史學家阿爾貝·莫蘭（Albert Maurin）的《1870—1871年史》（*Histoire de deux ans: 1870—1871*），爲1870—1871年普法戰争之專門研究，1873年巴黎出版。題名頁上有毛筆書寫的題識“文島藏，巴黎寓中，九年九月”，“九年九月”即1920年9月。1919年，梁啓超邀請劉崇杰、丁文江、徐新六、張君勱和蔣百里等人，組成赴歐考察團，劉文島亦在被邀之列。考察之後，留歐學習，此書即爲劉文島在巴黎讀書期間所購。

徐新六（1890—1938），浙江人，民國時期銀行家和社會活動家。早年就讀于南洋公學，後赴英國和法國學習商學和財政學。回國後，曾擔任北洋政府財政部秘書、中國銀行金庫監事等職。1938 年 8 月從香港前往重慶途中，飛機失事，不幸罹難。梁啓超赴歐考察時，徐新六亦隨行。《比利時和比利時所屬剛果統計年鑒》（*Annuaire statistique de la Belgique et du Congo Belge*）第 44 卷，松坡圖書館登録號 1403 號，半題名頁（half title）上鈐有一枚橢圓形印，印文從上往下爲“讀書俱樂部保存　徐新六所有”。爲當年讀書俱樂部藏書，後并入松坡圖書館。

四、結語

松坡圖書館存在的短短 20 多年間，其外文藏書通過捐贈、購買等途徑逐年增加，并形成了自己的特色，即語言多樣、内容寬泛、主題相對集中、名家藏書豐富，且多爲 20 世紀初期西方著名出版社出版。這些藏書，成爲今日國家圖書館館藏的重要組成部分，爲研究 19 世紀末 20 世紀初西方文化、歷史、社會等提供了重要的參考資料，同時也是這一階段西方印刷和出版史的重要實證材料。

注釋：

① 松坡圖書館編：《松坡圖書館概況》，1940 年，1 頁。

② 北平歐美同學會，全稱爲“歐美同學會・中國留學人員聯誼會”，爲 1913 年成立的留學生聯誼團體，初以“講學、言志、敦品、勵行”爲宗旨，開展學術等各種活動，鼓勵留學歸國人員繼續研究，輸入新文化。早期會員有詹天佑、顧維鈞等，20 世紀 20 年代胡適、吴宓、朱自清等都是該會成員。該組織歷經百年風雨，至今仍保持勃勃生機。參看許睢寧：《歐美同學會長期存在、繼續發展的原因以及對未來發展的啓示》，《江蘇師範大學學報》（哲學社會科學版）第 41 卷第 1 期（2015 年 1 月），1—3 頁。

③ 同注①，1 頁。

④ 同注①，1 頁。

⑤ 同注①，2 頁。

⑥ 本書編委會編：《北京圖書館館史資料彙編（二）：1949—1966》，北京圖書館出版社，1997 年，861 頁。

⑦ 蔣復璁：《徐志摩先生軼事》，《傳記文學》第 54 卷第 6 期（1989 年），54—57 頁。

⑧ 松坡圖書館編：《松坡圖書館十二年分報告》，民國十三年（1924），20 頁。

⑨ 劉洪濤譯注：《徐志摩致奥格頓的六封英文書信》，《新文學史料》2005 年第 4 期，74 頁。

⑩ 同注⑧，17 頁。

⑪ 同注⑧，17 頁。

⑫ 松坡圖書館編：《松坡圖書館十三年分報告》，民國十四年（1925），9 頁。

⑬ 松坡圖書館編：《松坡圖書館十四年分報告》，民國十五年（1926），10 頁。

⑭ 松坡圖書館編：《松坡圖書館十五年分報告》，民國十六年（1927），22 頁。

⑮ 松坡圖書館編：《松坡圖書館十六年分報告》，民國十七年（1928），18 頁。

⑯ 松坡圖書館編：《松坡圖書館十七年份報告》，民國十八年（1929），17 頁。

⑰ 松坡圖書館編：《松坡圖書館十八年份報告》，民國十九年（1930），17 頁。

⑱ 同注⑨。

⑲ 同注①，10 頁。

⑳ 松坡圖書館編：《松坡圖書館二十二年報告》。

㉑ 松坡圖書館編：《松坡圖書館三十一年報告》。

㉒ 同注①，9 頁。

㉓ 同注①，9 頁。

㉔ 北京圖書館出版社古籍影印編輯室：《出版説明》，國立北平圖書館編《梁氏飲冰室藏書目録》，北京圖書館出版社，2005 年，7 頁。

㉕ 約瑟夫·登特出版公司（J. M. Dent and Company）1888 年由約瑟夫·馬拉比·登特（Joseph Malaby Dent，1859—1926）創立于倫敦。1889—1894 年間，該公司出版了簡·奥斯汀（Jane Austen，1775—1817）、奥利弗·戈德史密斯（Oliver Goldsmith，1730—1774）等重要文學家的作品。該公司采用手工紙、低量印刷，書籍製作精美，但商業上并不是很成功。1906 年，登特出版公司開始出版人人文庫叢書（Eeveryman's Library），意在爲所有讀者提供低廉的經典文學書籍。早期書籍采用統一的開本、封面設計及版型，降低了成本，但也便于讀者隨身携帶和閲讀。人人文庫前後共出版近千種圖書，深受讀者歡迎，爲文學和知識的普及提供了重要條件。

㉖ 方繼孝：《徐志摩與松坡圖書館》，《縱横》2008 年第 3 期，46—47 頁。

㉗ 蔣復璁：《徐志摩小傳》，蔣復璁、梁實秋主編《徐志摩全集》，中央編譯出版社，2014 年，9 頁。

㉘ 同⑩。

㉙ 毛吉康：《劉文島：民國駐西方首任大使》，《世界知識》2009 年第 3 期，58—59 頁；高士振：《蜚聲中外的劉文島》，《湖北檔案》2007 年第 1 期，88—92 頁。

（作者單位：國家圖書館古籍館）

西文書籍科斯韋裝幀與科斯韋風格裝幀
——鑲嵌細密畫的書

齊世峰

内容提要：科斯韋裝幀在西方裝幀文化中的歷史不算悠久，但却以獨特的形式和風格深受西書裝幀相關人士的關注。科斯韋裝幀書籍的封面特徵爲“摩洛哥山羊皮裝幀，華麗壓花裝飾，在單個或雙個封面内板上鑲上一幅或多幅細密畫；細密畫有時繪在象牙上，以玻璃罩防護細密畫”。造就科斯韋裝幀的主要工藝是鑲嵌和細密畫。科斯韋裝幀風格的形成發展和細密畫藝術的發展有着千絲萬縷的聯繫。科斯韋裝幀可以分爲三個發展階段：前科斯韋裝幀、科斯韋裝幀、後科斯韋裝幀（科斯韋風格裝幀和科斯韋裝幀設計）。

關鍵詞：科斯韋裝幀　細密畫　考斯威　西文書　鑲嵌

西方傳統書籍裝幀有着獨特而又多元的衍變，産生了種類繁多的裝幀形式。有一種裝幀形式，歷史不算悠久，但却以顯著的形式和風格深受關注，它便是科斯韋裝幀（Cosway binding，或譯“考斯威裝幀”“柯士偉裝幀”）。

一、科斯韋裝幀的含義和特徵

作家董橋在《買一本鑲着油畫的書》中寫道：“柯士偉裝幀是傳統真皮封面裝幀，考究的是封面正中鑲入一幅小小的盈掌肖像油畫，用 18、19 世紀 Richard Cosway（理查德·科斯韋）名字命名。”[①]理查德·科斯韋是英國著名細密畫畫家，以在象牙薄片上畫作細密畫著稱。作家、“女書人”鍾芳玲也曾描述科斯韋裝幀：“二十世紀初流行的一種書籍裝幀方式，是把彩繪在小片象牙上的袖珍水彩畫（多半是圓形或方形的人像）罩上防護的透明玻璃，一起鑲嵌進封面飾有金色壓紋的厚重摩洛哥皮。”[②]

董橋、鍾芳玲在相關文字中，也談及科斯韋裝幀誕生背景，二者説法一致。20 世紀初倫敦著名的莎樂倫書店（Henry Sotheran）聘請裝幀師羅伯特·里維埃（Robert Riviere）把細密畫鑲嵌進古書封面上，深受藏書家追捧。書店索性長期聘請畫師卡羅琳·比琳·柯里（Caroline Billin Currie，C. B. Currie）專畫科斯韋風格的細密畫，然後鑲嵌在書籍封面上。科斯韋裝幀自此風靡一時。這一關于科斯韋裝幀産生背景的認知在西方裝幀領域、古書商界可以説是公認的。

關于科斯韋裝幀的含義或特徵，西方裝幀學者杰弗里·阿薩爾·格萊斯特（Geoffrey Ashall Glaister）和伯納德·米德爾頓（Bernard C. Middleton）有着更爲寬泛的詮釋。格萊斯特指出，科斯韋裝幀爲："華麗壓花裝飾的摩洛哥裝幀，鑲有一個或多個細密畫，可鑲在一塊或兩塊封面内板上；細密畫有時繪在象牙上，以玻璃罩防護細密畫。"③米德爾頓認爲："除了鑲嵌的細密畫，科斯韋裝幀與通常的真皮裝幀并無二致；有時細密畫繪在象牙上；往往鑲嵌在摩洛哥山羊皮，有玻璃罩防護；有的科斯韋裝幀衹有一個相對較大的細密畫，有的却一個封面就有幾個細密畫。"④1903 年倫敦德拉默出版社（De La More Press）出版的英國詩人、劇作家本·瓊森（Ben Jonson）的《煉金術士》（The Alchemist），封面橢圓形細密畫爲瓊森肖像畫（見圖 1），科斯韋裝幀特徵可見一斑。

圖 1　1903 年倫敦德拉默出版社版《煉金術士》封面

二、科斯韋裝幀的分類

儘管早期的科斯韋裝幀已屬罕見，不過後輩裝幀師仍時有製作。有的嚴格遵守最初的科斯韋裝幀製作，有的進行了一定的設計和改造。嚴格意義上講，封面中使用柯里所作細密畫鑲嵌的裝幀纔是科斯韋裝幀；同業所作以及後來的仿製此裝幀的裝幀作品稱爲"科斯韋風格裝幀"（Cosway-style bindings）。如何更好地理解和認識這些科斯韋裝幀風格的作品，對它們進行分類就顯得很必要了。根據現存可見的近百件科斯韋（風格）裝幀作品，從鑲嵌的細密畫的數量、位置、題材以及書籍的文本内容題材等方面，可以進行簡單分類。

除了科斯韋裝幀和科斯韋風格裝幀的劃分，科斯韋（風格）裝幀從鑲嵌的細密畫數量上看，可以分爲單鑲嵌細密畫、雙鑲嵌細密畫、多鑲嵌細密畫。從鑲嵌的細密畫位置來看，可以分爲外置式和内置式兩種。外置式即細密畫鑲嵌在封面或封底外，内置式則鑲嵌在封面内襯中。從鑲嵌的細密畫題材來看，可以分爲肖像細密畫和其他題材細密畫。從細密畫的形狀來看，可以分爲橢圓形、方形等。從采用科斯韋（風格）裝幀的書籍文本内容來看，可以分爲傳記、回憶録等等。有的科斯韋（風格）裝幀作品，鑲嵌的細密畫數量驚人，比如沃頓夫婦（Grace and Philip Wharton）所著，倫敦賈維斯父子出版社（J. W. Jarvis & Son）1890 年版《權威女性》（Queens of Society）（見圖 2），封面封底各有鑲嵌 9 幅主人公肖像細密畫。

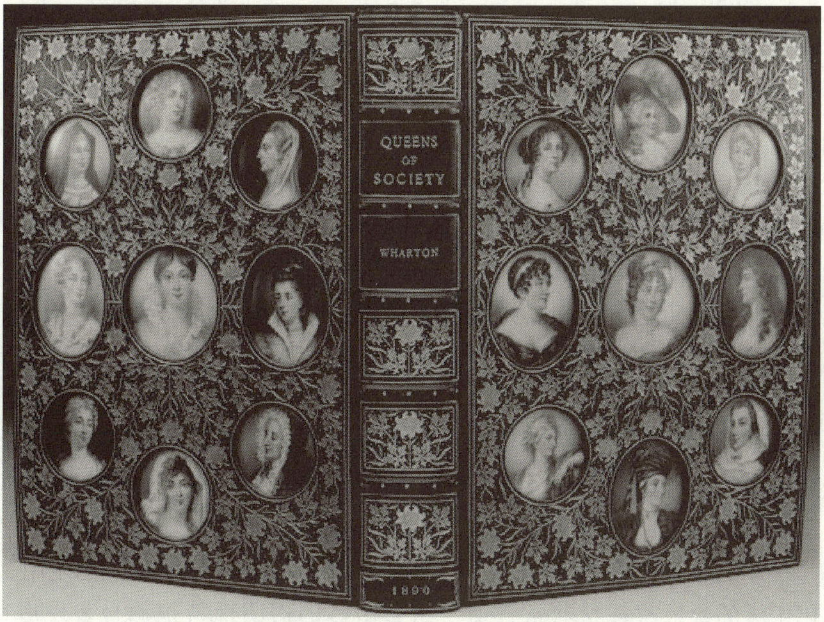

圖 2　1890 年倫敦賈維斯父子出版社版《權威女性》封面和封底

三、相關裝幀工藝：鑲嵌和細密畫

如果將科斯韋（風格）裝幀的産生放在西方裝幀衍變史以及西方裝幀相關傳統技法視域中，它的産生可以説并不是偶然的。科斯韋裝幀最爲特别的地方就是鑲嵌在書上的細密畫，這裏涉及到三種主要工藝，鑲、嵌和細密畫。爲了更好地理解科斯韋裝幀，瞭解鑲嵌工藝，尤其是細密畫，就顯得十分必要。

（一）西方装帧中的镶嵌

西方裝幀中，嵌（inlaid）皮工藝是指將染色的皮革嵌入主封面皮料上裁切的空間之中，被嵌入的皮革條塊兒叫作嵌片（條、塊，inlays）[⑤]。在西方裝幀中，鑲（onlaid）通常是指皮革裝幀的一種工藝，將薄的其他皮質的鑲片（條、塊，多與主皮顏色不一）粘貼在封面的主皮上，達到一種多色鑲嵌的裝飾效果。鑲片（條、塊）稱之爲 onlays。

1840年到1860年，這種工藝有時也會應用在布面裝幀中，鑲片有時會是紙質的。19世紀80年代晚期到20世紀20年代有見彩色插畫用于該工藝[⑥]。皮面裝幀中整體使用對比色裝飾，無論使用鑲、嵌或是諸如繪畫的其他極端情況，稱之爲鑲嵌裝幀（Mosaic binding）[⑦]。19世紀末或20世紀初，倫敦著名的凱利家族裝幀工坊（Kelly & Sons）創製的“凱氏彩色拼皮裝幀”（Kelliegram Binding）可謂是西方傳統皮革鑲嵌裝幀的上佳詮釋。該裝幀形式常把書芯中的某一插圖，通過皮革鑲嵌工藝再現在封面上，封面内襯捲邊處還會燙印“Kelliegram Binding”字眼。

（二）細密畫簡史

細密畫（miniatures），最初用于西方手抄本的繪圖裝飾。“miniature”一詞源于拉丁語“miniare”，意思是“以紅鉛着色”，在手抄本時代用于大寫首字母的繪飾。自15世紀60年代，寫本書有了競品印刷本書籍。不過富裕的贊助人（patrons）還需要大量的奢侈品。西蒙·本寧（Simon Bening）等細密畫畫家在繼續繪製昂貴的寫本書時，還會提供獨立的細密畫。這些細密畫有的用于個人崇拜，有的衹是滿足物欲所需[⑧]。

細密畫用途。早期僧侶所用，16、17世紀後，肖像細密畫主要用途有外事禮物、愛情象徵（有時在商定婚事時相互交換）、出生或死亡的紀念品。這一時期的肖像細密畫常帶有徽章和箴言，象徵典雅愛情（courtly love）、傷悲或儀式感。到18世紀，細密畫常被配做珠寶吊墜，或爲項鏈、戒指、手鐲。有時候還會在畫作背後放進去一綹頭髮。有時候細密畫還會被鑲嵌在古董或藝術品上。基于其委托人身份和訴求，有些細密畫往往有華麗的配飾環繞，甚至鑲嵌珍珠和寶石。

細密畫的顔料。最初，細密畫畫家通過碾碎礦物、植物、乾燥的動物屍體來自行加工顔料，很多顔料都含有鉛。磨成粉的顔料與阿拉伯樹膠和水混合後使用。18世紀初，商業化生産的藝術家耗材非常方便。水彩微妙的透明性特别適合表現膚色，但是水彩對于直射光極其敏感，容易褪色[⑨]。

製作底材和風格。從製作底材和風格上看，細密畫經歷了犢皮、石墨、象牙、琺琅等發展階段。早期的細密畫是用水彩在犢皮上繪畫，犢皮常被以糨糊附貼在卡片（往往是紙牌）上。17世紀末，石墨細密畫出現。這種單色肖像細密畫是使用石墨在羊皮紙或犢皮上繪製。18世紀初被廣泛認爲是肖像細密畫的黄金時代，犢皮爲象牙所替代。在用象牙裝飾鼻烟盒内部時，意大利藝術家羅薩爾巴·卡列拉（Rosalba Carriera）發現，相較犢皮，象牙的光度更適合表現膚色等，不過施畫前的準備工作却要更爲繁瑣。隨着象牙更易得、更實惠，意大利之外的國家也開始使用象牙作爲繪畫底材。伯納德·倫斯（Bernard Lens）是有記録的英國最早製作象牙細密肖像畫的藝術家。自此象牙成爲製作細密肖像畫的最常見底材，直至19世紀末開始下滑。18世紀琺琅開始被作爲象牙的有力替代品。琺琅材質的肖像細密畫越來越受歡迎，它們通常是在金或銅等金屬上作畫，然後在窑裏煅燒，需要相當程度的技藝和時間來製作[⑩]。

攝影術的影響。英國維多利亞女王的細密畫畫師威廉·查爾斯·羅斯（William Charles Ross，1794—1860）被認爲是最後一位偉大的細密畫畫家。其大型細密畫看上去像是油畫，不過這種效果頗爲消耗精力，價格也是不菲，鮮有人負擔得起。其他頂級的細密畫畫家潤筆同樣昂貴。1839 年，攝影術的誕生爲大衆帶來了支付得起的、精確的肖像。很多處于低端市場的細密畫畫家開始從事攝影，而年輕的藝術家也很少再將細密畫畫家作爲職業訴求。不過，隨着細密畫畫家皇家協會（Royal Society of Miniature Painters）在 1896 年創建，細密畫有了短暫的復興[11]。

四、科斯韋裝幀的形成與衍變

（一）前科斯韋裝幀

1774 年、1775 年法國出版的《基督教活動》（Exercice du Chrétien）、《歷史軼聞》（Étrennes Historiques）封面裝幀具有顯著的"科斯韋風格"。基于此，資深書商斯蒂芬·格茨（Stephen J. Gertz）提出了"前科斯韋風格裝幀"（pre-Cosway-style bindings）"的論斷。《歷史軼聞》爲棕色摩洛哥山羊皮封面，封面正中鑲嵌水粉風景題材細密畫，畫作分爲三處風景區，四周由雕刻燙金金屬裝飾，上覆透明雲母片。《基督教活動》封面以犢皮打底，紅色山羊皮着附其上，除了鑲嵌 20 個彩色金屬片，還鑲嵌着三幅水粉細密畫，上覆雲母片。除了鑲嵌的水粉細密畫，兩個封面燙金紋飾也都相當繁複。格茨認爲，該裝幀與書籍出版同期；在 18 世紀晚期的法國（甚至其他國家的）裝幀中，金屬和雲母覆罩的細密畫的結合十分罕見，這兩個風格類似的裝幀應該出自同一工作室。他大膽猜測，在 20 世紀初，約翰·哈里森·斯通豪斯（J. H. Stonehouse，John Harrison Stonehouse）偶遇了這些稀有裝幀，由此受到啓發創作了科斯韋裝幀[12]。格茨的判斷并不嚴密。事實上，科斯韋裝幀中所應用的工藝都不算新鮮，皮革封面、燙金紋飾在西方裝幀中可以説是古老的傳統，細密畫的發展在上文已有描述，而將細密畫鑲嵌進封面和四周裝飾應用的鑲嵌工藝也是歷史悠久。

"風景裝幀"。英國裝幀學者約翰·安德魯斯·阿尼特（John Andrews Arnett）將封面鑲有風景畫的裝幀稱之爲風景裝幀（Landscape binding）。這種風景畫用印度墨或酸性顔料（Indian acid）手工繪製，有的或爲某種形式的印刷。1796 年倫敦出版的《利奥諾拉》（Leonora，譯自德國書籍"Gottfried Augustus Bürgher"），封面爲淺棕色撒緑小牛皮，封面封底各鑲嵌一幅橢圓形風景相异的風景畫，圍繞畫作有淡黄色散射光暈裝飾。巴黎出版商迪多（Didot）曾向法國國王路易十八呈貢過一本由"Lunier-Bellier of Tours"（Tours 或爲城市圖爾，Lunier-Bellier 或爲裝幀師名字雷尼爾·貝利耶）裝幀的書，該書封面封底都鑲有迷你肖像畫。肖像畫先在紙上繪製，然後壓印在封面上，再手工上色[13]。大英博物館的霍華德·尼克松（Howard Nixon）發現了該裝幀所見最早版本爲托馬斯·西梅斯（Thomas Simes）的著作《軍事課程》（A military Course）。1777 年，西梅斯將其獻呈給英國國王喬治三世。尼克森懷疑此"風景裝幀"非特例，是範本化的，約在 1821 年製作，風景畫可能以筆、畫刷和淡緑礬溶液畫成。尼克森還提到另一個封面封底裝飾着不同肖像畫的裝幀，"P. M. La Cave"作畫，書商、印刷商約翰·道森·唐斯（John Dawson Downes）壓印。通過插在書中的筆記以及唐斯的簽名筆迹，尼克森斷定此畫壓印方式是由唐斯發明的，可惜并未提及具體製作工藝。尼克森推測，製作過程或與英國什魯斯伯里（ Shrewsbury）的印刷商、書商查爾斯·赫爾伯特（Charles Hulbert）1817 年將銅版畫轉印到皮革上的方法類似⑭。

“飾彩裝幀”。“飾彩裝幀”（Illuminated Bindings），源于法國，可能是在19 世紀30年代初由英國裝幀師約瑟夫·斯圖爾特·埃文斯（Joseph Stuart Evans）引進英國。阿内特描述了此裝幀的製作過程：清洗、清潔封面，晾乾後進行無色壓印，在要燙金的部分施塗蛋白；在要着色的部分進行上色，往往使用深紅、群青、靛藍、熟褐、藤黄、暗緑等顔色，因爲它們比較不容易褪色，這些顔料與樹膠混合後再使用；乾燥後，在施抹蛋白的地方放置金箔，然後整個設計圖區再被加熱的燙金模具燙壓，這樣既可以穩固金色和顔料，也可以令顔料邊緣明朗清晰。這種風格的裝幀細密精緻，顔色鮮艷，呈現某種漆面效果，與常見的燙金上色迥异。不過，米德爾頓認爲阿内特的描述不够詳致，將金箔放上去後，它們很容易和混着樹膠的顔色粘連。此外，確實是先施色，但不是整體燙印，而是避開着色區域⑮。

（二）科斯韋裝幀的誕生

20 世紀初，倫敦著名的莎樂倫書店總經理約翰·哈里森·斯通豪斯“設計發明”了一種裝幀形式，斯通豪斯邀請畫師卡羅琳·柯里女士畫細密畫，由里維埃父子裝幀工坊（Riviere and Son）裝幀製作，完成了被其稱爲“科斯韋裝幀”的裝幀形式。從約1910 年開始到其 1940 年離世，柯里一直在爲莎樂倫書店工作。書店聘請柯里模仿著名細密畫畫家科斯韋的風格創作，柯里本人的細密畫也深受科斯韋影響，創作了約 3000幅用作書籍封面裝幀的橢圓或方形的細密畫。柯里的細密畫都在象牙片上繪製，題材既有風景又有人物。此外她還繪製了 150 幅書口畫。由于風格鮮明、工藝精良，不久就有了仿製者⑯。

科斯韋裝幀工藝精美細緻，封面皮料選用上乘的摩洛哥山羊皮，鑲嵌着柯里畫作的象牙打底的細密畫，細密畫周圍以及封面邊框、書脊大都有精細的燙金紋飾裝飾，也有的裝飾簡潔清雅；環襯係水絲綢材質；每册都配有插套，以在書籍上架時保護罩蓋細密畫的玻璃；每一本的扉頁上都有各自的編號，還有所謂“發明者”斯通豪斯以及藝術家柯里的手寫簽名“J. H. Stonehouse”“C. B. Currie”；封面捲邊常規燙印着“bound by Riviere and Son”，此外封面、封底内襯或捲邊還燙印着“Cosway Binding”“Invented by J. H. Stonehouse”“Miniatures by C. B. Currie”。宣傳圖録上不僅描述了裝幀特色，還特意描述了每幅細密畫的尺寸。至于是不是每册都如其宣傳目録所説配有書口畫不得而知⑰。不管是從當時的宣傳目録或是書籍上燙鈐、印刷的標記，都能看出書店對這批裝幀的重視和版權意識。

（三）後科斯韋裝幀：科斯韋風格裝幀和科斯韋風格裝幀設計

在一衆科斯韋裝幀仿製者中，不得不提的便是大名鼎鼎的桑格斯基 & 薩克利夫裝幀工坊（Sangorski & Sutcliffe），他們同樣以裝幀工藝考究著稱，尤其擅長珠寶裝幀，創造性地將鑲嵌在封面的細密畫，鑲嵌在封面内襯，這就進一步拓展了科斯韋風格裝幀的内涵和層次，也有了另一番審美感受。比如其所裝幀的1807年版《閑暇時刻》（Hours of Idleness）（見圖3、圖4）。該書爲英國詩人拜倫作品，前後内襯分別鑲嵌着拜倫及其故居的肖像細密畫。

工業化帶來了書籍裝幀的革命，産生了布面裝幀。在布面裝幀上嘗試科斯韋風格的裝幀設計也是屢見不鮮。倫敦喬治·貝爾家族出版社（George Bell and Sons）1905年出版的《理查德·科斯韋傳記》（Richard Cosway，R. A.），藍色布面裝幀，封面、書脊裝飾有蔓狀、圓點金色紋飾，封面下半部中心鑲有一副橢圓銀色肖像細密畫風格的圖片。1910年倫敦桑普森·馬斯頓出版社（Sampson Low，Marston & Co.，Ltd.）出版的《康莊大道：肯特韵事》（The Broad Highway：A Romance of Kent），封面爲藍色布面裝幀，有繁複燙金紋飾，此外還鑲嵌有一張橢圓形女性肖像畫。1911年倫敦亨利·弗勞德 & 霍德和斯托頓出版社（Henry Frowde and Hodder & Stoughton）出版的《彭德爾頓家族》（the Pendletons），紅色布面裝幀，封面、書脊壓印黑色紋飾，封面鑲貼着較大幅少年群嬉圖片，書脊鑲貼橢圓形蝴蝶圖片。這種風格應該是受當時流行一時的科斯韋（風格）裝幀的影響，不過基于裝幀材料、工藝的差距，這些工業化痕迹明顯的機器裝幀美感着實不堪，根本不能稱之爲科斯韋（風格）裝幀。乃至現在仍有不少書籍封面，或者素面硬裝書的書衣上不時可見帶有科斯韋風格裝幀設計痕迹的插圖，如1985年德國博格出版社（Burg Verlag）出版的回憶録《從魏瑪到伯恩》（Von Weimar nach Bonn），封面書衣插圖赫然是細密畫風格的主人公肖像。

圖3　1807年版《閑暇時刻》封面

圖4　1807年版《閑暇時刻》前後内襯

五、結語

科斯韋裝幀的歷史不算長久，但從手工裝幀到機器化的布面裝幀，甚至平裝書的封面設計都有受其影響的蹤迹。在芸芸西方書籍裝幀中，科斯韋裝幀可謂熠熠生輝，这誠然離不開莎樂倫書店的斯通豪斯、細密畫畫師柯里女士和里維耶裝幀工坊的合作。不過科斯韋的誕生不是偶然的，它是源遠流長的西方裝幀技藝和當時英國豐富的社會藝術文化碰撞的結果。科斯韋（風格）裝幀的出現在西方裝幀界樹立了一座難以磨滅的豐碑，對後世的西方書籍裝幀設計産生了一定的影響。

注釋：

① 董橋:《絶色》,廣西師範大學出版社,2011年,117頁。

② 鍾芳玲:《書店傳奇》,中央編譯出版社,2017年,16—17頁。

③ Glaister, Geoffrey Ashall. *Encyclopedia of the Book*. New Castle: Oak Knoll Press, 1996, p. 118.

④ Middleton, Bernard C.. *A History of English Craft Bookbinding Technique*. London: Hafner Publishing Company, 1963, p. 199—200.

⑤ Carter, John and Barker, Nicolas. *ABC for Book collectors*. New Castle: Oak Knoll Press, 2004, p. 131

⑥ Carter, John and Barker, Nicolas. *ABC for Book collectors*. New Castle: Oak Knoll Press, 2004, p. 156.

⑦ Carter, John and Barker, Nicolas. *ABC for Book Collectors*. New Castle: Oak Knoll Press, 2004, p. 153.

⑧ American Society of Miniature Painters. *Catalogue of an exhibition of miniature paintings by living artists, Chicago*(?), May 27-October 31 1933, p. 3—4.

⑨ Victoria and Albert Museum. *A History of the Portrait Miniature*. Portrait Miniatures: Materials & Techniques. http://www.vam.ac.uk/content/articles/p/portrait-miniatures-on-vellum/(2020.12.12 檢索)。

⑩ Johnson, Dale T.. *American Portrait Miniatures in the Manney Collection*. Harry N. Abrams, Inc., 1990, p. 14—15.

⑪ Victoria and Albert Museum. *A History of the Portrait Miniature*. http://www.vam.ac.uk/content/articles/h/a-history-of-the-portrait-miniature/(2020.12.12 檢索)。

⑫ Gertz, Stephen J.. *Who is the mystery pre-cosway-binding binder*? (January 20 2011). http://www.booktryst.com/2011/01/who-is-mystery-pre-cosway-binding.html(2020.12.12 檢索)。

⑬ Arnett, John Andrews. *Bibliopegia or, The Art of Bookbinding in all its Branches*. 1835. p97—98

⑭ Middleton, Bernard C.. *A History of English Craft Bookbinding Technique*. London: Hafner Publishing Company, 1963 p. 194—195.

⑮ Middleton, Bernard C.. *A History of English Craft Bookbinding Technique*. London: Hafner Publishing Company, 1963 p. 195—196.

⑯ Kahn, Eve M.. *Judging a book by its gilded cover*. (Oct. 8 2009) http://www.nytimes.com/2009/10/09/arts/design/09antiques.html(2020.12.12 檢索)。

⑰ Henry Sotheran. *Illustrated catalogue of very beautiful examples of the Cosway bindings*. London: Henry Sotheran, Limited. p. 32—35.

參考文獻:

[1] Reynolds, Graham. *European Miniatures in the Metropolitan Museum of Art*. Harry N. Abrams, Inc., 1996.

[2] Barnett, Gerald. *Richard and Maria Cosway*. Westcountry Books and Lutterworth Press, 1995.

[3] Willies, Joan Cornish. *Miniature Painting*. Echo Point Books & Media, 2015.

[4] Vaughan, Alex J.. *Modern Bookbinding, Robert Hale, 1996*.

(作者單位:國家圖書館古籍館)

淺議人工合成聚合物對紙質文物耐久性的影響

閆智培

内容提要： 用于保護文物的人工合成聚合物釋放的揮發性有機化合物可能影響紙質文物的耐久性。通過對聚烯烴、聚苯乙烯、聚氨酯、丙烯酸樹脂、纖維素酯、聚酯、聚碳酸酯、聚氯乙烯等人工合成聚合物在文物保護領域的應用現狀、對紙質文物耐久性的影響、釋放揮發性有機化合物的種類及其與纖維素降解的關係等的分析，可知這些材料有的適用于紙質文物保護，有的不適用。

關鍵詞： 聚合物　紙質文物　耐久性　揮發性有機化合物

隨着人工合成聚合物生産技術的發展，人工合成聚合物在文物保護領域的應用越來越廣泛。有的人工合成聚合物本身就釋放揮發性有機化合物（VOCs），有的人工合成聚合物老化降解後釋放 VOCs。衆所周知，空氣污染物是導致古籍、碑帖、字畫等紙質文物加速老化的關鍵影響因素之一。因此，人工合成聚合物釋放的 VOCs 对紙質文物耐久性的影響是人工合成聚合物是否可用于文物長期保護的决定性因素。

紙質文物的基材是紙張。紙張主要由纖維素構成。纖維素是天然高分子化合物。在自然環境中纖維素可能會發生氧化降解、酸水解、碱水解、光降解等降解反應[①]，導致纖維素聚合度下降。纖維素聚合度下降的宏觀表現爲紙張機械强度變差。纖維素聚合度下降是紙質文物耐久性變差的内在原因。因此，纖維素聚合度可以用于指示紙質文物耐久性的變化。本文從人工合成聚合物在文物保護領域的應用、對紙質文物耐久性的影響和釋放 VOCs 的種類及其與纖維素降解的關係三個方面，對常用人工合成聚合物進行簡要介紹，以供紙質文物保護領域選用相關材料時參考。

一、聚烯烴

（一）在文物保護領域的應用

高密度聚乙烯（HDPE）常以 Volara®、Ethafoam®進口珍珠棉，Tyvek® HDPE 合成紙等形式用于運輸、展示和儲存文物。聚丙烯（PP）主要以 Coroplast®瓦楞板的形式用于構建包裝箱和陳列架[②]。

（二）對紙質文物耐久性的影響

1. 聚乙烯（PE）

大部分 PE 産品對纖維素降解無明顯影響。但是，也有 PE 産品會加速纖維素降解。

例如，K Curran 測試的 PE 玩具娃娃導致纖維素聚合度下降爲對照樣的 67.0%[③]。值得注意的是，文物保護常用的防塵布 Tyvek®（HDPE）對纖維素降解有較大的影響，在其影響下纖維素聚合度下降爲對照樣的 73.2%；PE 泡沫和 PE 斯圖爾特的箱蓋也對纖維素降解有顯著影響（分别導致纖維素聚合度下降爲對照樣的 41.4% 和 44.9%）[④]。

2. 聚丙烯（PP）

大多數 PP 產品對纖維素降解無明顯影響，但是有一種黑色 PP 塑料片引起纖維素聚合度降至對照樣的 50.6%[⑤]。

（三）老化過程中釋放的 VOCs 及其與纖維素降解的關係

不同聚烯烴產品對纖維素降解的影響存在差别應該是它們釋放的 VOCs 有差异。研究發現，聚烯烴釋放的 VOCs 中豐度最高的是綫性和帶支鏈的烷烴，它們對纖維素的降解無明顯影響。

對纖維素降解存在加速影響的 PE 產品老化後除了釋放烷烴外，Tyvek®HDPE 合成紙釋放的 VOCs 還有乙酸、已醛和乙醛；上文提到的 PE 泡沫和 PE 斯圖爾特箱蓋，釋放的 VOCs 包含有機酸（乙酸、丙酸和丁酸）和酮（2－丁酮、2－戊酮）[⑥]。部分 PE 產品老化降解之前本身就釋放低分子量有機酸，如 Tyvek®HDPE 合成紙在室温下釋放乙酸，PE 斯圖爾特箱蓋在室温下釋放少量乙酸、丙酸和丁酸[⑦]。纖維素對酸敏感，乙酸等揮發性有機酸能够加速纖維素的降解。結合 PE 對纖維素聚合度的影響可以推測，PE 產品對纖維素降解的影響與其是否釋放乙酸等活性物質有關。

常用的 PP 產品（Coroplast®瓦楞紙板）釋放的 VOCs 主要爲帶支鏈的烷烴。還有一些 PP 產品釋放的 VOCs 中檢測到少量的苯甲醛、甲苯、苯甲酸和乙酰苯等[⑧]。但是，兩款對纖維素降解存在明顯差异的 PP 包裝（黑色包裝，纖維素聚合度爲對照樣的 50.6%；白色包裝，纖維素聚合度爲對照樣的 104.8%）釋放的 VOCs 差异在環己烷和 4－甲基辛烷等烷烴，而它們和纖維素降解相關性很低。進一步分析發現，造成纖維素嚴重降解的黑色包裝中含有阻燃劑[⑨]。阻燃劑的成分不詳，但是反應型阻燃劑能够影響聚合物的化學穩定性。可能是阻燃劑促進了 PP 和（或）纖維素降解，導致該黑色包裝比其他 PP 產品對纖維素降解影響更大。

綜上所述，文物保護常用的聚烯烴類人工合成聚合物釋放的 VOCs 主要爲烷烴，烷烴不會引起紙質文物加速老化；但是由于配方差异，個别聚烯烴產品會釋放乙酸等有機酸或者存在某種特定添加劑可能引起聚合物和（或）紙質文物加速老化，因此使用前需進行安全性測試。

二、聚苯乙烯樹脂（PS）

（一）在文物保護領域的應用

PS 板，例如 Fome-Cor®常在博物館中用于製作展示櫃、藝術品的背板，也用于儲存和包裝文物。

（二）對紙質文物耐久性的影響

大部分 PS 產品對纖維素降解的影響不太大，在其影響下纖維素聚合度均高于對照樣的 85%。但是有一種黑色的高抗衝聚苯乙烯（HIPS）樣品導致纖維素聚合度下降至對照樣的 70.3%[10]。

（三）老化過程中釋放的 VOCs 及其與纖維素降解的關係

PS 加速老化后釋放的 VOCs 主要爲芳香族化合物，例如苯乙烯、乙苯和對乙基甲苯[11]。乙苯是生產苯乙烯常用的原料。對乙基甲苯也是苯乙烯類聚合物釋放的特异性 VOCs。此外，PS 釋放的 VOCs 中還有其碎片化降解產物進一步氧化得到的苯甲醛、苯酚等。根據生產工藝的差异，PS 還可能釋放 2,4-二叔丁基苯酚，2,5-二叔戊基苯醌，正辛酸，正壬酸等[12]。

對纖維素降解影響差异較大的兩種 PS 產品（黑色 HIPS，纖維素聚合度爲對照樣的 70.3%；綠色塑料碗，纖維素聚合度爲對照樣的 94.3%）釋放的 VOCs 最顯著的區別是：黑色 HIPS 樣品釋放乙酸，而綠色塑料碗没有釋放乙酸。雖然含量很低但是該黑色 HIPS 樣品在室温下也釋放乙酸。這可能是因爲該黑色 HIPS 樣品是再生塑料製成，回收再利用的處理導致其釋放的氧化性降解產物增加。此外，兩者都釋放芳香族化合物，例如苯乙烯、乙苯和對乙基甲苯。這也説明上述芳香族化合物對纖維素的穩定性無消極影響。進一步分析發現綠色塑料碗釋放的總 VOCs 比黑色 HIPS 樣品還多，這表明特定降解產物（如乙酸）而不是總 VOCs 釋放量决定人工合成聚合物對于紙質文物的安全性[13]。

總之，PS 產品在大多數情况下不釋放危害纖維素穩定性的 VOCs，但是由于配方差异或者回收利用等工藝的影響，釋放乙酸等活性物質的 PS 產品會導致纖維素降解速率加快，因此使用前需進行安全性測試。

三、聚氨酯泡沫塑料

（一）在文物保護領域的應用

聚酯型聚氨酯泡沫塑料常用于文物和藝術品運輸時的短期保護。此外，由于聚氨酯可應用性强，自 20 世紀 60 年代以來，聚氨酯常被藝术家、設計師用來創作雕塑作品、美术作品、家具和紡織品，有的作品被博物館收爲藏品。

（二）對紙質文物耐久性的影響

聚氨酯類聚合物對于纖維素降解有一定的影響，一種聚醚基聚氨酯泡沫導致纖維素聚合度降低至對照樣的 81.1%；一種聚酯基聚氨酯泡沫導致纖維素的聚合度降低至對照樣的90.1%[14]。此外，生產聚氨酯泡沫塑料常用的催化劑烷基嗎啉有可能在藝術品上殘留透明污染物[15]。

（三）老化過程中釋放的VOCs及其與纖維素降解的關係

上文提到的兩種影響纖維素降解的聚氨酯產品，采用SPME-GC/MS（固相微萃取氣相色譜質譜法）没有檢測出明顯的釋放，表明導致纖維素降解的活性物質通過該方法無法檢測[16]。

通常，聚酯型聚氨酯的標記性揮發物爲二甘醇的衍生物。二甘醇在生産聚氨酯時作爲增量劑或多元醇用于聚酯合成。二甘醇對熱老化敏感，老化時，二甘醇隨着聚酯型聚氨酯的多元醇部分被水解而釋放出來。聚醚型聚氨酯釋放的VOCs爲乙二醇、丙二醇、二丙二醇、四聚1,2－丙二醇等乙二醇派生物，它們是聚醚型聚氨酯的多元醇部分光氧化降解的産物[17]。此外，聚氨酯泡沫在常温下還可能釋放丁羥甲苯、鄰苯二甲酸二乙酯、鄰苯二甲酸二甲酯等添加劑和醛類物質（癸醛、壬醛），部分聚氨酯泡沫還會釋放苯乙烯、檸檬烯；在高温下聚氨酯泡沫釋放的VOCs種類更多，有可能釋放苯酚、帶支鏈的烷烴、乙酸等[18]。熱解－GC/MS檢測發現聚酯型聚氨酯泡沫的VOCs中還檢測到4－癸基嗎啉、4－十二烷基嗎啉和4－十四烷基嗎啉等烷基嗎啉類物質[19]。但是，上述物質與纖維素降解之間的關係尚待進一步研究。

總之，聚氨酯泡沫塑料有可能影響纖維素的降解，但是引起危害的物質種類仍不明確。此外，聚氨酯泡沫塑料有可能在文物上殘留透明污染物。因此，要儘可能避免使用聚氨酯泡沫長期保護紙質文物。如果短期使用了聚氨酯泡沫塑料保護紙質文物，要及時拆除保護材料并將之與文物隔離。紙質文物要避免与含有聚氨酯的藏品混合保存。

四、丙烯酸樹脂

（一）在文物保護領域的應用

丙烯酸樹脂中最重要、應用最廣泛的是聚甲基丙烯酸甲酯以及它的共聚物和共混物。聚甲基丙烯酸甲酯（PMMA），俗稱亞克力、有機玻璃。PMMA是高度透明、無毒無味的無定形熱塑性樹脂，它在所有塑料中透光性最好，可見光透過率達92%。目前，PMMA常用于製作文物展示用的盒罩或直接用于夾持文物[20]。

（二）對紙質文物耐久性的影響

PMMA對纖維素降解無明顯影響。丙烯酸樹脂釋放的芳香族化合物在博物館環境中很少發現問題，但是電化學測試中PLEXIGLAS®有機玻璃發現高水準的鉛塊腐蝕[21]。

（三）老化過程中釋放的VOCs及其與纖維素降解的關係

上述PMMA釋放的VOCs有甲基丙烯酸甲酯、2－丙烯酸乙酯、樟腦等[22]。PMMA

對纖維素降解無明顯影響表明甲基丙烯酸甲酯、2－丙烯酸乙酯、樟腦對纖維素降解無明顯影響。但是，也有研究表明 PMMA 產品會釋放正辛酸、正壬酸、正庚酸、己酸、丙烯酸乙酯、甲基丙烯酸甲酯等物質[23]。

一般而言，PMMA 是一種比較安全的文物保護用聚合物。不過，鑒于部分 PMMA 產品釋放的 VOCs 包含有機酸，具體產品應用前最好進行安全性評估。

五、纖維素酯

（一）在文物保護領域的應用

20 世紀中葉之前的照相底片和膠片都是由硝酸纖維素（CN）或醋酸纖維素（CA）製成，很多底片和膠片現在已成爲珍貴文物收藏在博物館、檔案館、圖書館。此外，19 世紀和 20 世紀初的一些藝術品本身也是采用 CN 或 CA 製成。

（二）對紙質文物耐久性的影響

1. CN

所有的 CN 全部引起纖維素降解嚴重加劇，聚合度下降至對照樣聚合度的 6%～42%[24]。衆所周知，CN 降解逸出 NO_2，轉化爲亞硝酸和硝酸，引起纖維素的葡萄糖苷鍵水解。

2. CA 及其派生物

兩種 CA 對纖維素降解有明顯的加速作用，而其餘的 CA 或其派生物，如醋酸丙酸纖維素（CAP）和醋酸丁酸纖維素（CAB）對纖維素聚合度的影響很小[25]。

（三）老化過程中釋放的 VOCs 及其與纖維素降解的關係

CN 除了釋放 NO_2外，還釋放莰酮及少量的莰烯、桉樹腦和硝基甲烷。莰酮是最普遍的 CN 用塑化劑[26]。CN 釋放莰酮的量與纖維素降解之間沒有找到聯繫[27]，這表明莰酮不會引起纖維素顯著降解。

不同 CA 產品對纖維素降解影響差异大，主要是由于他們釋放的乙酸等有机酸的量差别大[28]。CA 除了釋放乙酸外，根據其生產時使用的塑化劑種類，還會釋放莰酮和相關萜烯或者鄰苯二甲酸二乙酯[29]。

纖維素酯類產品如果釋放危害紙質文物耐久性的物質，要儘可能避免用于紙質文物保存場所。纖維素酯類文物要和紙質文物隔離保存。但是，目前開發出一些 CA 類產品不釋放乙酸[30]，通過安全性評估後可以考慮用于紙質文物保護。

六、聚酯

（一）在文物保護領域的應用

聚酯，主要爲對苯二甲酸乙二醇酯（PET），具有較高的拉伸强度、剛度和硬度，良好的耐磨性、耐蠕變性，且尺寸穩定性好、耐温性好；可用于製作包裝材料、磁帶、膠片以及照相底片。因此，文物庫房中常有 PET 製成的磁帶、膠片、底片等藏品，PET 也常用于文物加固和保護[31]。

（二）對紙質文物耐久性的影響

兩種 PET 對纖維素的降解存在中等影響，在緑色 PET 玻璃纖維板和黄色 PET 不飽和聚酯手鏈的影響下，纖維素老化後聚合度分别降至對照樣聚合度的75.7%和82.0%；改性 PE/PET 透明包裝對纖維素降解無影響[32]。

（三）老化過程中釋放的 VOCs 及其與纖維素降解的關係

PET 老化過程中釋放的 VOCs 主要爲乙苯、二甲苯、正丙苯、氯苯等，也有部分 PET 樣品會釋放乙酸[33]。分析上述三種 PET 釋放的 VOCs 發現前兩種釋放乙酸，後一種没有。因此，可能是 PET 釋放的乙酸引起纖維素加速降解。

綜上所述，PET 能製成符合紙質文物長期保存要求的産品，但是也存在影響紙質文物耐久性的産品，使用前最好進行安全性評估。

七、聚碳酸酯（PC）

（一）在文物保護領域的應用

PC 透光率爲 87% ~91%，由于其兼具抗衝擊性和耐熱性，綜合性能優于 PS 和 PMMA 等透明塑料。

（二）對紙質文物耐久性的影響

多數 PC 産品對纖維素降解的影響較小，有的 PC 産品還延緩了纖維素的降解，在 PC 的影響下纖維素聚合度爲對照樣的 105% ~118%[34]。

（三）老化過程中釋放的 VOCs 及其與纖維素降解的關係

PC 産品釋放的 VOCs 很少，有的會釋放四氫呋喃，有的釋放庚烷、二氯甲烷和少量的苯乙烯、二甲苯和乙苯，有的衹釋放溶劑氯苯[35]，有的衹釋放少量的苯甲醛、乙醯苯、丁羥甲苯[36]，有的釋放少量鄰苯二甲酸二乙酯或醛類或乙酸[37]。可能是由于 VOCs

釋放量少且不釋放具有顯著危害的化合物，因此没有發現 PC 加速纖維素降解的現象，是可接受的文物保護用材。

八、聚氯乙烯（PVC）

（一）在文物保護領域的應用

剛性 PVC 板（例如 Celtec，Sintra 和 EX－CEL FF）價格低廉、容易加工，常用于製造指示牌等産品。剛性 PVC 有時也出現在藝術品本身，例如裝裱照片的背板。

（二）對紙質文物耐久性的影響

傳統上不鼓勵使用含氯的塑料，主要是擔心它們降解釋放氯化氫。然而，最近美國印第安納波利斯藝術博物館的 Oddy 測試結果没有顯示出測試片的腐蝕，説明博物館并非完全不可用 PVC 材料[38]。K Curran 檢測了 7 種 PVC 産品和 6 種 PVC/PVAc 産品對纖維素降解的影響，結果顯示測試的 7 種 PVC 均没有對纖維素降解産生明顯影響（纖維素聚合度爲對照樣的 96%～107%）；大多數的 PVC/PVAc 樣品没有對纖維素降解産生明顯影響（纖維素聚合度高于對照樣的 86%），但是一種 PVC/PVAc 黑膠唱片嚴重加劇了纖維素的降解，纖維素聚合度降爲初始聚合度的 13.4%[39]。該黑膠唱片與其他取自黑膠唱片樣品的影響也具有顯著差别。

此外，含有塑化劑的 PVC 産品容易隨着塑化劑的遷移，引起臨近塑料的軟化，還有可能造成藏品粘連。

（三）老化過程中釋放的 VOCs 及其與纖維素降解的關係

PVC 在熱降解時很容易産生氯化氫，但是頂空固相萃取法不能檢測氯化氫。從大多數測試的 PVC 産品對纖維素降解無明顯影響來看，上述 PVC 塑料可能不釋放或釋放很少的氯化氫，這可能是現代 PVC 聚合物中添加的穩定劑明顯減慢了 PVC 降解速度[40]。

PVC 粉末老化會釋放 3－壬烯、對乙基甲苯、α－甲基苯乙烯、2,3,6,7－四甲基辛烷、2,6－二甲基辛烷、5－乙基－2,2,3－三甲基庚烷、α,α－二甲基苯醇[41]。塑化 PVC 還會釋放鄰苯二甲酸二甲酯、鄰苯二甲酸二乙酯、异丁基辛基鄰苯二甲酯等塑化劑[42]。有的 PVC 産品會釋放 2－乙基已醛、乙酸异辛酯、甲基丙烯酸甲酯、2－甲基－2－丙酸丁酯等[43]。也有 PVC 産品釋放的 VOCs 檢測到十三烷、癸醛、壬醛、甲苯、壬酸、癸酸、苯酚、苯乙烯等[44]。還有 PVC 産品明顯釋放取代的芳香族化合物，如二甲苯、乙基甲苯和三甲苯。但是，上述芳香族化合物對纖維素降解無顯著影響[45]。

造成纖維素降解嚴重加劇的 PVC/PVAc 黑膠唱片的 SPME-GC/MS 分析顯示，其釋放的 VOCs 爲醋酸乙烯酯（VA）、三氯乙烯（TCE）和少量的乙酸，VA 和 TCE 很可能是製造黑膠片時殘留的試劑，VA 是生産 PVAc 的單體單元，TCE 是生産 PVC 常用的溶劑和鏈轉移劑[46]。但是 VA 和 TCE 的釋放量和纖維素降解間無明顯關係[47]。該黑膠唱片危害嚴重的原因不明確，懷疑與其釋放的乙酸有關。

此外，雖然剛性 PVC 板主要由 PVC 組成（70% ~95%），來自多個製造商的材料安全數據顯示，其中還含有其他的有機和無機化合物，例如填充料、熱穩定劑、爽滑劑、加工助劑、抗衝擊改性劑和着色劑。這些添加劑的存在與否和相對含量會影響 PVC 在文物保護中的適用性[48]。

總之，PVC 由于容易釋放氯化氫，傳統上不推薦用于紙質文物保護。但是，隨着工藝的改進，多種現代 PVC 產品已不會造成纖維素降解，文物保護已不是完全不可用 PVC 產品。但仍需注意，釋放氯化氫和（或）乙酸及含塑化劑等危害性添加劑的 PVC 產品需禁用于紙質文物保護。

九、結論

一般而言，聚烯烴、聚苯乙烯、丙烯酸樹脂、聚酯、聚碳酸酯类文物保护用人工合成聚合物對纖維素降解影響較小，可以考慮用作紙質文物保護材料。傳統的硝酸纖維素、乙酸纖維素、聚氯乙烯產品會釋放酸性物質，加速纖維素降解威脅紙質文物的安全，不可用于紙質文物保護。聚氨酯泡沫不可長期用于保護紙質文物。

特定揮發物而不是有機揮發物釋放總量决定了人工合成聚合物對紙質文物的安全性。乙酸是最常見的人工合成聚合物釋放的危害紙質文物安全的降解產物。人工合成聚合物安全性評估應重點關注乙酸釋放。

阻燃劑、穩定劑和塑化劑等添加劑也會影響人工合成聚合物釋放揮發性物質的種類和數量，進而影响其適用範圍。

注釋：

① 閆智培、易曉輝、田周玲等：《影響紙張老化的因素及緩解措施初探》，《文物保護與考古科學》，2018 年第 2 期，110—120 頁。

② Michael J. Samide, Gregory D. Smith. *Analysis and quantitation of volatile organic compounds emitted from plastics used in museum construction by evolved gas analysis-gas chromatography-mass spectrometry* [J]. Journal of Chromatography A, 2015, 1426: 201—208。

③ Katherine Curran, Alenka Možir, Mark Underhillet al. *Cross-infection effect of polymers of historic and heritage significance on the degradation of a cellulose reference test material* [J]. Polymer Degradation and Stability, 2014, 107: 294—306。

④ 同注③。

⑤ 同注③。

⑥ 同注③。

⑦ 同注③。

⑧ Gemma Mitchell, Catherine Higgitt, Lorraine T. Gibson. *Emissions from polymeric materials: Characterised by thermal desorption-gas chromatography* [J]. Polymer Degradation and Stability, 2014, 107: 328—340。

⑨ 同注③。

⑩ 同注③。

⑪ 同注③。

⑫ Agnès Lattuati-Derieux, Céline Egasse, Sylvie Thao-Heuet al. *What do plastics emit? HS-SPME-GC/MS analyses of new standard plastics and plastic objects in museum collections* [J]. Journal of Cultural Heritage, 2013, 14 (3): 238—247。

⑬ 同注③。

⑭ 同注③。

⑮ 同注②。

⑯ 同注③。

⑰ 同注⑫。

⑱ 同注⑧。

⑲ 同注②。

⑳ 王菊:《西部地區平面類糟朽絲織品文物的展示與保存》,《絲綢》2017 年第 9 期, 14—19 頁。

㉑ 同注③。

㉒ 同注③。

㉓ 同注⑫。

㉔ 同注③。

㉕ 同注③。

㉖ 據注⑫; Shashoua Y, Bradley SM, Daniels VD. *Degradation of cellulose nitrate adhesive*. Stud Cons 1992: 37。

㉗ 同注③。

㉘ 同注③。

㉙ 參注③、注⑧。

㉚ 同注③。

㉛ 同注⑳。

㉜ 同注③。

㉝ 同注③。

㉞ 同注③。

㉟ 同注③。

㊱ 同注⑧。

㊲ 同注⑧。

㊳ 同注②。

㊴ 同注③。

㊵ 同注③。

㊶ 同注②。

㊷ 同注②。
㊸ 同注③。
㊹ 同注⑱。
㊺ 同注③。
㊻ 同注③。
㊼ 同注③。
㊽ 同注②。

（作者單位：國家圖書館古籍館）

南宋石經《毛詩》拓片的修復鑲襯

劉　峰

内容提要： 國家圖書館藏清嘉慶、道光間拓本南宋石經《毛詩》，因長期摺叠存放并遭蟲蛀鼠嚙，摺叠處破損嚴重。根據破損情況，采取“鑲襯”的修復手段對其修復，具體包括揭取題簽、修補拓片、展平拓片、鑲襯拓片、成品壓平、按規制摺叠、粘回題簽7步，最終仍保持原摺叠存放方式。

關鍵詞： 拓片　修復　鑲襯　摺叠

“石經”是指刻在石頭上的經書。自東漢以來，由朝廷組織的歷代儒家經典大規模刻石共有7次：東漢熹平年間（172—178）刻成的“熹平石經”，三國魏正始年間（240—249）刻立的“正始石經”，唐開成二年（837）刻成的“開成石經”，十國後蜀廣政年間（938—965）刻立的“廣政石經”，北宋嘉祐六年（1061）刻立的“嘉祐石經”，南宋紹興十三年（1143）刻立的“南宋石經”，清乾隆五十六年（1791）刻立的“乾隆石經”。“南宋石經”因主要爲南宋高宗皇帝趙構御筆所書，故又稱“高宗御書石經”，又因刻于紹興年間，稱“紹興石經”。“南宋石經”刻成後，立于太學，現存杭州碑林（原杭州孔廟）。全經現僅存85石，其中《毛詩》10石，楷書字體。每石刻經文4排，每排45行，行18字。國家圖書館藏清嘉慶、道光間拓本南宋石經《毛詩》爲清代著名校勘學家、藏書家顧廣圻舊藏，後經瞿氏鐵琴銅劍樓、丁福保遞藏[①]。20世紀50年代初，此本與顧廣圻舊藏1000餘種拓片，先是寄存後于1951年正式捐贈北京圖書館[②]。

一、拓片基本情况

此南宋石經《毛詩》拓片共8張，整幅未割裱，高134厘米，寬88厘米。拓片中間有多個5—6厘米的破洞，幾乎相連成串，上下端有鋸齒狀破損，摺叠處損傷較大（參圖1）。根據外表判斷，應是因爲没有輔助保護的長期摺叠存放，加上蟲蛀鼠嚙，造成上述破損。這不利于長期保存和利用，亟需進行修復保護。

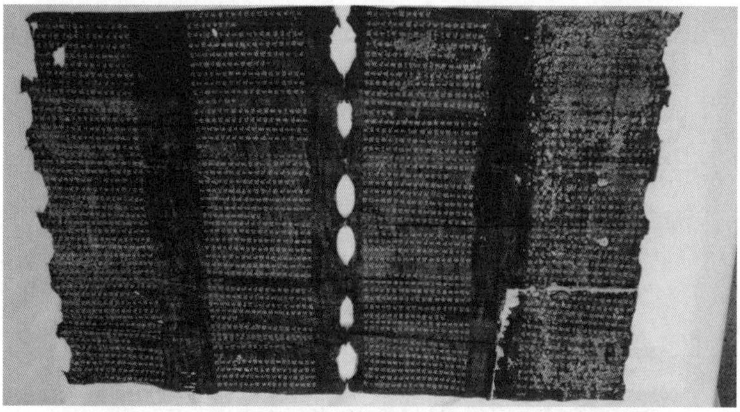

圖1　拓片修復鑲襯前

二、確定修復方案和修復材料、工具

此南宋石經《毛詩》拓片爲整幅形式，舊藏家摺疊爲長方形：高43厘米，寬28厘米。摺疊後表面左上方粘有墨筆題簽，右上方有藏號簽。

石刻拓片裝幀和存放一般可分兩種形式：一種是整幅拓片，也就是與原石大小一致的整張拓片，一般摺疊存放，或裝裱爲卷軸；第二種是割裱成册，也就是把拓片按行剪裱并裝成册葉形式。割裱成册便于翻閱、臨摹，但拓片經過剪裝，粘接之處較多，剪裱過程中容易錯落、錯行；在長期保存中，也容易因粘貼不牢固或受潮而脱落散失。這都會影響資料的完整和準確。整幅拓片則没有這些缺點，并且從資料完整的角度，整幅拓片是存藏優先選擇。當然整幅拓片也有存取不便、摺疊存放久了摺疊處易損傷等缺陷。

綜合考慮上述因素及此拓片現狀，爲了更好地保護拓片和利于長期保存，我們决定對其采取“鑲襯”修復手段，修復後再摺疊存放。鑲襯法的程序是先噴水展平拓片（如有殘損則先行修復），然後用局條在拓片背面用少量的糨糊進行點狀連接，再用稍大于拓片的襯紙從背面翻邊壓在所鑲的局條上并粘連。襯紙與拓片間未使用糨糊，衹通過局條相粘連，所以拓片原紙和襯紙柔軟，可以任意摺疊。襯紙將來若磨損，勿需揭裱，僅需换一張新的外襯紙就行了，而且置换時不會傷及原拓③。

根據修復方案和拓片現狀，修復過程中需要用到以下修復材料和工具：

紙張主要會用到修補用宣紙、拓過墨的補紙、鑲襯用構皮紙。修補用紙選擇的原則是最大程度地接近原件，不能太薄也不能太厚，以比拓片稍微薄一點爲好。拓片的紙張因爲有墨的附着，顯得比一般的宣紙稍厚，所以經過反復比較，在種類衆多的修復用紙中選擇了一種與原件最爲接近的紙張。拓片有墨色部分的修補需用拓墨後的補紙（參圖2），補紙需在修復前提前通過拓墨製備。粘連拓片和襯紙的局條選用修補用紙相同的宣紙。襯紙選用構皮紙，是因爲其韌性較强，能够比較好地保護拓片。

工具主要用到：毛筆、水碗、糨糊碗、針錐、鑷子、調刀、剪子、鉛鉈、板刷、噴壺等。

圖2　修補備用拓紙

三、修復步驟

1. 揭取題簽

首先用毛筆蘸温水在拓片的題簽及登録號簽處悶一下，然後用針錐及鑷子小心地將兩處標簽取下來，同時注意用鉛筆在拓片背面記下該拓片的登録號，以免記混（參圖3、圖4）。需要注意的是，標簽上有時會有圓珠筆墨水、印油等污漬，在揭取標簽之前先用濕宣紙在有污漬的地方蘸一下，觀察是否掉色，確定不掉色之後再開始揭取標簽。如果跑墨，則衹能在跑墨的地方乾揭。此時必須小心謹慎，以防損壞拓片。不過也可以在標簽的背面稍微潤一點水，然後再從正面揭。

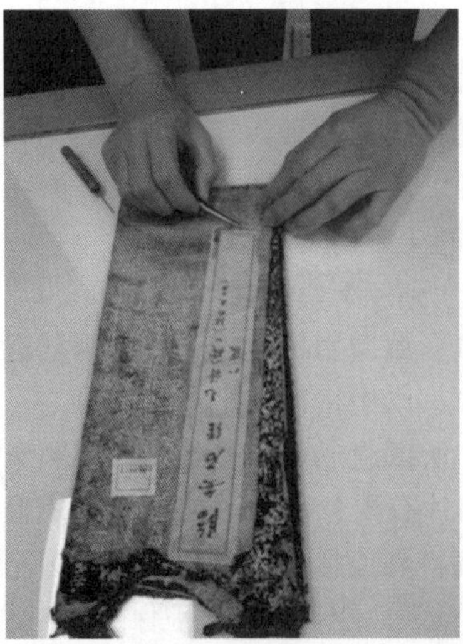

圖3　揭取題簽

圖4　揭取書號簽

2. 修補拓片

首先將拓片背面朝上，用噴壺稍微噴些水，用板刷將其撫平。噴水過程注意壺嘴在拓片斜上方45°角左右進行噴灑。濕度要掌握好，水少了不起作用，太濕了拓片容易和工作臺粘在一起，以紙稍微發潮爲宜。噴濕後用板刷把拓片撫平，不管是陰文還是陽文，有墨的地方一定要平。然後用宣紙和備好的拓墨補紙來修補拓片上的破損處（參圖5、圖6）。無字無墨的地方，可以用單宣紙修補，有字有墨的地方要根據墨迹的深淺，選擇與之相匹配的補紙進行修補。修補的方法與一般古籍相同。

圖5　刷糨糊

圖6　修補

3. 展平拓片

修補好的拓片稍微噴些水後，把它夾在兩張撤潮紙中間，放在工作臺上，上面蓋一張草紙板，再用壓書板壓平（參圖7）。

圖 7　壓平拓片

4. 鑲襯拓片

拓片修補、展平後，進行鑲襯處理。首先根據拓片尺寸把構皮紙裁得比拓片的尺寸大一些（以備四個邊回折包住拓片），背面朝上鋪在工作臺上，把拓片正面朝上擺在構皮紙的正中位置。至于襯紙回折多少要根據拓片墨心與紙邊距離大小和拓片的大小決定，拓片如果大或墨心外留白多，紙邊可折得寬一點；拓片如果小或墨心外留白少，紙邊則折得窄一點。這樣成比例，視覺上比較好看，也不會壓住拓片墨心裏的文字。此次修復由于拓片的尺寸大于現有構皮紙的尺寸，所以先根據拓片尺寸對構皮紙進行拼接。拼接時搭口相接處以 1. 5—2 厘米爲佳。

再用單宣裁成 4. 5—5 厘米寬的紙條（即局條），把它墊在拓片四周下面與構皮紙的交接處，用毛筆蘸稠一點的糨糊點在交接處，每隔 15—20 厘米點一下（參圖 8、圖 9）。如此把拓片和構皮紙粘接在一起。裁鑲襯的局條時要根據拓片的具體情況去裁。有時候需要裁寬一些，這是因爲拓片本身邊緣有點斜，紙條適當寬一點才能把拓片和構皮紙銜接上。

圖 8　粘局條

圖 9　粘接襯紙和拓片

接着用剪刀把構皮紙的四個角沿45度傾斜角剪兩刀，把多餘的去掉。注意剪的時候不能剪多也不能剪少，剪多了中間會有縫，剪少了紙會重叠，表面會有一個梗子。剪裁好後，再把四個角抹上糨糊粘牢，再次在背面用鉛筆寫上登録號，以便鑲襯完成後粘貼相對應的登録號（參圖10）。

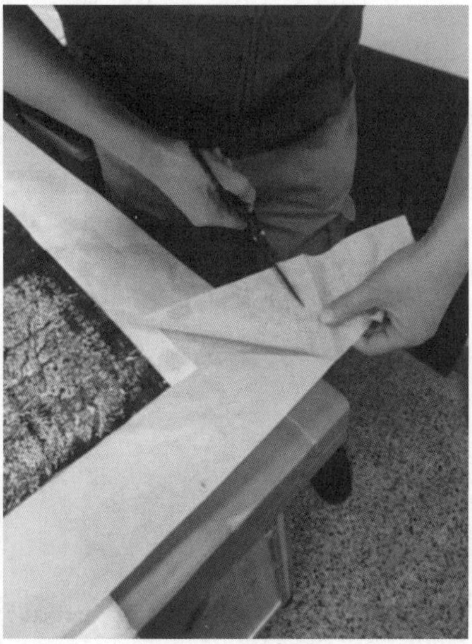

圖10　45度角剪裁

5. 成品壓平

在拓片上稍微噴一點水，夾在兩張撤潮紙中間，上面鋪一張草紙板，在上面放上壓書板，最後再放壓書石，將它壓平（圖11、圖12）。

圖11　成品壓平

圖12　拓片修復鑲襯後（尚未摺叠）

6. 按规制摺叠

鑲襯好的拓片需要摺叠後進行保存。壓平一天后，我們拿一個草紙板做志子（比函套裝具四周小 1 厘米左右），作爲標準量具把拓片摺叠起來（參圖 13—17），以便摺叠後存放于統一規格的函套。一般以對折的方式進行摺叠，形成往右打開的狀態。修復鑲襯後舊摺痕已不存在，重新摺叠時注意不要用力壓成新的死褶。

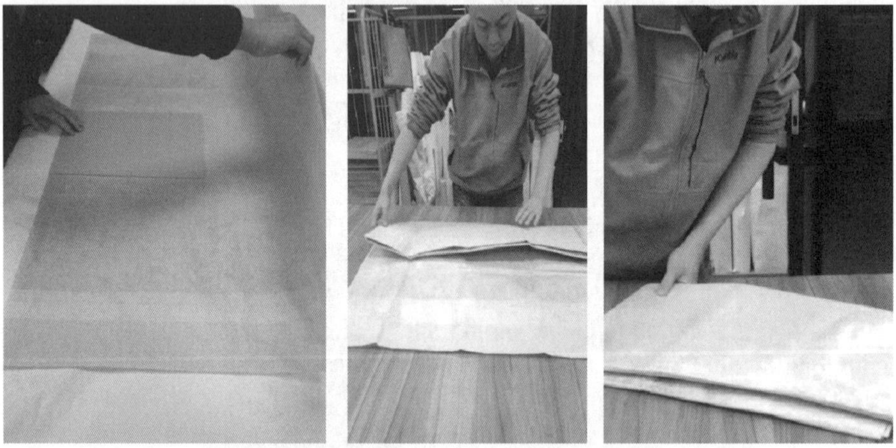

圖 13—15　用志子丈量大小并摺叠已鑲襯拓片

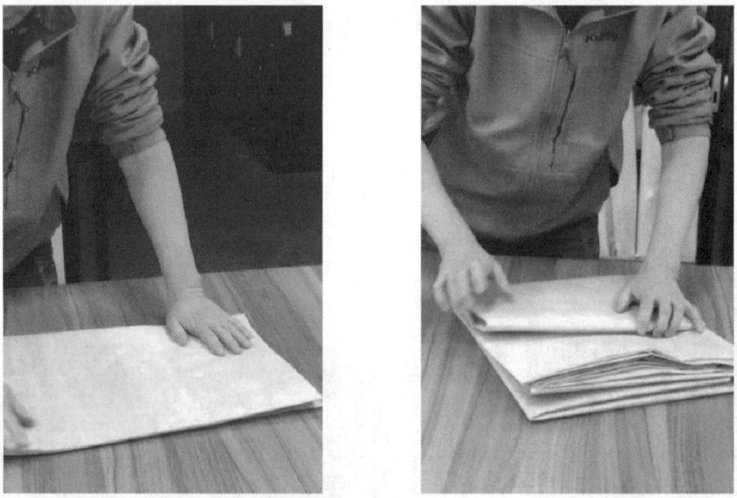

圖 16—圖 17　摺叠拓片

7. 粘回題簽

摺叠完成後，再把原題簽和藏號簽粘回構皮襯紙相應位置。修復之前題簽和藏號簽是直接粘貼在拓片上的，修復後把它們粘貼在鑲襯紙上，更加有利于拓片本身的保護。然後用壓書板和壓書石簡單壓平之後將其放回原盒内。這樣一個完整的修復鑲襯拓片工作程序即告完成（參圖18—19）。

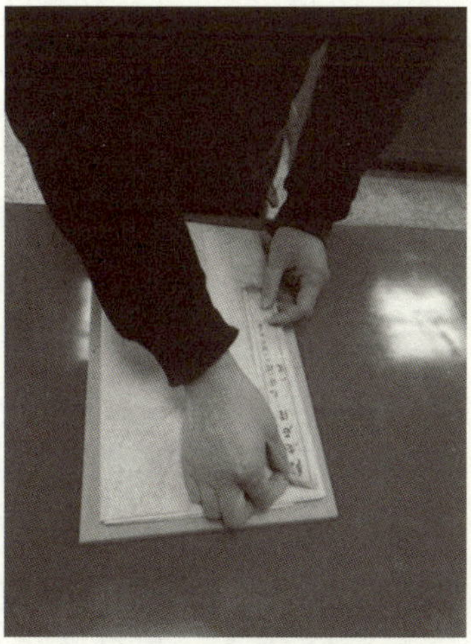

圖18　粘回題簽

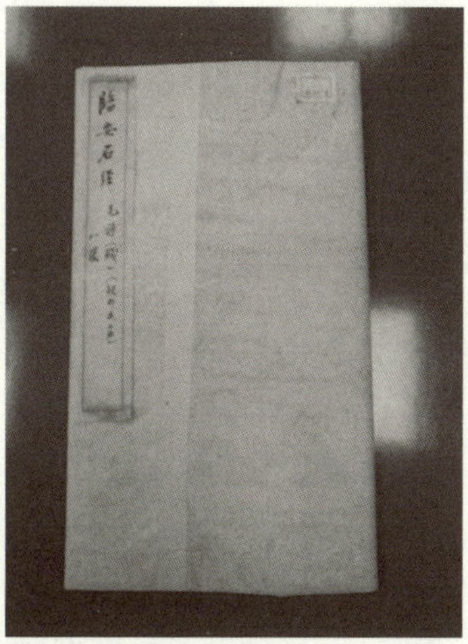

圖19　最後成品

注釋：

① 徐自强、張聰貴：《顧氏石墨概述》，《文物》1981年第2期。

② 國家圖書館檔案，檔號：1950－&361－039－2－（2）－2－001。

③ 冀亞平：《從館藏拓片的裝裱形式談拓片的保護性裝潢》，《文津學志》（第二輯），北京圖書館出版社，2007年，169頁。

（作者單位：國家圖書館古籍館）